RECHERCHES

SUR

LA LIBRAIRIE DE CHARLES V

PAR

LÉOPOLD DELISLE

MEMBRE DE L'INSTITUT

ADMINISTRATEUR GÉNÉRAL HONORAIRE

DE LA BIBLIOTHÈQUE NATIONALE

PARTIE II

INVENTAIRE DES LIVRES AYANT APPARTENU AUX ROIS CHARLES V

ET CHARLES VI

ET A JEAN, DUC DE BERRY

PARIS

H. CHAMPION, LIBRAIRE-ÉDITEUR

QUAI MALAQUAIS, 5

1907

RECHERCHES

SUR

LA LIBRAIRIE DE CHARLES V

PARTIE II

RECHERCHES

SUR

LA LIBRAIRIE DE CHARLES V

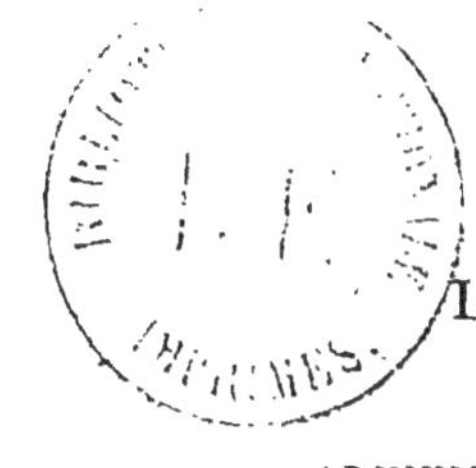

PAR

LÉOPOLD DELISLE

MEMBRE DE L'INSTITUT

ADMINISTRATEUR GÉNÉRAL HONORAIRE

DE LA BIBLIOTHÈQUE NATIONALE

PARTIE II

INVENTAIRE DES LIVRES AYANT APPARTENU AUX ROIS CHARLES V

ET CHARLES VI

ET A JEAN, DUC DE BERRY

PARIS

H. CHAMPION, LIBRAIRE-ÉDITEUR

QUAI MALAQUAIS, 5

1907

INVENTAIRE GÉNÉRAL

DES LIVRES AYANT APPARTENU

AUX ROIS CHARLES V ET CHARLES VI

1364-1422

Les manuscrits auxquels renvoie le présent inventaire sont désignés par les lettres suivantes :

A. Inventaire de Gilles Mallet, dressé en 1373, et récolé en 1380
par Jean Blanchet; dans le ms. français 2700, fol. 2 à 37.

B. Autre texte du même inventaire, fourni par le rouleau qui
forme le n° 397 de la Collection Baluze.

C. État des déficit constatés en 1411 ; dans le ms. français 2700,
fol. 40 à 49.

D. Inventaire dressé en 1411 ; dans le même manuscrit, fol. 53
à 133.

E. Inventaire dressé en 1413 ; dans le ms. français 9430.

F. Inventaire dressé en 1424, copié dans le ms. 965 de Sainte-
Geneviève et dans le ms. 2030 de la Mazarine. Les renvois sont
faits aux numéros de l'édition de Douët d'Arcq.

G. Inventaire des joyaux de Charles V en 1380, comprenant les
livres qu'on portait à la suite du roi et ceux qui étaient déposés dans
les châteaux de Melun, de Vincennes et de Saint-Germain; n° 2705
du fonds français. (Publié par Labarte.)

H. Inventaire des joyaux de la couronne en 1418. Registre KK 39
des Archives nationales ; publié par Douët d'Arcq, dans son *Choix
de pièces inédites relatives au règne de Charles VI*, t. II, p. 279
à 361.

Les chiffres qui précèdent les renvois aux différents inventaires
indiquent les estimations des livres faites en 1424 par les libraires de
l'Université de Paris.

Les astérisques mis en tête de certains articles désignent des
livres qui durent entrer dans la librairie après la mort de Charles V.

INVENTAIRE GÉNÉRAL

DES LIVRES AYANT APPARTENU

AUX ROIS CHARLES V ET CHARLES VI

1. Une belle Bible en latin, bien escripte et bien enluminée. Comm. : *Aulam regiam.* — G 1209. (A la suite du Roi.)

2. Une très belle Bible, bien escripte et ystoriée, que le Roy presta pieça à l'evesque de Beauvez, laquelle fu rendue au Roy après le trespasse dudit evesque[1], couverte de soie, à une chemise; et fu de Saint-Lucien de Beauvaiz, de qui le Roy l'a achetée. — A 795. B 798[2].

A mons. de Berry, 6 de novembre 1383. A. — Le 6 mars 1383 (v. st.). C 155.

3. Une Bible en latin, de lettre boulonnoise, que donna au Roy l'evesque de Beauvaiz[3], couverte de drap d'oultre mer, de couleur cendrée, à deux fermoirs d'argent, aux armes dudit evesque. A Saint-Germain-en-Laye. — G 2101.

4. Une Bible très belle, couverte de drap de damas ynde, à queue, à deux fermoirs d'or esmaillés de France, laquelle fu de l'evesque de Troyes, confesseur du Roy[4]. — A 846. B 850[5].

Baillée à mons. d'Orleenz en aoust 1397. — A. C 165.

---

1. Le cardinal Jean de Dormans, mort le 7 novembre 1373.

2. Aujourd'hui dans le trésor de la cathédrale de Girone. — Voir ci-dessus la notice I des livres parvenus jusqu'à nos jours.

3. Probablement Miles de Dormans, évêque de Beauvais, de 1375 au 17 août 1387.

4. Pierre de Villiers, évêque de Troyes, mort le 11 juin 1377.

5. Probablement la Bible qui porte à la bibliothèque de l'Arsenal le n° 590. — Voir la notice II des livres parvenus jusqu'à nos jours.

5. Une Bible couverte de cuir rouge, qui fu dudit confesseur
[du Roy, l'evesque de Troyes]. — A 847. B 851.

Le Roy l'a miz dans sa chapelle, en la garde du premier
chappelain. — A. B. C 166.

6. Une Bible en deux volumez, que donna au Roy l'evesque
de Troyes, son confesseur. — B 259.
Au Boiz.

7. La Bible en latin, de lettre boulenoise, à iiii fermoirs de
laton, couvert de cuir vert, à deux coulombes. Comm. : *Jherusalem spiritu.* Fin : *seniore lecte.* — 32 l. — A 531. B 550.
D 409. E 445. F 418.

8. Bible en latin, de menue lettre de forme, à deux coulombes, en très petit volume, à une chemise blanche ouvrée
dessus, à deux fermoirs [qu'il dit d'argent en l'inventoire ancien,
et il sont de cuivre à present]. Comm. : *I doctos.* Fin : *Requie-
tio.* — A 654. B 661. D 479. E 515.

Ce livre fu baillé par Anthoine des Essars à maistre Jehan
de Bouy, maistre d'escole Monsieur de Pontieu[1], et en a ledit
Maulin sa cedule, et pour ce en est cy chargé. — E.

9. Une Bible en latin, couverte de cuir vert à queue, à
ii fermoirs. — A 859. B 862.

Donnée à mons. d'Orleenz, derrenier de decembre 1397. —
A. C 175.

10. Une Bible en latin, de lettre de forme, à deux coulombes. Comm. : *Sic enim cum sancta scriptura.* Fin :
(noms ebrieux) : *Zaab aurum obrissum.* Couvert de cuir vert
à queue, à bouillons et deux fermoirs de laton sur tissuz vert,
à une pipe dargent dorée. — 20 l. — D 864. E 888. F 796.

11. Un grant livre couvert de cuir blanc, à bouillons, qui
fait la moitié de la Bible, de Genesis jusques à Job, à queue,
qui a esté couppée, à deux fermoirs et bouillons de laton;
escript en latin, de lettre grosse de forme, à deux coulombes.
Comm. : *Scio cotidiana.* Fin : *funde quasi.*

Item l'autre moitié, couverte de cuir blanc, qui se com-

---

1. Le futur roi Charles VII.

mence des Paraboles Salmon jusques à l'Apocalipse; escript de lettre semblable, en latin, à deux coulombes. Comm. : *dent semitas*. Fin : *jam non est*. A deux fermoirs et cloux semblables. — Les deux vol. 3 l. — A 872 et 873. B 874 et 875. D 562 et 563. E 594 et 595. F 541 et 542.

12. Une Bible en latin, en deux petiz volumes, escripz de bonne lettre de forme, et sont glosez tout autour, et contient le premier volume de Genezis jusques en la fin de Baruc. Comm. en texte : *Vocis actus et in aures*. Fin : *que supra teneant*.

Et le second volume commence à Ezechiel jusques en la fin de l'Apocalipse. Comm. du texte : *In terra Caldeorum*. Fin : *libri prophecie hujus*.

Couvers touz les deux volumes de chemise de toille à queue, chacun à IIII fermoirs d'argent dorez, hachiez, à une fleur de lis et à tissuz brodez des fleurs de lis. — D 889. E 193[1].

13. Une petite Bible, en deux volumez, couverte de soye à queue. Elle est ou coffre dez joyaux. — B 260.

14. Une petite Bible en latin, couverte de soye inde[2] à queue, à un escuçon de France de brodeure dessus; bien escripte, en latin, de menue lettre, à deux coulombes. Comm. du texte : *E terra irrigans*. Fin : *Gavisus sum*. A deux fermoirs de laton. — A 628. B 636. D 461. E 497.

15. Une Bible de très menue lettre, couverte de cuir rouge empraint, à deux fermoirs d'argent rons; en latin, à deux coulombes. Comm. : *In VII^mo*. Fin : *Complari*. — A 882. B 885. D 554. E 586.

Enlevée vers 1414. E 946.

16. Une très petite Bible en latin, à quatre fermoirs jadiz[3], de très menue lettre, couverte de cuir vielz, et n'y a à present que deux fermoirs; escript à deux coulombes. Comm. : *Ravit per dem*. Fin : *macionis*. — A 868. B 870. D 568. E 600.

Enlevée vers 1414. E 952.

1. Cette Bible, donnée par Charles VI à son confesseur Renaud des Fontaines, depuis évêque de Soissons, fait aujourd'hui partie du Musée Dobrée, à Nantes. — Voir la notice III des livres parvenus jusqu'à nos jours.

2. *D'une chemise de cendal ynde*. A et B.

3. Du temps des premiers inventaires.

17. Une petite Bible en latin, de très menue lettre, à une chemise de toille et deux fermoirs d'argent, armoyez l'un de France et l'autre de Navarre. — A Melun. — G 2015.

18. Un livre couvert de cuir rouge à empraintes, où est partie de la Bible historiée, à iiii fermoirs de laton, sur tixuz asurez[1], escript de lettre de forme, en latin. Comm. : *In principio creavit Deus*. Fin : *tunc dicet hiis qui*. — 16 l. — A 263. B 275. D 173. E 169. F 150.

19. Une partie de la Bible en françois, commençant à Genezis et finant à Ecclesiastes, bien escripte et historiée. — L'autre partie, commençant à Ysaye, et finant au Psaultier, bien escripte, en deux coulombes et bien historiée. — A 6 et 7. B 6 et 7.

Données à mons. de Coucy, 18ᵉ de jung 1388. — A et C 6 et 7.

20[2]. Une partie de la Bible en françois, commençant à Genezis et finant au Psaultier, bien ystoriée, et bien escripte à deux coulombez en chascune page. — L'autre partie commençant aus Paraboles et finant à l'Apocalice. — A 8 et 9. B 8 et 9.

Données à mons. de Bourbon[3] en aoust 1397. — A. C 8 et 9.

21. Une très belle Bible en françois, nommée la Bible que Jehan de Valdetar donna au Roy, très parfaitement bien escripte et historiée, de lettre de forme, à deux coulombes. Comm. des rebriches : *De formacion de l'home*. Fin : *avecques moy*. Couvert de soie asurée, à fleur de lys de brodeure. Laquelle Bible maistre Jehan Maulin, après le deceds de feu mons. de Berry mort (1416), recouvrée de ses exécuteurs, comme appartenant au Roy, pour remettre en la librairie. Et lui avoit esté rendue garnie d'une grande chemise de soie azurée, de iiii fermoirs et une pipe d'or, lesquels fermoirs et pipe n'ont point

---

1. *Fermoirs de soie asurez*. A et B.

2. Plusieurs des bibles françaises, dont l'indication va suivre, peuvent bien avoir été des exemplaires de la traduction de l'*Historia scholastica*, dont différentes copies sont expressément indiquées plus loin, art. 97 et suiv.

3. Louis, duc de Bourbon, beau-frère de Charles V.

esté rendus. Et pour ce en doit rendre compte ledit Maulin. — 15 l. — B 261. F 213[1].

Mentionnée dans l'inventaire B 261 comme ayant : « la pippe et quatre fermoirs d'or, garnis de gros saphirs balaiz et perlez, en un estui à fleur de liz garni d'argent. »

Baillé en prest à mons. d'Anjou. — B.

22. Une Bible en un volume, en françois, couverte de cuir rouge, à empraintes, à deux grans fermoirs rons de cuivre. — A 5. B 5.

[Bailliée] par le Roy à madame de Bourgongne, 13 d'octobre 1381. — A. C 5.

23. Une Bible en un volume, en françois, et est couverte de cuir rouge à empraintes. — A 2. B 2.

Donnée par le Roy à mons. d'Alençon, quant l'arest de la confiscacion de la duchie de Bretagne fu pronuncié[2]. — A. C 2.

24. Une Bible en un volume, en françois, couverte de soie à queue et ii fermoirs d'argent. — A 3. B 3.

Portée à Saint-Germain-en-Laye l'an 1378 et mise par le Roy en son estude[3]. — A. B. C 3.

25. Une Bible en un volume, en françois, couverte de cuir rouge à empraintes, à iiii fermoirs d'argent. — A 4. B 4.

Bailliée au conte de Flandre[4], 27 de janvier 1381 (v. st.). — A. C 4.

*26. Une Bible en français, escripte de menue lettre de forme bien bonne, à deux coulombes, en laquelle jusques au livre des Roys est texte et glose l'un parmi l'autre, et du livre des Roys jusques en la fin n'y a que le texte seulement. Comm. : *L'engoisse de l'espitre*. Fin de l'Apocalipse : *te de moult eues*. Et est historié au commencement des livres seule-

---

1. Ms. aujourd'hui conservé à La Haye, dans le musée Westreenien. Il a successivement appartenu à l'avocat Bluet, aux Jésuites de La Flèche, à Foucault, à l'abbé de Rothelin, à Gaignat et à Meerman. — Voir la notice VI des livres parvenus jusqu'à nos jours.

2. Le 18 décembre 1378, contre le duc Jean de Montfort.

3. Voir plus bas l'art. 27.

4. Louis de Male.

ment. Couvert de cuir rouge à empraintes, à cinq bouillons et
ii fermoirs de laton. — D 853. E 877. F 786.

27. Une très belle Bible en françoys, à deux fermoirs d'argent, esmaillez de France, à une chemise de soie à queue. A Saint-Germain-en-Laye[1]. — G 2088.

28. Une Bible en françois, bien escripte de lettre de note menue, à fermoirs et boullons d'argent, couverte de cuir. Et la donna au Roy maistre Nicole de Veres[2]. — A 105. B 106.

29. Une partie de la Bible en françois, escripte en lettre de forme, commençant à Genezis, et finissant au Psaultier, qui est en prose, sans vers, couverte de cuir blanc à queue, à deux fermoirs de cuivre. Comm. : *Ciel et departent*. Fin : *syons et de misericorde*. — 8 l. — A 15. B 15. D 3. E 3. F 3.

30. Aucuns livres de la Bible, en ung volume, commençant à Genezis et finant à Ecclesiastique[3], couvert de cuir qui fut rouge, mal escript, et fu Jehan de Vaubelon ; en françois, de lettre formée, à deux coulombes. Comm. : *Manieres*. Fin : *et pale*. A deux fermoirs de laton. — 2 l. — A 254. B 266. D 153. E. 149.

31. Un volume couvert de deux ais blanz, ouquel sont contenus aucuns des livres de la Bible en françois, c'est assavoir les v livres Sallemon, Ysaye et de Jeheremye, jusques au xviii° chappitre de l'Exposicion sur yceulx, faite par maistre Jehan de Sy, du commandement du roy Jehan, dont Diex ait l'ame.

L'autre volume, ainsy couvert, ouquel sont contenus les v livrez de Moyse, Josué et le premier chapistre du livre des Juges. — A 12 et 13. B 12 et 13[4].

Le confesseur les fist bailler à mons. d'Angiou, regent le royaume. — A. C 10 et 11.

32. Soixante et deux caiers de la Bible que commença

1. Très probablement, cet article fait double emploi avec l'art. 24.
2. *Vaire*. B. — Nicolas de Verres a signé beaucoup de mandements en qualité de secrétaire du roi.
3. *Aus Roys*. B.
4. Probablement le ms. français 15397 de la Bibl. nat. — Voir la notice IV des livres parvenus jusqu'à nos jours.

maistre Jehan de Sy, et laquelle faisoit translater le roy Jehan dont Diex ait l'arme ; que on a fait escripre aus despenz des Juyfs[1]. — A 268. B 280.

Baillé à mons. d'Anjou, 3 de may 1381. — A. C 84.

33. Un très bel livre grant, couvert de soie vermeille et vert, à deux fermoirs d'argent blanc, où sont les cinq livres de Moyse, glosez, en très bonne et grosse lettre ; donné au Roy par feu messire Giles Malet[2]. Comm. : *In aquis ceperunt.* Fin : *cum spiritus sapientie.* — 16 l. — A 805. B 808. D 594. E 622. F 564.

34. Du livre de Genezis, Exposicions de euvangiles, les Paraboles Salmon et pluseurs choses de contemplacion, en ung petit volume gros et court, à chemise de toille, et deux fermoirs d'argent, bien historié et escript de grosse lettre de forme, en françois, à deux coulombes. Comm. : *Prière soit faicte.* Fin : *par Dieu qui est.* — 3 l. — A 153. B 153. D 164. E 160. F 141.

35. Exode en prose, le Reclus de Morleans, escript en ung livre de pappier, sans enluminer, couvert de cuir blanc, à deux fermoirs de cuivre, escript de mauvaise lettre. Comm. : *Qu'il n'aient loisir.* Fin : *de Dieu amer.* — 10 s. — A 198. B 197. D 130. E 127. F 110.

36. Un Psaultier couvert de cuir bien vermeil, à fermoirs d'argent. — A 617. B 627.

A Arnault Guillon. — A. C 139.

37. Ung petit Psaultier couvert de soie vert à queue, à deux fermoirs d'argent, escript de lettre de forme. Comm. : *In judicio.* Fin : *et congrega.* — A 643. B 650. D 473. E 509.

Enlevé vers 1414. — E 940.

38. Un petit Pseaultier, couvert d'argent à losanges dessus, esmaillié, historié et enluminé, escript de lettre de forme. Comm. du texte : *Et dominus.* Fin : *dicturam et.* A deux fermoirs d'argent esmaillez. — A 612. B 658. D 480.

---

1. Ce dernier membre de phrase n'est que dans B.
2. *Par Gilet.* A et B.

39. Ung très petit Psaultier couvert de veluiau ynde et paint d'azur sur les fueillez. En l'estude du Roy à Vincennes. — G 3060.

(Au même livre paraît devoir se rapporter l'article suivant de l'inventaire de 1418 :) Un très petit Saultier, couvert d'un viel drap de soie tout destaint, et se commance ou second feuillet *rant in unum*, à deux fermoirs d'argent tous des[es]maillez. — En déficit en 1420. — H 294.

40. Ung Psaultier dont les aiz sont à ymages, couvert de cuir, garniz d'argent, à ɪɪɪ fermoirs d'argent, historié et enluminé, escript en latin, de lettre de forme. Comm. du texte : *Terre*. Fin : *Kirie eleison*. — A 892. B 895. D 553. E 585.

41. Le Psaultier saint Jerosme, à déux fermoirs d'or, armoyez de France et de Navarre. En l'estude du Roy à Vincennes. — G 3057.

42. Le Psaultier glosé, de grosse lettre, en un gros volume, à deux fermoirs, couvert de cuir rouge à empraintes. Comm. : *Librum advertanda*. Fin : *chorus vero comparata*. Et le donna au Roy feu messire Giles[1]. — 6 l. — A. 662. B. 668. D 494. E 529. F 486.

43. Un très bel Psaultier glosé, en très grant volume, à ɪɪɪɪ fermoirs d'argent, couvert à empraintes, et par dessus d'une chemise blanche de toile. Donné au Roy par Gilet. — A 867.
Aus chanoines du Boiz. — A. C 177.

44. La Postille sur le Psaultier, faicte par maistre Nicole de Lire, couvert de cuir qui fut rouge, à bouillons et quatre fermoirs de laton, escript de lettre de forme en latin, à deux coulombes. Comm. : *creta soli Deo*. Fin : *neque qui*. — 6 l. — A 599. B 613. D 443. E 479. F 449.

45. Le Psaultier saint Loys, à une chemise de toille, à deux petiz fermoirs d'argent. En l'estude du Roy à Vincennes. — G 3046.

46. Ung gros Psaultier, nommé le Psaultier saint Loys, très richement enlumyné d'or et ystorié d'anciens ymages, et se

____
1. A et B. : *Gilet*.

commance le second fueillet *cum exarcerit;* et est le dit Psaultier fermant à deux fermoirs d'or, neellez à fleurs de liz, pen-
dans à deux laz de soie, et à deux grans boutons de perles, et
une petite pippe d'or. En la chambre du Roy à Vincennes. —
G 3303. H 229[1].

En déficit en 1420. — H 299.

47. Ung Psaultier mendre, qui fut aussi monseigneur saint
Loys, très bien escript et noblement enluminé, et a grant quantité d'ystoires au commancement du dit livre, et se commance
ou second fueillet *vas figuli;* ouquel a deux petiz fermoirs d'or
plaz, l'un esmaillé de France et l'autre d'Evreux ; à une pippe
où il a ung très gros ballay et quatre très grosses perles. En la
chambre du Roy à Vincennes. — G 3304[2].

48. Ung Psaultier, aux armes de France et de Castelle, à
deux fermoirs d'argent et une chemise blanche. A Saint-Germain-en-Laye. — G 2090.

49. Ung très bel petit Psaultier, armoyé sur les fueilles des
armes de Bourbon, à ung petit fermoir d'argent blanc, à une
pippe de perles. En l'estude du Roy à Vincennes. — G 3048.

50. Un très bel Psaultier, à deux fermoirs de soie rouge, à
coquilles d'argent doré, et aux armes de Chambly, à une chemise de toille blanche ; et y a en chacun fermoir vii coquilles[3] ;
historié et enluminé, escript de grosse lettre de forme, à deux
colombes. Comm. du Psaultier : *Tremore.* Fin : *petrasse lete-
tur.* Et y a un estuy de cuir armoyé des dites armes. — 8 l. —
A 875. B 877. D 609. E 636. F 573.

51. Item le Psaultier pape Urbain[4], en un cayer de papier,
couvert de parchemin[5], escript de lettre courant. Comm. :

1. C'est le célèbre Psautier de la reine Ingeburge, conservé au Musée Condé.
— Voir la notice XV des livres parvenus jusqu'à nos jours.
2. Ms. latin 10525 de la Bibl. nat. — Voir la notice XVII des livres parvenus
jusqu'à nos jours.
3. Pierre de Chambli, chambellan de Philippe le Bel, portait trois coquilles
sur son écu. — Voir Douët d'Arcq, *Inventaire des sceaux,* t. 1, p. 301, n° 245.
4. Urbain V, mort en 1370.
5. *Couvert de cuir, à IIII fermoirs.* A.

Sume. Fin : *placuit altissimo.* En latin. — 2 s. — A 906. B 909. D 513. E 548. F 505.

52. Un Psaultier en françois et latin, la couverture losengée à perles et brodée des armes de Jainville, escript de lettre for-mée. Comm. : *Qui vouloient.* Fin : *hec est fides.* — 4 l. 10 s. — A 141. B 142. D 88. E 86. F 73.

53. Un Psaultier en françois et en latin, couvert de veluyau sanguin, doublé de sandal jaune, escript de lettre de forme, à deux coulombes. Comm. : *Astiterunt reges.* Fin : *Maria vir-gine.* A deux fermoirs d'argent. — 2 l. — A 92. B 93. D 54. E 53. F 42.

Le Roy le prinst quant il alla au Mont-Saint-Michel[1]. — A.

54. Un Psaultier en latin et en françois, de lettre de note, sanz enluminer, jadiz couvert de parchemin et de present de deux aiz couvers de cuir blanc sanz empraintes, à deux fer-moirs de cuivre. Comm. : *Et nunc reges.* Fin : *adventum omnes.* — 1 l. — A 187. B 189. D 126. E 123. F 106.

55. Un Psaultier en françois et latin, bien escript, à deux coulombes et historié. Comm. : *debit eos et dominus.* Fin : *Kyrie leyson Christe leyson.* Couvert de cuir fauve, à deux fer-moirs de laton. — 40 s. — A 444. B 465. D 393. E 430. F 404.

56. Un Psaultier en françois et latin, à une coulombe, et Lucidaire avec, em prose; escript de lettre de forme. Comm. du texte : *Beneureux qui n'en ala.* Fin : *lune que estre.* Couvert de cuir rouge, à ii fermoirs de laton. — 2 l. — A 116. B 117. D 72. E 71. F 60.

57. Un Psaultier très ancien, historié et enluminé d'ancienne façon, et y a un kalendier au commencement. Comm. du Psaultier : *Reges eos in virga.* Et en la fin est la vie saincte Marguerite, commençant ou iie foillet *les anges et fort.* Cou-vert de soye vermeille, à deux fermoirs d'argent dorez et hachiez. — 3 l. — A 922. D 933. E 910. F 207.

---

1. Le voyage de Charles VI au Mont-Saint-Michel est fixé à l'année 1393 par Dom Jean Huynes, *Hist. générale de l'abbaye du Mont-Saint-Michel*, éd. d'Eug. de Beaurepaire, t. II, p. 51.

Envoyé au Louvre, en janvier 1409 (v. st.), par le duc de
Guyenne.

58. Ung Psaultier, de lettre ancienne, avec les Heures de
Nostre Dame et de mors, couvert de veluiau violet, à deux
fermoirs d'argent esmaillez, et sur chascun aiz a cinq clouz
d'argent, en façon de boillons dorez. A Saint-Germain-en-Laye.
— G 2094.

58 *bis*. Un Psautier de lettre de forme, couvert de corne à
images. Comm. : *Qui non ab iis*. Fin : *ab insidiis omnium*. —
2 l. — F 815.

59. Un Psaultier très bel, tout escript de lettre d'or et d'azur
et de vermeillon, et sont les aiz brodez des armes de Bourgongne, et y est le sacre des Roys d'Angleterre, à une chemise
blanche de toile, à deux fermoirs d'argent, de grosse lettre de
forme, en latin. Comm. du Psaultier : *dit nobis bona*. Fin :
dominus vobiscum. — A 879. B 882. D 560. E 592.

Enlevé vers 1414. — E 949[1].

60. Un Psaultier de mendre volume, à une chemise blanche
pertuisée de toile, très bien historié et bien escript de lettre
de forme en latin. Comm. du Psaultier : *qui non abiit*. Fin :
sacratum corpus. A deux fermoirs d'argent. — A 880. B 883.
D 561. E 593.

Enlevé vers 1414. — E 950.

*61. Un très bel Psaultier, au commencement duquel a une
très belle histoire en après le kalendier, bien historié, et en
après a vint pages historiées de la création du monde et de la
vie Nostre Seigneur. En après ledit Psaultier, qui commence ou
iie fo., *Domine quid multiplicati*. En après ledit Psaultier les
Heures de l'Assumption Nostre Dame, et ou derrenier *detencio
mea*. Couvert d'une chemise de toile à queue, à ii fermoirs
d'argent blanc et tissuz de soie vert, à une pipe de brodeure.
— 6 l. — D 740. E 767. F 686[2].

62. Ung très bel Psaultier, très noblement escript, avec les

---

1. Ms. 9961 de la Bibliothèque royale de Belgique. — Voir la notice XVI des
livres parvenus jusqu'à nos jours.
2. Cet article fait probablement double emploi avec l'art. 64.

Vigiles de mors, [enluminé] de plusieurs ystoires au commancement; et se commance le second fueillet *figuli;* à deux fermoirs d'or sur le demy ront. En la grant chambre du Roy à
Vincennes. — G 3291.

63. Ung très bel Psaultier, très bien escript et enluminé,
avecques les Heures de la Passion et Vigilles de mors; et a, en
la fin, des Lamentacions Nostre Dame; et se commance le
second fueillet *preceptum ejus;* à deux fermoirs d'or esmaillez
de France. En la grant chambre du Roy à Vincennes. —
G 3292.

64. Un très bel Psaultier en grant volume, escript de grosse
lettre et ancienne, qui fu donné au Roy à Nogent le Roy; à
une chemise blanche à queue, à ii fermoirs d'argent. — A 853.
B 856[1].
Presté par le Roy à mess. Phelippe de Maisières sa vie
durand. — A. B. C 172.

65. Un Psaultier très bel, couvert de veluau vermeil, à deux
fermoirs d'argent, et avecques est les hymnes et Vigiles de mors
notées, escript de grosse lettre de forme. Comm. : *Nunquam
desideriis.* Fin : *nis tenebrarum.* Hystorié et enluminé, et au
commencement dudit livre a pluseurs oroisons. — A 874.
B 876. D 717. E 744.

*66**. Un autre bel Psaultier qui fut à saint Père de Luxembourg[2], escript de grosse lettre de forme, et enluminé d'or;
et au commencement a un kalendier, et ensuivant pluseurs
histoires de la passion et resurrection Nostre Seigneur. Comm.
du Psaultier : *Et adversus Christum.* Fin : *pacem ut et corda.*
Couvert d'une chemise asurée à queue, doublée de cendal vermeil, à deux fermoirs d'argent dorez, esmaillez des armes
dudit saint Père. — D 733. E 760.
Enlevé vers 1414. — E 968.

67. Un Psaultier escript de lettre de forme, au commencement duquel a quatre histoires de Dieu et de Notre Dame, et
en la fin a aucuns bons enseignemens en françois, et en après

---

1. Voir plus haut l'art. 61.
2. Le cardinal Pierre de Luxembourg, évêque de Metz, mort en 1387.

aucuns suffrages, de menue lettre. Comm. après le kalendier : *Tuam et possessionem.* Fin : *intima absistat.* Couvert de cuir rouge à empraintes, à deux fermoirs de laton. — 2 l. — D 765. E 789. F 706.

68. Un Psaultier où sont les Heures Nostre Dame, couvert de veluyau sanguin, à cinq boullons d'argent sur chacun aiz. — A 854. B 857.

A Saint-Germain. B. — En déficit. C 173.

69. Un Psaultier, couvert de drap d'or, plusieurs Heures et Vigile de mors, à fermoirs d'argent. — A 652 *bis.* B 659[1].

70. Un Psaultier ferial très bel, bien enluminé et escript de grosse lettre de forme, et y a au commencement un kalendier. Comm. du Psaultier : *storum quoniam.* Fin : *lictorum et intercedente.* Couvert d'une chemise de satin asuré, doublé de taffetas vert, à II fermoirs d'argent dorez esmaillez. — 7 l. — D 732. E 759. F 681.

Un très bel Psaultier, que donna au Roy le prevost de Paris, et sont les fermoirs de ses armes, couvert de sathanin et une boursse de mesme. — A 876. B 879.

Le Roy a prinse la boursse à mettre sa petite Bible. — A.

71. Le Psaultier de Constantinoble, le traictié des Images Abucaber Thebit ben Corab, les Anneaux Salmon, les Secrez Aubert, et pluseurs autres choses, en françois, que il dit en l'ancien inventoire estre en cayers de papier[2], mais il est en parchemin, escript de grosse lettre de forme, à une coulombe, couvert de cuir rouge royé par dessus. Comm. du texte : *Domine quid multiplicati.* Fin : *o tu, sire, es mouvant.* A fermoirs de laton et tissuz vers. — 12 s. — A 595. B 609. D 706. E 733. F 660.

72. Cantica canticorum, Sapientie Ecclesiasticus, de grosse lettre, glosé, couvert de cuir blanc, à deux fermoirs rouges de laton, et le donna le dit feu messire Giles[3]. Comm. : *Redemptio mea.* Fin : *michi dominus.* — 2 l. — A 663. B 669. D 495. E 530. F 487.

---

1. Article biffé dans A.
2. Les inventaires A et B portent, en effet : *en quaiers de pappier.*
3. *Et le donna Gilet au Roy.* A et B.

73. Les Paraboles Salmon, Ecclesiastes, Cantica canticorum, Sapientie, Ecclesiasticus, en ung volume, glosez; couvert
de cuir blanc, à deux fermoirs de laton; en latin, de lettre de
forme, l'une plus grosse que l'autre. Comm. : *potest ex per-
sona*. Fin : *ne mea*. — 2 l. — A 855. B 858. D 576. E 608.
F 553.

74. Les Paraboles Salmon, et le livre de Ecclesiastes, glosé,
de grosse lettre, en ung volume couvert de cuir à queue, et le
donna Gilet, à deux fermoirs de laton, en latin, et est la glose
de plus menue lettre que le texte. Comm. : *Percipiet*. Fin :
eiciuntur vino. — 1 l. — A 664. B 670. D 484. E 519. F 478.

75. Ung livre où sont les Paraboles Salemon et les Macabées, jadix en cayers sanz ais[1], en grant volume, bien escript
de lettre de forme en françois, et n'est point historié. Comm. :
Les voyes desquelz. Fin : *a eulz combatre*. A deux coulombes,
couvert de cuir rouge, à ii fermoirs de laton. — 2 l. — A 191.
B 193. D 167. E 163. F 144.

76. Les Paraboles Salmon, et les Vies de pluseurs sains,
et se commence aux miracles de la Chandelle Nostre Dame
d'Arras; et y sont aussy les Enseignemens saint Loys à son filz
et à sa fille, et pluseurs autres choses; et y a partie en prose
et partie en ryme, escript en françois de lettre formée, à deux
coulombes. Comm. : *Appelle chantet*. Fin : *que bon père*.
Couvert de cuir à queue, à ii fermoirs de cuivre. — 1 l. 4 s.
— A 322. B 343. D 214. E 256. F 243.

77. Rabanus Maurus super Paralipomenon et Judith, en
gros volume couvert de cuir rouge à empraintes, à deux fermoirs[2] de laton, et le donna au Roy messire Giles Malet[3],
escript de grosse lettre ancienne de forme, en latin et à deux
coulombes. Comm. : *Regnantes*. Fin : *de quo subditur*. —
40 s. — A 661. B 667. D 493. E 528. F 485.

78. Job glosé, en ung livre dont les aiz ne sont point couvers, à deux fermoirs de laton, et sont à present les aiz cou-

---

1. On lit dans A et B : *en caiers sanz aiz.*
2. *Sans fermoirs.* A.
3. A et B : *Gilet.*

vers de cuir rouge, escript en latin de lettre grosse et menue.
Comm. : *Vir erat.* Fin : *ascendit pulsatus.* — A 886. B 889.
D 557. E 589. F 539.

79. Moralitez et notables sur Job, couvert de cuir noir, à
deux fermoirs de laton, escript en latin de meschant lettre de
forme, à deux coulombes. Comm. : *Ses uti est.* Fin : *junctu-
ras in tibiis.* — 10 s. — A 642. B 649. D 474. E 510. F 474.

80. Isaïe glosé, couvert de cuir blanc, à deux fermoirs de
laton, en un grant volume escript en latin de lettre de forme,
l'une plus grosse que l'autre. Comm. : *Aquilem.* Fin : *munus.*
— 2 l. — A 856. B 859. D 575. E 607. F 552.

81. Jeremie le prophète et les Lamentacions, tout glosé, en
grosse lettre, et en ung volume couvert de cuir rouge, à ii fermoirs de laton, que donna feu messire Giles Malet[1]. Comm. :
Priusquam. Fin : *solium tuum.* — 2 l. — A 665. B 671. D 600.
E 628. F 567.

82. Les xii petiz prophètes, Ozet, Joel, Amos, Abdias,
Micheas, Naum, Abacuc, Sophonias, Aggeus, Zacarias, Mala-
chias, Gaad, touz de grosse lettre de forme, en latin, glosez de
plus menue lettre, et en un volume couvert de cuir rouge, et
souloit estre à queue, à deux fermoirs de laton, et le donna
Gilet. Comm. : *Deum ignorantem.* Fin : *citium.* — 2 l. —
A 666. B 672. D 485. E 520. F 479.

83. Le livre que saint Jehan escript, qui est de lettre d'or
sur parchemin noir, où sont les evangilles, à deux fermoirs de
fin or, et est couvert de drap de soie. — A 580. B 595.

Le Roy l'a pris pour le mettre en aiz d'or. — A. B. C 133.

84. Un livre d'evangiles, en très grosse lettre, et est bien
petit, couvert de cuir rouge, à deux fermoirs de laton. Comm. :
Hominibus. Fin : *ecclesiam.* — 5 s. — A 780. B 783. D 515.
E 550. F 507.

85. Les Evangiles saint Marc et saint Mathieu, en grosse
lettre, glosés, que donna feu messire Giles Malet[2], et de saint

1. A et B : *Gilet.*
2. A et B : *Gilet.*

Johan aussy, à aiz sanz cuir jadis, et de present couvertes de cuir rouge, à deux fermoirs de laton. Comm. : *Lucas*. Fin : *bas te et*. — 2 l. — A 667. B 673. D 606. E 634. F 571.

86. Les Evangiles saint Luc et saint Jehan, en grosse lettre de forme, glosez de plus menue lettre, couvert de cuir sanz aiz, à IIII fermoirs de lasnières. Comm. : *Tamen pariter*. Fin : *C. ad faciem*. — 2 l. — A 668. B 674. D 486. E 521. F 480.

87. Actus appostolorum, les epitres saint Père, saint Jaques et saint Jehan et l'Apocalipce, glosez, en ung volume couvert d'ais sans fermoirs, que donna messire Giles Malet[1], et est à present entre deux ais, couvert de cuir rouge, à deux fermoirs de laton, escript de grosse lettre de forme le texte, et la glose de plus menue, en latin. Comm. : *Resurrectionem*. Fin : *J. Christum*. — 4 l. — A 670. B 676. D 488. E 523. F 482.

***88**. Epistole Pauli glosate, de lettre de forme menue[2], à une coulombe. Comm. en texte : *Stulti facti sunt*. Fin : *rium ejus portentes*. Couvert de cuir blanc[3], et à un fermoir de laton. — D 802. E 826.

89. Les Epistres saint Pol, c'est assavoir ad Romanos, ad Corinthios, ad Galatas, ad Ephesios, ad Philipenses, ad Colocenses, ad Thessalonicenses, ad Timotheum, ad Titum, ad Ebreos, touz glosez, en ung volume de grosse lettre et de menue, à deux coulombes, couvert de cuir blanc, à queue qui a esté coppée, que donna feu messire Giles Malet[4]. Comm. : *Apud latinos.* Fin : *lutare*. A deux fermoirs, et cloux de laton. — 8 l. — A 669. B 675. D 565. E 597. F 543.

90. Expositio epistole Pauli ad Hebreos, collecta a Beda ex libris beati Augustini, en ung grant volume couvert de cuir blanc, à deux fermoirs de laton, escript de lettre de forme en latin, à II coulombes, que donna messire Giles Malet[5]. Comm. : *Quam ad modum*. Fin : *ficatur quod*. — 12 l. — A 861. B 864. D 573. E 605. F 550.

---

1. A et B : *Gilet*.
2. *Ancienne*. E.
3. *Cuir vert*. E.
4. A et B : *Gilet Malet*.
5. B : *Gilet Milet*.

91. Un livre de l'Apocalipse, en latin, tout historié, et en la fin a pluseurs diz d'enfer et de paradis, en risme; et au commancement dudit livre a pluseurs diz notables bien historiez. Comm. dudit Appocalipse : *Et vidi septem*. Fin : *la serais mis*. Couvert de cuir rouge à emprainte, à deux grans fermoirs d'argent dorez, esmaillez de France, et tissuz asurez. — D 735. E 762.

Enlevé vers 1414. — E 969.

92. L'Apocalipse, en françois, toute figurée et historiée, et en prose. — A 70. B 71.

Le Roy l'a baillée à mons. d'Anjou, pour faire faire son beau tappis. — A. C 29.

(Ce manuscrit paraît bien être celui qui est ainsi indiqué dans les inventaires plus récents :)

93. Une Appocalipse, en françois, de lettre de forme, à deux coulombes, bien historiée et figurée, et y a au commencement dudit livre trois pages toutes figurées. Comm. : *De l'escripture et envoiez au sept yglises*. Fin : *et les IIII euvangiles*. Couvert de cuir rouge plain, et deux petiz fermoirs de laton. — 2 l. — D 891. E 195. F 170[1].

94. Concordances très belles et grandes, escriptes de lettre de forme à vi coulombes, que grandes que petites. Comm. : *Abissum invocat*. Fin : *diaconi sint*. Couvert de cuir blanc à queue, à deux fermoirs de laton. — 3 l. — A 804. B 807. D 521. E 556. F 513.

95. Une Bible abregiée, en un volume, couverte de cuir rouge à empraintes, à quatre fermoirs. — A 254. B 265.

[Baillée] par le Roy à maistre Philippe Ogier[2]. — A. C 78.

***96**. Historia scolastica, en latin, en très grant volume, à ii coulombes, et de lettre de forme. Comm. : *Positionem terre*.

---

1. Cet article et le précédent s'appliquent à l'exemplaire qui fut prêté au duc d'Anjou et qui est conservé à la Bibliothèque nationale, n° 403 du fonds français. Il a été reproduit en phototypie pour la Société des anciens textes français : *L'Apocalypse en français au XIIIe siècle* (Paris, 1900, in-fol.). — Voir la notice VI des livres parvenus jusqu'à nos jours.

2. Philippe Ogier était un des secrétaires du roi.

Fin : *bibliotheca interpretatur.* Couvert de cuir noir à queue, à II fermoirs de laton. — 5 l. — D 764. E 788. F 705.

97. Histoire scolastice, couvert de cuir blanc, à deux fermoirs de laton et bouillons, escript en latin, de menue lettre de forme, à deux coulombes. Comm. : *Paulatim occidente.* Fin : *Duplicato numero.* — 3 l. — A 567. B 582. D 422. E 458. F 431.

*****98**. L'Istoire scolastique, en françois, de lettre de forme, à deux coulombes, en un grant volume plat. Comm. : *A honnorable père.* Fin : *sil l'empereur assit.* Couvert de cuir blanc à queue, à bouillons et fermoirs de laton. — 4 l. — D 913. E 217. F 190.

*****99**. Une histoire scolastique, en françois, en un gros volume, escript de lettre de forme toute neufve, à deux coulombes, très bien historié et enluminé. Comm. : *Comment les fils Noe furent.* [Fin] : *et de vie et qu'il en.* Couverte de cuir rouge empraint, à bouillons et fermoirs de cuivre. — 24 l. — D 915. E 219. F 192.

99 *bis.* (Second volume de l'Histoire scolastique, à la fin duquel Charles V a tracé cette note :) Ceste Bible est à nous Charles le Vᵉ de notre non, roy de France, et est en II volumes, et la fimez faire et parfere. CHARLES. — Bibl. nat., ms. français 5707.

100. Une Bible en françois, ou les Histoires scolastices, en très grant volume, couvert d'une chemise de soye à queue, à deux fermoirs d'argent à roses dorées, escript de bonne lettre de forme toute neuve, à deux coulombes, très bien historiée et enluminée. Comm. : *De l'ivresse Noe et de la malaisson.* Fin : *comme flambe de feu.* Et est signé en la fin : *J. d'Arçonval.* — 60 l. — A 911. D 922. E 900. F 198.

Envoyé au Louvre, en janvier 1409 (v. st.), par le duc de Guyenne.

101. Une Bible historiée et toute figurée à ymages, qui fut de la royne Jehanne d'Evreux[1]. Comm. : *Cy depart Dieux.*

---

1. Cette Bible historiée devait présenter beaucoup d'analogie avec celle qui

Fin : *Cy vient Booz.* Couverte de soye, à deux fermoirs d'argent. — 16 l. — A 14. B 14. D 35. E 34. F 23.

102. La très belle Bible, toutte ystoriée, que fist faire le roy Jehan, couverte de drap dor à Agnus Dei. — B 256.
Au Boiz.

103. Une grant Bible, en un volume, hystoriée, et en françois, à iiii fermoirs d'argent des armes de la royne de Bourbon, couverte de cuir rouge à empraintes. — A 1. B 1.
Le Roy l'a prise le 29 de decembre 1398. — A. C 1.

104. Un roulle couvert de drap d'or, où sont figurez d'un costé et d'autre aucunes hystoires de la Bible. — A 217. B 219.
Le Roy l'a donné à Madame Marie[1]. — A. C 58.

105. Aucunes figures et notables de la Bible, historiées très mauvaisement, en ung gros volume court, couvert de cuir blanc. Comm. : *Cy len commencement.* Fin : *ex* (sic) *n'a pas veu*[2]. A deux fermoirs de cuivre. — 16 s. — A 188. B 190. D 127. E 124. F 107.

106. Figurez et exposicions sur aucuns livres de la Bible. — B 438.

107. Item histoires et figures sur la Bible, en françois, de vieille lettre de forme, à deux coulombes. Comm. : *Si dist Diex Noe fe.* Fin : *nacions parcius* (sic) *que.* Couvert de cuir vert, à deux fermoirs de laton. — 20 s. — D 904. E 208. F 182.

108. Aucuns des faiz de la Bible, rimez, et la Passion aussy, vies de pluseurs sains en prose, et le Trespassement Nostre Dame, escript en françois, de lettre formée, à deux coulombes. Comm. : *Estrumens.* Fin : *quant Dieu reperera.* Couvert de cuir, à deux fermoirs de laton. — 1 l. — A 425. B 447. D 298. E 339. F 317.

109. Un livre couvert de cuir rouge empraint, des Signifiances du vieil et nouvel Testament, escript de lettre formée,

porte à la Bibliothèque nationale le n° 9561 du fonds français. — Voir *Hist. littéraire de la France,* t. XXXI, p. 246.

1. Sans doute la sœur du roi Charles V, Marie, femme de Robert, duc de Bar.
2. *Volu.* F.

en françois. Comm. : *bles et les mains.* Fin : *Qui est enmy.*
Très viel. — A 222. B 226. D 147. E 143.

Enlevé vers 1414. — E 927.

110. Compilacions de pluseurs escriptures saintes, par
manière de paraboles et de enseignemens, et fut fait à
l'exemple d'un livre qui fut de la royne Jehanne d'Evreux, et
se appelle « Cy nous dit »; escript de lettre de forme, en
françois, à une coulombe, et y a très grant quantité d'istoires.
Comm. : *En trois parties en l'air.* Fin : *chante messe.* Et est
signé du roy JEHAN. Couvert d'une chemise de soie asurée, à
queue, et deux fermoirs d'argent dorez. — A 87. B 88. D 65.
E 64. F 53.

Porté à Saint-Germain[1]. — B.

111. Un livre couvert de soie noire et blanche à queue,
appellé « Cy nous dist », très parfaitement bien escript, de
menue lettre de forme, en françois, à deux coulombes[2].
Comm. : *Cy nous dit comment Pilate.* Fin : *sanz finer il
voyent.* Et est signé CHARLES. A deux fermoirs d'argent dorez,
esmaillez de France. — 8 l. p. — A 250. B 253. D 176. E 172.
F 813.

112. Ung livre qui fut de feue la royne Jehanne de Bourbon, appellé « Sy nous dit ». A Melun. — G 2002.

113. Un Livre couvert de soye rouge, qui est appellé la
Composicion de la sainte Escripture, des Miraclez Nostre
Dame, de Theophile, et de plusieurs autres, à deux fermoirs
d'argent esmaillés de France, et tissus de soye vert, [que donna
au Roy Giles Malet]. — A 257. B 268.

En déficit. — C 80.

114 et **115.** Le Racionale de divins offices, très bien
escript, historié et enluminé, en françois, de lettre de forme et
à deux coulombes. Comm. après les rebroiches : *Apert il de*

---

1. Figure en ces termes sur l'inventaire G, art. 2100 : « Ung livre appellé Cy
nous dit, couvert de veluiau my parti, à deux fermoers de fer. A Saint-Germain-en-Laye. » — En marge de F : *Non est.*

2. Variantes de F. : « De très belle lettre de forme. Commençant ou ii° fo.
après la table : *pas ou nie,* et ou derrenier : *or faisons don.* Couvert d'une
chemise longue, à queue, de drap de soie ouvré de blancs. »

Ptholomée. Fin : *re par le commencement*. Et est signé Charles. Couvert d'une vieille chemise de soie à courte queue, à deux fermoirs d'argent dorez, esmaillez, en l'un desquels a escript : *Racio*, et en l'autre : *nale*. — Et le translata maistre Jehan Goulain[1]. — 16 l. — A 201. B 214. D 886. E 190. F 167[2].

A mons. d'Anjou, vu° d'octobre 1380. — A. B. C 54.

116. Le Miroir de l'Eglise, translaté par frère Jehan de Vignay, en françois[3], escript de lettre formée, à deux coulombes. Comm. : *D'ilec aux nobles*. Fin : *ves ne puet*. Couvert de cuir rouge empraint, à ii fermoirs d'argent. — 1 l. 4 s. — A 163. B 163. D 106. E 104. F 87.

117. Le Miroir de l'Eglise en prose, translaté par frère Jehan de Vignay, couvert de soie, bien escript de lettre formée, à deux coulombes. Comm. : *Est bien garny*. Fin : *qui voult mieulz*. A deux fermoirs d'argent. — 1 l. 4 s. — A 165. B 166. D 109. E 107. F 90.

118. Le Mirouoir de la messe et d'armez, en un livre plat, couvert de cuir qui jadiz fut rouge, à petis boullons. — A 267. B 279.

En déficit. — C 83.

118 *bis*. Un petit livret couvert de cuir rouge, où est le Racionnel de la messe[4]. — H 98.

119. Lectiones breviarii secundum consuetudinem Romane ecclesie, en un très grant volume, escript de grosse lettre boulenoise, à ii coulombes. Comm. : *Setum meruit accipere*. Fin : *Nicholao obtulit*. Couvert de vielz cuir blanc, à pluseurs bouillons de fer, à deux fermoirs, l'un de cuivre, l'autre de fer blanc, et deux tissuz vers. — 8 l. — D 787. E 811. F 728.

---

1. Cette phrase n'est que dans A et B.

2. J'avais cru jadis qu'il y avait eu dans la librairie du Louvre deux exemplaires du Rational, auxquels j'avais donné les n°° 114 et 115 dans mon abrégé des inventaires de cette librairie. J'ai reconnu que cette hypothèse devait être abandonnée. Les deux descriptions s'appliquent toutes au même exemplaire, le n° 437 du fonds français de la Bibliothèque nationale. — Voir la notice XII des livres parvenus jusqu'à nos jours.

3. Un exemplaire de cet ouvrage est à la Bibliothèque nationale sous le n° 19810 du fonds français.

4. Article faisant peut-être double emploi avec l'article précédent.

120. Ung Breviaire à l'usaige de Romme, bien escript et enluminé d'or (comm. : *Filio*); et sont les fueilletz dudit breviaire dorez à lozanges bezancées; et à deux fermoirs d'argent dorez et esmaillez chascun à ung osteau[1]. En la grant chambre du roy à Vincennes. — G 3298.

121. Ung Breviaire assez longuet, enluminé et ystorié d'or et de noir, à l'usaige de Romme (comm. : *Speravit*); et a une pippe d'or esmaillée aux armes de la royne Jehanne de Bourbon; et a une couverture de brodeure des armes de ladicte dame, et ung fermoier d'or esmaillé desdictes armes, en l'un IIII, et en l'autre V; et est en ung estuy brodé des armes de ladicte dame. En la chambre du Roy à Vincennes. — G 3302.

122. Un Breviaire à l'usaige de Romme ou d'autre, couvert d'une chemise de sandal à soleilz, à deux fermoirs d'or, aux armes de monseigneur le Daulphin et de la Royne[2], escript en latin de lettre de forme, à deux coulombes, historié et enluminé, commençant ou IIe fo. *est gloria*, et ou derrenier *ignem sui*, en ung estuy de cuir, pendant à un tissu garny de boucle et mordant d'argent doré. — A 837. B 841. D 580. E 609.

Enlevé vers 1414. — E 953.

123. Un Breviaire à l'usage de Paris, en deux gros volumes, qui fu Gencien Tristan. — A 849.

Aus chanoines du Bois. — A. C 168.

124. Un Breviaire en deux volumes, à l'usage de Paris, couvert de deux chemises blanches. — A 852. B 855.

Baillé à mons. de Montpancier, le 20 juin 1388. — C 171.

125. Un très bel Breviaire, à l'usage de Paris, en un gros volume quarré, lez aiz couvers de brodure à fleurs de liz et la pippe de perles. — A 893. B 896.

Le Roy l'a prins pour dire ses Heures. 20 de jenvier 1388 (v. st.). — A. C 185.

126. Ung très beau Breviaire, en deux mendres volumes, très bien escript et ystorié, à l'usaige de Paris, sans note. Et se commance la première partie ou second fueillet du psaultier

---

1. Sorte de rosace. Voir plus loin, art. 165.
2. *Qui fu de la royne de Bourbon.* A.

mei et exaudi. Et la seconde partie commance à la Trinité, et a ou second fueillet *in cubilibus nostris.* Et sont les fermoirs d'or, plaz, esmaillez de France. En la grant chambre du Roy à Vincennes. — G 3280.

127. Un petit Breviaire, très bel et très noblement escript, sans note, à l'usaige de Paris, dont le bref est en françoys, à deux fermoirs d'or, à deux boutons de perles; et est la pippe d'une grosse perle ou mylieu, ung saphir et ung ballay ou mylieu; couvers d'un camocas de plusieurs sortes. Et se commance le second fueillet *gitacionibus suis.* En la grant chambre du Roy à Vincennes. — G 3283[1].

128. Ung Breviaire entier, à l'usaige de Paris, très bien escript et ystorié, dont la seconde page se commance *quam irritaverunt;* et est couvert aux armes de France à fleurs de lys d'or trait; et sont les fermoirs d'or plaz, à ung carré des armes de monseigneur le Daulphin, et la pippe à deux petites esmeraudes, troys grenatz et deux grosses perles. En la grant chambre du Roy à Vincennes. — G 3284[2].

129. Ung très petit Breviaire entier, menuement escript, à l'usaige de Paris, et est le Psaultier ou mylieu, et se commance le second fueillet *Israel;* et y a deux petiz fermoirs d'or à charnières neellez. En la grant chambre du Roy à Vincennes. — G 3285.

130. Ung très bel Breviaire, grossettement escript, à l'usaige de Paris, et le commencement du second fueillet est *leticiam in corde meo;* et sont les fermoirs d'argent dorez tous plains. En la grant chambre du Roy à Vincennes. — G 3286.

131. Ung très bel Breviaire entier, à l'usaige de Paris, lequel est noté, et se commance le second fueillet *Amen,* noté; à deux fermoirs d'argent, esmaillez de France. En la grant chambre du Roy à Vincennes. — G 3287.

132. Ung petit Breviaire, très bien escript et bien enlu-

1. Ms. latin 13233 de la Bibliothèque nationale. — Voir la notice XXIV des livres parvenus jusqu'à nos jours.

2. Ms. latin 1023 de la Bibliothèque nationale. — Voir la notice XIX des livres parvenus jusqu'à nos jours.

myné, à l'usaige d'Angleterre, et est le psaultier ou mylieu (Comm. : *Totum annum*); et fermé à deux crochets d'argent dorez, couvert d'une couverture de brodeure à oiseaulx, à arbresseaulx. En la grant chambre du Roy à Vincennes. — G 3297.

133. Ung petit Breviaire noté, en deux volumes appellé l'Anglois. A la suite du Roy. — G 1241.

134. Un petit Breviaire, noté, entier, grosset. Comm. : *Valde velociter*. — G 1240.

135. Ung Breviaire noté, en ung volume bien escript, ouquel on ayde à dire les Heures au Roy (Comm. : *Veniet*); et a deux fermoirs d'argent dorez, tous desesmaillez. — G 1235.

136. Une partie d'un grant Breviaire en deux volumes, noté, commençant à l'Avent, couvert de cuir blanc à queue.

L'autre partie dudit Breviaire, commençant à la Trinité, du volume et couverture de l'autre. — A 536 et 537.

Baillé aus chanoines que le Roy a fondez au boiz de Vincennes. — A. C 121 et 122.

137. Ung grant Breviaire noté, en deux volumes, dont le second fueillet du premier volume se commence : *In te omnes*. A la suite du Roy. — G 1238.

138. Un très bel Bréviaire, en deux très gros volumes, à fermoirs quarrés, esmaillés de France, les deux volumes couvers de soie inde à queue. — B 878.

139. Un Breviaire gros et court, au commancement duquel a un kalendier, et le psaultier après, bien escript et enluminé. Comm. dudit psaultier : *ni est salus*. Fin : *ressuscitari faciat*. Couvert de drap d'or sanz queue; à une pipe de brodeure, et deux fermoirs d'argent dorez, sans esmaulz, à tissuz de soie vert. — D 736. E 763.

Enlevé vers 1414. — E 970.

140. Ung grant Breviaire sans note, très bien escript et très bien ystorié et enluminé, en deux volumes (second fueillet du premier volume : *ab eo*), et est couvert de veluiau, bordé à fleur de lys; et sont les fermoirs d'or, esmaillez aux armes de

France, et est la pipe aussi d'or esmaillée sur le demy ront desdictes armes. — G 1233.

141. Ung Breviaire plus petit, en un volume, très bien escript et enluminé (comm. : *Et dolosum*); et sont les fermoirs d'or esmaillez aux armes de France, et une pipe d'or à troys boillonnez. — G 1234.

142. Ung grant Breviaire entier, très noblement escript et très noblement enlumyné et ystorié, et le Psaultier ou mylieu du breviaire; et se commance le seconde page : *Cognovit bos*. Et sont les fermoirs d'or; et est en l'un ung roy, et en l'autre ung image à genoulx. Et est la pippe ouvrée à une orbevoye. Et en est le brief en françoys. En la grant chambre du Roy à Vincennes. — G 3281[1].

143. Ung Breviaire, entier, très bien escript, sans note, et a les deux fermoirs d'or, à tissu d'or trait, et ou fermoir en chascun ung ruby d'Alixandre et quatre perles; et est la pippe d'or à ung ballay et à six perles; en ung estuy fort, fermant à serreure. En la grant chambre du Roy à Vincennes. — G 3282.

144. La moittié d'un Breviaire de la partie de l'Advent (comm. : *spectu tuo*); et y a deux fermoirs d'argent tous blancs. — G 1239.

145. Ung grant Breviaire, en deux volumes, couvers de brodeure, aux armes du roy Jehan quant il estoit duc de Normendie, l'un commençant à l'Advent, et l'autre à la Trinité; et sont très beaulx, très bien escripz et bien enluminez. Et se commance chascun fueillet du psaultier *dive* (?) *misericordie tue*, et sont notez à l'usaige de Paris, et ont fermoirs d'argent dorez, à ung esmail carré, des armes dudit roy Jehan. En la grant chambre du Roy à Vincennes. — G 3279.

146 et **147**. Un breviaire en un estuy de brodeure des armes de France et d'Arragon, qui fut rapporté après le trespassement Madame Jehanne de France[2], escript de lettre de forme, à deux

---

1. Ms. latin 1052 de la Bibliothèque nationale. — Voir la notice XXIII des livres parvenus jusqu'à nos jours.

2. Jeanne, fille du roi Jean, fiancée à Jean d'Aragon, morte en 1371. Le bré-

coulombes. Comm. du psaultier : *In judicio*[1]. Fin : *Circuitu meo*. A deux fermoirs d'or esmaillez desdites armes, et est ledit estuy fermé d'une courroye d'un tissu à boucle et mordant, lesdiz fermoirs d'argent doré. — A 871 *bis*. B 873. D 564. E 596.

Enlevé vers 1414. — E 951.

148. La moité d'un Breviaire dont les aiz sont couvers de broderie de France et de Bourgoigne endentez, à deux fermoirs d'or esmaillés de France, escript de lettre de forme, à deux coulombes, bien historié et enluminé. Comm. : *dam memoria*. Fin : *da speratum*. Et à présent couvert d'une chemise de toile vieille. — A 902. B 905. D 550. E 582.

Enlevé vers 1414. — E 945.

149. Un Breviaire couvert d'une chemise de satanin à queue doublé de sandal asuré, brodée aux armes de la Royne, à deux fermoirs d'or dont les tissus sont garniz de perles menues, et les fermoirs aussy chascun à quatre perles, et a au bout de chascun desdiz fermoirs un laz de soye, auquel a ung bouton de perles, à une pipe dor à deux perles, et y fault la pierre du milieu; historié et enluminé; en latin; escript de lettre de forme, à deux coulombes. Comm. du psaultier : *mini qui*. Fin : *tion et les trois*. — A 838. B 841. D 581.

150. Un Breviaire, dont les aiz sont couvers de veluyau vermeil de brodure aus armez du pappe Clément[2]. — A 877. B 880.

Donné au patriarche d'Alexandrie[3] quant il donna le livre royal[4]. — A. C 181.

---

viaire se trouva plus tard dans le mobilier de Charles V : « Ung Breviaire estant en ung estuy de broderie des armes de France et d'Arragon » (G 1232).

1. Variante de E. : « Commenceant au ii* fueillet du psaultier : *quoniam irritam erat*. » — Ce dernier mot doit être une mauvaise lecture du mot *irritaverunt*, dans le verset 11 du psaume V. Je dois faire observer que dans le ms. latin 1023 de la Bibliothèque nationale, identifié avec le n° 128 du présent catalogue, le second feuillet commence par les mots : *quam irritaverunt*.

2. Clément VI, mort en 1352. C'était un français, Pierre Roger, qui avait été archevêque de Rouen.

3. Jean de Cardaillac, mort le 7 octobre 1390. *Gallia christiana*, t. XIII, col. 42.

4. Voir plus loin l'art. 1016.

151. Un Breviaire que fist faire Madame d'Avaugour[1] à l'usage des Frères Mineurs, couvert de cuir rouge à empraintes, à deux fermoirs d'argent d'ancienne façon. — A 842. B 846.

A mons. d'Anjo, 22 de novembre 1380. — A. C 103. — A mons. de Harcourt. — B.

152. Ung très beau Breviaire très parfait, bien escript, très noblement enluminé et très richement ystorié, lequel est en deux volumes, et est à l'usaige des Frères Prescheurs, et est appellé le Breviaire de Belleville; et se commance le second fueillet du premier volume *et scitote*, et du second volume *justice*, et en sont les fueillez par dehors ystoriez à ymages; et sont les fermoirs d'argent doré, esmaillez des armes de Belleville. Et sont en deux estuiz de cuir bouilly, ferrez. En la grant chambre du Roy à Vincennes. — G 3294[2].

153. Ung autre plus petit Breviaire, en deux volumes et deux estuiz brodez, enluminez d'or et istoriez de blanc et de noir, très bien escripz comme dessus. Et se commance le second fueillet du premier volume *qui habitat*, et du second *sum rex*. Et sont les fueillez ystoriez, et sont couvers de perles blanches et yndes. Et sont les fermoirs du premier volume d'or à deux ymages, et du second d'or armoyées de France l'un, et l'autre d'Evreux. Et a ou premier volume une pippe d'or, où a ung saphir et ung ballay aux deux boutz et une perle ou mylieu. Et sont en deux estuiz de broderie. En la grant chambre du roy à Vincennes. — G 3295[3].

154. Un Breviaire en un estui de cuir qui estoit à Saint-Pol[4]. — A 857. B 860.

Porté à Saint-Germain-en-Laye. — A 8. C 174.

155. Deux volumes qui font un Breviaire, qui fu de maistre Martin de Melon. — A 871.

Aus chanoines du Boys. — A. C 179.

---

1. Probablement Marguerite d'Avaugour, qui testa le 20 juin 1875. Le Père Anselme, t. III, p. 60.

2. Mss. latins 10483 et 10484 de la Bibliothèque nationale. — Voir la notice XVII-XVIII des livres parvenus jusqu'à nos jours.

3. Au Musée Condé. — Voir la notice XXII des livres parvenus jusqu'à nos jours.

4. Waleran de Luxembourg, qui fut disgracié à la fin du règne de Charles V.

***156.** Un grant livre plat, ouquel sont les laudes et heures, commençant le dimanche d'après les octaves de la Thiphanie, sur chacun jour de la sepmaine, quant on fait la diée, escript de grosse lettre boulenoise et noté. Comm. du premier foillet : *Te Deum laudamus*, en note. Fin : *ad Magnificat antiphona*, en rouge lettre. Couvert de cuir vert à ii fermoirs de laton. — 20 s. — D 766. E 790. F 707.

157. Ung livre couvert de vert et rouge, à rosettes blanches, où sont escriptes anthaines, respons, oroisons et autres choses en françois, en manière de breviaire, escript de lettre de forme, à deux coulombes. Comm. du texte : *Et ne nos.* Fin : *ou il mena.* A ii fermoirs d'argent dorez. — 15 s. — A 251. B 254. D 152. E 148. F 129.

158. Antaines et autres choses notéez et respons. — A 611. Baillé aus chanoines [du Bois]. — A. C 136.

***159.** Plures anthiphone et hymni notati, en un grant volume, escript de grosse lettre de forme, à une coulombe. Comm. : *Ecclesia.* Fin : *vitam presta.* Couvert de cuir rouge, à cinq bouillons et ii fermoirs de cuivre. — 2 l. — D 748. E 772. F 690.

160. Un livre de Hymnes, glosé, couvert jadiz de cuir rouge, et à present de cuir blanc, escript en latin, de lettre de forme grosse et menue. Comm. : *Euvangelicam predicationem.* Fin : *Idem ad.* — 10 s. — A 782. B 785. D 533. E 567. F 523.

161. Ung livre appellé les Venitez[1]. — G 1221.

162. Ung Messel, à l'uzage de Romme, qui estoit madame Ysabel[2]. A la suite du Roy. — G 1231.

163. Ung Messel colletaire, à l'usaige de Romme, très bien escript, bien enluminé et ystorié. Comm. : *Antiphona servito.* Couvert de broderie à angelz, à deux fermoirs d'or, armoyé des armes de la royne Jehanne de Bourbon. En la chambre du Roy à Vincennes. — G 3301.

---

1. *Les Veritez*, éd. Labarte.
2. Isabelle de France, sœur de Charles V, femme de Jean-Galéas Visconti, morte en 1372.

164. Ung très bel Messel, sans note, très bien escript à l'usaige de Paris (comm. : *bant et que sequebantur*), à deux fermoirs d'or, esmaillez des armes de la royne Jehanne d'Evreux et de la royne Marie de Breban[1]. En la grant chambre du Roy à Vincennes. — G 3288.

165. Ung Messel plat, très bien menuement escript, sans note, à l'usaige de Paris, et bien richement enluminé, dont le second fueillet se commance *in illo tempore*; et est couvert de veluiau vert, brodé à arbresseaulx de menues perles; à une chemise de drap de soie, et à deux fermoirs d'argent dorez, en chascun desquelz a cinq compas, où il a cinq osteaulx[2] à jour. En la grant chambre du Roy à Vincennes. — G 3290. H 297.

En déficit en 1420.

***165** *bis*. Un beau Missel noté, à l'usage de Paris, en grant volume, bien enluminé et historié, au commancement duquel il y a un calendrier de lettre d'or et d'azur, lequel livre a esté baillé à Guernier de Saint Yon, ou mois de mars 1420 avant Pasques, par maistre Guillaume Breteau, receveur des forfaictures et confiscacions, pour mettre en la librairie du Louvre. Comm. : *Et salutare*. — F 215.

166. Un Messel grant, noté, en un volume, à l'usage de Rouen, couvert d'une chemise de soie à queue, que donna au Roy le cardinal de Beauvaiz[3]. — A 535. B 552.

Baillé par le Roy à mons. de Guienne, son ainsné filz, le 8 d'avril 1410, pour sa chappelle. — A. C 120.

167. Ung petit Messel, à l'usaige Saint-Dominique, sans note (comm. : *tion*), à deux fermoirs d'argent, esmaillez de France. — G 1214.

168. Une partie d'un Messel commençant à l'Avent, qui est en très grant volume, de grosse lettre, à iiii fermoirs. — L'autre partie commençant à la Trinité et de celle lettre. — A 533 et 534.

---

1. La seconde femme du roi Philippe le Hardi, morte en 1321.
2. Sorte de rosace. Voir Godefroy, au mot *Ostel*, et plus haut, art. 120.
3. Le cardinal Jean de Dormans, mort le 7 novembre 1373.

Baillé par le Roy à ses chanoines que il a fondez au boys de Vincennes nouvellement. — A. C 118, 119.

169. Une partie du grant Messel commençant à l'Avent et finant à la Penthecouste, de grosse lettre, à fermoirs d'argent. — L'autre partie dudit Messel, commançant à la Pentecouste, de telle lettre et volume et fermoirs d'argent. — A 539, 540. B 554, 555.

Baillé aus chanoines de Vincennes. — A. C 123, 124.

*170. Un Messel en deux volumes, dont le premier commence au dimenche des Advens et finist à la Penthecoste, avec le Commun des sains, en la fin. Comm. après le kalendier : *rum et induamur*. Fin : *Deus qui*. — L'autre volume commençant puis ladite Penthecoste, et finissant à l'Advent. Comm. : *Erant omnes*. Fin : *tate carnis*.

Et sont lesdiz deux volumes escripz de belle lettre de forme, tout un et bien enluminez, couverz de cuir rouge à empraintes, l'un à deux fermoirs d'argent blanc et tissuz vert, et l'autre à 1 fermoir seulement pareil aux autres. — 20 l. — D 750 et 751. E 774 et 775. F 692 et 693.

171. Ung très bel Messel noté, pour le grant autel, enluminné et ystorié, et très bien escript (comm. : *mencia*); à deux petits fermoirs d'argent doré, à ung compas enlevé. A la suite du Roy. — G 1213.

172. Ung grant Messel pour les prelatz (comm. *Consolacio*), bien escript de grosse lettre et bien enluminé, couvert d'une couverture à fleurs de liz d'or sur veluiau azuré, et à deux fermoirs d'or, à deux escussons d'or à troys fleurs de liz enlevées, et une pipe d'or à troys pommelles d'or, à deux fleurs de lys aux deux boutz. — G 1208.

173. Un Messel de grosse lettre, qui souloit servir en la petite chapelle du Louvre, en la tournelle emprès la chambre du Roy, couvert de soie tennée à queue, et deux fermoirs d'argent. — A 870. B 872.

Le Roy l'a devers soy. — B.

Le Roy l'a baillié à mons. le Dalphin pour construire les evangiles. — A. C 178. — Et puet estre que c'est cellui qui, par mandement du Roy et certificacion de maistre Raoul de

Justi ....., le xxvi de janvier IIII[xx] et ...[1], fu baillé audit maistre Raoul, qui estoit maistre d'escole demons. de Valois[2]. — C 178.

174. Ung Messel en la chappelle [la petite chappelle du Roy au Louvre], à deux fermoirs, des armes monseigneur le Daulphin. — G 2336.

175. Ung très bel Messel, bien escript et bien enlumyné, qui est pour le Roy, en son oratoire (comm. : *Jesu Christi*); à deux fermoirs d'or, hachiez à fleurs de lys, et les tiroirs de chesnettes d'or, à ung petit lys au bout. A la suite du Roy. — G 1215.

176. En la chappelle estant emprès l'oratoire du Roy, en la grant tour du boys de Vincennes, a ung Messel, très bien escript et noté, et se commance ou deuxiesme fueillet *corpora*. — G 2621.

177. Ung Messel très bien escript et noté, et a en la fin les Sept pseaulmes et le Psaultier saint Jerosme, à deux fermoirs d'or plaz, esmaillez des armes de France, .et se commance le second fueillet *ad te*. Noté. En la grant chambre du Roy à Vincennes. — G 3289.

178. Ung bel petit Messel, couvert de camocas, à ung fermoir d'argent blanc, et y fault l'autre. Comm. : *um per dominum*. A la suite du Roy. — G 1229.

179. Ung Messel. A Melun. — G 2007.

180. Ung très bel petit Messel, qui fut madame Marie de France[3]. A la suite du Roy. — G 1204.

181. Un Messel noté, à deux fermoirs des armes de monseigneur le dalphin, couvert de soie à queue, à feulliez de vigne. — A 883. B 886.
Baillé à mons. de Valoiz[4] pour construire les evangiles. — A. C 183.

---

1. Le relieur a enlevé les lettres qui figuraient la dernière partie de cette date.

2. Louis, fils de Charles V, plus tard duc d'Orléans. Voir plus loin l'art. 181.

3. Fille du roi Jean, femme de Robert, comte de Flandre.

4. Louis, depuis duc d'Orléans. Voir plus haut l'art. 173.

182. Un Messel, en deux volumes couvers de veluyau more à queue, à deux fermoirs d'argent, esmaillez, escartelez de France et d'Athènes[1], et sont notez, et furent messire Jehan Royer[2], evesque de Meaulx; escript en latin de lettre de forme. Comm. après le kalendier : *In omnibus*. Fin : *pater ave*. Et y a une pipe d'argent, et signez de soie. Comm. du second volume : *In omnibus*. Fin : *aperis tu*. Et sont les deux volumes historiez et enluminez. Et a le second volume une pipe et signez de soie. — A 845. B 849. D 577 et 578.

183. Ung très bel Messel, bien escript et bien richement enluminé, aux armes de Belleville; et est à l'usaige de Saint-Dominique; et est nommé le Messel de Belleville, et se commance le second fueillet *per*. En la chambre du Roy à Vincenne. — G 3300[3].

184. Un très bel Messel, escript de lettre de forme, en françois[4], et bien enluminé. Comm. : *Le premier dimenche*. Fin : *le chevalier Jhesus*. Couvert de veluau inde, brodé à aigles d'or, fermant à deux tissuz de soie inde, à une greve d'or parmi, et deux fermoirs d'or esmaillez de France, et demie barre de gueules, qui sont les armes de la royne de Bourbon, et deux boutons de perles au bout des tirans; à une chemise de toille de Reins par dessus, en un estuy de cuir ausdites armes. — 30 l. — A 224. B 226. D 182. E 178. F 156.

A mons. de Bourgongne en 1403, 18 d'avril, par commandement du Roy. — A.

---

1. On peut supposer que ce Missel avait appartenu à Gautier de Brienne, connétable de France, qui avait le titre de duc d'Athènes et qui périt à la bataille de Poitiers.

2. Jean Royer, évêque de Meaux, mort en 1377 ou 1378.

3. Volume qui devait avoir été exécuté avec le même luxe que le Bréviaire de Belleville (voir plus haut, n° 152), et dont la disparition est infiniment regrettable.

4. La première traduction du Missel paraît avoir été commencée pour Blanche de Navarre, seconde femme de Philippe de Valois. On lit dans l'inventaire des livres de l'oratoire du feu duc Philippe le Hardi, en 1404 : « La plus grant partie des cayers d'un messel translaté de latin en françois, lequel fist faire feu la royne Blanche, et lequel a esté laissié à parfaire, pour ce que on dit qu'il n'est pas expedient de translater tel livre, en especial le saint canon » (Peignot, *Catalogue de la bibliothèque des ducs de Bourgogne*, p. 56).

***185.** Un très bel Messel, en françois, au commencement duquel a un kalendier bien figuré, escript de bonne lettre de forme, à deux coulombes, bien historié et enluminé. Comm. : *Le XIIIe dimenche.* Fin : *le nom de li chantent.* Couvert de drap d'or, à deux fermoirs dargent dorez, esmaillez de France. — 12 l. — D 887. E 191. F 168.

186. Un Messel en françois, en petit volume, bien escript. — A 102. B 103.

Le Roy l'a donné à la Royne pour sa suer la prieuse de Poissy. — A. C 37.

187. Un Messel en françoiz, couvert de soie à queue, à feulliagez verz et rougez. — A 242. B 246.

Baillé à la Reyne. — A. C 73.

188. Ung Evangelier et ung Epistolier, dont les aiz sont d'argent dorez, à ymages enlevez, c'est assavoir : l'Evangelier, d'un costé, de Dieu en sa majesté et des quatre evangelistes, et de l'autre, le Crucifiement, esmaillé autour des bors des armes de la royne Jehanne d'Evreux ; et les ymages de l'Epistolier, l'un, du couronnement, et l'autre, de l'Annonciacion. — G 1207.

(Autre description des mêmes livres :)

Un epistolier de très belle lettre de fourme (comm. : *labat in tenebris*), couvert de deux ais d'argent doré, esmaillié par les bors d'esmaulx de plusieurs ymaiges, à une nunciation Nostre Dame d'un costé, à imaiges enlevez, et l'autre costé le couronnement, et y fault un des fermoirs ; pesant, ainsi qu'il est, xxi marcs ii onces.

Un livre d'euvangiles, de pareille lettre de fourme (comm. : *civitatem*), à semblables couvertes ou ais d'argent, esmaillé comme dessus, en l'un des costez un cruxifis, Nostre Dame et saint Jehan, d'argent enlevez, et en l'autre un Dieu de magesté et quatre evangelistes, et y fault un des fermoirs, pesant, ainsi qu'il est, xix marcs et demi. — H 140 et 141.

189. Les Epistres et euvangiles, couvertes de veluau inde, lesquelles furent translatées par maistre Jehan de Vignay[1], et sont bien escriptes[2], en françois, de lettre de forme. Comm. :

---

1. *Frère Jehan de Vignay.* B.
2. B ajoute : *et ne sont pas enluminez,* mots qui ont été biffés dans A.

Quelzconques choses. Fin : *en ce calice.* A deux fermoirs d'argent doré. — 4 l. — A 71. B 72. D 38. E 37. F 26.

190[1]. . . . . .

191. Ung livre couvert de cuir rouge empraint, de epistres et d'evangiles en françois, escript de lettre formée. Comm. : *Adecertes.* Fin : *si qui seront.* A deux fermoirs de laton. — 24 s. — A 224. B 227. D 148. E 144. F 126.

192. Un livre couvert de drap inde et rouge, où sont euvangiles et espitres en françois, très bien escript de lettre formée, à II coulombes. Comm. : *De Dieu.* Fin : *Viande et.* A deux fermoirs d'argent dorez et esmaillez. — 2 l. 8 s. — A 126. B 127[2]. D 94. E 92. F 78.

193. Ung Evangelier, gros et bien escript et enluminé, dont la seconde page se commence : *Et omnis;* et sont les fermoirs d'argent dorez des armes de France, tous desesmaillez. — G 1224.

194. Les Euvangiles en françois, puis le premier dimenche des Advens, jusques à la Thiphaine, les Paraboles Salmon, Sapience, Cantiques, Ecclesiastique, en prose; escript de lettre formée, en françois, à deux coulombes. Comm. du texte : *Et vint en la terre.* Fin : *toute plante.* Couvert de cuir rouge, à deux fermoirs de laton. — 1 l. — A 420. B 442. D 293. E 334. F 312.

***195**. Un Epistolier, couvert de cuir blanc à queue, à cinq bouillons et deux fermoirs de cuivre, escript de grosse lettre de forme à une coulombe. Comm. : *Veritatem Dei.* Fin : *ban multum quoniam.* Et est signé en la fin : J. D'ARÇONVAL. — A 927. D 938.

---

1. Sous ce numéro avait été enregistré, d'après les deux premiers inventaires (A 126 et B 127), un exemplaire des Évangiles et Épîtres en français, qui a été reconnu faire double emploi avec celui que les inventaires postérieurs mentionnent avec plus de détails, comme on le voit quelques lignes plus bas, sous le n° 192.

1. Le texte des deux premiers inventaires porte simplement : « Un livre couvert de drap ynde et rouge (ou : de veluyau ynde), où sont evangilles et espitres en françois, très bien escript et à fermoirs d'argent. »

Envoyé au Louvre en janvier 1409 (v. st.) par le duc de Guyenne. — A. D.

196. Ung Epistolier, où les proses sont au bout. Comm. : *Quarta*. — G 1225.

*****197**. Un greel pour une eglise, noté et bien escript, à une coulombe. Comm. : *mam meam Deus*. Fin : *Christus totus*. Couvert de cuir blanc, à bouillons et deux fermoirs de laton. — A 918. D 929.

Envoyé au Louvre en janvier 1409 (v. st.) par le duc de Guyenne. — A.

*****198**. Un Graal noté, couvert de cuir blanc à queue, à cinq bouillons et deux fermoirs de laton. Comm. : *Genuit Mathan*. Fin : *patrem omnipotentem*. — A 926. D 937.

Envoyé au Louvre en janvier 1409 (v. st.) par le duc de Guyenne. — A.

199. Ung Greel. Comm. : *nimam meam*. A la suite du Roy. — G 1223.

200. Ung petit Greel (comm. : *Manifeste*), à deux fermoirs d'argent, esmaillez de France. — G 1211.

201. Processions et autres choses notées. — A 620.
Baillé aus chanoines du Boiz. — A. C 140.

202. Un livre de processions, à l'usage de la Sainte Chappelle du palais, noté. — A 606.
Baillé aus chanoines du Boys. — A. C 135.

203. Douze petiz cayers de Processions et de nouvelles festes. A la suite du Roy. — G 1222.

204. Letanies, Agnus, Glorias, Kyrieleyson notez. — A 612.
Baillé aus chanoines du Bois. — A. C 137.

205. Un livre nomme Collectaire, couvert de veluyau sanguin, à deux fermoirs d'argent dorez, esmaillez de la royne Jehanne de Bourgoigne, escript en latin de lettre de forme, à deux coulombes. Comm. d'après le kalendier en lettre rouge : *Parission et du*. Fin : *nat furore*. — 2 l. — A 839. B 843. D 586. E 614. F 557.

206. Ung très bel petit Collectaire, escript et enluminé, et couvert de perles comme les deux breviaires de dessus[1]; et a une petite pippe de troys perles, une esmeraude et ung ruby d'Alixandre; en ung estuy brodé aux armes de monseigneur d'Orleans. — En la grant chambre du Roy à Vincennes. — G 3296.

207. Ung Prosier, bien escript et noté. Et se commence la seconde page : *Mentem in potencia*. A la suite du Roy. — G 1226.

208. Sequences notéez. — A 589.
Baillé aus chanoines du Boys. — A. C 134.

***209**. Un livre de Préfaces, oroisons et pluseurs messes, escript de grosse lettre de forme, et y a au commancement un kalendier. Comm. après le kalendier : *Super omnes celos*. Fin : *rit huic menti*. Et n'y a aucune enlumineure d'or; couvert d'une chemise à queue, de drap qui fu d'or, à ıı fermoirs de laton. — 23 s. — D 738. E 765. F 684.

***210**. Un autre livre de Préfaces et de pluseurs messes, bien enluminé et escript de grosse lettre de forme, et y a au commencement le kalendier historié. Comm. après ledit kalendier : *Beata seraphin*. Fin : *in Domino moriuntur*. Couvert de cuir rouge, sanz fermoirs. — 2 l. — D 739. E 766. F 685.

211. Un livre de Préfaces, evangiles, epistres, colectes et autres choses, escript en latin de grosse lettre de forme, bien enluminé et historié. Comm. du texte : *Semper virginis*. Fin : *Illi et ait*. Couvert de cuir blant, à deux fermoirs de laton. — 8 l. — A 544. B 558. D 413. E 449. F 422.

212. Préfaces, collectez, oroisons, en un livre couvert d'un très viel drap d'or. — A 622. B 631.
Baillé aus chanoines [du Bois]. — A. C 141.

***213**. Ordinarium Romane ecclesie, escript en latin, de lettre de court de Rome, à une coulombe. Comm. : *Longe in secunda*. Fin : *Asclepii et Sathurni*. Couvert de cuir blanc sanz aiz. — 4 s. — D 839. E 863. F 775.

---

1. Le Bréviaire de Belleville et le Bréviaire de Jeanne d'Évreux, plus haut, art. 152 et 153.

214. Ung Ordinaire. Comm. : *Cur et r*. A la suite du Roy.
— G 1227.

215. Ung petit Ordinaire pour sommeliers. Comm. : *Dignitatis*. A la suite du Roy. — G 1228.

216. L'Ordinaire de l'eglise pour tout l'an, couvert de cuir rouge. — A 543.
Baillé aus chanoines de Vincennes. — A. C 125.

217. Ur Ordinaire noté pour eglise. — A 614.
Baillé aus chanoines [du Bois]. — A. C 138.

218. Ung très bel Ordinaire, en françoys, et très bien escript (comm. : *Le mercredi*); à deux fermoirs d'argent, esmaillez de France et de Navarre. En la grant chambre du Roy à Vincennes. — G 3293. H 298.
En déficit en 1420.

***219**. Ung Journal à l'ordinaire de Romme, couvert d'une chemise de satanin, à deux fermoirs d'argent dorez, et à une pippe d'un bouton de perles. En l'estude du Roy à Vincennes. — G 3056. H 289.
En déficit en 1420.

220. Ung très petit Journal à l'usaige de Romme, à deux petiz fermoirs d'argent dorez (comm. : *Usque ad kalendas*). En la chambre du Roy à Vincennes. — G 3299.

221. Ung Journal qui a les aiz de brodeure à perles, où d'un costé est une Pitié et d'autre ung demy ymage de Nostre Dame, à deux fermoirs d'or. En l'estude du Roy à Vincennes. — G 3047.

222. Ung grant Journal, bien escript et de grosse lettre, bien enluminé et ystorié de blanc et de noir (comm. : *Sit anima*). Et est couvert de veluiau à fleurs de lys, et à fermoirs esmaillez, et une petite pipe esmaillée sur le demy ront. A la suite du Roy. — G 1236.

223. Ung autre Journal, petit, bien escript, enluminé d'azur et de roze (comm. : *Illuminet*), à deux fermoirs d'or esmaillez, et une pippe d'or. A la suite du Roy. — G 1237.

223 *bis*. Un petit Journal, qui se commence ou second

feuillet *Non in commessacionibus*, et à deux fermoirs d'argent blanc, et à une mauvaise chemise de drap de soie. — H 291.

En déficit en 1420.

224. Un petit livret, à une chemise de satanin inde à queue, et deux petiz fermoirs d'argent blans, qui se commence aux beneissons et absolucions à l'usaige de Romme, et pluseurs autres choses, Vigiles de mors et autres, escript en latin. Comm. : *Jube Domine*. Fin : *congregationis*. — A 844. B 848. D 579.

225. Ung Pontifical (comm. : *Benedictio in dominica tertia*), couvert d'une chemise de toille blanche. A la suite du Roy. — G 1217.

***225** *bis*. Un petit Pontifical, à l'usage de Rome, venu de Girard de Montagu, evesque de Paris. Comm. : *Vatis et super*. — 4 l. — F 812.

***225** *ter*. Un Pontifical à l'usage de Paris, en deux volumes, venu de Girard de Montagu, evesque de Paris. Comm. du vol. I : *Summa tutela;* comm. du vol. II : *Incipit officium ad infantes*. — 24 l.

226. [Un livre de l'ordonnance à] couronner l'empereur par le pape, escript en latin de lettre de forme, à deux colombes, en parchemin. Comm. : *dendas*. Fin : *februarii*. — Nichil. — A 758. B 761. D 625. E 652. F 586.

227. Un livre ancien du Sacre des roys, couvert d'un drap d'or maramast, royé, à deux fermoirs d'argent aux armes de France, escript de lettre de forme, en latin. Comm. : *Post completorium*. Fin : *cum rege nobili*. — 24 s. — A 114. B 115. D 70. E 69. F 58.

228. Ung livre très bien escript, ouquel livre est contenu tout le mistère et ordonnance du Sacre, c'est assavoir de [enoindre] et couronner le roy et la royne de France, avecques les seremens des pers de France, de celuy qui porte l'oriflambe, et des officiers des monnoyers du Roy, des heraulx et autres. Comm. : *l'eglise*. Lequel livre est couvert d'un drap d'or à deux fermoirs d'argent dorez, esmaillez de France.

Baillé aux religieux, abbé et couvent de mons. Saint-Denis

par le roy Charles le quint, le septiesme jour de may 1380. —
G 3450.

229. Le livre du Sacre des roys de France, couvert de drap
d'ort vert, escript de lettre de forme, en françois et latin, et
non historié. Comm. : *A l'eglise Saint Denis*. Fin : *domine
aspirando*. A deux fermoirs d'argent. — 24 s. — A 98. B 99.
D 60. E 59. F 48.

230. Le Livre du Sacre des roys de France, en latin et
françoiz, tous les mistères, vestures et officiers figurez et hystoriés, couvert d'un drap d'or tenné, et fermoirs d'argent. —
A 159. B 159.

Le Roy l'a par devers soy. — B.

Le Roy l'a prins pour son sacre, 5 d'octobre 1380. — A. C 46.

231. Un Livre plat du sacre des roys de France, en françois
et latin, couvert de drap qui fut d'or, escript de grosse lettre de
forme, bonne, sanz enluminer ne historier. Comm. : *Bien et
fermement*. Fin : *Ut hunc presentem*. A deux fermoirs de laton.
24 s. — A 409. B 430. D 285. E 326. F 304.

232. Un Livre de l'ordonnance à enoindre et couronner le
Roy, partie en latin et partie en françois, très bien escript et
historié ès marges d'en hault et bas, et en la fin y sont pluseurs
seremens que doivent faire les pers de France et autres vassaux
et prelaz et autres gens. Comm. : *Les matines*. Fin : *nemi ou
mal vueillant*. Couvert d'un vielz drap d'or, à deux fermoirs
d'argent dorez, esmaillez de France, et une petite pipe d'argent
doré. — 2 l. — D 743. E 768. F 687[1].

233. Un très petit livret noté, à sacrer les roys de France,
couvert de cuir à empraintes, et deux fermoirs de soie. —
A 659. B 665. C 148.

233 *bis*. Un livre du sacre du Roy. Comm. : *Fac regem*. —
1 l. — F 816.

234. Les Heures de pluseurs festes de l'an, duquel livre fut
osté le psaultier pour le Roy, et sont couvertes de soie, à deux

---

1. Ce manuscrit est au Musée britannique, fonds cottonien, Tiberius, B. VIII.
— Voir la notice XXXII des livres parvenus jusqu'à nos jours.

fermoirs d'argent, historiées et enluminées, escript de bonne lettre de forme. Comm. : *mem liberans*. Fin : *Dominum est.* — 4 l. — A 602. B 616. D 604. E 632. F 569.

235. Item pluseurs Heures en ung livre à une chemise blanche et deux fermoirs d'argent, escriptes de lettre de forme, en latin. Comm. : *Domine labia*. Fin : *vox de celo*. — A 634. B 641. D 468. E 504.

Enlevé vers 1414. — E 939.

236. Pluseurs Heures en un livret couvert de vert, à ung fermoir de laton, escript en latin de menue lettre de forme. Comm. : *Per lignum*. Fin : *sicut liberasti*. — 8 s. — A 636. B 643. D 469. E 505. F 470.

237. Unes petites Heures et service des mors, en ung petit livret couvert de cuir vert, à deux petiz fermoirs de laton, escript de lettre de forme, en latin. Comm. : *In paradisum*. Fin : *tuarum sunt*. — A 651. B 657. D 477. E 573.

Royé pour ce qu'elles furent perdues du temps Anthoine des Essars. — E.

238. Unes très petites Heures, couvertes de perles. A la suite du Roy. — G 1205.

239. Unes Heures plates, de grosse lettre, bien escriptes et bien enluminées (comm. : *Deus est*), et à tiroirs et fermoirs d'or, et une petite pippe, à deux petits boillonnez. A la suite du Roy. — G 1216.

240. Unes bien petites Heures, couvertes de satanin ynde, à une pippe à une teste de lyon et deux grosses perles, et à ung fermoir à six perles, où il a ung G et ung P. En l'estude du Roy à Vincennes. — G 3063.

241. Unes petites Heures, couvertes de satanin ynde, à ung fermoir d'argent. En l'estude du Roy à Vincennes. — G 3064.

242. Unes très parfaictement belles Heures, très noblement escriptes d'or et d'azur, et très richement ystoriées et enluminées partout. Et y sont les sept pseaulmes, et sont couvertes de orfrayes d'or semé de grosses perles à quatre arbresseaulx. Et sont les fermoirs d'or en façon de crochet, et a en chascun ung ballay et quatre grosses perles; et a une très belle pippe d'or, où sont ung saphir, deux ballaiz et quatre grosses perles. Comm. : *Annunciabit*. Lesquelles sont en ung estuy couvert de veluiau semé de fleurs de lys d'argent dorées. En la chambre du Roy à Vincennes. — G 3306[1].

243. Unes Heures en ung petit livret vermeil, à ung fermoir de laton, et y a des rymes en françois[2], escriptes de lettre de forme. Comm. : *Sire mes*. Fin : *laidure es mains*. — 1 l. — A 585. B 600. D 605. E 633. F 570.

244. Ung livre à ungs aiz de brodeure, dont les perles ont esté ostées, aux armes de la royne Jehanne d'Evreux, où d'un costé est l'ymage de Nostre Dame, et d'autre, l'Annonciacion, et dedens sont les Heures à l'usaige des Jacobins, et a deux fermoirs d'or. En l'estude du Roy à Vincennes. — G 3054.

245. Unes très petites Heurètes, qui ont les aiz d'or, esmaillées de France et de Navarre, et de l'Annonciacion, et sont en petit estuy de brodeure d'or. En l'estude du Roy, en la tour du boys de Vincennes. — G 2850. H 467.

246. Unes Heures, et sont les couvertures d'or esmaillées, qui furent madame Ysabel[3]. A la suite du Roy. — G 1230.

247. En l'estude du Roy [à Vincennes] estoient les très belles grans Heures dudit seigneur, très bien escriptes et très noblement enluminées et historiées, et au commencement desdictes Heures, tantost après le calendrier, est le Psaultier, les Heures de la Trinité, de Nostre Dame, de la Passion, de saint Jehan Baptiste, des Angelz, oroisons de Nostre Dame, Heures de saint Jehan l'evangeliste, celles de saint Loys, roy de France, saint Loys de Marceille, de la Magdalene, memoire de plusieurs saints, vigilles de mors, sept pseaulmes, et letanie, et plusieurs memoires de saints et sainctes, toutes les choses dessus escriptes et enluminées comme dit est; et se commance le second fueillet *portatus sum*. Lesquelles heures sont cou-

---

1. Ce qui subsiste de ces « très parfaitement belles Heures » appartient à M. Henry Yates Thompson. — Voir la notice XXXI des livres parvenus jusqu'à nos jours.

2. *Rismées en françois*. D. E.

3. Isabelle de France, sœur de Charles V, femme de Jean-Galéas Visconti.

vertes de brodeure à plusieurs ymages, à lozenges et à ron-
deaulz de perles; et sont les courroyes des fermoirs couvertes
chascune de sept fleurs de lys d'or, à compter le clou qui tient
[aus] aiz desdictes Heures, et en chascune fleur de lys a quatre
perles; et sont les fermoirs desdictes Heures d'or, garny chascun de deux balaiz, deux saphirs et cinq grosses perles, et les
tirouers d'ung laz de soye à or, en chascun ung gros bouton de
perles; et est la pippe desdictes Heures garnye de deux balais
et ung saphir et quatre grosses perles. Lesquelles sont en ung
estuy de cuir boully, pendant à ung large laz de soye azurée,
semée de fleurs de lys d'argent doré. — G 3066[1].

248. Un livre couvert de soie blanche, où sont plusieurs
Heures de breviaire, à l'usage de Romme, la couverture de
brodeure, à violettes yndes, d'un costé un C, et de l'autre costé
un J couronnez[2], à deux fermoirs d'or esmaillez des armes de
la royne. — A 843. B 847.

A mons. d'Anjo, 7 d'octobre 1380. — A. B. C 164.

249. Un livre couvert de brodure à ymagez, où est le roy
et la royne de Bourbon, qui se commance à Beatus vir, et y a
plusieurs Heures de devocion, à deux fermoirs d'or, chascunne
d'une fleur de liz et quatre perlez, à une pippe d'or à deux
perlez et un balay. — A 840. B 844.

A la royne, 9 de jenvier 1387 (v. st.). — A. C 161.

250. Unes très parfaictement belles Heures, très noblement
escriptes et enluminées, et très richement ystoriées, où il a plusieurs paires d'heures, et se commance le second fueillet *fecit
nos;* et sont couvertes de brodeure à lozanges de France, à la
brodeure vermeille et des armes de Behaigne, et est le lozan-
geis de perles, et sont les fermoirs d'or, esmaillez partie desdictes armes; et a sur la bizette quatre bezanceaulx de perles
et deux saphirs carrez. Et sont en ung estuy de cuir ferré. En
la chambre du Roy à Vincennes. — G 3305.

---

1. Ces Heures ont péri dans l'incendie de la bibliothèque de Turin, où elles
étaient cotées B. V. 49. J'ai pu les soumettre en 1885 à un examen beaucoup
trop sommaire dont une des notices contenues dans la première partie du présent volume fera connaître le résultat.

2. Initiales des noms du roi et de la reine : *Charles* et *Jeanne.*

251. Unes très belles heures, dont les fermoirs sont garniz de perles et armoiez de armes de Chambly[1]. Venues du conte de Saint-Pol[2] et mises par le Roy en la tour de Beauté. — A 529 *bis*.

Mons. de Bourgongne les donna à madame de Bourgongne[3]. — A.

252. Unes Heures de la Trinité, et plusieurs autres de mors, en un petit livret couvert de soye vert à queue, et deux fermoirs d'argent esmaillez. — A 660. B 666.

Baillé par le Roy à madame Katherine[4]. — B.

Déficit en 1411. — C 149.

253. Un livre dont les aiz sont couvers de veluyau blanc brodé à rosiers, et y est l'Office de la Trinité et pluseurs autres heures, à deux fermoirs d'or esmaillez de France et de Boulongne[5], à une chemise très deliée de lin, historié et enluminé, escript de lettre de forme en latin. Comm. du texte : *Omnibus nobis*. Fin : *tribuat*. — A 881. B 884. D 559. E 591.

Enlevé vers 1414. — E 948.

254. Unes Heures du Saint Esperit et de Nostre Dame et Vigilles de mors, en petit volume couvert de cuir empraint, à deux fermoirs d'argent, et une pipe d'argent, escript de lettre de forme. Comm. : *cris sermone*. Fin : *exute contagiis*. — 10 s. — A 640. B 647. D 471. E 507. F 472.

255. Unes Heures du Saint Esperit, les Quatre evangiles, la Passion et autres choses, en ung petit livret à une chemise blanche, à deux fermoirs d'argent esmaillez, escript de lettre de forme, en latin. Comm. du texte : *Venite exultemus*. Fin : *culo migrare*. Historié et enluminé. — A 645. B 652. D 462. E 498.

Enlevé vers 1414. — E 937.

256. Ung livre où sont les Heures du Saint Esperit et de la

---

1. Voir plus haut, art. 50.
2. Waleran de Luxembourg, comte de Saint-Paul, qui fut disgracié à la fin du règne de Charles V.
3. Philippe le Bon et Marguerite de Flandre, sa femme.
4. Catherine de Bourbon, femme de Jean, comte d'Harcourt.
5. *Bourgongne*. D et E.

Passion, très bien ystoriées de blanc et de noir, à deux aiz d'argent, dorez, où d'un costé est saincte Katherine, et d'autre saincte Marguerite, aux armes de Preaulx et des Crespins[1]. En l'estude du Roy à Vincennes. — G 3045.

257. Ung livret à une chemise d'un samit vert, où est l'office du Sacrement et de saincte Clère, où il a deux fermoirs d'argent armoyez de France. En l'estude du Roy à Vincennes. — G 3052.

258. Les Heures de la Passion et celles du Saint Esperit, en grosse lettre, couvert de cuir rouge empraint, à deux fermoirs de laton; escript de lettre de forme, en latin, et enluminé. Comm. : *Nus plebem*. Fin : *componat*. — 1 l. 4 s. — A 596. B 610. D 440. E 476. F 447.

***259**. Un livre plat, au commencement duquel a xxiiii très belles histoires de la Passion Nostre Seigneur; en après memoire de la Trinité, les Heures de la Passion, avecques pluseurs Suffrages et devotions; très bien escript et enluminé d'enlumineure boulenoise. Comm. après lesdictes histoires : *Jubilemus ei*. Fin : *muneribus stella*. Couvert d'une chemise de toille blanche à queue, et deux fermoirs d'argent, touz plains et tissuz vert. — D 742.

260. Ung livre couvert de veluiau vermeil, qui se commence de la Passion, et y sont les Heures de la Passion et plusieurs autres choses; à fermoirs dorez. En l'estude du Roy à Vincennes. — G 3049. H 288.

En déficit en 1420. — H.

***260** *bis*. Un petit livre de Charité, en françois, et Heures de la Passion, en latin, escript de lettre de forme, à deux coulombes. Comm. : *Li portiers quant voit*. Fin : *in seculum fiat*. Couvert de cuir vert à deux fermoirs de laton et tissuz de soye. — 10 s. — D 905. E 209. F 183.

261. Un livret d'oroisons, qui se commence aux Heures de

---

1. La famille de Préaux avait succédé à celle des Crespin dans la seigneurie de Dangu. Un livre de Géomancie, fait en 1347 pour Pierre de Préaux, se trouvait dans la bibliothèque du Louvre (n° 749 du présent catalogue); il est décrit plus haut, article lxvii des livres qui sont parvenus jusqu'à nous.

la Croix, couvert de couverture faicte de damas de Religion,
à deux fermoirs d'argent, de France et de Constantinoble,
escript en latin, de lettre de forme. Comm. : *tum Dei*. Fin :
O crux sub te etc. — A 901. B 904. D 546.

262. Le service des saintes Reliques, en un très petit livret
couvert de sathanin vermeil. — A 648.

Baillé aux chanoines de Vincennes. — A. C 145.

262 *bis*. Un petit livret couvert de cuyr rouge, à un fermoir
de laton, où sont les services des saintes Reliques et du saint
Sacrement, et se commance *Vexilla*. — H 293.

En déficit en 1420.

263. Un petit livret couvert de cendal vermeil à queue, où
sont les Heures Nostre Dame et autres choses, à fermoirs d'argent. — A 646. B 653.

Baillé à madame Katherine[1], 4 de fevrier 1384 (v. st.). —
A. C 144.

264. Un petit livret couvert de soie, à queue, à feulliez
vers, à ii petis fermoirs d'or des armez de monseigneur d'Anjou, où sont oroisons en françois et Vigilles des mors, en latin,
et les Heures de Nostre Dame, très bien enluminez de blanc
et noir. — A 650. B 656[2].

Donné à madame Marie de France[3] et depuis à mons. de
Berry. — A et C 146.

265. Unez heurez, non pas à l'usage de Paris, petit et mes-
cheant volume, et bonne lettre vielle, et sont au commancement les Heures Nostre Dame, et apprès les prières de prime,
Vigillez de mors et autres choses; couvertes d'un viel cuir noir,
et y faut bien demy aiz. — A 798. B 801.

En déficit en 1411. — C 156.

266. Un livre à couverture de perles de brodure, à nues et
estoilles et croissans, à ii fermoirs d'or à façon de O, hystorié

---

1. Catherine de Bourbon, belle-sœur de Charles V.

2. La notice des deux anciens inventaires porte : « Un livre d'oroisons, très
parfaitement bien ystorié, couvert de drap de soie à queue, à petits abbry-
ceaux d'or. » S'applique-t-elle au même manuscrit que celle de l'inventaire D?

3. Marie, fille du roi Jean, femme de Robert, comte de Bar.

au commencement de la Passion ; et sont au commancement les Heures de Nostre Dame et plusieurs autres choses de devocion, tant en latin comme en françois. — A 841. B 845.

Baillé par le Roy à madame Catherine[1], 4 fevrier 1384 (v. st.). — A. B. C 162.

267. Unes Heures de Nostre Dame, qui ont les ayz d'or garniz de pierrerie. A la suite du Roy. — G 1206.

268. Unes plus grans Heures de Nostre Dame, où est au commencement le kalendrier, et plusieurs ystoires de plusieurs saints ; et est le psautier devant les dictes Heures, et plusieurs autres oroisons après (comm. : *timore*) ; et sont couvertes de veluiau azuré, semé à fleurs de lys ; et sont les fermoirs d'or aux armes de France, et une petite pippe à troys boutons. A la suite du Roy. — G 1218.

269. Unes Heures de Nostre Dame. A Melun. — G 2007.

270. Unes Heures de Nostre Dame et ung Psaultier avec, à deux fermoirs d'or, esmaillez de France, qui ont une chemise à queue de drap de soye royé de royes indes. En l'oratoire du Roy en la grant tour du boys de Vincennes. — G 2599.

271. Ung livre dont les aiz sont de brodeure aux armes de la royne Jehanne de Bourbon, et dedens sont les Heures de Nostre Dame et unes Sept pseaulmes, à deux fermoirs d'or à façon de treffle, esmaillées de ses armes. En l'estude du Roy à Vincennes. — G 3053.

272. Ung livre grosset, où sont unes Heures de Nostre Dame et autres choses, couvert de veluiau vermeil, à deux fermoirs d'argent dorez. En l'estude du Roy à Vincennes. — G 3059.

272 *bis*. Toutes les Heures de Nostre Dame, avec plusieurs autres heures, et se commencent ou second feuillet *Dominus tecum*, et la couverture d'argent, armoyez de plusieurs armes, et ou milieu les armes de Foys, et n'ont nulz fermoirs. — H 290.

En déficit en 1420.

1. Catherine de Bourbon, belle-sœur de Charles V.

273. Unes Heures petites de Nostre Dame, très bien escriptes et très bien enluminées, à l'usaige de Romme (comm. : *Coram Domino*). Et ont une pippe d'or à deux lys, et deux fermoirs d'or à lys, à une courroye de bizette. Et est la couverture brodée de deux ymages, l'une de saint Jehan vestu des armes de Bourbon, et [l'autre] d'une ymage de saincte Katherine, vestue des armes de Harecourt[1]. En la chambre du Roy à Vincennes. — G 3308.

274. Ung livre plat de la Presentacion Nostre Dame. A la suite du Roy. — G 1219.

275. Un livre plat, couvert de soie, où est le service saincte Clotilde[2] noté, escript en latin de grosse lettre de forme, à deux coulombes et grant volume. Comm. : *Morem dilexit.* Fin : *bus sancta Dei.* A deux fermoirs esmaillez. — 21. — A 538. B 553. D 411. E 447. F 420.

276. Le service de sainte Clotilde noté, couvert de cuir rouge à empraintes, à ung fermoir de cuivre. Comm. : *Dilexit.* Fin : *quia a dextris.* — 4 s. — A 929. D 940. E 915.

Envoyé au Louvre par le duc de Guyenne, en janvier 1409 (v. st.).

277. Le service de saint Cosme et saint Damien noté, couvert de cuir rouge, à deux fermoirs de laton, escript de lettre de forme, en latin. Comm. : *Tuli.* Fin : *rat et ecce.* — 5 s. — A 631. B 639. D 452. E 488. F 458.

277 *bis*. Un petit livret de sathanin inde, où sont les Heures de saint Jehan Baptiste, à deux petits fermoirs esmaillez des armes de Navarre. — H 295.

En déficit en 1420.

278. Le service saint Loys, roy de France, noté. — A 623. Baillé aus chanoines du Bois. — A. C 142.

279. Le service saint Loys, roy de France, noté, en parchemin et couvert de parchemin. Comm. : *Conscendit.* Fin : *terre.* — 2 s. — A 699. B 704. D 504. E 539. F 496.

---

1. La broderie de la couverture de ce volume a dû être faite pour Jean, comte d'Harcourt, et pour la femme de celui-ci, Catherine de Bourbon.
2. Crotilde. A. B.

280. Les Heures saint Loys, en un très petit livret et 1 fermoir. — A 898. B 901.

Au Bois. — A. C 188.

281. Ung livret où sont les Heures saint Loys de France et saint Loys de Marceille, à ungs aiz de brodeure à perles, où est saint Loys de Marceille qui sermonne; à deux petiz fermoirs d'or. En l'estude du Roy à Vincennes. — G 3051.

282. Unes Heures de saint Loys de France, de saint Loys de Marceille et de saint George, bien escriptes et bien enluminées (comm. : *Quam reges*). A deux petiz fermoirs d'argent dorez, aux armes d'Orleans[1], à ung estuy brodé aux armes de la royne Jehanne de Bourbon, lesquels pendent à ung tissu de soie ferré d'argent, aux armes de la dicte dame. En la chambre du Roy à Vincennes. — G 3307.

283. Les Heures de Marie Magdalainne, en un très petit volume couvert de soie à un fermoir de laton, escript de lettre de forme, en latin, historiées et enluminées. Comm. : *Jeshus audiebat*. Fin : *qui Mariam*. — A 644. B 651. D 602. E 630.

Enlevé vers 1414. — E 957.

*****284**. Le service de saincte Radegonde, noté, couvert d'une pel velue, de grosse lettre de forme et à deux coulombes. Comm. : *gem cum laudemus*. Fin : *nitate presta*. — A 930. D 941. E 916.

Envoyé au Louvre en 1410 par le duc de Guyenne. — A.

285. Les Heures de chevalerie, couvertes de soie à queue, en un petit volume. A 656. B 572.

A mons. le Dalphin. — A. C 147.

286. Ung livre nommé le livre des nouvelles festes. A la suite du Roy. — G 1220.

287. Un petit caier où sont Recommandacions des trespassés. — A 633.

Baillé aus chanoines du Bois. A. C 143.

288. Les Sept psaulmes penitentiaux, Vigilles de mors et autres choses, couvert de veluyau vermeil, à brodeure et deux

---

1. Ces Heures avaient dû appartenir à Philippe, duc d'Orléans, mort en 1373.

petiz fermoirs d'argent, escript de lettre de forme en latin.
Comm. : *Precor te.* Fin : *ne baptista.* — A 653. B 660. D 478.
E 514.

289. Ung livret qui a les aiz couvers de brodeure à fleurs
de lys et petites marguerites, et sont les fueillés pains à fleurs
de lys, et a une pippe où il a ung petit dyamant et deux perles,
et deux fermoirs d'or à deux grosses perles au bout; et est en
ung estuy à fleurs de lys. En l'estude du Roy à Vincennes.
— G 3058.

290. Ung livre de chant, bien noté, bien escript et enluminé,
en latin et à point d'orgue, escript de lettre de forme. Comm.
du texte : *nes no.* Fin : *quem feci.* Couvert de cuir à queue,
à deux petiz fermoirs de laton. — 1 l. — A 452. B 473. D 377.
E 414. F 389.

291. Commentarium sancti Jeronimi super epistolam ad
Galatas, Appologia Ruffini, Dialogus sancti Jeronimi, et plura
alia, en un grant volume, couvert de cuir blanc à queue courte
et deux fermoirs de laton, escript en latin de lettre de forme,
à deux coulombes, que donna au Roy Giles Malet. Comm. :
Hec questio. Fin : *stare etimologiam.* — 12 l. — A 860. B 863.
D 574. E 606. F 551.

292. Augustinus, de Trinitate, couvert de cuir blanc à
queue, escript en latin de lettre de forme, à deux coulombes.
Comm. : *Curavi.* Fin : *in quid non in me.* A deux fermoirs de
laton. — 12 l. — A 541. B 556. D 454. E 490. F 551.

293. Augustinus de doctrina christiana, cum aliis Origenis,
couvert de cuir blanc à queue courte, à bouillons et un fermoir; escript de lettre formée, en latin. Comm. : *et sine talibus.* Fin : *decimas dabat.* — 32 s. — A 597. B 611. D 439.
E 475. F 446.

294. Un livre en latin nommé Augustinus de Civitate Dei,
couvert de cuir blanc à queue, escript de belle lettre de forme
boulenoise, en latin, et à deux coulombes. Comm. : *rent nisi
ferum.* Fin : *sti contra epistolas.* Et avecques ce contient les
livres des Retractations de Confessions et de vera et falsa penitentia, que fist saint Augustin. A deux fermoirs de laton. —
32 l. — A 803. B 806. D 519. E 554. F 511.

295. Un livre de la Cité de Dieu, en deux volumes très grans, couvert de soie à queue, à IIII fermoirs d'argent chascun[1]. — A 192. B 213.

A mons. d'Anjou, 22 de novembre 1380. — A. C 50.

296. La Cité de Dieu, en deux volumez, couverz de soie à queue, très bien ystoriée, et fermoirs d'argent esmailliez. — A 234. B 238[2].

A mons. d'Anjou, 7 d'octobre 1380. — A. B. C 67.

297. La première partie de saint Augustin de la Cité de Dieu, de la translacion maistre Raoul de Praelles, escript en françois, de bonne lettre de note, à deux coulombes. Comm. : *Et puis est mise.* Fin : *cion des aages de l'umain.* Couvert de cuir vermeil empraint, à bouillons et deux fermoirs de cuivre dorez, et tissuz de soie noirs. — L'autre partie dudit saint Augustin de la Cité de Dieu, pareillement escripte, couverte et fermant comme dessus. Comm. : *Et autres haultes matieres.* Fin : *de loyaulté et d'équité.* — A 914 et 915. D 925 et 926. E 903 et 904[3].

Envoyé au Louvre en janvier 1409 (v. st.) par le duc de Guyenne. — A.

298. Le Seul parler saint Augustin, couvert de soie vermeillie à fermoirs d'argent. — A 143. B 144.

Baillé à mons. d'Anjou le 22 novembre 1380. — C 44.

299. La première partie des Fleurs sur touz les livres saint Augustin, en ung grant volume, couvert de cuir de truye velu, à queue; que donna au Roy feu messire Giles Malet[4]; à deux

---

1. Paulin Paris (*Les Manuscrits françois*, t. II, p. 43) a supposé que ce pourrait être l'exemplaire formant aujourd'hui les n°s 170 et 171 du fonds français. Il est beaucoup plus probable qu'il faut y voir les deux volumes de la Cité de Dieu, en latin, qui forment les n°s 11244 et 11245 du fonds additionnel du Musée britannique. — Voir la notice XXXIII-XXXIV des livres qui sont parvenus jusqu'à nos jours.

2. Probablement l'exemplaire qui est classé sous les n°s 22912 et 22913 du fonds français. — Voir la notice du ms. XXXV-XXXVI des livres parvenus jusqu'à nous.

3. Le second volume est le n° 174 du fonds français. — Voir la notice XXXVII des livres parvenus jusqu'à nous.

4. A et B : *Gilet Malet.*

fermoirs et cloux de laton. Escript en latin, de lettre de forme, à deux coulombes. Comm. : *Rorate celi.* Fin : *tunc fiet.* — Item, la II\u1d49 partie des Fleurs desdiz livres, en tel volume et ainsi couvert, que donna au Roy feu messire Giles Malet, escript semblablement et de semblable lettre. Comm. : *Quis ydoneus.* Fin : *cum de corpore.* A deux fermoirs et cloux de laton. — 40 l. — A 862, 863. B 865, 866. D 571, 572. E 603, 604. F 548, 549.

300. Claudianus de anima, Augustinus de immortalitate anime, idem de quantitate anime, en ung petit volume, escript en latin, de lettre de forme ancienne, à une coulombe. Comm. : *riora sunt.* Fin : *dignitate cum quoque.* Couvert de vielz cuir blanc, qui fut à queue, à un fermoir de laton. — 10 s. — D 799. E 823. F 421.

301. Les Morales saint Gregoire complettes sur le livre de Job, couvert de cuir paint, à quatre fermoirs de laton, escript de lettre de forme, en latin, à deux coulombes. Comm. : *convenire nequeunt.* Fin : *do non celavi.* — 301. — A 542. B 557. D 412. E 448. F 421.

302. Expositions des euvangiles en françois, par manière de très beaux sermons, escrips de lettre de note ; en la fin, les Regrez saint Pol à Nostre Seigneur, et la Passion, bien historié et à une coulombe. Comm. : *par trop grant seureté.* Fin : *mainte foiz y a.* Couvert de cuir rouge à empraintes, à ii fermoirs de laton. Et autrement se intitule les Quarante omelies saint Gregoire pape. — 2 l. — A 99. B 100. D 177. E 173. F 153.

303. Les Omelies saint Gregoire, exposicions d'euvangiles, Hugues de Saint-Victor, de l'erre de l'ame, couvert de veluyau inde, à deux fermoirs d'argent dorez, escript de lettre formée, en françois. Comm. du texte : *mes paroles.* Fin : *toucher non mie.* — 4 l. — A 129. B 130. D 79. E 78. F 65[1].

304. Les Omelies saint Gregoire et exposicions d'evangiles, couvert de cuir très vermeil empraint, à deux fermoirs de

---

1. Ms. 2247 de l'Arsenal. — Voir la notice XXXIX des livres parvenus jusqu'à nous.

laton, escript de lettre formée, en françois, à deux coulombes. Comm. du texte : *res cressemens*. Fin : *ra a luy*. — 1 l. — A 133. B 134. D 85. E 83. F 70.

305. Le Dialogue saint Gregoire, en françois[1], couvert de cuir vert, à deux fermoirs de laton, escript de lettre formée. Comm. du texte : *sacrée vie*[2]. Fin : *creaturam*. — 3 l. — A 147. B 148. D 96. E 94. F 80.

306. Ysidorus, de summo bono, liber scintillarum, explanatio beati Gregorii super quasdam sentencias, super librum Sirracherin, id est Cantica canticorum, Pronosticacio futuri seculi, liber Juliani, Tholetane sedis episcopi, de origine mortis humane quomodo mors, etc., couvert de parchemin, en latin, de lettre de forme à deux coulombes. Comm. du texte : *summum bonum*. Fin : *videre nequeamus*. — 1 l. — A 691. B 696. D 535. E 569. F 525.

*__307__. De Vanitate rerum mundanarum, Soliloquium de arra anime, de sacramento altaris, et plures alii libri Hugonis de Sancto Victore declarati in principio libri; escript en latin, de lettre de forme, à une coulombe. Comm. : *forma decentior*. Fin : *libro viventium*. Couvert de cuir rouge, à II fermoirs de laton, et tissuz de fil. — 10 s. — D 808. E 832. F 747.

*__308__. Lucidarius et alia quedam, escript de diverses lettres, en parchemin, à une coulombe. Comm. dudit lucidairre : *a beatis facie*. Fin : *pontificalis*. Couvert d'un cuir tanné empraint, cloué de menuz cloux de cuivre, et deux fermoirs de laton. — 5 s. — D 834. E 858. F 770.

309. Les Meditacions saint Bernard, la Vie saintte Elizabeth de Hongrie, d'autre lettre, en ung petit livre; et y a dix belles histoires ou milieu dudit livre; escript de diverses lettres, en françois, à une coulombe. Comm. : *charité ticgnons*. Fin : *tous diz conforteresse*. Couvert de rouge à empraintes, à ung tixu de soie, ferré en deux lieux. — 10 s. — A 122. B 123. D 160. E 156. F 137.

---

1. *Et en latin.* B.
2. *Secrete vie.* E.

310. Meditacions de saint Bernard, Josaphat et Balaam, la Vie saint Brandin, le Purgatoire saint Patrice, en prose, et autres choses en françois, à deux coulombes, de lettre formée. Comm. : *gaber li autre*. Fin : *dant Gilebert*. Couvert de cuir, à IIII fermoirs de laton. — A 328. B 349. D 219. E 261.

311. Textus Sentenciarum, en un livre à une chemise blanche de toille, où souloit avoir quatre fermoirs, et de present n'en y a que deux de laton; escript en latin de lettre de forme, à deux coulombes. Comm. : *numero que*. Fin : *ideo consequens*. — 4 l. — A 896. B 899. D 549. E 581. F 536.

Retenu de la bibliothèque de Jean de Neufchatel, mort le 31 mars 1380.

312. La Miserable condition humaine, couverte de veluyau vert, en ung petit livret, escript de lettre formée, en françois. Comm. du texte : *pourquoy icy*. Fin : *et destroit*. A deux fermoirs de laton. — 10 s. — A 136. B 137. D 87. E 85. F 72.

313. Les Vint cinq paire de monnoyes, la Misère de la vilté de la condicion humaine, les Proprietez du corps humain. Ciromancie, le Compost, l'Ordonnance du monde, en ung livre jadiz couvert de parchemin, et de present entre deux ais, couvert de cuir rouge, sanz empraintes, escript de lettre courant, en françois. Comm. : *Est compilée*. Fin : *Johannes*. A II fermoirs de cuivre. — 1 l. — A 182. B 184. D 121. E 118. F 101.

314. Le livre des Mouches à miel, couvert de soye à longue queue, lequel est intitulé dedens le livre du Bien universal, selon la consideracion des mouches à miel, très parfaitement bien escript et historié, de lettre de forme, en françois, et à deux coulombes. Comm. : *nulle n'osent istre*. Fin : *touz ses sougiez*. Et est signé du feu roy CHARLES[1]. Fermant à deux fer-

---

1. Le 9 août 1373 fut payée une somme de 50 francs « pour un livre que le Roi a faict acheter, appellé le livre des Mouches à miel » (Collection Du Puy, vol. 755, fol. 98). Cet exemplaire passa dans la bibliothèque des ducs de Bourgogne ; il figure en ces termes dans l'inventaire de l'année 1487 : « Ung volume couvert d'un baldaquin de soie, historié et intitulé : Le livre des moralités des Mouches, comenchant ou second feuillet *Nulles n'osent ystre*, et finissant ou derrenier *Et l'a escript Henry de Trevou* (*Bibliothèque protypogr.*, p. 270, art. 1887). Il est encore aujourd'hui dans la Bibliothèque royale de Belgique, n° 9507. — Voir la notice XLI des livres parvenus jusqu'à nous.

moirs d'argent dorez, esmaillez de France, et tissuz vers[1]. — 5 l. — A 138. B 139. D 162. E 158. F 139.

315. Un livre appellé les Voyes de Dieu[2], que translata ung sergent d'armes du Roy nommé Jaquet Bauchant de Saint-Quentin, couvert de veluyau inde, escript de lettre formée, à deux coulombes. Comm. : *et ainsy.* Fin : *maint ou pere.* A ii fermoirs d'argent dorez. — 1 l. — A 173. B 174. D 114. E 112. F 95[3].

316. Egidius, de Predestinatione, Boetius de Trinitate et de summo bono, Ciromencia pulchra, Alpharabius, Ciromancia Alberti, Phisionomia[4] magistri Petri de Padua, Pronosticacio Pitagore, et alia, escript en latin de menue lettre courant, à deux colombes. Comm. : *antis est.* Fin : *seria quam.* Couvert de parchemin. — 10 s. — A 706. B 711. D 629. E 656. F 589.

317. Questiones super pluribus libris, couvert de cuir vert, à deux fermoirs de laton, escript en latin de menue lettre courant, à deux coulombes. Comm. : *Mediante.* Fin : *si fuerunt brachia.* — 3 l. — A 586. B 601. D 428. E 464. F 436.

318. Questiones de potencia Dei, de anima, de virtutibus in communi, Thome de Aquino ; questio pertractata de graduum pluralitate Ricardi. Couvert d'ais et de cuir blanc, escript en latin, de lettre de forme, à deux coulombes. Comm. : *est infinita.* Fin : *a formis substancialibus.* A deux fermoirs de laton. — 3 l. — A 572. B 587. D 424. E 460. F 433.

319. Manipulum florum, couvert de cuir vert, à deux fermoirs de laton et bouillons, escript de lettre de forme, en latin, à deux coulombes. Comm. : *animi hiis.* Fin : *nentis.* — 5 l. — A 582. B 597. D 432. E 468. F 439.

*320. Liber Celestis imperatoris ad imperatores et reges

---

1. A la suite de cet article, on avait mis dans l'inventaire A une note qui a été effacée : « Il est escript devant avecques les livres que le Roi fait porter avecques soi. »

2. *La Voye de Dieu.* B.

3. Aujourd'hui n° 1792 du fonds français. — Voir la notice XLIII des livres parvenus jusqu'à nous.

4. *Fizonomia.* D.

terrenos, escript en latin de lettre courant, à une coulombe;
et y a au commencement une très belle histoire. Comm. :
plena caritate. Fin : *throno aperiens.* Couvert de soie, qui fut
vermeille et inde, à quatre petiz bouillons dorez, de chascun
costé, à deux fermoirs d'argent dorez, esmaillez de France. —
2 l. — D 731. E 758. F 680.

321. Summa de casibus secundum magistrum Raymundum,
à deux fermoirs petis, couvert de cuir vert, à bouillons, escript
en latin de menue lettre de forme, à deux coulombes. Comm. :
sufficit ad. Fin : *nal' habundancia.* Sans fermoirs. — 5 s. —
A 609. B 622. D 453. E 489. F 459.

322. Excepciones[1] de Summa Gauffridi[2], en ung livre très
vermeil, de petit volume, à deux fermoirs de soie et de laton,
escript en latin de menue lettre. Comm. : *voluntas tibi.* Fin :
tur ex parte. — 10 s. — A 638. B 645. D 470. E 506. F 471.

323. Summa de viciis, couvert d'ais, à deux fermoirs de
laton, lesdiz ais couvers de cuir blant, escript en latin de lettre
de forme, à deux coulombes. Comm. : *les qui bona.* Fin :
venisset ad claustrum. — 1 l. 4 s. — A 545. B 559. D 414.
E 450. F 423.

324. Les Dix commandemens de la loy, Vices et vertuz,
la Somme le Roy, Godefroy de Buillon, de la Conqueste de
la terre de Jherusalem, et autres choses de devocion, bien
escript et historié, de lettre de forme, en françois, à deux
coulombes. Comm. du texte : *n'occirras mie.* Fin : *me creus.*
Couvert de toille painte, à deux fermoirs d'argent. — 5 l. —
A 96. B 97. D 57. E 56. F 45.

325. Un livre des Dix commandemens de la loy, des Vices
et vertuz, d'Enoc et de Helie, des Quinze signes, les Six
degrez de charité, les Enseignemens que saint Loys fizt à son
filz, à soy aprendre à savoir confesser, et plusieurs autres
choses de devocion, tout en prose; et se commence *Audi
Israel* ou premier foillet, et ou commencement du derrenier

1. *Exposiciones.* D.
2. Peut-être la Somme de Geoffroi de Grimouville, dont il y a une copie dans
le ms. latin 13473.

fueillet : *Ycy achevrons*. Escript de lettre de forme, en françois, en prose ; couvert de cuir blanc, à deux fermoirs de
laton. — 2 l. — A 115. B 116. D 71. E 70. F 59[1].

326. Les Dix commandemens de la loy, Vices et vertuz et
autres choses de devocion, couvert de soie à queue longue, à
deux fermoirs d'argent, escript en françois, de lettre formée, à
deux coulombes. Comm. : *ment ne puet*. Fin : *de plus prest*. —
A 151. B 151. D 99. E 97.
     Enlevé vers 1414. E 923.

327. Les Dix commandemens de la loy, Vices et vertuz,
histoirié, escript en françois, de lettre de forme. Comm. du
texte : *qui sont establies*. Fin : *encia dicitur*. Couvert de cuir
rouge, à deux fermoirs de laton. — 2 l. — A 432. B 454.
D 305. E 346. F 324[2].

328. Les Dix commandemens de la loy, Vices et vertuz, en
prose[3], escript de lettre de forme, en françois, à deux coulombes. Comm. : *en saintte eglise*. Fin : *et pour ce que*. Couvert de cuir rouge empraint, à ung fermoir de laton. — 2 l. —
A 466. B 487. D 328. E 369. F 347.

329. Ung livret très bien historié des Dix commandemens
de la loy, de Vices et vertuz, et autres choses de devocion,
escript de lettre de forme, à ii coulombes, en françois. Comm. :
est haine. Fin : *et dieux si pou*. Couvert de cuir rouge
empraint, à ii fermoirs de laton. — 2 l. — A 506. B 529.
D 359. E 399. F 374.

*330**. Un livre bien escript, en françois, de lettre de forme,
à deux coulombes, très bien historié, au commencement duquel
sont les dix commandemens de la loy, ou iiie foillet en rouge
lettre comment les appostres font le Credo, en après des sept

---

1. **Ms. français 4338** des Nouvelles acquisitions, décrit dans la *Bibliothèque
de l'École des chartes*, 1869, 6e série, t. V, p. 532 ; — ou peut-être le ms. 137
du Musée Condé. — Un exemplaire du même recueil forme le ms. français 1136
de la Bibliothèque nationale. — Voir la notice XLVII des livres parvenus jusqu'à nous.

2. Ms. français 938, qui a été copié en 1294 et qui renferme de remarquables
peintures. — Voir la notice XLIV des livres parvenus jusqu'à nous.

3. B ajoute ici : *le Reclus de Morleans*.

pechiez mortelz et de leurs branches, et y a pluseurs traitiez de choses de contemplation et de devotion. Comm. : *aucunes neccessitez*. Fin : *sentence de l'euvangille*. Signé en la fin de la main du roy JEHAN. Couvert de cuir rouge à empraintes, à cinq bouillons de cuivre de chascun costé, à ɪɪ fermoirs d'argent blanc touz plains, et tissuz de soye mipartie de vert et de rouge. — 4 l. — D 744. E 769. F 688.

331. Un livre des Vices et vertus en françois, couvert de cuir jadis vermeil, à deux fermoirs d'argent nellez, venu de la Royne. — B 221.

332. Un livre de Vices et vertuz, la Somme le Roy, questions de divinité, du profit qui vient de tribulacion, et autres choses, en ung petit livre quarré, très bien escript en françois, de lettre de forme, à deux coulombes. Comm. : *et feras pour mieulz*. Fin : *plus que le sien*. Couvert de cuir qui fut rouge, à ɪɪ fermoirs d'argent sur tixus de soye vers, et une petite pipe de perles. — 32 s. — A 449. B 470. D 394. E 431. F 405.

333. Vices et vertuz, de Rolant et de Olivier, de Mahommet et de plusieurs autres choses, en prose, couvert de cuir blanc, escript de lettre de forme, à deux coulombes, en françois. Comm. : *purgatoire*. Fin : *leus et de*. A ɪɪ fermoirs de laton. A 500. B 523. D 357. E 397. F 372.

334. Un livre de Vices et vertuz, des Dix commandemens de la loy, couvert de cuir rouge empraint, à ɪɪ fermoirs de laton, escript de lettre de forme, en françois, à ɪɪ coulombes. Comm. : *se commence*. Fin : *li roys*. — 1 l. — A 514. B 538. D 367. E 405. F 380.

335. Les Sept sacremens de saincte eglise, les Dix commandemens, les Enseignemens du père au filz, les Enseignemens saint Loys à Phelippe son filz, et autres choses pluseurs de devocion, couvert de très vieille soie, bien escript de lettre de forme, en françois, à deux coulombes, et historié. Comm. : *natura curva est*. Fin : *et en ly neant*. Garny de deux fermoirs de cuivre. — 24 s. — A 74. B 75. D 42. E 41. F 30.

336. Des Sept sacremens, et maistre Jehan de Meun, le

Reclus de Morleans, le traictié des Trois fleurs de lis, la Voye d'enfer et de paradis, couvert de cuir rouge, à deux fermoirs de laton, escript en françois, à deux coulombes et de lettre formée. Comm. : *ains est.* Fin : *et je prie.* — 2 l. — A 321. B 342. D 213. E 255. F 242.

337. Les Sept pechiez mortelz en prose, en ung petit livret, et Comment on se doit confesser, escript de lettre formée, en françois. Comm. du texte : *qui tout demoure.* Fin : *muniamus.* Couvert de cuir rouge, à deux petiz fermoirs de laton. — 5 s. — A 428. B 450. D 301. E 342. F 320.

338. Liber de Tribus dietis, liber consciencie, sermo de mandatis decalogi et exposition de Pater noster, escript en latin, de lettre de forme, à une coulombe et en petit volume. Comm. après les rebriches : *Domine supplico vobis.* Fin : *Mariam filius.* Couvert de cuir qui fu vert, à ii petiz fermoirs de laton. — 2 l. — D 771. E 795. F 712.

338 *bis*. Le Miroir aux dames[1], qui fu de la royne Jehanne d'Evreux, à une couverture de soie, et deux fermoirs d'argent des armes de ladicte royne, escript en françois de lettre formée. Comm. : *assise en noble.* Fin : *depuis la bonne.* A 142. B 143. D 90. E 88.

338 *ter*. Le Miroir des dames, en françois, de bonne lettre de forme, à deux colombes, historié et enluminé. Comm. : *prudence ainsi li homs.* Fin : *vertuz vengence.* Couvert d'une chemise de toille à queue, et deux petiz fermoirs d'argent dorez, esmaillez de France, et une pipe de broderie. — D 890. E 194[2].

339. Les Seremons frère Guibert, de sains, couvert de cuir, à deux fermoirs de laton, escript en latin de menue lettre de forme, à deux coulombes. Comm. : *devotus accepi.* Fin : *tua et tunc.* — 1 l. — A 601. B 615. D 445. E 481. F 451.

---

1. Traduction d'un ouvrage latin que composa Durand de Champagne, franciscain, confesseur de Jeanne de Navarre, femme de Philippe le Bel. — Voir *Hist. littéraire de la France*, t. XXX, p. 302-325. — Un autre Miroir des dames, œuvre du ménestrel Vatriquet, est indiqué plus loin sous le n° 1220.

2. Ms. 324 du Collège *Corpus Christi* à Cambridge. — Voir la notice XLV des livres parvenus jusqu'à nous.

340. Sermons en ung livre couvert de cuir blanc, à deux fermoirs de laton, escript de lettre de forme, à deux coulombes. Comm. : *ma ista ut.* Fin : *non istius doni.* — 2 l. — A 546. B 560. D 415. E 451. F 424.

341. Sermons, en ung petit livret vert, à deux fermoirs de laton, escript de menue lettre, en latin, partie à deux coulombes et partie à une. Comm. : *caro resectionem.* Fin : *qui detrahit.* — A 588. B 603. D 466. E 502. F 468.

***342**. Un autre bien petit livret couvert de cuir blanc neuf, à ung fermoir de laton, ouquel sont plusieurs sermons, escripz de diverses lettres. Comm. ou xxiiiie foillet : *vocavit dominus virum.* Fin : *quod comminasset.* — 2 s. — D 836. E 860. F 772.

343. Ung roulleau en ung estuy de brodeure, où sont plusieurs oroysons. En l'estude du Roy à Vincennes. — G 3065.

344. Un livre d'oroisons couvert de drap d'or, à une chemise blanche et ii fermoirs d'argent esmaillés de Harcourt à deux crosses. — A 894. B 897.
En déficit en 1411. C 186.

345. Un livre d'oroisons, couvert de drap d'or, à une chemise blanche de toille et deux fermoirs d'argent, où sont hachiez les armes à l'arcevesque de Reins, qui fu de Craon[1], dorez, escript en latin, de lettre de forme. Comm. ou iie fol. du texte : *coro gloria.* Fin : *ita directio.* — A 895. B 898. D 551. E 583.

346. Un livre d'oroisons, très parfaitement bien historié, couvert de drap de soie à queue, à petiz abreceaux d'or, escript de lettre de forme, en latin. Comm. : *am quia.* Fin : *misericordia super me.* A deux fermoirs d'argent esmaillez. — A 904. B 907. D 544. E 578.
Raditur quia per inadvertenciam hic scriptus est; ydeo est inde oneratus Anthonius de Essartis. LE BÈGUE. — E.

347. Un petit livre où sont oroisons, couvert de drap d'or viez, à deux fermoirs de cuir et de laton, escript de lettre de

---

1. Jean de Craon, archevêque de Reims, mort en 1373.

forme en latin, et y a au commencement quatre fueillez en françois. Comm. ou n⁰ fol. du latin : *ver in te.* Fin : *piissima domina.* — Nihil. — A 649. B 655. D 476. E 512. F 475.

348. Ung livre couvert de satanin azuré, ouvré de brodeure, à angeloz et elles de papillons, et sont plusieurs oroisons en latin et en françoys et plusieurs suffraiges, et n'y a que ung très petit fermoir d'or, aux armes de madame la duchesse[1], mère du Roy. En l'estude du Roy à Vincennes. — G 3050.

349. Ung livre à aiz couvers de brodeure, à ung rondeau en chascun costé des armes de la mère du Roy, et en sont les perles ostées, où a escript plusieurs suffraiges et oraisons, à deux fermoirs d'or des dictes armes, et a en la pippe ung balay et quatre perles. En l'estude du Roy à Vincennes. — G 3055.

350. Un estui de brodeure à façon de fleurs de lis, aux armes de la reine Jehanne de Bourgongne, ouquel a une peau de parchemin entaillée, où sont escriptes plusieurs oroisons. A Melun. — G 1939.

351. Un livre d'oroisons, petit, couvert de drap d'or vermeil, que donna au Roy l'arcevesque d'Ambrun[2], à deux fermoirs d'argent, esmaillez de France, très bien escript en latin, de lettre de forme, à une coulombe. Comm. : *oratio ad sanctum.* Fin : *tam in nobis.* Et y a deux belles hystoires ou iiiᵉ fueillet. — A 796. B 799. D 677. E 704. F 634.

Enlevé vers 1414. — E 963.

352. Ung petit livret couvert de drap d'or, à deux fermoirs des armes monseigneur de Berry, très parfaictement bien ystorié, où sont plusieurs oroisons en françois et en latin. En l'estude du Roy à Vincennes. — G 3062.

353. Oroisons en françois, en prose, en très grosse lettre de forme, en un petit livret, couvert de cuir vert, à deux fermoirs de cuivre doré. Comm. : *et delivrez.* Fin : *en ceste courte.* — 10 s. — A 390. B 411. D 270. E 311. F 291.

***354**. Un petit livre en françois, où sont exposées aucunes

---

1. Bonne de Luxembourg, duchesse de Normandie, mère de Charles V.
2. Probablement l'auvergnat « Petrus Amelii », qui mourut en 1389, revêtu de la dignité de cardinal.

euvangiles touchant la passion Jesus Christ selon saint Jehan l'euvangeliste. Comm. : *au matin il en prist.* Fin : *de blanches vestures.* Escript de lettre de forme, à une coulombe, couvert de cuir rouge empraint, et deux fermoirs de laton. — 2 s. — D 852. E 876. F 785.

355. Les Requestes du psaultier, que David fist à Nostre-Seigneur, et pluseurs autres devocions et oraisons en françois et en latin. Couvert de soie, escript de lettre formée. Comm. : *quorum meorum.* Fin : *sium neque.* A ii fermoirs de laton. — 10 s. — A 161. B 162. D 105. E 103. F 86.

356. Oroisons sur chacun psaulme du psaultier et les Passions, en ung livret à chemise blanche de toile à queue, et deux fermoirs d'argent, escript en latin de lettre de forme, historié et enluminé. Comm. : *bus maris.* Fin : *ata Maria.* — A 647. B 654. D 475. E 511.

Enlevé vers 1414. — E 941.

*****357**. Un petit livret quarré, ouquel sont Oroisons sur chacun pseaume du psaultier, les quatre Passions Nostre Seigneur. Comm. : *effunde quesumus Domine.* Fin : *ad Jesum nocte.* Couvert d'une chemise blanche de toile à queue, par dessoubz de drap d'or, à ii fermoirs d'argent dorez touz plainz. — D 741.

358. Ung livret couvert de cuir rouge, où est la Passion, à deux fermoirs de laton escript de lettre de forme, en françois. Comm. : *respondi.* Fin : *pour sauver.* — A 512. B 535. D 365.

359. L'Exposicion de la Patenostre et Ave Maria, en françois, et *O intemerata*, en latin, et autres choses rimées, escriptes de lettre de forme. Comm. : *Dieux qui de mort.* Fin : *que riens ne l'ot.* Couvert de cuir rouge, à ung fermoir de laton. — 5 s. — A 456. B 477. D 326. E 367. F 345.

360. Un livre d'Oroisons de Nostre-Dame, heures et pluseurs autres choses de devotions pluseurs, que donna au Roy le cardinal de Boulongne[1], couvert de soie vermeille à queue, à deux fermoirs d'argent, dorez, esmaillez des armes dudit

---

1. Le cardinal Gui de Boulogne, mort en 1373.

cardinal, escript en latin, de lettre de forme, à deux coulombes. Comm. : *rato circumdata*. Fin : *trinitati gloria*. —
4 l. — A 627. B 635. D 451. E 487. F 457.

361. Oroisons de la feste Nostre-Dame mi-aoust, qui fut
faicte à l'ostel de Saint-Ouyn, pour la feste de l'Estoille[1], et
sont en prose, en françois, de lettre de forme, en ung très petit
livret, et les fist faire Pierre d'Asnières, à deux belles histoires.
Comm. : *la seconde purgacion*. Fin : *enges qui soient*. Couvert de cuir rouge empraint, à ii fermoirs de laton. — A 481.
B 505. D 343. E 383.

Raditur quia non fuit repertus, licet inde oneretur Garnerius
de Saint Yon, immediatus per ante custos librorum regis.
LE BÈGUE. — E.

362. Un petit livre de devocion, couvert de brodeure à
fleurs de lis, d'un costé est l'Anonciation, de l'autre la Trinité,
et dedens a pluseurs choses rymées, oroisons de Nostre-Dame,
et la Vie saint Jehan Baptiste, bien escript et bien historié, en
françois, de lettre formée. Comm. : *et les gens*. Fin : *et de toy*.
A deux petiz fermoirs d'argent dorez. — A 125. B 126. D 82.

363. Un livre d'Oroisons de Nostre-Dame, Ave Maria, et
pluseurs autres choses, rimez, et bien escript, de lettre de
forme, en françois. Comm. : *qui du saint*. Fin : *mon cuer*.
Couvert de drap de soie, à ii petiz fermoirs d'argent dorez. —
12 s. — A 471. B 492. D 332. E 372. F 350.

364. Un petit livret d'une prière Nostre-Dame, escript de
lettre formée, en françois. Comm. : *e chastes*. Fin : *tel volenté*.
Couvert de cuir rouge, à ii bien petiz fermoirs d'argent. —
2 s. — A 389. B 410. D 323. E 364. F 342.

365. Les Quinze joyes Nostre-Dame, et autres oroisons à
Dieu et à sa mère, couvert de veluyau, en ung très petit livret
bien escript, en prose, de lettre de forme, en françois. Comm. :
XV foiz. Fin : *perituelz*. A deux petiz fermoirs d'argent. —
10 s. — A 472 *bis*. B 474. D 333. E 373. F 351.

366. Les Quinze joyes de la Vierge Marie, en ung très
petit livret, escript de lettre de forme, en françois, en rime et

_____
1. La fête de l'ordre de l'Étoile fondé par le roi Jean.

en prose. Comm. : *ce dame.* Fin : *sanctis et tibi.* Couvert de veluyau violet, à ung fermoir d'argent. — A 473. B 497. D 336. E 376.

367. Les Quinze joyes, la Vie saincte Marguerite, en ung petit livret couvert de cuir rouge empraint, à deux fermoirs d'argent blanz, escript de lettre formée, en françois, partie en ryme. Comm. : *fin a vraye.* Fin : *ne s'en alast.* — 4 s. — A 220. B 224. D 145. E 141. F 124.

368. Un livre de l'Advocacie Nostre-Dame de l'umain lignaige[1], couvert de cuir blanc, venu de la Royne, escript en françois, de lettre de forme. Comm. : *de mettre y.* Fin : *qui à toy.* Couvert de cuir à II fermoirs de laton. — 5 s. — A 493 et 518. B 517 et 542. D 352. E 392. F 367.

369. La Plaidoyerie de l'umain lignaige, et le livre de Panthaleon, très mal escript et enluminé, à quatre fermoirs de cuivre, escript de lettre de forme, à deux coulombes et en françois. Comm. : *quant li felon ennemi.* Fin : *marc Judas.* Couvert de cuir blanc. — 1 l. — A 83. B 84. D 50. E 49. F 38.

370. La Complainte Nostre-Dame, en ung très petit livret couvert de vert cuir, nommé les Regrez, escript de lettre formée, en françois, et y a environ la moitié du parchemin vuit. Comm. : *dame de tout.* Fin : *cruel mort.* A deux fermoirs de laton. — 4 s. — A 221. B 225. D 146. E 142. F 125.

371. Un livre dont les ais sont couvers de brodeure à fleurs de lis, à deux fermoirs d'or, de la Perfection saint Jehan l'euvangeliste, donné au Roy par madame d'Orléans[2], escript de lettre formée, en françois. Comm. : *postre mes.* Fin : *t's la honnore.* — 4 l. — A 213. B 216. D 141. E 138. F 121.

372. Un livre de devocion et contemplacion, qui fu à la royne Jehanne d'Évreux, ouquel sont pluseurs oroisons et maniere d'enseignemens ou sermons, pour acquerir l'amour Nostre Seigneur, couvert de cuir rouge, à deux fermoirs, l'un d'argent, l'autre de laton ; escript de lettre formée, en françois,

---

1. Ce poème français a été publié, d'après un manuscrit d'Évreux, par M. Chassant (Paris, 1857, in-12).

2. Blanche de France, femme de Philippe, duc d'Orléans, tante de Charles V.

à deux coulombes. Comm. du texte : *ra me Domine*. Fin :
qui se puet. — 1 l. — A 455. B 476. D 320. E 361. F 345.

373. Ung livre de devocions en françoys et en latin, assez
grandet, sans aucunes heures. Et est ystorié au commencement
à ymages et quatre fueillez de Dieu et de Nostre-Dame, et au
dessoubz les armes de la duchesse de Normendie[1], mère du
Roy, et se commence le second fueillet *la vertu*. Et a deux
fermoirs d'or armoyez des armes de la royne Jehanne de Bourbon. Et a en chascun fermoir deux petites perles. Et est la
pippe d'or toute plaine sans ouvraige. En la chambre du Roy à
Vincennes. — G 3309.

374. Des bonnes femmes et des mauvaises, la Passion Nostre
Seigneur et plusieurs autres bonnes choses de devocion, en
prose, couvert de soie. — A 139. B 140.

375. De l'Aignelet qui pour Dieu fut routi[2], où sont oroisons et devocions en prose, couvert de veluyau vermeil, à deux
fermoirs d'argent dorez, escript de lettre formée, en françoys.
Comm. : *longuement n'y doit*. Fin : *se il d'autruy*. — 3 l. —
A 146. B 147. D 95. E 93. F 79.

376. De l'Aignelet, où sont pluseurs oroisons, devocions
et contemplacions, en prose, couvert d'un sandal jaunet à
queue, escript de lettre formée, en françois. Comm. : *trèrent
en la sainte terre*. Fin : *d'autruy pour ce que*. A un fermoir
d'argent. — 1 l. 4 s. — A 159. B 160. D 103. E 101. F 84.

Il y est, mais il a esté trouvé couvert de cuir vermeil sans
fermoirs, pour quoy il soit respondu. — E 916.

377. Ung livre couvert de cuir à queue, ouquel a pluseurs
choses de devocion, le Reclus de Morleans, et se nomme la
Joye[3] de paradis; escript en françois de lettre de forme, à deux

1. Bonne de Luxembourg.

2. Le ms. français 1802, à la fin duquel Charles, duc d'Orléans, et Jean,
comte d'Angoulême, ont mis leur signature, semble avoir contenu les mêmes
textes que les deux manuscrits indiqués ici sous les n°° 375 et 376. L'opuscule
désigné par les mots *De l'aignelet* est un opuscule divisé en deux livres, le
premier commençant ainsi : « De l'aingnelet qui pour nos fu rostis vueil envoier
un present...; » et le second : « De cele issue d'Egypte et de la manne du
desert vos envoie je le secont present... »

3. Lisez : *la Voye de Paradis*. — C'est le ms. français 1838 de la Bibliothèque nationale. — Voir la notice XLVI des livres parvenus jusqu'à nous.

coulombes. Comm. : *vostre sauvement.* Fin : *poures souffrans.*
A deux fermoirs de laton. — 2 l. — A 504. B 527. D 358.
F 373.

*377 *bis.* Un petit livre de devotion, escript en provençal
et en latin, et se commence au second feuillet *invidia,* et est
couvert d'un velluyau azuré, à un fermoir d'argent tout plain.
— H 292.
En déficit en 1420.

378. Un excessivement grant livre, où sont pluseurs choses
de devocion en langaige d'oc, et Breviaire en latin environ le
milieu du dit livre, jadiz couvert de cuir noir, et de present
de cuir blanc, sanz empraintes, escript de lettre de forme, à
deux coulombes, et y a un kalendier au commencement.
Comm. du texte : *caz et filhis tot lo humal lignaige.* Fin :
a quelz que carament. A ii fermoirs de laton et x gros cloux.
— 1 l. 4 s. — A 301. B 322. D 197. E 239. F 229.

379. Halleret[1], des espirituelles amitiez, em prose, escript
de lettre formée, en françois. Comm. : *qui ostent alou.* Fin :
parole Dieu. Couvert de cuir vermeil empraint, à ii fermoirs
de laton. — 10 s. — A 155. B 156. D 101. E 99. F 82.

*380. Un vieil tiexte d'une Institute en latin. Comm. : *ins-
titutionibus.* Fin : *cendis publica.* Couvert de parchemin, et est
de petite value. — Nihil. — D 824. E 848. F 761.

381. Une Institute en françois de lettre de forme, à ii coulombes. Comm. après les rebriches : *generaument.* Fin : *sillet
et la loy.* Couvert de soye vermeille diaprée d'azur, à ii fermoirs d'argent dorez des armes de France. — A 51. B 51. D 178.
E 174. F 154.
Enlevé vers 1414. — E 928.

382. Institute, escripte de lettre formée, en françois, à deux
coulombes, de petit volume. Comm. : *au prouffit de chascun.*
Fin : *selon nostre establissement.* Couvert de cuir à deux fermoirs de laton. — 10 s. — A 313. B 334. D 206. E 248.
F 237.

---

1. Traité d'Aelred, traduit par Jean de Meun. Voir *Mémoires de l'Académie
des inscriptions,* t. XVII, p. 745.

383. Institute escripte de lettre formée, en françois, à deux coulombes, de petit volume. Comm. : *jugiez de.* Fin : *jugemens qui donne.* Couvert de cuir à ıı fermoirs de laton. — 10 s. — A 315. B 336. D 208. E 250. F 239.

384. Un livre nommé Institute, escript en françois, de lettre de forme, à deux coulombes. Comm. : *de celz as gèns.* Fin : *tre celluy.* Couvert de cuir vert, à ıı fermoirs de laton. — 10 s. — A 513. B 536. D 366. E 404. F 379[1].

****385.** Item une vieille Digeste vieille, en latin, à deux coulombes, et glosée. Comm. du texte : *lumina in tercio anno.* Fin : *data effecta.* Couverte de vielz cuir blanc, sans fermoirs. — 10 s. — D 910. E 214. F 187.

386. Digeste vieille de meismez [couverte de soie ynde et vermeille], et fermoirs d'argent. — A 44. B 44.

Baillié à mons. d'Anjou, 22ᵉ de novembre 1380. — A. C 24.

387. Digeste vieille en françois, escript de lettre formée, à ıı coulombes. Comm. : *que des lors.* Fin : *a une des personnes.* Couvert de cuir blanc à queue, à deux fermoirs de laton. — 5 l. — A 307. B 328. D 200. E 242. F 231[2].

388. Digeste vieille, escripte de lettre formée, en françois. Comm. : *appellée les actions.* Fin : *gré au pere.* Couvert de .cuir blanc à queue, à ıı fermoirs de laton. — 4 l. — A 309. B 310. D 202. E 244. F 233.

389. Digeste vieile, escripte de lettre formée, en françois, à deux coulombes. Comm. : *ordonnées les actions.* Fin : *morut en la poeste.* Couvert de cuir rouge à ıı fermoirs de laton. — 2 l. — A 311. B 332. D 204. E 246. F 235.

****390.** Une Digeste vieille, en françois, escripte, couverte et fermant comme dessus[3]. Comm. : *par vous tant seulement.* Fin : *ou mois se la femme.* — 6 l. — D 879. E 183. F 160.

---

1. Ms. français 1064 de la Bibliothèque nationale. — Voir la notice XLIX des livres parvenus jusqu'à nous.

2. Ms. français 495 de la Bibliothèque nationale. — Voir la notice XLVIII des livres parvenus jusqu'à nous.

3. « Couvert de soie inde et vermeille, à ıııı fermoirs d'argent dorez, à escuçon de France en chascun. »

391. Enforçade de mesmez [couverte de soie ynde et vermeille], et fermoirs d'argent. — A 46. B 46.

Baillié à mons. d'Anjou, 22ᵉ de novembre 1380. — A. C 26.

392. Enforsade, jadiz sanz ais, couvert d'une peau de parchemin, et est à present entre deux ais, couvert de cuir rouge, à deux fermoirs de laton, escripte de lettre formée, en françois, à deux coulombes. Comm. du texte : *pas que les deniers.* Fin : *que nostre emperière.* — 5 l. — A 310. B 331. D 203. E 245. F 234.

393. Une Inforsade en françois, escript de lettre de forme, à deux coulombes. Comm. : *se li loages.* Fin : *li meffaiz est.* Couvert de cuir rouge, à ıı fermoirs de laton. — 4 l. — D 790. E 814. F 730.

***394**. Item Inforçade, en françois escript, couvert et fermant comme dessus [ci-dessous, article 405]. Comm. du texte : *se li cultiverres a se long.* Fin : *la possession des biens.* — 5 l. — D 880. E 184. F 161.

395. Digeste nove de mesmes [couvert de soie ynde et vermeillie], et fermoirs d'argent. — A 42. B 42.

Baillié à mons. d'Anjou, 22ᵉ de novembre 1380. — A. C 23.

396. Digeste nove, en grant volume, couvert de cuir, à quatre fermoirs de cuivre, escript de lettre de forme, en françois, à trois coulombes. Comm. : *pas tousjours.* Fin : *Paulus dit.* — 4 l. — A 56. B 56. D 27. E 26. F 15.

***397**. Item Digeste nove, escripte, couverte et fermant comme dessus[1]. Comm. : *estre octroyez.* Fin : *cil mesmes dist.* — 6 l. — D 881. E 185. F 162.

398. Code en françois, couvert de soie ynde et vermillie, et fermoers d'argent. — A 40. B 40.

Baillié à mons. d'Anjou, xxııᵉ de novembre IIIIˣˣ. — A. C 21.

399. Code en françois, escript de lettre de forme, à deux coulombes. Comm. du texte : *ordenammant.* Fin : *ou sanz testament.* Couvert de cuir rouge à quatre fermoirs de cuivre. — 2 l. — A 52. B 52. D 23. E 22. F 11.

---

1. « Couvert de soie inde et vermeille, à ıııı fermoirs d'argent dorez à escuçon de France en chascun. »

400. Code en françois, escript de lettre de forme, à deux coulombes, couvert de cuir rouge à queue. Comm. du texte : *à l'ordennement*. Fin : *au prevost*. A quatre fermoirs de cuivre. — 2 l. 10 s. — A 53. B 53. D 24. E 23. F 12.

401. Un livre de Code, couvert de cuir à queue, escript de lettre de forme, en françois, à deux coulombes. Comm. : *gens pour ce que*. Fin : *tres pour aucune besongne*. Ouquel livre est l'Institute au commencement, à quatre fermoirs de cuivre. — 2 l. — A 54. B 54. D 25. E 24. F 14.

402. Les trois livres de Code, en ung volume couvert de cuir à queue, escrips de lettre de forme, en françois, à deux coulombes. Comm. : *use droit citoien*. Fin : *nam paine*. A deux fermoirs de cuivre. Et y est l'Institute au commencement. — 4 l. — A 55. B 55. D 26. E 25. F 13[1].

403. Un Code en françoiz, qui a un aiz rompu, et très mal couvert. — A 522. B 545.

Rendu au conte de Saint-Pol[2]. — C 115.

***404**. Un Code en françois, de lettre de forme, à deux coulombes. Comm. : *o l'aide de Dieu*. Fin : *si qu'il defende*. Couvert de cuir rouge à empraintes, à deux fermoirs de laton. — 5 l. — D 791. E 815. F 731.

405. Un Code en françois, de lettre de forme, à deux coulombes. Comm. du texte : *de cest code venir*. Fin : *cion je te doin ces honneurs*. Couvert de soie inde et vermeille, à iiii fermoirs d'argent dorez, à escuçon de France en chacun. — 6 l. — D 877. E 181. F 158.

406. Un Code, en françois, escript à deux coulombes, de lettre de forme. Comm. : *privilieges est octroyez*. Fin : *bien par droit trove*. Couvert de cuir rouge, à iiii fermoirs de laton. — 6 l. — D 882. E 186. F 163.

407. Un Livre de Code en françoiz, couvert de cuir rouge à quatre fermoirs. — A 264. B 276[3].

---

1. Ms. français 498. — Voir la notice L des livres parvenus jusqu'à nous.

2. Waleran de Luxembourg, qui était tombé en disgrâce à la fin du règne de Charles V.

3. Voir la note jointe à l'art. 403.

Rendu par le Roy au conte de Saint-Pol. — A. C 81.

408. La Somme Asce sur Code, de mesmes [couverte de soie ynde et vermeille], et fermoirs d'argent. — A 45. B 45.

Baillié à mons. d'Anjou, 22ᵉ de novembre 1380. — A. C 25.

***409**. La Somme d'Asse sur Code et sur Institute, en françois, escript, couvert et fermoirs comme dessus[1]. Comm. du texte : *session l'on entent*. Fin : *heritez par nom il n'a pas*. — 5 l. — D 878. E 182. F 159[2].

410. Auttentiques en françois, avec trois livres de Code, en un volume escript de lettre de forme, à deux coulombes. Comm. du texte : *tres à qui toute*. Fin : *ce vous defendons*. Couvert de soie [ynde et vermeille], à deux fermoirs d'argent doré. — A 48. B 48. D 20. E 19. (Conf. E 918.)

411. Un Coustumier de Normandie, avecques les euvangiles, et la page où est la remembrance de Nostre Seigneur pour faire le serement, escript de lettre de forme, en françois, à deux coulombes. Comm. du texte : *sent par certaines lois*. Fin : *et au chappitre*. Couvert de cuir empraint, à deux fermoirs de cuivre. — 1 l. — A 95. B 96. D 62. E 61. F 50.

412. Le Coustumier de Normandie, en ung petit livret, à present couvert de cuir rouge, et y est la page pour faire le serement, et le kalendier au commencement, escript de lettre de forme, en françois, à deux coulombes. Comm. après le kalendier : *de tort de haro*. Fin : *ne reviengne à luy*. A deux fermoirs de laton. — 10 s. — A 168. B 169. D 165. E 161. F 142.

413. Le Coustumier de Normendie. — A 472. B 493.

Baillé par le Roy au bailly de Rouen. — A. C 110.

414. Le Coustumier de Vermendois, en françois, à deux fermoirs d'argent doré, escript de lettre de forme, à deux coulombes. Comm. : *Cy commence*. Fin : *humble homme*. Couvert de drap de soie. — 2 l. — D 19. E 18. F 9.

---

1. *Couvert de soie inde et vermeille, à IIII fermoirs d'argent dorez, à escuçon de France en chascun.*

2. Ms. français 22969 de la Bibliothèque nationale. — Voir la notice LI des livres parvenus jusqu'à nous.

414 *bis*. Le Coustumier de Vermendois, couvert de mesmez [couvert de soie inde et vermeille], et fermoirs d'argent, fait par messire Pierre de Fontaines[1]. — A 47. B 47.

415. Decret de meismes [couvert de soie inde et vermeille], et fermoirs d'argent. — B 43[2].

*__416__. Le Decret Gratien, en françois, au commencement duquel a, en deux fueillez, l'abre de consanguinité, et est escript de lettre de forme, à deux coulombes. Comm. : *Canon en grieu est*. Fin : *De tes elz soyes tout*. Couvert de cuir rouge à quatre fermoirs de laton. — 5 l. — D 908. E 212. F 185.

417. Decretalles couvertes de meismes [de soie inde et vermeille], et fermoirs d'argent. — A 41. B 41.
Baillé au duc d'Anjou le 22 novembre 1380. — C 22.

418. Decretales, en plus petit volume, escriptes de lettre de fourme, en françois, à deux coulombes. Comm. du texte : *il condempne touz*. Fin : *glises ne selles*. Couvertes de soie, à deux fermoirs d'argent doré. — A 50. B 50. D 21. E 20.
Enlevé vers 1414. — E 919.

419. Decretalles, couvertes de cuir à quatre fermoirs. — B 57.

420. Decretales escriptes de lettre formée, en françois. Comm. du texte : *et li filz*. Fin : *et pour traittier*. Couvert de cuir blanc à queue, à iiii fermoirs de laton, à ii coulombes. — 2 l. — A 312. B 333. D 205. E 247. F 236[3].

421. Decretales en françois, escriptes de lettre formée, à deux coulombes. Comm. : *trop de repeure*. Fin : *appartiennent voyes*. Couvert de cuir rouge, à deux fermoirs de laton. — 8 s. — A 308. B 329. D 201. E 243. F 232.

422. Decretales escriptes de lettre formée, en françois, à deux coulombes. Comm. : *en naissant*. Fin du texte : *que on*

---

1. Les notices 414 et 414 *bis* se rapportent peut-être à un seul et même exemplaire du Coustumier de Vermandois.

2. L'article correspondant de A (A 43), qui portait *Decretales*, au lieu de *Decret*, a été biffé.

3. Ms. français 493 de la Bibliothèque nationale. — Voir la notice LII des livres parvenus jusqu'à nous.

doye. Couvert de cuir à queue, à quatre fermoirs de laton. — 5 l. — A 314. B 335. D 207. E 249. F 238.

423. Decretales en françois, couvertes de cuir à queue, à quatre fermoirs de laton, escriptes de lettre formée, à deux coulombes. Comm. : *que la deité es.* Fin : *indignum.* — 2 l. — A 319. B 340. D 211. E 253. F 241.

***424**. Unes Decretales en françois, escript de bonne lettre de forme, à deux coulombes. Comm. après les rebriches : *et li saint espriz.* Fin : *ne leur puissent rienz.* Couvert de cuir qui fut rouge, à queue, à iiii fermoirs de cuivre et tissuz vers. — 4 l. — D 789. E 813. F 729.

***425**. Unes Decretales en françois escriptes de lettre de forme, à deux coulombes. Comm. du texte : *terre que li abbes Joachim.* Fin : *Chappitres de Xantonne.* Couvertes de soie inde et vermeille, à iiii fermoirs d'argent, dorez à un escuçon de France et tixuz asurez à une greue blanche. — 3 l. — D 875. E 179. F 157.

***426**. Unes autres Decretales en françois, de lettre de forme, à deux coulombes. Comm. : *son opinion par le conseil.* Fin : *villeyes contenues.* Couvert de cuir rouge, à bouillons et iiii fermoirs de laton. — D 876. E 180.
Enlevé vers 1414. — E 931.

427. La Somme nommée Copieuse, en un grant volume couvert de cuir, à iiii fermoirs jadiz, et de present n'en y a que deux, escripte en latin de lettre de forme, à deux coulombes. Comm. : *la compilatio.* Fin : *quit sit.* — 10 l. — A 907. B 910. D 607. E 635. F 572.

428. Exposicions de droit ou Decretales, en ung volume plat, escript de lettre formée, en françois, à deux coulombes. Comm. : *est tors.* Fin : *appartient li benefices.* Couvert de cuir à deux fermoirs de laton; et l'appelle l'en proprement « Ordo Judiciarius magistri Tancredi ». — 12 s. — A 279. B 299. D 187. E 229. F 220.

429. L'Ordinaire maistre Tancré, en françois, escript semblablement [de lettre de fourme]. Comm. : *d'abatre la.* Fin :

l'en luy doit. Couvert de soie, à deux fermoirs d'argent doré.
— 24 s. — A 49. B 49. D 22. E 21. F 10.

430. Item Speculum juris, id est Speculum judiciale magistri Durandi, couvert de cuir blanc à queue, à deux fermoirs de laton et gros volume, escript en latin de lettre de forme. Comm. : *compluit.* Fin : *sententia exprimit.* — 5 l. — A 578. B 593. D 426. E 462. F 435.

431. Formularium scriptorum et procuratorum Romane curie, de lettre de note, à une coulombe. Comm. : *tuntur nisi personis.* Fin : *a se ipso si dicat.* Couvert d'une pel de parchemin, fermant à deux noyaux de cuir. — 4 s. — D 832. E 856. F 768.

432. Un livre fermant à clef, couvert de cuir vermeil, d'un advis comment le pape ne l'Eglise ne pevent ne doivent avoir aucune congnoissance en ce qui touche le temporel du Roy, du royaume de France, de la couronne ne des appartenances ; et y a près d'autant de parchemin vuit comme escript ; escript de lettre formée, en françois. Comm. : *histories si comme.* Fin : *dist que il est.* — 24 s. — A 303. B 201. D 133. E 130. F 113.

433. Le Songe du Vergier, très bien escript, en françois, de lettre de forme, à deux coulombes, bien historié et enluminé. Comm. : *en nom Charles tu es.* Fin : *autoritez que cil devant.* Et est signé Charles, couvert d'une chemise de soie asurée à grant queue, et deux fermoirs dorez, où est Charles en lettres eslevées ; en ung estuy escorchié de fleurs de lis. — 12 l. — D 884. E 188. F 165[1].

434. Un livre appellé le Songe du Verger, qui est d'un avis comment le pappe ne peut ne doit avoir congnoissance en ce qui touche le temporel ne la justice du Roy, couvert de soye inde à queue. — A 244. B 248.

Baillé par le Roy à maistre Evrart Tramagon. — A. C 74.

435. Un autre livre couvert de soie à queue, qui est le latin du françois du livre appellé le Songe du Vergier, qui est

---

1. Au Musée britannique, Cotton 19. C. IV. — A la fin se lit cette note : « C'est livre est à nous Onfroy, duc de Gloucester. » — Voir la notice XCVII des livres parvenus jusqu'à nous.

d'un advis comment le pape ne doit avoir congnoissance en ce qui touche le temporel ne la justice du Roy; escrit de lettre formée, à deux coulombes. Comm. : *dilexisti nunc.* Fin : *revertatur.* A ıı fermoirs d'argent dorez. — 8 l. — A 245. B 249. D 150. E 146. F 127.

436. Ung autre petit livret couvert de soie, à une sarrure d'un grislon[1], qui traitte d'icelle matière, escript de lettre formée, en françois. Comm. : *parees les quelles.* Fin : *par plus forte raison.* — 16 s. — A 246. B 250. D 151. E 147. F 128.

437. Natura rerum, à deux fermoirs de laton, couvert de cuir à deux bouillons, escript de mauvaise lettre de forme, en latin, à deux coulombes. Comm. : *nunc autem.* Fin : *ampliorem canere.* — 15 s. — A 557. B 571. D 482. E 517. F 476.

438. Honorius, en un cayer de papier, escript de très menue lettre, couvert de vieil parchemin. Comm. : *ceditio.* Fin : *spera Apulei.* — 1 s. — A 797. B 800. D 624. E 651. F 585.

439. Le livre De Proprietatibus rerum de frère Berthelemy Anglois, de l'ordre des frères Meneurs, couvert de cuir noir à quatre fermoirs de laton, dont les deux sont perduz, escript de lettre de forme, à deux coulombes. Comm. : *principio et fine.* Fin : *dum resonando.* — 8 l. — A 671. B 677. D 487. E 522. F 481.

*440. Un livre De Proprietatibus rerum, en latin, escript de lettre de forme boulenoise. Comm. : *filiatio processio.* Fin : *comparatus habens.* Couvert de cuir qui fut blanc, à deux fermoirs de laton. — 4 l. — D 756. E 780. F 698.

441. De Proprietatibus rerum, en un livre couvert de cuir noir, à ıı fermoirs. — A 897. B 900.
Au Bois. — A. C 187.

442. Le Livre De Proprietatibus rerum, en deux volumez, couvert de soie à queue. — B 255.
Baillé à Mons' d'Anjou. — B.

1. *Gresillon.* A.

443. Le Livre des Proprietez des chosez, en un volume couvert de soie à queue. — B 258[1].

Au Bois. — B.

444. Le livre des Proprietez des choses, en françois, escript de lettre de note, à deux coulombes. Comm. : *saige et entendant*. Fin : *III et la tierce partie*. Couvert de cuir vermeil à empraintes, à deux fermoirs d'argent dorez, esmaillez des armes feu Montagu, jadis grant maistre d'ostel du Roy. — 16 l. — A 916. B 927. E 905. F 203.

Envoyé au Louvre en janvier 1409 (v. st.) par le duc de Guyenne. — A.

445. L'Ymage du monde, bien escript de grosse lettre, em prose, en françois, à deux coulombes. Comm. du texte : *tant voulsist il*. Fin : *et petit sejour*. Couvert de cuir blanc, à deux fermoirs de laton. — 1 l. — A 117. B 118. D 73. E 72. F 61.

446. Un livre couvert de cuir noir, appellé l'Ymaige du monde, escript en françois, de lettre formée, à deux coulombes. Comm. : *sont le mal*. Fin : *gna premierement*. A ung meschant fermoir de laton. — A 507. B 530. D 360.

447. L'Ymage du monde, rimé, en ung petit livret de lettre de forme, à une coulombe seulement. Comm. : *c'est la lune*. Fin : *diron de la manière*. Couvert de cuir rouge sanz emprainte, à ii fermoirs de cuivre. — 5 s. — A 366. B 387. D 252. E 293. F 273.

448. L'Ymage du monde, rimé, et de cirurgie en prose, bien historié, et en la fin sont les xii mois de l'an figurez et les xii signes, escript en françois de lettre formée, à deux coulombes. Comm. : *et de son aistre*. Fin : *et hoc dicto*. Couvert de cuir vermeil, à deux fermoirs de laton. — 2 l. — A 404. B 425. D 279. E 320. F 299.

449. L'Ymage du monde, rimé, escript de lettre de forme, à deux coulombes. Comm. : *et li malvais*. Fin : *de Tholomeu le*

---

1. La traduction de Jean Corbichon. — Ms. 9094 de la Bibliothèque royale de Belgique. — Voir la notice XLI des livres parvenus jusqu'à nous.

soutil. Couvert de cuir rouge, à deux fermoirs de laton. — 8 s. — A 476. B 500. D 339. E 379. F 355[1].

***450**. L'Ymage du monde, Cidrac et de Merlin, tout en françois, escript de menue lettre de forme, partie en ryme et à trois coulombes, et partie en prose à deux coulombes. Comm. : *ore oez pourquoy il le fist.* Fin : *quanque nostre s.* Couvert de cuir qui fut rouge, à deux fermoirs de laton. — 2 l. — D 912. E 216. F 189.

451. Le livre du Tresor, le Bestiaire, l'Ymage du monde, tout figuré, et bien historié, en prose, et bien escript en langage picart. De cuir rouge à queue. — A 38. B 38.
Pris par Charles VI le 24 septembre 1392. — C 20.

452. Un volume qui s'appelle le livre du Tresor, en prose, et y est la Vie de Jhesu Crist rymée que fist saint Robert, environ le milieu dudit livre, le Lucidaire, le Purgatoire saint Patrice, la manière de soy savoir confesser, l'Issue d'Egipte, Moralitez de philozophes, la Passion Jhesu Crist, tout en prose, et autres bons enseignemens, très bien escript, couvert de cuir rouge à queue blanche, escript de lettre de forme, en françois, à deux coulombes. Comm. : *conversant entre les.* Fin : *touz ces escrips.* — 4 l. — A 80. B 81. D 48. E 47. F 36[2].

453. Le livre du Tresor appellé maistre Brunet Latin, escript de lettre de forme, en prose et en françois, à deux coulombes. Comm. : *nyer et prouver.* Fin : *autres malfaitours.* Couvert de cuir rouge, à deux fermoirs de cuivre. — 1 l. 4 s. — A 94. B 95. D 56. E 55. F 44.

454. La Naissance de toutes choses, appellé le livre du Tresor, en prose, escript à II coulombes, de lettre formée, en françois. Comm. : *choses l'en doit.* Fin : *ou par paresce.* Couvert de cuir rouge, à II fermoirs de laton. — 10 s. — A 338. B 359. D 233. E 274. F 254.

***455**. Le livre du Tresor, appellé maistre Brunet latin,

1. Ms. français 2174 de la Bibliothèque nationale. — Voir la notice LXV des livres parvenus jusqu'à nous.
2. Voir plus loin, art. 1126, l'indication d'un manuscrit qui contenait copiés dans le même ordre l'Issue d'Égypte, les Moralités de philosophes et la Passion.

escript de lettre de forme boulenoise, en françois, à deux coulombes. Et y a au premier foillet un abre de genealogie. Comm. : *exemple meuvent*. Fin, en lettre rouge : *des flans et des cuisses*. Couvert de cuir noir, à bouillons et ung fermoir de laton. — 2 l. — D 899. E 203. F 177.

456. Le livre du Tresor dit maistre Brunet Latin, escript de lettre de note, en françois, à deux coulombes, historié et enluminé. Comm. : *corporelz choses*. Et en la fin est histoire comment Charles conquist Espaigne et Galice, commençant ou derrenier foillet *en celle heure*. Couvert de cuir vermeil à empraintes et deux fermoirs de laton. — 60 s. — A 923. D 934. E 911. F 208.

Envoyé au Louvre en janvier 1409 (v. st.) par le duc de Guyenne. — A.

457. Cidrac, et Josaphat et Balaom, le Reclus de Morleans, en prose et en rime, en françois, de lettre formée, à deux coulombes, non historié. Comm. du texte : *cel livre*. Fin : *vesqui un an*. Couvert de cuir rouge, non empraint, à ɪɪ fermoirs de cuivre. — 2 l. — A 347. B 368. D 235. E 276. F 256.

458. Cidrac en prose, bien escript et historié en françois, de lettre de forme, à deux coulombes. Comm. : *de cest livre*. Fin : *que li roys*. Couvert de cuir vermeil empraint, à deux fermoirs de laton. — 2 l. — A 434. B 456. D 307. E 348. F 326.

459. Ung livre de Cidrac, couvert de cuir vermeil empraint, à deux fermoirs d'argent, de la royne de Bourbon ; escript en françois, de lettre formée, à deux coulombes. Comm. du texte : *et que il feussent*. Fin : *le roy*. — 2 l. 8 s. — A 488. B 511. D 349. E 389. F 364.

460. Le livre de Cidrac, couvert de cuir qui fut vert, escript en françois, de lettre de forme, à deux coulombes. Comm. : *de la grant sapience*. Fin : *Dieux le fist*. A ɪɪ fermoirs de laton. — 4 l. — A 509. B 532. D 362. E 401. F 376.

*461. Le livre de Cidrac le philosophe, lequel s'appelle le Tresor des sciences, en un petit volume, escript de lettre de forme, à ɪɪ coulombes, en françois, historié et enluminé. Comm. : *cil fust mors*. Fin : *soufferra et convers*. Couvert de cuir vert à ɪɪ fermoirs de laton. — 2 l. — D 769. E 793. F 710.

***462**. Item un livre en françois, en très grant volume, contenant le Tresor de science, le Bestiaire, les Paraboles Salomon, Cidrac et pluseurs autres livres declairez au commencement du dit livre; escript de lettre de forme, à deux coulombes, très bien historié. Comm. : *pour çou que ses natures*. Fin : *par amont*. Couvert de cuir rouge à empraintes, et deux fermoirs de laton. — 16 l. — D 752. E 776. F 694.

463. Un livre faisant mencion de Dieu, des angels et du ciel, des elemens des sept saiges, des metaulz, des bestes, de paradis, d'enfer et autres choses, en un volume couvert de cuir blanc à queue, escript de lettre de forme, en françois, à deux coulombes. Comm. du texte : *de tam pensoit*. Fin : *sur la teste*. A deux fermoirs de cuivre. — 1 l. — A 75. B 76. D 43. E 42. F 31.

464. Speculum scientiarum Alberti, couvert de parchemin, en un cayer. Comm. : *numerus mensium*. Fin : *ciam et cathomenciam*. — Nullius valoris. — A 713. B 718. D 664. E 691. F 621.

465. Le Miroir Albert[1] en françois, couvert de parchemin, escript en papier de lettre courant. Comm. : *d'eulz et en leur*. Fin : *en la figure*. — Modici valoris. — A 705. B 710. D 644. E 671. F 603.

466. Liber Septem scientiarum, id est de Septem artibus, couvert de parchemin noir, en latin, de lettre de forme, à deux coulombes. Comm. : *studium*. Fin : *intacta*. — 2 s. — A 700. B 705. D 505. E 540. F 497.

***467**. Un gros livre de philosophie naturel, contenant les livres de phisiques de generacione et corruptione, metheororum, de anima, et pluseurs autres declairez au commencement du dit livre. Comm. : *cliti sermonem*. Fin : *cathegoria est*. Couvert de cuir blanc à queue, à cinq bouillons et deux fermoirs de laton. — 32 s. — D 761. E 785. F 703.

***468**. Une Philosophie naturele, c'est assavoir metaphisique, phisique, de celo et mundo et pluseurs autres qui sont declairez ou premier foillet dudit livre, escript en latin, de lettre de

___
1. *Aubert.* A.

forme, à une coulombe. Comm. : *nec levia homini.* Fin : *cadit sub tempore.* Couvert de cuir blanc, à ɪɪ fermoirs de laton. — 2 l. — D 792. E 816. F 732.

469. Philosophie, en laquelle sont contenus de Celo et mundo, de generacione et corrupcione, metheororum, de anima, de morte et vita, de vita Aristotelis et tous les autres livres jusques à xxvɪɪɪ, en un volume, à ɪɪɪɪ fermoirs, couvert de cuir vert à queue. — A 579. B 594.

Donné par le Roy à frère Morice le compaignon du confesseur[1]. — A. C 132.

'470. De Celo et mundo, scripta super librum de generatione, sententia libelli de causis longitudinis et brevitatis vite, Questiones de anima fratris Thome de Acquino, et alia quedam, de menue lettre de forme, à deux coulombes. Comm. : *seu dimentio.* Fin : *certum est.* Couvert de cuir blanc, à deux fermoirs de laton. — 1 l. — D 758. E 782. F 700.

471. De Celo et mundo, en françoiz, translaté par maistre Nichole Oresme, evesque de Lisiex, couvert de soie vermeillie à queue, à deux fermoirs d'argent dorés haschiez aux armes de France. — A 233. B 236.

A mons. d'Anjou, 7ᵉ d'octobre 1380. — A. B. C 65.

'472. Les Probleumes Aristote, escripz de lettre de note, en françois, et à deux coulombes. Comm. : *philosophes à la similitude.* Fin : *plus motivé.* Couvert de cuir vermeil empraint, à bouillons et deux fermoirs de laton, et n'y a proprement que la derrenière partie desdits Probleumes, qui commence au XVᵉ livre. — 3 l. — A 920. D 931. E 908. F 205.

Envoyé au Louvre en janvier 1409 (v. st.) par le duc de Guyenne. — A.

473. Metheores, en françois, en prose, et historié, escript de lettre de forme, à deux coulombes. Comm. : *en son cours.* Fin : *se convertit.* Couvert de cuir rouge empraint, à deux fermoirs de cuivre. — 16 s. — A 69. B 70. D 37. E 36. F 25.

---

1. Frère Maurice de Coulanges, qui devint confesseur de Charles V et qui, en cette qualité, fut désigné comme exécuteur testamentaire du Roi le 16 septembre 1380, suivant le testament publié dans les *Mandements de Charles V*, p. 949, nᵒ 1956.

474. Metheores en françois et em prose, à deux fermoirs d'argent dorez, couvert de cuir rouge empraint, escript de lettre formée. Comm. : *et vaut autant.* Fin : *doncques à ceste.* — A 148. B 149. D 97. E 95.

Enlevé vers 1414. — E 921[1].

***475**. Item liber Alphorabii de scienciis, liber Haaly, et alia quedam, escript de diverses lettres, partie à une coulombe et partie à deux. Comm. : *habentur et conservacionis.* Fin : *inde quis plura.* Couvert d'un pel de parchemin. — 5 s. — D 866. E 890. F 798.

476. Plato in Timeo, en ung cayer de très mauvaise lettre de glose, escript en latin, à ii colombes et petit volume, et n'y a que xiiii petiz fueillez escriptz. Comm. : *cum significent.* Fin : *deponentium.* — 1 s. — A 790. B 793. D 619. E 646. F 582.

***477**. Liber Etthicorum glossatus, de lettre de forme, en latin, et à deux coulombes. Comm. en texte : *Igitur eruditus.* Fin : *tercius autem agere.* Couvert de cuir rouge à deux fermoirs de laton. — 2 l. — D 755. E 779. F 697.

478. Ethiquez, couvert de cuir noir, à iiii fermoirs. — A 566. B 581.

Donné par le Roy à maistre Gervese[2]. — A. C 130.

479. Ethiquez glosées, couvert à ii bez et ii fermoirs. — A 560. B 575.

Donné aus escoliers maistre Gervese. — A. C 128.

480. Notabilia super librum Ethicorum, escript en latin de lettre courant, à deux coulombes, couvert de parchemin. Comm. : *dictum Aristotelis.* Fin : *quia incontinens.* — 2 s. — A 694. B 699. D 528. E 563. F 520.

481. Ethiquez, en un volume couvert de soie à queue et fermoirs d'or, très bien hystorié. — A 237. B 240.

---

1. Ms. 11200 de Bruxelles. — Voir la notice LXIII des livres parvenus jusqu'à nous.

2. Maistre Gervais Chrétien, fondateur du collège mentionné dans l'article suivant.

Au duc d'Anjou, 7 d'octobre 1380. — A. B. C 69[1].

482. Un livre nommé Ethiques, couvert de soie blanche et vert à queue, très bien historié et escript, à deux longs fermoirs d'or, esmaillez de France, de menue lettre de forme, en françois et à deux coulombes. Comm. : *E brief car en grec*. Fin : *le livre de Polithiques*. Et est signé CHARLES[2]. — 16 l. — A 249. B 252. D 171. E 167. F 148.

***483**. Ethiques en françois, de lettre de note, à deux coulombes, le tiexte d'une part et la glose d'autre. Comm. : *ceste science estoit*. Fin : *subget aucune fois*. Couvert de cuir vermeil à empraintes, à bouillons et deux fermoirs de laton. — 4 l. — A 919. D 930. E 907. F 204[3].

Envoyé au Louvre, en janvier 1409 (v. st.) par le duc de Guyenne. — A.

484. Un livre nommé Polithiquez et Yconomiquez, couvert de soye à queue, à deux fermoirs d'argent haschiés des armes de France[4]. — A 210. B 208.

A mons. d'Anjou, 7 octobre 1380. — A. C 57.

485. Un très beau livre de Polithiques et iconomiques, très bien escript, en françois, et historié, couvert de soie inde à queue, et fermoirs d'or, armoyez de France, de lettre de forme,

---

1. A la Bibliothèque royale de Belgique, n° 9505. — Voir la notice LV des livres parvenus jusqu'à nous.

2. Cet exemplaire est ainsi mentionné dans l'inventaire de la librairie des ducs de Bourgogne en 1487 : « Ung livre... historié et intitulé Les Ethictes d'Aristote, commençant ou second feuillet *E brief, car en grec*, et finissant ou derrenier *Raoulet d'Orliens, lan M CCC soixante seize*. » Barrois, *Bibliothèque protypographique*, p. 294, n° 2068. Il est maintenant au Musée Meermanno-Westreenien de La Haye. — Voir la notice LIII des livres parvenus jusqu'à nous.

3. Ms. français 542 de la Bibliothèque nationale. — Voir la notice LVII des livres parvenus jusqu'à nous.

4. On lit dans l'inventaire des livres de Philippe le Hardi, en 1404 : « Le livre appellé Politiques, fermant à deux fermaulx d'or, armoiez aux armes du Roi. » Peignot, *Catalogue de la bibliothèque des ducs de Bourgogne*, p. 51. — C'est sans fondement que Paulin Paris (*Les Manuscrits françois*, t. II, p. 195) a supposé que le ms. français 204 de la Bibliothèque nationale répondait au présent article; le ms. 204 contient à la fois les Éthiques, les Politiques et les Économiques. Ce volume est aujourd'hui dans le Cabinet de M. le comte de Wasiers. — Voir la notice LVI des livres parvenus jusqu'à nous.

à deux coulombes. Comm. : *quant ung homme a*. Fin :
homme est naturelment. — 16 l. — A 243. B 247. D 170.
E 166. F 147[1].

486. Les Enseignemens de Aristote à Alixandre, Croniques
de France, Godeffroy de Buillon, en prose, en françois, de
lettre de forme, à deux coulombes. Comm. : *et adonc pour che.*
Fin : *trez en le ville.* Couvert de deux aiz sanz cuir, à deux
fermoirs de laton[2]. — 3 l. — A 292. B 313. D 195. E 237.
F 228.

487. Les Secretz d'Aristote, en françois, de lettre formée.
Comm. : *chantemens de savoir.* Fin : *quantité de bon entende-
ment.* Couvert de parchemin, en petit volume. — 6 s. — A 356.
B 377. D 248. E 289. F 269.

488. Les Secrets Aristote et Girart d'Amiens, de grosse
lettre de forme, en françois. Comm. : *vaut mie refuser.* Fin :
s'il naure confession. Couvert de cuir rouge à empraintes, à
deux fermoirs de laton. — 20 s. — A 356. B 377. D 389.
E 426. F 401.

489. Senèque, couvert de soie à queue, à cignes blans, et
deux fermoirs d'argent, dorez, esmaillez de France, à tixuz vers,
escript en françois, de trés parfaitement belle lettre, et bien
historié et enluminé. Comm. des rebriches : *le XXXVII de
mananimité.* Fin : *sont amonestez.* A une pipe d'argent dorée[3].
— 10 l. — A 228. B 232. D 159. E 165. F 146.

490. Les Epistres Senèque à son ami Lucile, et en la fin du
livre est la table de ce qui contenu y est, escripte de plus
menue lettre. — A 65. B 66.

A mons. d'Angiou, 6ᵉ de mars 1380 (v. st.). — A. C 27.

---

1. Ms. 11201 de la Bibliothèque royale de Belgique. — Voir la notice LIV des
livres parvenus jusqu'à nous.

2. *De cuivre.* E.

3. C'est sans doute « le livre de Senèque » pour lequel Charles V ordonna
en 1377 de faire une riche chemise de baudequin et qui était destiné au Dauphin. Voir le mandement du 23 novembre 1377 et une quittance du 24 avril
1378, publiés dans le présent volume. Le ms. 9091 de la Bibliothèque royale
de Belgique paraît en être une réplique. — Voir la notice LVIII des livres parvenus jusqu'à nous.

491. Les epistres de Senecque, de Clemencia, de Beneficiis ad Ebutium, Ludus Senece, et plusieurs autres choses dudit Senecque, bien escriptes de lettre de forme, en latin, à deux colombes. Comm. : *videri volumus*. Fin : *cirus libertus*. Couvert de cuir rouge sanz empraintes, à deux fermoirs d'argent. — 12 s. — A 626. B 634. D 603. E 631. F 568.

492. Un petit livre nommé Calio, que translata Jaquemart Bauchant, couvert de veluau inde, à deux fermoirs d'argent esmaillez et dorez, escript de lettre formée, en françois. Comm. : *très haulte*. Fin : *ne seroit*. — 1 l. — A 212. B 211. D 139. E 136. F 119.

493. Boèce de Consolacion[1], en prose, bien historié et escript, en françois, de lettre de forme, à deux coulombes. Comm. : *et de ce qui est bon*. Fin : *ses de toutes neccessitez*. Couvert de cuir rouge, à deux fermoirs de cuivre. — 24 s. — A 101. B 102. D 58. E 57. F 56.

494. Boèce, de Consolacion, rymé et très bien escript de lettre de forme, en françois, à deux coulombes. Comm. : *que l'en covint*. Fin : *devant le temps*. Couvert de cuir empraint, à deux fermoirs d'argent. — 2 l. — A 110. B 111. D 66. E 65. F 54.

495. Boèce, de Consolacion, rymé et bien escript, partie en prose, escript en françois de lettre formée, à deux coulombes. Comm. : *lesquelz l'en montoit*. Fin : *ne nus ades*. Couvert de cuir rouge, à ıı fermoirs de laton. — 10 s. — A 112. B 113. D 81. E 80. F 67.

496. Un autre Boèce de Consolacion, em prose, et le Testament maistre Jehan de Meun, rymé, escript de lettre de forme, en françois, à deux coulombes. Comm. : *une arbe*. Fin : *de la grant sapience*. Couvert de cuir rouge, à deux fermoirs de cuivre. — 16 s. — A 118. B 119. D 67. E 66. F 55.

497. Boèce, de Consolacion, rimé, escript de lettre de forme, en françois, à ıı coulombes. Comm. : *point a point*. Fin :

---

1. Une lettre de Charles V, du 1ᵉʳ septembre 1370, mentionne l'achat de baudequin pour couvrir un exemplaire de la Consolation de Boèce. *Mandements de Charles V*, p. 361, n° 715.

qui sont en vertuz. Couvert de cuir rouge, à deux fermoirs de laton. — 16 s. — A 435. B 457. D 308. E 349. F 327.

498. Boèce, de Consolacion, en françois et en latin, en ung petit livret, les Pelerinages d'oultre mer, et à savoir demander en langaige sarrazin ses necessitez pour vivre; couvert de cuir à deux fermoirs de laton; escript de lettre de forme. Comm. : *tamen vestam* et ou derrenier *Responsio.* — De petite valeur. — A 655. B 662. D 481. E 516.

Enlevé vers 1414. — E 942.

499. Boèce, de Consolacion, en ung petit livret couvert de cuir très rouge, à deux petiz fermoirs de laton, escript en latin de lettre de forme[1]. Comm. : *et dolor.* Fin du texte : *lare non vultis.* — A 885. B 888. D 556. E 588.

Enlevé vers 1414. — E 947.

500. Policraticon, couvert d'une pel velue dont le poil est cheut jadiz, et fut maistre Estienne Belin, et est à present couvert de cuir blanc, à deux fermoirs de laton, escript de lettre de forme en latin, à deux coulombes. Comm. : *non foveat.* Fin : *nunquam derogavi.* — 8 l. — A 864. B 867. D 570. E 602. F 547.

501. Policraticon translaté en françois par frère Denis Foulechat; couvert de soie ynde et blanche, à queue, et fermoir d'argent. — A 227. B 231[2].

A mons. d'Anjou, le 7 octobre 1380. — A. B. C 61.

502. Summa Remundi que dicitur Ars demonstrativa, jadis couverte d'une pel velue dont le poil estoit cheut, et de present entre deux aiz, couvert de cuir vert, à deux fermoirs de cuir rouge et de laton, escript de lettre de forme, en latin, et à deux coulumbes. Comm. du texte : *cum illo qui obicit.* Fin : *pectato tempiars.* — 1 l. — A 718. B 723. D 709. E 736. F 662.

*****503**. Ars demonstrativa en latin, de lettre de forme, à deux

1. Volume venu de la bibliothèque de Jean de Neufchâtel, mort le 31 mars 1380.

2. Ms. français 24287 de la Bibliothèque nationale. — Voir la notice LXII des livres parvenus jusqu'à nous.

coulombes. Comm. : *condiciones secunde*. Fin : *in majori*.
Couvert de cuir rouge à empraintes, fermant à deux lasnières
de cuir. — 1 l. — D 759. E 783. F 701.

504. Tabula super philosophiam moralem, couvert de parchemin tanné comme cuir, et à present couvert de cuir blanc,
à deux fermoirs de laton, escript de lettre de forme, à deux
coulombes, en latin. Comm. : *quomodo erit*. Fin : *non erunt*.
— 10 s. — A 689. B 694. D 511. E 546. F 503.

505. Un livre couvert de cuir fauve à queue, nommé Phi-
losophie moral. — A 878. B 881.
Donné à maistre Raoul de Praelles quant il donna la **Muse**.
— A. C 182[1].

***506**. Un livre des Moralitez des philosophes, en françois,
de lettre bastarde, et à deux coulombes. Comm. : *mauvais et
paresceux*. Fin : *est que l'en doit donner*. Couvert de cuir qui
fut vert, à deux fermoirs de laton. — 1 l. — D 897. E 201.
F 175.

506 *bis*. Placides et Timeo[2], couvert de cuir rouge empraint,
et deux fermoirs d'argent dorez, escript de lettre formée, en
françois. Comm. : *jamais ne sera*. Fin : *dent si avient*. — 1 l.
— A 165. B 165. D 108. E 106. F 89.

506 *ter*. Placides et Tymeo, Diz et esbatemens contre les
Piquars et Normans et autres plusieurs, en caiers et en lettre
de note. — A 194.
A mess. P. d'Avoir[3]. — A. C 51.

***507**. Item Vita philosophorum, tractatus de manete, Lapi-
darius, prophetie Johannis heremite, et alia quedam ; tout en
papier et de diverses lettres, partie en mètre et partie en prose,

---

1. Voir plus loin, art. 1066.

2. Cet ouvrage, dont le texte est entré dans une compilation intitulée *le
Cœur de philosophie* et plusieurs fois imprimée au commencement du
xvi° siècle, a été l'objet d'une étude approfondie dans l'*Hist. littéraire de la
France*, t. XXX, p. 567-593. Outre les deux exemplaires indiqués ici, la librairie de Charles VI en renfermait une troisième copie dans le volume mentionné
plus loin sous le n° 524.

3. Pierre d'Avoir, chambellan du Roi. *Mandements de Charles V*, p. 813,
n° 1644.

en latin. Comm. : *in tuarum edomacione.* Fin : *de penitentia.*
Couvert de parchemin. — D 842. E 866.

508. Des Philozophes, de Renart et Isangrin, le Reclus de
Morleans, rymé et escript en françois, de lettre formée, à
ıı coulombes. Comm. : *et escarcestes.* Fin : *mais il n'en pot.*
Couvert de cuir rouge, à ıı fermoirs de laton. — 2 l. — A 345.
B 366. D 232. E 273. F 253.

509. Habundantia exemplorum, en cayers, couvert d'un très
vieil cuir, escript en latin de lettre de forme, à ıı colombes.
Comm. : *illo elevato.* Fin : *vel beleam.* — 5 s. — A 792. B 795.
D 614. E 641. F 578.

510. Un livre couvert de soie blanche et vert à queue, à fermoirs d'or, où sont deux livres, l'un nommé Giles l'Augustin,
et l'autre d'un Cordellier, très parfaittement bon à l'introducion
du prince. — A 248. B 251.
Au Boys devers le Roy. — A. C 75. — Livré à Charles VI le
5 juin 1405. — C 75.

511. Le Gouvernement des roys et des princes, couvert de
cuir noir, selon Giles l'Augustin, en un petit volume, à deux
fermoirs de soie, escript en latin de lettre de forme, à deux
colombes. Comm. : *bonum aliquod.* Fin : *Hominum est dare.*
— A 637. B 642. D 601. E 629.
Enlevé vers 1414. — E 956.

*****511** *bis.* De Regimine principum Egidii de Roma. Comm. :
Regia majestas. — 4 l. — F 814.

512. Le Gouvernement des roys et princes, en latin, à menue
lettre bastarde, couvert de cuir vert, à deux fermoirs rouges de
laton, escript à deux coulombes. Comm. : *quod in toto.* Fin :
et hec sunt loca. — 3 l. — A 658. B 664. D 492. E 527. F 484.

*****513**. Un très bel livre de Regimine principum, de la com-
pilation Giles l'Augustin, très bien escript en latin, de lettre de
forme et à deux coulombes, enluminé tout au long des dites
coulombes de fleurs de lis d'or et d'asur. Comm. : *nesca quam
michi reputo.* Fin : *um quibus ex impetu.* Et est signé CHARLES
en la fin. Couvert d'une chemise de soie vermeille à cygnes

blancs, à ung fermoir d'argent doré hachié aux armes de France, et une pipe d'argent doré. — D 737. E 764.

Enlevé vers 1414. — E 971.

514. Le Gouvernement dez roys et dez princez, selon frère Gille l'Augustin. — A 82. B 83[1].

Porté à Saint-Germain-en-Laye. B. — Le Roy le print, 14 d'octobre 1381. A.

515. Le Gouvernement des roys et des princez, selon la translacion de frère Gille l'Augustin, en prose, couvert de cuir à IIII fermoirs. — A 88. B 89.

Le Roy l'a devers soy. B. — Baillé à mons. de Guienne. A.

516. Le Gouvernement des roys et des princez, avecques plusieurs autres choses de medecine, à savoir son corps garder en santé, escript de lettre boulenoise. — A 90. B 91.

En déficit. — C 33.

517. Le Gouvernement des roys et des princes, selon Gille l'Augustin, très bel, en prose[2]. — A 108. B 109.

Baillé à mons de Valois[3], 14 d'octobre 1391. — A. C 40.

518. L'Enseignement et gouvernement des roys, selon saint (*sic*) Augustin, rimé, en ung petit livret, escript de lettre de forme, à une coulombe, duquel le prologue est en latin et le demourant en françois. Comm. : *regny inficiunt*. Fin : *en toy louer*. Couvert de cuir rouge empraint, à II fermoirs d'argent plains. — 10 s. — A 169. B 170. D 166. E 162. F 143.

519. Ung livre couvert de soie à queue, où sont le Gouvernement des roys et princes[4], le livre des Moralitez[5], Boèce de Consolacion, la Moralité des philozophes, l'establissement

---

1. Voir plus loin, art. 527.

2. Voir aux Pièces justificatives l'extrait de deux lettres de Charles V, du 1er septembre 1370 et du 29 mai 1371, relatives à l'achat d'étoffes pour la couverture du livre appelé le Gouvernement des princes.

3. Louis, qui depuis fut duc d'Orléans.

4. Traduction du traité de Guillaume Perrault intitulé : *De eruditione principum*.

5. Traduction de l'ouvrage de Jacques de Cessoles, que le traducteur Jean du Vignai a intitulée : *Moralité sur le jeu des échecs*.

de sainte Eglise[1], le Miroir de la messe[2], Ysopet, de la Misère de l'omme[3], escript de lettre formée, en françois, à deux coulombes. Comm. du texte : *veue estre haulte.* Fin : *ment et criz.* A ıı fermoirs d'argent dorez. — A 237. B 241. D 149. E 145[4].

519 *bis.* Le Gouvernement des rois et des princes, etc.

(Exemplaire non porté aux anciens inventaires, mais qui est une réplique partielle du volume précédent et qui a tout l'air d'avoir été faite, sinon pour le Roi, pour un prince de la famille royale[5].)

520. Le Gouvernement des rois et des princes, en ung livre couvert de cuir rouge à empraintes, sanz aiz, escript de lettre bastarde, en françois, à une coulombe. Comm. : *ce que elle soit.* Fin : *blees de Filistiens.* — 10 s. — A 238. B 242. D 175. E 171. F 152.

521. Le Gouvernement des roys et princes, en françois, de lettre courant. Comm. : *l'enseigne car.* Fin : *pour aguettier les.* Couvert de cuir rouge, à nulz fermoirs. — A 441. B 462.*D 311. E 352. F 330.

522. Un petit livret couvert de cuir fauve, qui se nomme De Informacione principum, à deux fermoirs de laton, escript de lettre de forme, en latin. Comm. : *dicans.* Fin : *sedibus rependendis.* — 1 l. — A 900. B 903. D 552. E 584. F 537.

523. De Informatione principum, en françois, translaté par maistre Jehan Goulain, et est à deux fermoirs des armes mons. le Dalphin; et est couvert de soie à queue. — A 230. B 234[6].

---

1. Trois autres copies de ce recueil se trouvaient dans la librairie de Charles V. Voir les art. 452, 506 et 800.

2. Dans le manuscrit de Besançon, ce traité a pour rubrique : « Mirooir de la messe composé et ordené par maistre Hue de Saint-Victor. »

3. Traduction du traité d'Innocent III : *Liber miseriæ conditionis humanæ.*

4. A l'art. 519 de l'inventaire répond le ms. 434 de la bibliothèque de Besançon. — Voir la notice LIX des livres parvenus jusqu'à nous.

Le ms. français 1728, qui est signé par un des copistes de Charles V, Henri du Trevou, renferme, comme le volume décrit ici sous le n° 519, le livre du Gouvernement des rois, les Échecs moralisés et la Consolation de Boèce.

5. Ms. français 1728 de la Bibliothèque nationale. — Voir la notice XLIX des livres parvenus jusqu'à nous.

6. Ms. français 1950 de la Bibliothèque nationale. — Voir la notice LXI des livres parvenus jusqu'à nous.

A mons. d'Anjou, 7 d'octobre 1380. A. B. C 63. — Au Roy, dernier décembre 1381. A.

524. Le Gouvernement des princes, le Tresor de philozophie[1], Cidrac, Placides et Tymeo[2], en un grant volume imparfait, couvert de cuir rouge à empraintes, à gros bouillons et fermoirs de laton, escript de bonne lettre de forme, en françois, et à III coulombes, et grant quantité d'istoires. Comm. : *de sagesse le XIII*. Fin : *et de tout le corps.* — 8 l. — A 260. B 271. D 172. E 168. F 149.

525. Un livre en latin, couvert de cuir rouge empraint, à deux fermoirs de soie, du Gouvernement des princes, qui vint de maistre Jehan [de Marigny[3]], escript en latin de lettre de forme, à deux coulombes. Comm. : *regia majestas.* Fin : *arborem navis.* — 4 l. — A 830 *bis.* B 834. D 597. E 625. F 814.

526. Le Gouvernement des princes, couvert de cuir rouge à empraintes, à deux fermoirs d'argent, hachiés des armes de la Royne. — A 219. B 222.
Baillé à mons. d'Anjou. — B.

527. Le Gouvernement des princes, en françoys, couvert de cuir blanc à queue. A Saint-Germain-en-Laye. — G 2089.
(Cet article doit faire double emploi avec l'article 514.)

528. La Doctrine des princes nommée Grace entière, couverte de soie jaune, à deux petiz fermoirs d'argent, escripte en françois, de lettre formée. Comm. : *et aucuns.* Fin : *faisons par devote.* — 4 s. — A 128. B 129. D 78. E 77. F 64.

529. De eruditione puerorum nobilium, en françoiz, translaté par maistre Jehan Daudin, et à deux fermoirs des armez mons[r] le Dalphin, et est couvert de soie à queue. — A 232. B 235.
Le Roy l'a devers soy. B. — Au Roy, derrenier d'avril 1381. A. C 64.

---

1. *Le Tresor de Theophile.* B.
2. Voir plus haut, art. 506 *bis* et 506 *ter.*
3. Ce nom, qui revient une trentaine de fois dans les inventaires de la librairie, est celui d'un malheureux médecin qui fut condamné au dernier supplice en 1377. *Mandements de Charles V*, p. 873, n° 1785.

·530. Un bel livre appellé Speculum morale regium, factum per fratrem Robertum, episcopum Senecensem[1], escript de lettre courant, à histoires boulenoises, à une coulombe. Comm. : *in secunda parte*. Fin : *stale sunt ista*. Couvert de drap d'or à queue, dont le champ est de pers et d'asur, à ii fermoirs d'argent dorez et esmaillez de France, à tissuz asurez. — 3 l. — D 730. E 757. F 679.

531. Un trez petit livret sanz aiz, intitulé dessus les Enseignemens Loys çai en[arr]aire roy de France, envoiez à sa fille la duchesse de Bourgongne[2]. — A 461. B 482.
En déficit. — C 108.

532. Un advis envoié à une royne, en prose, en cayer sanz aiz, couvert de cuir vert, escript de lettre fourmée, à deux coulombes. Comm. : *saige plus*. Fin : *en la souvent*. — 2 s. — A 395. B 416. D 274. E 315. F 294.

533. Le Jeu des eschés moralisé, qui s'appelle Moralité des nobles hommes[3], em prose, en françois, escript de lettre courant. Comm. : *folies et le heoit*. Fin : *se dit Julius Celsus*. Couvert de cuir blanc, à deux fermoirs de laton. — A 123. B 124. D 76. E 75.

534. Le livre des Eschés moralisé, couvert de veluyau vermeil à queue, et deux fermoirs d'argent dorez, à cignes blans, et le donna au Roy monseigneur de Berry, escript de très bonne lettre en françois et à une coulombe, et très bien historié. Comm. : *de l'estat des alphins*. Fin : *blasmer si qu'il estoit*. — 18 s. — A 151. B 152. D 163. E 159. F 140.

535. Moralitez du Jeu des eschez, les propheciez Merlin et les propheciez Sebille, la Table Salmon, les propheciez Methodez. — A 190. B 191.
En déficit. — C 49.

536. Les Eschez moralisez, en ung cayer couvert de par-

1. Le dominicain Robert Gervais, qui fut évêque de Senez, de 1369 à 1389. — Deux exemplaires du *Speculum* sont à la Bibliothèque nationale, n°° 3490 et 6485 du fonds latin.

2. Agnès, qui épousa Robert, duc de Bourgogne. — Les Enseignements de saint Louis à sa fille sont à la fin du ms. français 4977.

3. Traduction du livre de Jacques de Cessoles. Voir plus haut, art. 519.

chemin, escript en papier, de lettre courant, en françois.
Comm. : *les mettoit touz à mort.* Fin : *roy de Babilonne.* —
2 s. — A 394. B 415. D 273. E 314. F 293.

***537**. La Moralité des nobles hommes selon le Jeu des
eschez, de la translacion frère Jehan de Vignay, en petit
volume, escripte de bonne lettre de forme, en françois, à
deux coulombes, très bien enluminée. Comm. : *le paage de
l'office.* Fin : *des cieulx à l'onneur.* Couvert de cuir rouge
empraint, à deux petiz fermoirs de laton. — D 893. E 197.
Enlevé vers 1414. — E 932.

538. La Chace aus mesdisans, en un cayer de parchemin
sanz aiz et sanz enluminer, escript de lettre de forme, en françois, à une columbe. Comm. : *et plus grant bien.* Fin : *ce dist
madame.* — 6 s. — A 387. B 408. D 280. E 321. F 300.

539. Un petit livre couvert de camocaz jaunet, appellé le
livre frère Thomas de Brandon à enseigner sa dame, à deux
petiz fermoirs d'argent dorez, escript en françois de lettre formée. Comm. : *puis esté.* Fin : *encores vivoit.* — A 219. B 223.
D 144.

***540**. Arismetica Boetii et autres livres declairez ou penul-
tieme foillet dudit livre, en latin, de menue lettre de forme,
partie à une coulombe, partie à deux. Comm. : *que quia ad
presentem.* Fin : *que rogas uti.* Couvert de cuir blanc, à deux
fermoirs de laton. — 10 s. — D 779. E 803. F 720.

***541**. Arismetica Boetii, couvert de parchemin, escript de
menue lettre de forme ancienne ; et y a pluseurs figures. Comm. :
quantitatis et minoris, et le derrenier foillet est tout figuré, et
y a escript *Arismetica*. — 5 s. — D 848. E 872. F 781.

***542**. Un autre Arismetica Boetii, et Macrobius in Somnio
Scipionis, couvert de cuir rouge, escript de deux lettres, à pluseurs figures. Comm. : *doctissimo judicio.* Fin : *cui nichil cons-
tat.* — 10 s. — D 849. E 873. F 782.

543. Arismetique, couvert d'une pel velue dont le poil est
cheu, escript en parchemin, de bonne lettre de forme, en latin.
Comm. : *unum non.* Fin : *bilia situantur.* — A 712. B 717.
D 661. E 688. F 618.

Enlevé vers 1414. — E 962.

544. Algorismus et astralabium Johannis de Sacrobosco, couvert de cuir jaune, à queue, et à deux fermoirs de laton et bouillons, escript en latin de lettre de forme, à deux coulombes. Comm. : *to vel quinto.* Fin : *catit et den.* — 24 s. — A 593. B 607. D 438. E 474. F 445.

545. Un livre appellé Patefit Johannis de Muris, couvert de cuir empraint, qui fut rouge, à deux fermoirs de laton, lequel est presque tout plain de figures d'algorisme. Comm. : *Januarius ad annum.* Fin : *verus locus Mercurii.* — 1 l. — A 604. B 618. D 442. E 478. F 448.

*****546**. Un autre livre d'algorisme, en cayers cousuz ensemble, sans couverture, escript de menue lettre, en latin, à deux coulombes. Comm. : *quando digitus multiplicat.* Fin : *esset pure nature.* — 2 s. — D 728. E 755. F 677.

*****547**. Un autre petit livre d'algorisme, en latin, entre deux aiz, couvert de cuir blanc à un fermoir de laton. Comm. : *locus dicitur.* Et en la fin a un kalendier. — 4 s. — D 729. E 756. F 678.

*****548**. Un livre d'algorisme, couvert de parchemin, escript en françois, de lettre de forme, à une coulombe. Comm. : *sustractions.* Fin : *or dirons des.* — 5 s. — D 727. E 754. F 676.

*****549**. Algorisme, en françois, escript de lettre de forme, à une coulombe, et y a pluseurs figures. Comm. : *tu feras onze.* Fin : *deniers à partie.* Couvert de parchemin. — D 847. E 871.

550. Geometria Euclidis, cum commento magistri Campani glosata, jadis couvert de cuir blanc à deux fermoirs, et de present couvert de vert, à ung fermoir. Comm. : *radio B c.* Fin : *stella.* — 10 s. — A 561. B 576. D 665. E 692. F 622.

551. Geometrie en papier et en parchemin, glosé. Comm. : *si proportio.* Fin : *enti distentia.* Et ne contient que un cayer. — Nullius valoris. — A 548. B 562. D 659. E 686.

552. Geometrie[1], de très bonne lettre de forme, en latin, couvert de cuir vert à queue, à deux fermoirs de laton. Comm. :

---

1. *Geomencie.* A et D.

circulum. Fin : *vamdem x basium.* — 3 l. — A 682. B 687. D 500. E 535.

553. Geometrie, couverte de vielz parchemin, escript en latin de menue lettre. Comm. : *fiunt humeris.* Fin : *v° h. tiercii.* — 2 s. — A 690. B 695. D 703. E 730. F 657.

554. Geometrie, sans aiz, couvert de parchemin, et escript en parchemin. Comm. : *preambulum*[1]. Fin : *unitas.* — 4 s. — A 714. B 719. D 660. E 687. F 617.

555. Geometrie en ung livre de cuir rouge, à deux fermoirs. Comm. : *sectorem.* Fin : *et michi.* Escript et glosé de lettre de forme, à deux coulombes. — 1 l. — A 738. B 741. D 666. E 693. F 623.

556. Un livre d'astronomie, couvert de soie à queue. — B 262.

557. Un traictié d'astronomie, couvert de cuir rouge à empraintes, à un fermoir de laton, escript de menue lettre de forme, en parchemin, à une coulombe. Comm. : *taria carpentaria.* Fin : *seu ascendente.* — 5 s. — A 625. B 633. D 702. E 729. F 656.

558. Autres plusieurs caiers touchans astronomie, Algorisme et les sciences dessus ditez[2], liez en un troussel. — De nulle value. — A 909. B 912.

558 *bis.* Une vieille Somme d'astronomie, en parchemin, couvert de parchemin. Comm. : *sciencia.* — Nullius valoris. — F 826.

***559**. Liber Almagesti Ptolomei, tout neuf, en latin, de lettre de forme, à deux coulombes. Comm. : *duas naturas non tamen.* Fin : *quia igitur jam.* Couvert de cuir blanc, à ii fermoirs de laton. — 2 l. — D 784. E 808. F 725.

560. Almagesti Johannis de Secilia, couvert de cuir vert, à deux fermoirs de laton, escript de pluseurs mains, en latin, à deux coulombes. Comm. : *me^{ca}.* Fin : *plurimarum in.* — 4 l. — A 559. B 574. D 483. E 518. F 477.

---

1. *Triangulum.* E.
2. L'article précédent de l'inventaire est un « Ars notoria ».

561. Commentum Gerbet super Almagestum et Alfragani, couvert d'ais et de cuir blanc, à deux fermoirs de laton, escript en latin, de menue lettre de forme, à deux coulombes. Comm. : *circuli duabus.* Fin : *est minus.* — 2 l. — A 568. B 583. D 423. E 459. F 432.

562. Almagesti Ptolemei et Almagesti de disciplinalibus, cum aliis tractatibus, escript en lettre de forme, à deux coulombes. Comm. : *signorum intelligimus.* Fin : *visium G. dico ergo.* Couvert de cuir sanz aiz, à iiii lasnières. — 1 l. — A 574. B 589. D 718. E 745. F 668.

563. Almagesti Ptolemei philosophi, de disciplinalibus, de bonne lettre, jadiz estant en cayers sanz aiz, couvers de parchemin, et de present couvert de cuir blanc, à deux fermoirs rouges de laton, escript en latin de lettre formée, à deux coulombes. Comm. : *tatur genus.* Fin : *S. P. et.* — 4 l. — A 676. B 682. D 497. E 532. F 489.

564. Almageste, couvert de parchemin, escript en papier, à une coulombe, et y a texte et puis glose. — Nihil. — A 719. B 724. D 710. E 737.

565. Albateni in motibus celestium corporum et planecorbium editum a fratre Girardo Marconis[1], en cayers de parchemin, et couvert de parchemin, escript de menue lettre bastarde, en latin, à deux coulombes. Comm. : *scientia longitudinis lune a terra.* Fin : *domus super quas.* — 10 s. — A 756. B 759. D 722. E 749. F 671.

566. Un livre couvert de cuir rouge sur le tanné, nommé Tractatus Alfragani cum comento et de motibus planetarum[2], et en la fin y est escript de bonne lettre de forme le traictié des significations des triplicites des douze signes du ciel, ledit traictié en françois, et le surplus dudit Alfragani en latin. Comm. : *anni apud eos.* Fin : *lement par quoy.* — Nihil. — A 830. B 833. D 715. E 742. F 666.

***567**. Alfraganus de zodiaci differenciis, Canones tabularum Alzachesiis, en latin, de lettre de forme, partie à une coulombe

---

1. *Mutonis.* A. *Mautonis.* B.
2. *Qui vint de Jehan de Marigny.* A et B.

et partie à deux. Comm. : *bus planetarum*. Fin : *et religio-sis*. Couvert de cuir rouge empraint, à ung fermoir de laton. — 10 s. — D 822. E 846. F 759.

568. Un livre d'astronomie en françois, couvert de cuir très vermeil, où est Sadam[1] Messehalath, et pluseurs autres, escript en parchemin, de bonne lettre de forme, en françois, à deux coulombes. Comm. du texte : *mauvais seront*. Fin : *mie longuement*. A deux fermoirs de laton. — 10 s. — A 887. B 890. D 674. E 701. F 631.

569. Tractatus magistri Campani, magistri Guillermi de Sancto Claudoaldo[2], de equatione dierum planetarum, et alia quedam, couvert de parchemin, escript de très menue lettre courant. Comm. : *inter duos circulos*. Fin : *quia in Deo est*. — Nihil. — A 762. B 765. D 689. E 716.

570. Theorica Campani, Haali de impressione aeris, Questiones spere Thebith, et alia quedam, en papier, de très menue lettre courant, couvert de parchemin, très vieil, à deux coulombes. Comm. : *signorum in dorso*. Fin : *per tabulam*. — De très petite valeur. 2 s. — A 681. B 686. D 514. E 549. F 506.

570 *bis*. Le traictié de Campane et l'Espace et le Compost, en parchemin, couvert de parchemin. Comm. : *maxima*. Fin : *utero*. — 2 s. — F 829.

571. Theorica planetarum Ameti[3] Alfragani, cum pluribus aliis et tabulis[4], couvert de cuir rouge empraint, à deux fermoirs de laton, escript en latin de lettre de forme, à deux coulombes. Comm. : *et scientes*. Fin : *meritorum parcium*. Et est grant partie dudit livre en figures d'algorisme. — 21. — A 619. B 629. D 446. E 482. F 452.

***572**. Theorica planetarum magistri Girardi Cremonensis, et alia plura declarata in primo folio libri, escript de menue lettre bastarde, en latin, et à deux coulombes. Comm. : *escript les secundum septentrionem*. Fin : *quod magis coheret*. Cou-

---

1. *Saddam*. B.
2. Sur Guillaume de Saint-Cloud, voir *Hist. littéraire de la France*, t. XXV, p. 63. — Un ouvrage de cet auteur est mentionné plus loin, art. 631.
3. *Admeti*. D.
4. *Et notabilibus*. A.

vert de cuir rouge sanz aiz, à deux lasnières de mesmes. —
10 s. — D 816. E 840. F 753.

*573. Repertorium planetarum, cum pluribus tabulis, escript
de lettre de note, à une coulombe et en latin. Comm. : *git men-
sam kalendarum*. Fin : *Anno domini*. Couvert de parchemin
escript. — 5 s. — D 865. E 889. F 797.

*574. Theorica super latitudines planetarum, item Arismetica,
de lettre de forme, en latin, à deux coulombes. Comm. : *Mercurii Cancer*. Fin : *se habentem*. Couvert d'une pel de parchemin. — 2 s. — D 870. E 894. F 802.

575. Expositio super theorica planetarum, en un cayer de
parchemin, contenant dix fueillez. Comm. : *circulus*. Fin :
si dividatur. Escript en latin, de meschant lettre. — Nullius
valoris. — A 761. B 764. D 638. E 665.

576. Item Expositio theorice communis, figuratio kardarum[1]
Compotus[2] judaicus, en très menue lettre, en papier, couvert
de parchemin, à deux coulombes. Comm. : *ici etc*. Fin : *cum
volueris*. — A 683. B 688. D 508. E 543.

577. Coeccacio planetarum, couvert de cuir blanc, à ung
fermoir de laton, escript en latin de menue lettre de forme.
Comm. : *medium cursum*. Fin : *Saturni quos*. — 10 s. —
A 630. B 638. D 463. E 499. F 466.

578. Canones in motibus planetarum, couvert de cuir noir,
à deux fermoirs de laton, escript en latin de lettre de forme.
Comm. : *unde in annis*. Fin : *si vis*. — 10 s. — A 583. B 598.
D 433. E 469. F 440.

579. Thebith de ymaginacione spere, Algorismus Thebith
ben Corath, Astrolabium Messehalath, cum aliis pluribus,
couvert de cuir rouge empraint, à quatre fermoirs de laton,
escript en latin de lettre formée menue. Comm. : *cifre pertran-
site*. Fin : *tabula civitatum*. Et est grant partie dudit livre à
figures d'algorisme. — 4 l. — A 615. B 625. D 459. E 495.
F 464.

---

1. *Kardagar*[*um*]. A.
2. *Compositus*. D.

580. Tractatus de Spera, algorismus et quadrentus, sanz aiz, en parchemin, escript en latin, et y a pluseurs fueillez de figures d'algorisme. Comm. : *30. annis*. Fin : *iterum sel.* — Non prisé. — A 594. B 608. D 645. E 672. F 604.

581. Le traittié de l'Espère, en parchemin, en latin et à deux coulombes, ouquel a pluseurs figures, couvert de parchemin. Comm. : *prius fuit illis*. Fin : *quere inter numeros.* — 5 s. — A 763. B 766. D 681. E 708. F 638.

582. Le traictié de l'Espère, sans aiz, couvert de parchemin, escript en latin de mauvaise lettre. Comm. : *circa regionem*. Fin : *deferens*. — A 787. B 790. D 616. E 643. F 580.

*__583__. Tractatus de Spera solida et tractatus Alfragani, de lettre de forme, en latin, partie à deux coulombes et partie à une. Comm. : *a c d b post hec*. Fin : *longior ad austrum*. Couvert de cuir fauve, royé par manière de saultoir, à deux petiz fermoirs de laton et deux tissuz de fil. — 1 l. — D 823. E 847. F 760.

584. Le traictié de l'Espère en françois, et figuré, bien escript de lettre bastarde, en cayers, à une coulombe, couvert de parchemin. Comm. : *d'une merveilleuse*. Fin : *antipodes*. — A 749. B 752. D 683. E 710.
Enlevé vers 1414. — E 964.

584 *bis*. Un livre de parchemin, couvert de velluyau royé vert, et signé du signet du roy Charles le quint, et y a atachée une cedule contenant ce qui s'ensuit : « La Nativité de monseigneur le Daulphin, ainsné filz du Roy nostre sire, et la Nativité de monseigneur Loys, second filz du Roy. » — H 500[1].

---

1. Cette notice a été relevée par Menant dans le Compte des commissaires préposés aux obsèques de Charles VI (Extraits de la *Chambre des comptes*, t. VIII, fol. 173; bibliothèque de Rouen, n° 5870 du Catalogue) : « D'un livre de parchemin, *couvert de veluyau royé vert et signé du signet du roy Charles le V*°, et y a attachié une cedule contenant ce qui s'ensuit : « La « nativité de monsieur le Dauphin, ainsné filz du Roy, et la nativité de mon- « sieur Louis, second fils du Roy, lequel n'a point esté prisé pour ce qu'il est « de très petite valeur. » Ce volume est classé sous le n° 182 dans la bibliothèque du collège Saint-Jean d'Oxford. — Voir la notice LXVI des livres parvenus jusqu'à nous.

585. Le traictié du Zodiaque, en françois, selon Albumazar et Alkabice, en un cayer de parchemin, en lettre courant. Comm. : *comme mouton*. Fin : *primo debes*. Couvert de parchemin. — 5 s. — A 729. B 733. D 531. E 566. F 522.

586. Le traictié du Zodiaque, en françois, en un petit cayer couvert de parchemin, escript de lettre de forme. Comm. : *cause d'abondance*. Fin : *quant le seigneur.* — De petite valeur. — 12 d. — A 768. B 771. D 530. E 565. F 808.
Enlevé vers 1414. — E 944.

587. Un autre traictié du Zodiaque, couvert de parchemin, escript de lettre de forme, en françois. Comm. : *vres jugiez*. Fin : *plus certainement.* — A 776. B 779. D 532.

588. Un petit livret, en françois, de la nature du Zodiaque, escript de lettre de forme. Comm. : *si comme il vont*. Fin : *la planete qui*. Couvert de parchemin. — 5 s. — A 724. B 728. D 682. E 709. F 639.

***589**. Liber Monachi de ymaginibus signorum, en petit volume, de lettre de note, à une coulombe. Comm. : *cum altero*. Fin : *si volueris*. Couvert de cuir rouge à empraintes, à ii fermoirs de laton. — 10 s. — D 776. E 800. F 717.

590. Astrolabe Messehalath, jadis couvert d'aiz, à deux fermoirs de laton, et de present de cuir blanc, escript en latin de lettre de forme, à deux coulombes. Comm. : *etiam divinitas (?)*. Fin : *Saturnus*. — 2 l. — A 618. B 628. D 449. E 485. F 455.

591. Le traictié de l'Astralabe, en françois, couvert de parchemin, à deux coulombes, de lettre de forme. Comm. : *et en chacune*. Fin : *combien de poins*. — 5 s. — A 696. B 701. D 670. E 697. F 627.

592. Les Tables Alphons, en un livre couvert de parchemin. Comm. : *tabula veri motus*. Fin : *tabula proportionis*. Et sont signées en la fin CHARLES. — 4 s. — A 723. B 727. D 695. E 722. F 649 et 818.

593. Les Tables Alphons et alia, couvertes de parchemin, escriptes de lettre de forme, en parchemin. Comm. : *medius* *cursus solis.* Fin : *tabule differentie ascensionum.* — Modici valoris. 2 s. — A 752. B 755. D 696. E 723. F 650.

594. Tabule Alphonsi, en cayers, couvertes de parchemin et escriptes en parchemin. Comm. : *tabula medii motus.* Fin : *prima secunda tercia.* — Nihil. — A 774. B 777. D 699. E 726. F 653.

595. Les Tables Alphons, roy de Castille, translatées en françois du commandement du roy Charles le quint, et sont en un cayer de parchemin sanz aiz, royées par dessus de vert et de jaune, très bien escriptes de lettre de forme, à deux coulombes et enluminées d'or. Comm. : *dessus dites.* Fin : *table du moyen.* Et sont signées au dos du derrenier foillet Charles. — A 629. B 637. D 693. E 720.

Enlevé vers 1414. — E 966.

**596.* Canones Tabularum Alphonsi, au commencement duquel est le kalendier, en après grant quantité de tables et le texte dudit livre, et en la fin est liber Hermetis de floribus astronomie. Comm. au iie foillet dudit kalendier : *ciclus p[a] lune.* Fin : *subito infert.* Couvert de cuir rouge sanz aiz, à iiii lasnières de cuir. — 1 l. — D 800. E 824. F 740.

**597.* Canones Tabularum Alphonsi et Canones astronomie, de lettre bastarde, à deux coulombes, de diverses lettres. Comm. : *eciam multiplicata.* Fin : *suum genus.* Couvert d'une pel de parchemin. — 2 s. — D 871. E 895. F 803.

598. Canones Azar et Thebit super Tabulas Toletanas, en ung livre couvert de cuir rouge empraint, en latin, de lettre de forme, à deux coulombes, et est la plus grant partie d'icellui livre escript de figures d'algorisme. Comm. : *dum.* Fin : *tabula declinacionis.* A deux fermoirs de soie. — 1 l. — A 865. B 868. D 569. E 601. F 546.

599. Un livre appellé le Canon maistre Jehan de Linières sur les tables de Alphonse, roy de Castille, en latin et en parchemin[1], et n'y a autres choses que tables, et commence ou ii° fo. : *tabula notarum annis.* — A 826. B 829. D 591. E 619.

---

1. A et B ajoutent : « Fermant à lasnières, qui vint de maistre Jehan de Marigny, couvert de parchemin. »

600. Tabule Johannis de Ligneriis, Equatorium[1] ejusdem. et plures alii tractatus de astronomia, sanz aiz, couvert de cuir vert à quatre lasnières, et est presque tout ledit livre de figures d'algorisme. Comm. : *tabula communis*. Fin : *et adderet*. — A 674. B 680. D 490. E 525.

601. Une peau de parchemin, où sont pluseurs histoires que fist maistre Jehan de Lignières[2], couverte par dedens d'un vielz taffetas vert. — A 910. B 913. D 608.

602. Scripta Johannis de Secillia super canones Arzachache-lis[3] et Tabulas Tholetanas, en cayers de parchemin, couvert de parchemin, escript en latin de mauvaise lettre, à deux coulombes. Comm. : *et etiam nationes*. Fin : *ferentiam arietis*. — Nullius valoris. — 2 s. A 750. B 753. D 648. E 675. F 607.

603. Tabule anglicane, jadiz couvert de parchemin, et de present couvertes de cuir noir, signées ou commencement du premier foillet *december*, et ou penultieme *tabula*. — 2 s. — A 755. B 758. D 680. E 707. F 637.

*604. Tabule anglicane, en parchemin, couvertes de parchemin. Comm. : *anni christi*. Fin : *pro veris locis*. — Modici valoris. — D 697. E 724. F 651.

605. Un livre en latin, jadiz à deux fermoirs et deux aiz de bois sanz couverture, et de present est couvert de cuir rouge, auquel livre sont les canons d'astronomie, Theorica planetarum, Alfraganus, Centiloquium Ptolomei, Albumazar de conjunctionibus, et autres choses, et fut de maistre Jehan de Marrigny, escript de lettre de forme, à deux coulombes. Comm. : *et si hoc idem*. Fin : *aut de malo ad bonum*. — 2 l. — A 831. B 835. D 675. E 702. F 632.

606. Canones astronomie, en un livre dont les aiz ne sont point couvers, à ii fermoirs rouges. — A 888. B 891.

En déficit. — C 184.

---

1. *Et Catonis*. D et E.

2. Leçon de A. On trouve ce nom avec les variantes : *Lignan, Lignien* et *Lisignean*.

3. *Alazachachellus*. B.

607. Canones in motibus celestium corporum, en deux cahiers de parchemin, sanz aiz, escript de letttre de forme à deux coulombes. Comm. : *lis in quo*. Fin du ii⁰ cayer : *dominum*. — Nullius valoris. 2 s. — A 704. B 709. D 658. E 685. F 616.

608. Tabule astronomie, en cayers de parchemin, couvert de parchemin, escript de figures d'algorisme. Comm. : *ut ab*. Fin : *et verum locum*. — 10 s. — A 778. B 781. D 538. E 572. F 528.

609. Unes vieilles Tables, couvertes de parchemin, escriptes en parchemin de menue lettre de forme. Comm. : *ab eo ut dicitur*. Fin : *ista minor tabula*. — Modici valoris. — A 770. B 773. D 698. E 725. F 652.

610. Tables vieilles, en plusieurs cayers de parchemin ensemble, couvertes en parchemin, escriptes de menue lettre. Comm. : *tabule numeri*. Fin : *tabula elevationum*. — Nullius valoris. — A 701. B 706. D 694. E 721. F 648.

611. Martheologe et autres tables très vieilles, sanz aiz, escripz en latin et en parchemin, commençant ou premier fueillet en lettre rouge *in nomine sancte* et ou derrenier *orion oblitus*. — 1 s. — A 709. B 714. D 668. E 695. F 625.

612. Tabule solis, kalendarius novus Linconiensis, tractatus compoti et plura alia declarata in primo folio libri. Comm. : *cum autem gradum*. Fin : *locus millenarius*. Et est escript de menue lettre bastarde, à deux coulombes, couvert de cuir vert, à deux tissuz et fermoirs de laton. — 1 l. — D 794. E 818. F 734.

. *613. Liber de mutatione aeris, Tabule stellarum fixarum, escript de lettre de forme, en latin, et à deux coulombes. Comm. en lettre rouge : *signa qualitates*. Fin : *antecedens*. Couvert de cuir, qui fut rouge, sanz aiz, à iiii lasnières de cuir. — D 810. E 834. F 748.

614. Canones eclipsis, en papier et parchemin, couvert de parchemin, escript de plusieurs lettres, en latin. Comm. : *tempus est*. Fin : *fiducie tamen*. — 10 s. — A 775. B 778. D 536. E 570. F 526.

615. Les Tables à trouver les degrez ascendens par les heures, en ung cayer couvert de parchemin. Comm. : *ascentiones*. Fin : *Saturnus*. Et est en latin. — 1 s. — A 734. B 737. D 679. E 706. F 636.

*616. Trente neuf cayers en papier du livre des formes, figures et ymages qui sont ès cieux, translatez d'espagnol en françois par Pierre Leraut, jadiz maistre des pors et passaiges en la senechaucie de Beaucaire, du commandement de Monseigneur le duc de Berry, dont le premier cayer commence *Au nom du pere et du filz*. Et sont touz yceulz cayers liez en une couverture de parchemin. — Non prisié. Nihil. — D 873. E 897. F 805.

617. Un livre couvert de vert, fermant à lasnières, ouquel sont figurez les figures du ciel, et fu de maistre Jehan de Marrigny, escript en latin de lettre de forme, l'une plus grosse que l'autre. Comm. : *dat grais*. Fin : *ego Deum*. — A 829. B 832. D 582. E 610.

618. Stellatio Urse[1] minoris, en ung cayer couvert de parchemin, contenant six fueillez escripz. Comm. : *meridionalis*. Fin : *media earum*. Et fu de maistre Jehan de Marrigny. — Modici valoris. — A 760. B 763. D 626. E 653. F 587.

619. Polus septentrionis, en un cayer sanz couverture, escript de meschant lettre, en latin. Comm. : *lis meus*. Fin : *et pulveriza*. — Modici valoris. — A 748. B 751. D 627. E 654.

620. Le Compost en ung livret rouge, sans aiz à empraintes et sanz fermoirs. Commençant ou premier foillet *in spera respice*, et ou derrenier *febrium*. — 2 s. — A 632. B 640. D 671. E 698. F 628.

621. Compotus. — A 747 *bis*. B 750.

*622. Compotus episcopi Lingoniensis, en cayers de parchemin, escript de menue lettre de forme et glosé au commencement. Comm. : *polos volvitur*. Fin : *etiam numerus*. Couvert de parchemin, à une lasnière de cuir. — D 685. E 712. F 641.

---

1. *Use.* B.

623. Le Kalendier Linconniensis, Ptolomei in Almagesti, de fructibus planetarum, de explanatione regularum judicandi, Flores Albumazar, Musica Boeti, Theorica planetarum, et plures alii, en ung livre couvert de noir cuir, où souloit avoir deux fermoirs, escript en latin de lettre de forme, et y a pluseurs figures et nombre d'algorisme. Comm. ou IIe fo., devant le kalendier *sub terra*. Fin : *dignitatem et honorem*. — A 858. B 861. D 642. E 669. F 601.

624. Le Kalendier, les festes muables, la Passion Nostre Seigneur, saint Fanoel, de Vaspasien et Appollonian, le Lucidaire, Oroisons de Nostre Dame, et l'Abre de sapience, rymé[1], escript en françois, de lettre formée. Comm. du texte: *sa se traye*. Fin : *que ne congnoissent*. Couvert de cuir rouge à deux fermoirs de laton. — A 464. B 485. D 327. E 368. F 346.

***625**. Un cayer en parchemin, de Regulis compotistarum, de lettre de forme, en latin, à une columbe, sans couverture. Comm. : *mus diei super locum*. Fin : *jam vidi et .h..* — De petite valeur. — 1 s. — D 845. E 869. F 779.

626. Le Compost, en ung livret en françois, de lettre de forme, à une coulombe. Comm. : *que quant li romain*. Fin : *appostolus nomen*. Couvert de cuir blanc, à un fermoir de laton. — 2 s. — A 784. B 787. D 684. E 711. F 640.

627. Un vieilz cayer sanz aiz, de annis Arabum, de maistre Jehan de Marigny, escript en papier, commençant ou IIe fo. *Tacona* et ou derrenier *prima*. — A 836. B 840. D 584. E 612. Enlevé vers 1414. — E 955.

628. Un Almanac couvert de parchemin, contenant ung seul cayer de VIII fueillez. Comm. : *Januarius*. Fin : *tabula*. — Nullius valoris. 1 s. — A 697. B 702. D 672. E 699. F 629.

629. Almanac de tempore preterito magistri Johannis de Saxonia, en cayer de papier, couvert de parchemin, escript de figures d'algorisme. Comm. : *sol. luna*. Fin : *pro novembre*. — Non prisé. Nihil. — A 777. B 780. D 537. E 571. F 527.

---

1. Le mot *rymé* manque dans A.

630. Almanac Johannis de Saxonia, couvert de parchemin. Comm. : *mayus*. Fin : *dr'a*, en lettre rouge. — Nihil. — A 753. B 756. D 630. E 657. F 590.

630 *bis*. Un viel Almanac, en papier couvert de parchemin. Comm. : *tabula*. — Nullius valoris. — F 828.

631. Les tables du Kalendier appellé le Kalendier la Royne[1], petit, à deux fermoirs d'argent et une chemise de toille blanche à queue, escript en latin de lettre de forme, à deux coulombes. Comm. : *principes gloriosi*. Fin : *elementa ligari*. — A 600. B 614. D 465. E 501.

Enlevé vers 1414. — E 938.

·**632**. Un livre ouquel sont Kalendarium Petri, cum Tabulis Gerlendi[2], item Algorismus, Spera communis, Spera solida, Algorismus minutarum, et pluseurs autres traictiez declairez ou derrenier fueillet dudit livre; escript de lettre de forme, en latin, et à deux coulombes. Comm. : *IIII^{or} sicli*. Fin : *vel potiora*. Couvert de cuir rouge à empraintes, à cinq bouillons de cuivre de chascun costé, et à ung fermoir de laton. — 2 l. — D 746. E 770. F 689.

633. Kalendarium rectificatum, escript de grosse lettre, et est presque tout escript de figures. Commençant ou iie foillet dudit kalendier, *IIII^{or} lignee descendentes*, en lettre rouge, et ou derrenier *tabula porcionis*. Couvert de cuir blanc, à ii fermoirs de laton. — 10 s. — D 775. E 799. F 716.

·**633** *bis*. Un petit livret en parchemin, couvert d'ais sans cuir, appellé le traité du Quadrant. Comm. : *et linea*. Ou dernier foillet est tout deffacié. — Prisé 12 d. — F 830.

634. Exposicions du quadram, et ce qui puet estre sceu par icellui, couvert de cuir rouge, à deux fermoirs de laton, escript

---

1. Ouvrage composé à la fin du xiiie siècle, par Guillaume de Saint-Cloud, pour la reine Marie de Brabant. On lit dans la préface : « Illustris regina Francie, domina Maria, considerans quod, sicut in auro resplendet virtus et claritas lapidis preciosi, sic in Corpore nobili rutilant anime, sciencie et virtutes, michi quoddam scienciale satis utile, licet modicum, pro se facere imperavit » (ms. latin 15171, fol. 88 v°, col. 1. Cf. le ms. latin 7281). — Voir plus haut l'art. 569.

2. Voir *Hist. littéraire de la France*, t. XII, p. 278.

de lettre de forme, en françois. Comm. : *car il n'est*. Fin : *aras sanz faille*. — A 590. B 604. D 437. E 473.

635. Tractatus super Quadrentem judei, expositiones super Theoricam planetarum, et alia quedam, en cayers de parchemin, escript de lettre de forme, en latin, à une coulombe. Comm. : *plicissima figura*. Fin du texte : *apparet per medium*. Couvert de parchemin. — 2 s. — A 708. B 713. D 686. E 713. F 642.

*636. Abraham Abenezre de electionibus[1], qui se commence Sapientes legis, item de superis et principalibus sapientibus, en ung volume couvert de cuir rouge sans empraintes, à ıı fermoirs de laton. Comm. : *et si ad emendum*. Fin : *alio significatore*. Et contient pluseurs livres et traitiez qui sont escripz ou derrenier fueillet, et est bien escript de lettre de forme, à ıı coulombes. — 2 l. — D 749. E 773. F 691.

*637. Abraham de judiciis astrorum, escript de lettre de note en latin et à deux coulombes, au commencement duquel livre a un autre traictié de musique et de pluseurs autres choses, en vieille lettre de forme, et grant quantité de figures. Comm. : *mis morbis cautus*. Fin : *de temporibus*. Couvert de cuir rouge sanz aiz, à ııı lasnières de cuir. — D 804. E 828. F 743.

638. Abraham Evevesre[2], en françois, en très menue lettre, jadis couvert de cuir vermeil, sanz aiz, et de present entre deux aiz, couvert de cuir blanc, à deux fermoirs de laton, escript à deux coulombes. Comm. : *sunt. S. la a^e*. Fin : *corvum et mercurium*. — 5 s. — A 695. B 700. D 707. E 734. F 661.

639. Abraham Evevesre[3], en trois cahiers, en françois, couvert de parchemin, escript de menue lettre de forme à deux colombes. Comm. : *de la terre*. Fin : *sera en*. — Modici valoris. — A 693. B 698. D 628. E 655. F 588.

640. Ung livre, à quatre fermoirs, nommé Abraham Abenerre. A Melun. — G 1999.

---

1. *Ereccionibus*. Dans les mss.
2. *Eveusle*. B. — *Evevarre*. D.
3. *Ennesvarre* (?). D.

641. Introductorius major in magisterio sciencie Judiciorum Astrologie, edictus ab Albumazar, jadiz couvert d'une pel rouge sanz aiz, à ung noyau, et de present couvert de cuir blanc, à deux fermoirs royés de laton, escript de lettre de forme, en latin, à deux coulombes. Comm. : *natio eorum.* Fin : *ei in ascendente.* — 4 l. — A 675. B 681. D 496. E 531. F 488.

***642**. Introductorius major Albumazar, Alcabicius, et alia quedam, et en la fin y est un livre de plus petit volume, appellé liber Mahumeti filii Moysi. Ce present volume escript de diverses lettres, en latin. Comm. : *Concepit mulier.* Fin dudit petit volume : *cum tantum habebat primus.* Couvert d'une pel de parchemin. — 10 s. — D 837. E 861. F 773.

˙**643**. Introductorius major Albumazar, Flores ejusdem, et liber Messehalat, et alia quedam, escript de menue lettre de forme, à une colombe. Comm. : *mis et de diversitate.* Fin : *in omni opere regum.* Couvert de cuir vert, à ıı fermoirs de laton. — 10 s. — D 811. E 835. F 749.

644. Introductorius major editus ab Albumazar et interpretatus a Johanne Hispalensi, escript en latin, de lettre de forme, à deux coulombes. Comm. : *ejus sciencie quam multis.* Fin : *3 gradus post ea.* Couvert de cuir rouge, à une brodeure d'empraintes autour, et est une partie pourry par dessoubz. — Nihil. — D 851. E 875. F 784.

645. Introductorius Johannis Hispalensis, flores Hermeti de mutatione Saturni, Abrahe de questionibus, de electionibus, de revolutionibus, de conjunctionibus et aliis pluribus, couvert de cuir rouge, à deux fermoirs de laton, escript en latin de menue lettre de forme, à deux colombes. Comm. : *tamen invenitur.* Fin : *merita per universum.* — 10 l. — A 573. B 588. D 429. E 465. F 437.

***646**. Albumazar de conjunctionibus et revolutionibus annorum, Messehalat et Alcabicius, de diverses lettres, en latin, à une coulombe. Comm. : *Io quoque tercia.* Fin : *cum autem concordaverint.* Couvert d'une pel de parchemin. — 10 s. — D 831. E 855. F 767.

647. Liber Imperatorum, flores Albumazar, couvert de cuir rouge, à deux fermoirs de laton, escript en françois de lettre formée bien menue, à deux coulombes. Comm. du texte : *ouvrez certainement*. Fin : *quant aucuns*. — 10 s. — A 621. B 630. D 450. E 486. F 456.

648. Un livre sanz ais, nommé Albumazar Habbasachi[1], en latin, en deux grans cayers de parchemin, escript de lettre de forme, à deux coulombes[2]. Comm. : *trarietates et bellum*. Fin : *repentia terre*. Et n'est point couvert. — A 833. B 837. D 716. F 743.

649. Aucuns cayers très vielz, en latin, du livre Albumazar, sanz couverture, en papier, escript de lettre courant. Comm. : *quod lignea*. Fin : *rogasti me*. — De très petite valeur. Nihil. — A 721. B 726. D 542. E 576. F 532.

·650. Scripta domini Johannis de Spira, de lettre de note, en latin, à une coulombe, et y a plusieurs tables ou milieu du livre, et en la fin est Introductorius major editus ab Albumazar. Comm. : *et tunc nichil*. Fin : *ab uno plura*. Couvert de cuir rouge sanz aiz, à iiii lasnières de mesmes. — 2 l. — D 806. E 830. F 745.

651. Liber Groaffar[3] qui vocatur Albumazar, couvert de parchemin, escript en latin de lettre de forme. Comm. : *omnem librum*. Fin : *nature conveniet*. — A 720. B 725. D 678. E 705. F 635.

652. Un cayer vieilz ex dicto de Floratis[4] super Albumazar, de maistre Jehan de Marigny. Comm. : *et volatus*. Fin : *sunt una*. Escript en latin à deux coulombes. — De petite valeur, pour ce nihil. — A 835. B 839. D 583. E 611. F 555.

Enlevé vers 1414. — E 954.

653. Lectura Alkabicii. — A 550. B 564.

A maistre Regnaut de Chasteaux, 24 de janvier 1383 (v. st.). — A. C 126.

---

1. *Abbalachy*. A.
2. *Qui vint de maistre Jehan de Marigny*. A et B.
3. Ce mot est écrit en toutes lettres *Groaffar* dans D et *Greaffar* dans B.
4. *Ex dicto, de floralis*. A, D et E en toutes lettres.

654. Introductoire Alcabice, couvert de cuir vermeil, à quatre lasnières, escript de lettre de forme en latin. Comm. : *exaltatio*. Fin : *tabula longitudinis*. — Nullius valoris. — 10 s. — A 711. B 716. D 636. E 663. F 595.

655. De Alcabice, en aucuns cayers de papier, sanz couverture, contenant xxiii foillez, escript en latin de meschant lettre courant. Comm. : *signo conjuncto*. Fin : *denique cadenti*. — Nullius valoris. Non prisé. — A 764. B 767. D 639. E 666. F 598.

656. Un livre en latin, couvert de cuir fauve, nommé Alkabice Introductoire, qui vint de maistre Jehan de Marigny, fermant à lasnières. — A 828. B 831.

Au sire de Gonnant, 27ᵉ de janvier 1381 (v. st.). — A. — Mais il appert qu'il fu baillé à maistre Jacques Du Val, secrétaire du Roi. — C 159.

[**656** *bis*]. Un livre en latin, couvert de cuir fauve, nommé Alkabice introductoire, qui fu de maistre Jehan de Marregny. — A 828[1].

A maistre Regnaut de Chasteaux, 28 de juin 1383.

657. Introductoire Alcabice, interprété de Jehan d'Ispalence, en ung cahier sanz aiz, couvert de cuir vert, à deux lasnières, escript en françois de lettre de forme, à deux coulombes. Comm. : *tardif en son cours*. Fin : *sera de jour*. — 10 s. — A 673. B 679. D 489. E 524. F 483.

˙**658**. Commentum super Alcabitium, de lettre de note, en latin, et à deux coulombes. Comm. : *que accidunt infirmo*. Fin : *h. partes et quod*. Et n'est pas tout complet. Couvert de cuir rouge sanz aiz, à iiii lasnières de mesmes. — 10 s. — D 821. E 845. F 758.

˙**659**. Judicia Alkindi astrologi, en latin, de grosse lettre de forme, à ii coulombes. Comm. : *medium medius*. Fin : *ascendentem ad instar*. Couvert de cuir blanc neuf, à deux fermoirs de laton. — 10 s. — D 819. E 843. F 756.

660. Les Pronostications Aristote en françois, en papier,

---

1. Cf. le nᵒ 668.

couvert de parchemin. Comm. : *aussy souvant*. Fin : *e hors.*
— Nullius valoris. — A 736. B 739. D 663. E 690. F 620.

661. Jugemens d'astrologie selon Aristote, en françois, sanz
aiz, en papier, escript de lettre courant. Comm. : *sont dix*
mouvables. Fin : *en chief d'aquaire*. — 2 s. — A 728. B 732.
D 534. E 568. F 524.

***662**. Liber de Septuaginta verbis Aristotelis liber secundus
secundi operis, et quam plures alii libri declarati in duobus
primis foliis, en un gros volume court, d'assez grosse lettre de
forme, en latin et à une coulombe, couvert de cuir rouge sanz
ais, à quatre lasnières de cuir. Comm. : *Dixi in alio libro*. Fin :
secundum cum videtur. — 10 s. — D 782. E 806. F 723.

663. Beleni Apollinis, en papier, couvert de parchemin,
escript de meschant lettre. Comm. : *et quando*. Fin : *ut*
mulier. — Nullius valoris. 2 l. — A 765. B 768. D 643.
E 670. F 602.

664. Tractatus optimus super totam astrologiam edictus a
fratre Bernardo de Verduno, couvert de parchemin, escript en
parchemin, en latin, à une coulombe. Comm. : *hec eciam*. Fin :
cum pariter. — 5 s. — A 702. B 707. D 506. E 541. F 498.

***665**. Introductorius Cosme Alexandrini in astrologiam, et
alia quedam, en latin, de lettre de forme boulenoise, à deux
coulombes. Comm..: *les ut ostenderet*. Fin : *prosperitatem et*
divitias. Couvert de cuir qui fut rouge, à deux fermoirs de laton
et tissuz de soie. — 10 s. — D 777. E 801. F 718.

***666**. Summa Eshilde anglici de Judiciis, escript en latin,
de menue lettre bastarde, à deux coulombes. Comm. : *ductori*
dicitur. Fin : *obsessa inter duos*. Couvert de cuir blanc à deux
fermoirs de laton. — 1 l. — D 780. E 804. F 721.

***667**. Introductorius ad judicia stellarum, editus à Guidone
Bonato de Fo[r]livio, et alia quedam, escript de lettre bastarde,
en latin, et à deux coulombes. Comm. : *arborum et herbarum*.
Fin, en lettre rouge : *quando rex quem*. Et est signé CHARLES.
Couvert de cuir blanc neuf, à ii fermoirs de laton. — 32 s. —
D 814. E 838. F 751.

668. Hally, de eleccionibus, Centilogium Ptholemei, Zael et un nouvel traittié d'astronomie, en un volume sanz aiz couvert de parchemin, par quaiers de pappier sans lyen. — A 672. B 678.

A maistre Regnault de Chasteaux, 24 de jenvier 1382 (v. st.). — A. C 150.

*668 *bis*. Ung livre en cayers en roule, de Haly, [de e]lectionibus. Sans couverture. — Prisé 4 s. — F 823.

*668 *ter*. Un livre en parchemin appelé Haly, de planetis. Comm. : *paries*. Fin : *tende*. — 12 d. — F 832.

669. Hally Abarrageel, à deux fermoirs d'argent, couvert de cuir rouge à empraintes. — A 564. B 579.

A mess. Henry de Bar[1]. — A. C 129.

670. Item aucuns cayers de parchemin en rolez, de Haaly. — Nullius valoris. Nihil. — A 744. B 747. D 634. E 661. F 593.

*671. Haaly Abarrageel, bien escript de lettre de forme, en latin, et à deux coulombes. Comm. : *signa rationabilia*. Fin, en lettre rouge : *caciones et particiones*. Couvert de cuir rouge à empraintes, à deux fermoirs d'argent blanc touz plains, à tissuz vers. — D 747. E 771.

672. Haaly Abarrageel, escript de lettre de forme, à deux coulombes, en françois, couvert de soye tannée, ouvrée d'arbres vers et roses blanches, à deux fermoirs d'argent doré. Comm. du texte : *tres signes*. Fin : *je dy donques*. — 5 l. — A 57. B 58. D 28. E 27. F 16.

673. Aucun cayers de papier, en françois, de Haaly Abarrageel, sans couverture, escript de lettre courant, à deux coulombes. Comm. : *enchainte de nouvel*. Fin : *et se len se ara*. — 2 s. — A 732. D 688. E 715. F 644.

674. Ung grant livre de Hally, en françoys, escript de lettre de note. A Melun. — G 1997.

675. De Judiciis in astrologia que composuit Albohacen Haali filii Abarragel, très vieil, couvert de parchemin jadiz et à present entre deux ais, couvert de cuir blanc, escript en latin

---

1. Henri de Bar, qui périt en 1396 à la bataille de Nicopoli.

de menue lettre de forme, à deux coulombes. Comm. : *et piis
sis*. Fin : *et hoc toto*. A deux fermoirs de laton. — A 688.
B 693. D 512. E 547.

676. Perspectiva Halhacen[1] filii Hucani de aspectibus, à
iiii fermoirs de laton, couvert de cuir rouge empraint, escript
en latin, de lettre de forme. Comm. : *in loco lucis*. Fin : *pernam
et si*. — 10 l. — A 575. B 590. D 430. E 466. F 438.

*677. Liber Hermetis, liber Vacce, Petrus Abaelardi, et
alia quedam, escript de lettre de forme, à ii coulombes, en
petit volume. Comm. : *veneris illa*. Fin : *juxta menia*. Couvert
de cuir neuf, à ii fermoirs de laton. — D 812. E 836.

*678. J. dicta Johannis de Balneolis Judei de Aurasica, dont
au commencement dudit livres a iiii foillez escripz de menue
lettre de forme, à deux coulombes. Comm. : *et contingant id
circo*. Fin : *complementum tabule*. Escript de lettre rouge,
couvert de cuir rouge, à deux fermoirs de laton. — D 767.
E 791. F 708.

679. Summa Lupoldi de Austria, Compilatio Firmini de
Bellevale[2] de mutatione aeris et alia plura, escript en papier
de très menue lettre courant, couvert de parchemin, à deux
coulombes. Comm. : *las ceulx* et ou derrenier *architenens*. —
2 s. — A 767. B 770. D 529. E 564. F 521.

680. Messehalat, en ung caier de parchemin, escript de
menue lettre en latin. Comm. : *est in conjunctione*. Fin : *orbis
anno*. — Nullius valoris. Nihil. — A 742. B 745. D 633. E 660.
F 592.

681. Ung livre sanz aiz, de Messehala Esae. A Melun. —
G 1998.

682. Messehalat Arabiz liber receptionum, couvert de parchemin ou de cuir, escript en françois, à une coulombe, et en
papier. Comm. : *soit ou XXe*. Fin : *est se malvais*. — 2 s. —
A 743. B 746. D 711. E 738. F 682.

683. Messehalat, de conjunctions et receptions et interroga-

_____

1. *Haarsem*. D. — *Alhacen filius Alhaycen*. — Voir le ms. latin 7319.
2. Une copie de cet ouvrage de Firmin de Belval est dans le ms. latin 7482.

tions, en françois, en papier, en III cayers de petit volume, escript de lettre courant. Comm. : *par degré.* Fin : *et estoit.* — Nullius valoris. — A 739. B 742. D 637. E 664. F 596.

684. Aucuns cayers de papier qui sont deux en nombre, de Messehalat, en françois, sans couverture, escript de lettre courant. Comm. : *la planete.* Fin : *savoir ces accidens.* — 1 s. — A 745. B 748. D 687. E 714. F 643.

˙**684** *bis.* Ung livre de Messehalat, en petit volume, couvert de parchemin. Comm. : *in conjunccione.* Fin : *orbis anno.* — 2 s. — F 817.

˙**685**. Quadripartitus Ptolomei, liber de practica arismetice, Ypocras, Jafar, Alcabicius, practica geometrie, et alia quedam, en un volume de parchemin escript de diverses lettres et de divers cayers, à deux coulombes. Comm. : *tes pro no^l reputant.* Fin : *medietatem et tunc.* Couvert d'une pel de parchemin. — 10 s. — D 838. E 862. F 774.

686. Quadriperti Ptolomei, Amphorismi Johannis Dacon, et Ptholomeus Cludensis, cum pluribus aliis glosatis, à quatre fermoirs de laton, couvert de cuir vermeil empraint, escript de lettre de forme grosse et menue, à deux coulombes, en latin. Comm. : *et potest homo.* Fin : *multiplicabuntur.* — 12 l. — A 565. B 580. D 421. E 457. F 430.

687. Quadriperti Ptolomei, Fastidica Zael, Bambisel[1] caldei, et alia, couvert jadis d'aiz à deux fermoirs, et de present couvert de cuir blanc par dessus les aiz, escript de lettre de forme, en latin, à deux coulombes. Comm. : *parte omnes regulas.* Fin : *in esse regum preter.* — 2 l. — A 571. B 586. D 705. E 732. F 659.

˙**688**. Quadripertitum Ptolomei, cum commento Haaly, escript de lettre de forme, en latin, et à deux coulombes. Comm. : *potest homo intelligere.* Fin : *et divitias.* Couvert de cuir vert, à II fermoirs de laton. — 32 s. — D 807. E 831. F 746.

˙**689**. Un gros livre en papier super Quadripertito Ptolomei et glosis ejus, et de virtutibus planetarum, translaté en françois

____
1. *Benbizer.* A. — *Bubizer.* B.

par Theobalde[1] le Lombart, escript de lettre bastarde, à deux coulombes. Comm. : *de quantes parties*. Fin : *et c'est le forme*. Couvert d'une pel de parchemin. — 10 s. — D 828. E 852. F 764.

690. Le traictié de la glose Haaly du ıı° traictié du ıı° livre du Quadriparti Ptolomée, en françois, en cayers de papier, sans couverture, escript de menue lettre à deux coulombes. Comm. : *nous sarons*. Fin : *que ce sera*. — Nihil. — A 726. B 730. D 662. E 689. F 619.

691. Quadriperti Ptolomei, couvert de soie tennée, à deux fermoirs d'argent doré, escript de lettre de forme, en françois, à deux coulombes. Comm. : *tement entendre*. Fin : *vese fortune*. — 8 l. — A 58. B 59. D 29. E 28. F 17.

691 *bis*. Un livre en françois, appellé le Quadriparti Tholomé, grossé par Haly, à deux fermoirs de laton; et se commance ou second fueillet *mouvemens celestiaus*.

Déficit en 1420. — H 300[2].

691 *ter*. Un livre en françois, appelé le Cadruparty de Jehan Hispalense, et plusieurs autres livres, couvers de cuir rouge, à fermoirs de cuivre, et se commance ou second feuillet *si bons astrologiens*. — H 296.

En déficit en 1420.

692. Centilogium Ptolomei, Theorica planetarum, Alcabicius, jadiz couvert de parchemin, et de present couvert de cuir blanc, entre deux aiz, escript en latin de bonne lettre boulenoise, à deux coulombes. Comm. : *sic ymo vadit*. Fin : *cum ergo volueris*. — 10 s. — A 703. B 708. D 719. E 746. F 669.

693. Centilogium Ptolomei[3], en cayers, couvert de parchemin, escript en latin de lettre de forme, l'une plus grosse que l'autre. Comm. : *frigiditatem*. Fin : *magistri judiciorum*. — 2 s. — A 686. B 691. D 510. E 545. F 502.

694. Un livre sanz aiz nommé Centum verborum Ptolomei,

---

1. *Egidius de Theobaldis Parmensis*. — Voir le ms. latin 7317.

2. **Ms.** français 1349 de la Bibliothèque nationale. — Voir la notice LXIV des livres parvenus jusqu'à nous.

3. B ajoute : *Quadripartitum Mansore Omar*.

de maistre Jehan de Marrigny, escript en latin de meschante lettre, à deux coulombes. Comm. : *proficuum non*. Fin : *sint hic milites*. — A 834. B 838. D 596. E 624.

*695. Un volume couvert d'une pel de parchemin, à une grande lasnière vermeille autour, partie en papier et partie en parchemin, partie de lettre de note et partie de lettre de forme, ouquel sont Centilogium Ptolomei, Ymagines Thebit, Compositio planecorbii et quadrantis et alia quedam. Comm. : *in finem prope*. Fin en lettre rouge : *vas figura*, et est ledit derrenier foillet tout de figures. — 1 l. — D 827. E 851. F 763.

696. Ptolomée et Centiloge, couvert et fermé semblablement [couvert de soye tannée, ouvrée d'arbres vers et roses blanches, à deux fermoirs d'argent doré], escript en françois, de lettre de forme, et glosé, à deux coulombes. Comm. : *estre entre choses*. Fin : *première nuyt*. — 2 l. — A 60. B 61. D 31. E 30. F 19.

697. Aucuns caiers en pappier escrips de menue lettre du livre Tholomée[1]. Sans couverture. — A 722. B 726.

698. Un très vieil cayer en latin, intitulé Incipit prefatio Petri Abaelardi, et fut de maistre Jehan de Marrigny, escript de menue lettre de forme, à une coulombe. Comm. : *et sont in fide*. Fin : *vel deffectum*. — A 825. B 828. D 669. E 696.

699. Liber pluritatis Razielis, en cayers de papier sanz couverture, escript en latin, de lettre courant. Comm. : *et proficiunt*. Fin : *septem stellarum*. — De petite valeur. — A 754. B 757. D 540. E 574. F 530.

*700. Un gros livre, en papier et en latin, appellé liber Sapientum super arte magica, autrement dit Raziel, escript de lettre de note, à une coulombe. Comm. : *mus gratias*. Fin : *et per omnia supradicta*. Couvert de cuir rouge, sanz aiz, à une grant courroye autour et deux lasnières aux costez. — D 809. E 833.

701. Les Pronosticacions Socrates Basilée, en petit volume, escript de lettre formée, en françois. Comm. : *A e a*. Fin :

____

1. *Albumazor*. B.

janvier. Couvert de cuir vert, à ii fermoirs de laton. — 10 s. — A 361. B 382. D 247. E 288. F 268.

702. Les Pronosticacions Socratez, en françoiz, en pappier, couvert de parchemin[1]. — A 707. B 712.

C'est chose de nulle valeur. — C 152.

703. Socrates en cayers, en papier, couvert de parchemin, escript en françois de lettre courant. Comm. : *comme il monstre.* Fin : *voiez sa vesture.* — 12 d. — A 772. B 775. D 621. E 648. F 583.

704. Socrates Babilée, en françois, qui sont demandes sur esbatemens, couvert de parchemin. Comm. : *soyez loyaulx.* Fin : *ci prisonnier.* — Modici valoris. 4 s. — A 731. B 735. D 631. E 658. F 810.

Enlevé vers 1414. — E 959.

705. Zahel et Messehalach, couvert et fermant semblablement, [couvert de soie tannée, ouvrée d'arbres vers et roses blanches, à deux fermoirs d'argent doré], escript de lettre de forme, en françois. Comm. : *et nobles.* Fin : *en aucun.* — 1 l. — A 62. B 63. D 33. E 32. F 21.

Il est sans aiz et descousu. Enlevé vers 1414. — E 920.

706. Zahel, couvert de cuir vert. — A 733. B 736.

Presté à maistre Regnaut de Chasteaux, 24 janvier 1383 (v. st.). — A. C 153.

707. Zahel. — A 759. B 762.

En déficit. — C 152.

708. Fastidica Zael ben Bizel, en deux cayers de parchemin sanz couverture, escript en latin de lettre courant. Comm. du premier cayer : *terris gravem.* Fin du iie cayer : *quem si Saturnus.* — 2 s. — A 740. B 743. D 657. E 684. F 615.

Enlevé vers 1414. — E 961.

709. Mathesis, que il[2] dit en l'ancien inventoire en ung cayer de parchemin, mais elle est en pluseurs cayers de papier, escripte de menue lettre courant, à deux coulombes et couvers

---

1. Cet article doit faire double emploi avec le précédent.
2. L'auteur de l'ancien inventaire.

de parchemin. Comm. : *si quis caritatis*. Fin : *in ore lupi*. —
1 s. — A 715. B 272. D 700. E 727. F 654.

***710.** Ars notoria, en un petit livre couvert de cuir noir
sans ais, escript de bien menue lettre bastarde, à une coulombe.
Comm. : *VIes die autem*. Et est le derrenier foillet tout figuré,
et y a escript vers la fin : *figura ista*. — 4 s. — D 840. E 864.
F 776.

***711.** Ars notoria, escript de lettre boulenoise, en parche-
min, à deux coulombes, et est glosé tout autour du texte.
Comm. en texte : *prolacione scripture*. Fin : *tabula medico-
rum*. Et est ledit livre figuré de vermeillon et d'asur, à une
couverture de parchemin. — 10 s. — D 867. E 891. F 799.

712. Ars notoria, en cayers, couvert d'une pel velue noire
dont le poil est cheut, escript de meschant menue lettre courant, en latin. Comm. : *camiel*. Fin : *hec est nota*. — 12 d.
— A 751. B 754. D 641. E 668. F 600.

713. Ars notoria, dont les aiz ne sont point couvers de cuir,
escrit de lettre de forme boulenoise, en langaige espagnol ou
lombart, très parfaitement et bien richement figurée, en parchemin et à II coulombes. Comm. : *el XXVIII posa que non
passe*. Fin : *ome perdera les manos et los piez*. — A 908.
B 911. D 720. E 747.

[Baillé à] Arnault Guillon. — A.

***714.** Un livre d'astronomie, qui semble estre de arte noto-
ria, escript en espagnol, de lettre de forme, à deux coulombes,
très parfaitement bien figuré, et de bonnes couleurs d'enlumineure de Boulongne, et contient en tout cinq cayers, dont le
premier commence ou IIe foillet en rouge lettre *estas son las
figuras*. et ou derrenier *ocio aniello de mercurio*. Couvert d'une
pel de parchemin. — D 863. E 887.

***715.** Un bien petit livre appellé Seminafora, partie en latin
et partie en espagnol, et y a pluseurs figures enluminées,
escript de lettre de juifz. Comm. : *ty tu me adiudes*. Fin : *par-
teicron se las agas*. Couvert de cuir noir à empraintes, sanz
fermoir. — D 825. E 849.

716. Quartum ex quartis Cathonis[1] cum commento Thebot-labez[2], tractatus Hermetis, Allegorie sapientum et philoso-phorum antiquorum, Turbe Geber[3] de summa collationis complementi secretorum nature, perfecti magisterii sive admi-nistrationis perfectione, et autres pluseurs choses, en ung petit livre couvert de cuir vermeil empraint, à deux fermoirs de soie et de laton, escript de grosse lettre et de menue de forme, en latin. Comm. : *hennanites hujus*. Fin : *rotulorum*. — 1 l. — A 639. B 646. D 472. E 508. F 473.

717. Planimetria, altimetria de judiciis rerum futurarum, de speculis, perspectiva Bertholomei Anglici, arismetica de eodem, cum aliis pluribus, couvert de cuir rouge, à quatre fermoirs de laton, escript en latin de lettre de forme menue. Comm. : *si prima vel*. Fin : *climatibus*. — 4 l. — A 570. B 585. D 434. E 470. F 441.

718. Liber aquarum duodecim ignoti philosophi Alphidis[4] alkimie[5] Sahid filii Hamil in compositione carminum, figurarum et ymaginum Razi Ebobacre[6], cum aliis pluribus, couvert de cuir bien vermeil, à ung fermoir de laton, escript de pluseurs lettres, en latin, partie à deux coulombes. Comm. du texte : *in superiori parte*. Fin : *spicem et*. — A 635. B 642. D 467. E 503.

719. De incencionibus lune in signis, introductorium in astrologia, valens medicis, interrogaciones[7], libellus et electio-nes, et plura alia, en papier, sanz aiz, en latin, à deux cou-lombes. — Comm. : *as enim stellas*. Fin : *fuerit mars*. — 2 s. — A 680. D 502. E 537. F 494.

720. De Judiciis, en latin, en un cayer de parchemin, et y a iii fueillez escripz et environ une page en latin, de lettre cou-rant. Comm. : *super celestia*. Fin : *et sit mare*. — De petite valeur. — A 716. B 721. D 543. E 577. F 533.

---

1. *Platonis*. A et B.
2. *Theborlabez*. D et E.
3. *Gebet*. D et E.
4. *Alsidis*. E.
5. *Arcumie*. D et E.
6. *Rusi et babacre*. D et E.
7. *Vel ars medicis interrogacionibus*. A.

721. Summa judicialis de accidentibus *mundi*, et octavus liber Haali Abarrageel, de très menue lettre, en pappier, couvert de parchemin, en latin, a II coulombes. Comm. : *temporum revolutionum*. Fin : *unum incipiendo*. — 4 s. — A 678. B 684. D 501. E 536. F 493.

***722**. Liber Judicum, en latin, de lettre de forme, à deux coulombes. Comm. : *Illicita*. Fin : *juris communi peremptorio*. Couvert de cuir blanc tout neuf, à deux fermoirs de laton. — 5 s. — D 798. E 822. F 738.

723. Novem Judicum, couvert et fermé semblablement, [couvert de soie tannée, ouvrée d'arbres vers et roses blanches, à deux fermoirs d'argent doré], escript en françois, de lettre de forme, à deux coulombes. Comm. du texte : *sont les premiers*. Fin : *advendra ou sera*. — 5 l. — A 59. B 60. D 30. E 29. F 18.

724. Novem Judicum, escript en latin, de lettre courant, à deux coulombes. Comm. : *et yemis nec*. Fin : *mando verum*. Couvert de cuir blanc, à deux fermoirs de laton. — 4 l. — A 558. B 573. D 419. E 455. F 428.

725. Un livre couvert de rouge, fermant à lanières, nommé Novem Judicum, qui vint de maistre Jehan de Marigny. — A 832. B 936.

A maistre Regnaut de Chasteaux, 24 de jenvier 1383 (v. st.). — A. C 160.

***726**. Liber Novem Judicum in uno volumine, in quo continetur theorica planetarum, Quadripartitum Ptolomei, Haaly Abarrageel, et pluseurs autres livres declairez ou premier foillet dudit livre, escript de menue lettre de forme, en latin, et à deux coulombes, en assez gros volume. Comm. : *sequitur de tribus*. Fin : *est dies et x horarum*. Couvert de cuir vermeil à empraintes, à deux fermoirs de laton. — 4 l. — D 768. E 792. F 709.

727. Aliqua notabilia in judiciis de conjunctionibus magnis, calculaciones de conjunctionibus et revolucionibus annorum, en pappier de très menue lettre, couvert de parchemin. — A 687. B 692.

En déficit. — C 151.

728. Un très petit livret couvert de soie, de conjunctions et oppositions, à deux petiz fermoirs d'argent. Comm. : *fevrier*. Fin : *eclipses de soleil.* — A 903. B 906. D 545.

729. La Conjunction, en françois, qui fut l'an mil CCC LXVII, en ung cahier couvert de parchemin, escript de lettre de forme, en françois, à deux coulombes, et fut la conjunction de Jupiter et de Mars en cel an dessusdit. Comm. : *dessoubz la seigneurie*. Fin : *du quadripert.* — A 746. B 749. D 647. E 674.

*__730__. Liber de revolutione nativitatem Thebit, et plura alia declarata in primo folio dicti libri, escript de diverses lettres, à deux coulombes, et en latin. Comm. : *tabula terre usque*. Fin : *ne vel ignorancium vel pocius.* Couvert de cuir rouge plain, à deux fermoirs et cinq bouillons de laton. — 4 l. — D 778. E 802. F 719.

731. Nativitas cujusdem domini Dionisi[1], episcopi Silvanectensis; exemplum nativitatis magistri Henrici de Melchinia; nativitas cujusdem imperatoris Constantinopolitani; Albertus de revolutionibus nativitatum, et quedam determinationes sive questiones; escript en papier, de très menue lettre, couvert de parchemin sanz aiz, en latin, à deux coulombes. Comm. : *tinebit ob hoc*. Fin : *si quisque.* — 4 l. — A 677. B 683. D 498. E 533. F 490.

732. Judicium cujusdem nativitatis, quidem liber de interragationibus, et alia quedam, en cayers, en latin, couvert de parchemin, escript de lettre courant. Comm. : *investigationis.* Fin : *transsitum tot.* — A 685. B 690. D 509. E 544. F 501.

*__733__[2]. Un petit traictié, en un cayer, qui parle de deux nativitez, escript d'assez bonne lettre de forme, à deux coulombes, en latin. Comm. : *centrum equatum*. Fin : *cius intromittet.* Et est imparfait, couvert d'une peau de parchemin. — D 869. E 893. F 801.

734. Ung livre de l'Exposicion des songes selon Daniel,

---

1. Denis, évêque de Senlis, en 1350 et 1351.

2. On trouvera sous le n° 584 *bis* l'article qui portait le n° 733 *bis* dans ma première édition de l'inventaire de la librairie du Louvre.

couvert de veluyau asuré, à deux fermoirs de laton, escript de lettre formée en françois. Comm. : *puent aussy*. Fin : *estre pelu*. — 1 l. — A 209. B 207. D 138. E 135. F 118.

735. Les Songes Daniel, en prose, escript en françois, de lettre formée, à deux coulombes. Comm. : *si venu*. Fin : *grant assemblée*. Couvert de cuir rouge empraint, à deux fermoirs de laton. — 1 l. — A 414. B 435. D 289. E 330. F 308.

736. Les Proprietez du corps humain et songes, rimés et en prose, en ung petit livret escript de lettre formée, en françois. Comm. : *qui a les cheveux*. Fin : *qui songe*. Couvert de cuir vert, à deux fermoirs de laton. — A 149. B 150. D 98. E 96. F 81.

Enlevé vers 1414. — E 922.

736 *bis*. Un livre en parchemin, couvert de parchemin, appellé Tyrannus. Comm. : *alicujus*. Fin : *cercior*. — 12 d. — F 831.

737. Geomencie en françois, extraicte du grant livre de Abdala[1], filz Haaly, couvert de parchemin, escript en parchemin, de lettre de forme. Comm. : *quelz viandes*. Fin : *est il dit*. — Nullius valoris. 1 s. — A 730. B 734. D 654. E 681. F 612.

738. Breviloquium de Geomencie, fait par maistre Berthelemi de Palme[2] en françois, couvert de parchemin, escript en parchemin, de lettre de forme à deux coulombes. Comm. : *un homme*. Fin : *nourrir est*. — Nullius valoris. 5 s. — A 771. B 774. D 649. E 676. F 608.

739. Breviloquium de Geomencie, translaté en françois, escript de menue lettre, en papier, sans aiz. Comm. : *par doctrine*. Fin : *a des liens*. — 1 s. 8 d. — A 692. B 697. D 507. E 542. F 499.

740. Le traictié de Geomancie, compillé par maistre Jehan des Murs, couvert de cuir rouge, à quatre lasnières, sanz aiz, escript en françois de lettre de forme, à deux coulombes.

1. *Aldala*. A.
2. *Parme*. A.

Comm. : *en la seconde*. Fin : *seigne parle*. — A 598. B 612. D 456. E 492.

Enlevé vers 1414. — E 935.

*741. Une Geomencie de Morbec, en parchemin, en petit volume, en latin, de lettre de forme, à deux coulombes. Comm. : *credentibus artem*. Fin : *homo de quo queritur*. Couverte d'une pel de parchemin, à une lasnière autour. — 6 s. — D 856. E 880. F 789.

*742. Une Geomencie dudit Morbec, en françois, bien escripte de lettre de forme, à deux coulombes, contenant en tout x cayers, touz desliez. Comm. du premier cayer : *si de toutes les autres*. Fin du x⁰ : *se ilz se concordent*. Et sont envelopez en une pel de cuir vermeil. — 2 s. — D 857. E 881. F 790.

743. La Geomencie maistre Pierre d'Espaigne, nouvellement compillée, en un livret, en françois, couvert de cuir à lasnières, escript de lettre de forme, à deux coulombes. Comm. : *et est en partie*. Fin : *quelle maison*. — 4 s. — A 684. B 689. D 503. E 538. F 495.

744. La Geomencie maistre Robert[1] de Marmillon anglois, en cayer de papier sanz couverture, escripte en latin de meschant lettre courant. Comm. : *ipsa dant*. Fin : *in cujus collo*. — Modici valoris. 4 s. — A 737. B 740. D 646. E 673. F 605.

744 *bis*. Ung livre en papier, appellé Geomencie de Girart de Cremaines[2], couvert de parchemin. Comm. : *fraternitatem*. Fin : *amissio*. — 2 s. — F 827.

745. Geomencie, de très menue lettre, en papier, couvert de parchemin très vieil et lait, en latin, à deux coulombes. Comm. : *frigiditatem et humiditatem*[3]. Fin : *amissio*. — 1 l. — A 679. B 685. D 499. E 534. F 491.

*746. Geomencie, en ung livre couvert d'aiz et de cuir rouge, en un grant volume, escript de lettre de forme, en parchemin, à deux coulombes au commancement, et deux fermoirs de laton.

---

1. La leçon primitive de A était *Jehan*.
2. G. de Crémone.
3. *Humilitatem*. D.

Comm. : *LII figurarum in loco*. Fin en lettre d'asur : *tabule signorum*. — 12 s. — D 691. E 718. F 647.

746 *bis*. Geomencie, en un livre couvert d'aiz, et avecques en la fin sont en latin xii experimenta extracta de libro Alcani qui Salus vite vocatur. — A 698. B 703.

747. Geomencie[1] en un vielz livre, dont les aiz n'estoient point couverts, et à present sont couverts de cuir blanc, à deux fermoirs de laton, escript en latin et à deux coulombes. Comm. : *puella que nata fuerit*. Fin : *lantia vanitas*. — iiii s. — A 889. B 892. D 656. E 683. F 614.

*748. Une Geomencie, en latin, et en parchemin de lettre de forme. Comm. : *arabica nota*. Fin : *continet disposicionem*. Couvert d'une pel de parchemin. — 4 s. — D 855. E 879. F 788.

749. Geomencie, bien escripte et bien enluminéc, couvert et fermant semblablement, [couvert de soie tannée, ouvrée d'arbres vers et roses blanches, à deux fermoirs d'argent doré], escripte de lettre de forme, en françois. Comm. : *l'escorpion*. Fin : *se tu veulx savoir*. — 1 l. — A 61. B 62. D 32. E 31. F 20[2].

750. Geomencie, couvert de cuir vert, à deux fermoirs de laton, escript de lettre de forme, en françois. Comm. : *si que les choses*. Fin : *vivra le plus*. — 4 s. — A 555. B 569. D 650. E 677. F 609.

751. Geomencie, Ciromencie, l'Ymage du monde, en françois, couvert de cuir jaune, escript de lettre de forme, à deux coulombes. Comm. du texte : *feust devant Dieu*. Fin : *nes princes*. A deux fermoirs de laton. — 2 l. — A 556. B 570. D 455. E 491. F 461.

752. Geomencie, en françois, escript de lettre de forme, en parchemin, à deux coulombes. Comm. : *monde ainsi*. Fin du texte : *pricorne aquaire*. Et est signé en la fin CHARLES. Couverte d'une couverture de parchemin. — 4 s. — A 562. B 577. D 690. E 717. F 646.

753. Geomencie, en un grant volume, en françois, à iiii fer-

---

1. *Geometrie*. B.
2. A Cambridge, Trinity College, n° 1447. — Voir la notice LXVII des livres parvenus jusqu'à nous.

moirs de laton, couvert de cuir, escript de lettre de forme à
III coulombes. Comm. de lettre rouge : *se contient*. Fin : *question figurée*. — 4 s. — A 576. B 591. D 651. E 678. F 610.

754. Les Tables des figures de geometrie, couvert de cuir
vermeil, sanz aiz, à quatre lasnières, escript de lettre de forme,
à deux coulombes en françois. Comm. en lettre rouge : *le IIII*
contient. Fin en lettre rouge : *le XXI* *contient*. — 2 l. —
A 587. B 602. D 436. E 472. F 443.

755. Geomencie, en un livre sanz aiz, couvert de gros par-
chemin, petit et bien escript en françois, de lettre de forme.
Comm. : *signifie*. Fin : *feminines*. — 4 s. — A 592. B 606.
D 652. E 679. F 611.

756. Geomencie en françois, couvert de cuir vert à deux
fermoirs rouges, de lettre de forme. Comm. : *levée en pluseurs*.
Fin : *voluerit*. — A 603. B 617. D 441. E 477.
Enlevé vers 1414. — E 934.

757. Geomencie, en françois, en un livret très petit, couvert de cuir vermeil, à deux fermoirs de soie et de laton,
escript de lettre de forme, en françois, en parchemin. Comm. :
valles et. Fin : *se demander*. — A 641. B 648. D 653. E 680.
Enlevé vers 1414. — E 960.

758. Geomencie en françois, en ung petit livret couvert de
cuir vert, à ung fermoir de laton, de lettre de forme, à une coulombe. Comm. : *mes l'en se doit*. Fin : *les jours perilleux*. —
1 l. — A 657. B 663. D 491. E 526.
Enlevé vers 1414. — E 943.

759. Geomencie en françois, en ung livret couvert de parchemin, escript en parchemin de lettre de forme, à deux coulombes. Comm. : *en ciel estelle*. Fin : *et feu*. — Nullius valoris. 2 s. — A 747. D 655. E 682. F 613.

760. Un livre plat de Geomencie, couvert de rouge, escript
de lettre courant en papier, en françois. Comm. : *naturel*
verité. Fin : *en aultre*. — 5 s. — A 794. B 797. D 617. E 644.
F 809.
Enlevé vers 1414. — E 958.

*****761.** Une Geomencie, en papier et en françois de lettre de note, à une coulombe. Comm. : *pluseurs choses*. Fin : *necesse certum*. Couvert d'une pel de parchemin, à une lasnière. — 4 s. — D 854. E 878. F 787.

762. Une Geomencie en françois, en très petit volume, de lettre de forme, à deux coulombes. Comm. : *les signifiances*. Fin : *de terminis questionum*. Couvert de cuir rouge sanz aiz, à deux lasnières de mesmes. — 4 s. — D 859. E 883. F 792.

·763. Une Geomencie, en très grant volume plat, escript de grosse lettre de forme, en françois. Comm. : *tribue des savours*. Fin : *l'equacion des maisons*. Couvert de cuir qui fut rouge, à cinq bouillons et à iiii fermoirs de laton. — 10 s. — D 862. E 886. F 795.

764. Ung livre couvert de cuir rouge à empraintes, de Gyomasie, en françoys. A Melun. — G 2000.

765. Ung autre livre, couvert de cuyr, de Gyomansie, en françoys. A Melun. — G 2001.

766. Ciromencia, à iiii fermoirs, en françoiz. — A 552. B 566.
En déficit. — C 127.

767. Ciromencie en françois, couvert de parchemin, escript de lettre bastarde, à deux coulombes, et en parchemin. Comm. : *appelle destre*. Fin : *joedi comme as*. — A 766. B 769. D 712. E 739.
Enlevé vers 1414. — E 967.

768. Ciromancie en françois, couvert d'une pel velue dont le poil est cheu, de menue lettre bastarde, à une colombe. Comm. : *mesmement quant*. Fin : *naturiens et la cause*. — A 710. B 715. D 708. E 735.

769. Ciromencie en cayers, en roole, sanz aiz, couvert de cuir rouge à une lasnière. — Nihil. — A 591. B 605. D 723. E 750. F 672.

770. Un livre, couvert de cuir vermeil, appelé la Science des mains et avecques le Compost, le Kalendier, Tabule Fungonis et Dionisii, Algorismus, misterium de edificatione Ecclesie, tractatus quadrantis, Summa magistri Pauli, et alia, escript de bien menue lettre, en latin. Comm. : *tabula Bæde*. Fin : *anno Domini*. — 5 s. — A 781. B 784. D 704. E 731. F 658.

771. Nigromencie en françois et en papier, couvert de cuir vert, escript de lettre courant, à une coulombe. Comm. : *doctrine de plusieurs*. Fin : *me sancta Genovefa*. — A 741. B 744. D 692. E 719.

Enlevé vers 1414. — E 965.

772. Un livre des Merveilles du monde appellé Solin, couvert de soie vert, à deux fermoirs d'argent dorés, donné au Roy par Gilet. — A 207. B 204.

A mons. d'Anjou, 22ᵉ de novembre 1380. — A. C 56.

773. Solin, des Merveilles du monde, en prose, couvert de cuir rouge à empraintes, escript de lettre de forme, en françois, à deux coulombes. Comm. : *hors de Syon*. Fin : *verte touz lez trespassez*. A deux fermoirs de cuivre. — A 84. B 85. D 51. E 50.

774. Solinus, des Merveilles du munde, rymé, couvert de parchemin. — A 384. B 405.

En déficit. — C 102.

775. Solinus, des Merveilles du monde, escript en françois de lettre de forme, à deux coulombes. Comm. du texte : *marc ou premier*. Fin : *de varlez*. Couvert de cuir vermeil empraint, à ii fermoirs de laton. Et à parler proprement n'est mie le livre de Solin, combien qu'il parle des Merveilles du monde. — 2 l. — A 483. B 506. D 344. E 384. F 359.

·776. Le livre des Oisivetez des emperierres, et parle des Merveilles du monde[1], escript de menue lettre bastarde, en françois, à deux coulombes. Comm. : *cieulz et quelconque chose*. Fin : *et la devocion*. Couvert de cuir blanc à deux fermoirs de cuivre. — 10 s. — D 916. E 220. F 193.

---

1. Il s'agit ici de la traduction de l'ouvrage de Gervais de Tilburi, par Jean du Vignai, plutôt que de la traduction plus ancienne rédigée par Harent d'Antioche. La première nous est connue par un manuscrit du temps du roi Jean qui, après avoir fait partie du fonds Barrois, appartient aujourd'hui à M. Ch. Fairfax-Murray. L'autre nous est parvenue sous la forme d'une copie du xvᵉ siècle, ms. français 9113 de la Bibliothèque nationale.

777. Alkindus de imbribus et pluviis[1] en latin, et avec la Redemption des fils d'Israel, en un volume couvert de parchemin, que fist translater de ebrieu en françois, à Paris, maistre Arnoul de Quiquampoit, escript de menue lettre de forme, à deux coulombes. Comm. : *et decidentur*. Fin : *Mercurius in.* — De petite valeur. 2 s. — A 737. B 731. D 541. E 575.

778. Guido Bonatus de Florine [Forlivio], de pluviis et ymbribus. — A 569. B 584.

A maistre Regnaut de Chasteaux, 23 de jenvier 1383 (v. st.). — A. C 131.

***779**. Un livre de nive et grandine et aliis impressionibus aeris, avec pluseurs tables d'astronomie, en cayers de diverses façons et de diverses lettres, partie à deux coulombes et partie à une. Comm. : *gute descendunt*. Fin : *meridion. aries*. Couvert d'une pel de parchemin. — 5 s. — D 844. E 868. F 778.

780. Tractatus de magnete et quidem **tractatus perspective**, en ung cayer sanz couverture[2], escript en latin, de menue lettre, à deux colombes. Comm. : *et notum*. Fin : *ego resseram*. — A 773. B 776. D 622. E 649.

***781**. Un petit traictié, en ung bien petit cayer de parchemin, nommé Pomum ambre. Comm. : *arche ruee*. Fin : *unguentum ad idem*. Sanz couverture. — 1 s. — D 861. E 885. F 794.

782. Le traictié appellé la Pomme, en françois, en ung petit cayer couvert de parchemin, escript à deux coulombes, de lettre de forme. Comm. : *rart ou royaume*. Fin : *paroles de son compaignon*. — 2 s. — A 769. B 772. D 713. E 740. F 664.

***783**. Un livre appellé de Virtutibus et coloribus lapidum, escript de menue lettre de forme, en latin, enluminé de rouge. Comm. : *agates quidem*. Fin : *et inhebetabilis*. Couvert d'un cuir rouge à aiz, à un fermoir de laton. — 10 s. — D 846. E 870. F 780.

---

1. *Et pluribus*. D.
2. *On y a depuis mis une couverture*. Note ajoutée en marge de E.

784. La nature des pierres, en un petit livret en françois, de lettre formée. Comm. : *l'une car.* Fin : *veult porter.* Couvert de cuir rouge, à un fermoir de laton. — 2 s. — A 460. B 481. D 324. E 365. F 343.

785. Le Lapidaire, en un cayer couvert de parchemin, bien escript de lettre de forme, en françois. Comm. : *saint Jehans nomma.* Fin : *en l'autre.* — A 182. B 183. D 120.

786. Le Lapidaire en prose, de lettre courant, en petit volume en françois. Comm. : *une isle est.* Fin : *une autre.* Couvert de cuir, à deux fermoirs de laton. — 2 s. — A 380. B 401. D 264. E 305. F 285.

*__787__. Macer de viribus herbarum, avecques pluseurs experimens, escript en latin de lettre de forme, à une coulombe. Comm. : *ad sanguinem de occulis.* Fin : *laudes de corpore.* Couvert de parchemin, à une courroye autour. — 10 s. — D 826. E 850. F 762.

*__788__. Un petit livre rimé, que fist Jehan Le Moyne, de la force des herbes, en françois, à une coulombe et de lettre de forme. Comm. : *bien y est prouvez.* Fin : *laquelle decoction.* Couvert de cuir rouge, à II fermoirs de laton. — 4 s. — D 860. E 884. F 793.

789. Un livre en françois, qui devise la vertu de la Grenne de la fuchiere, et les aneaux Salmon, couvert d'une pel velue noire dont le poil est cheu, escript en parchemin, de menue lettre courant, en partie à deux coulombes. Comm. : *et je frère Jehan.* Fin : *item ceste.* — 5 s. — A 735. B 738. D 667. E 694. F 624.

790. Un petit livret plat, en latin, nommé Bestiaire figuré, que feu[1] messire Giles Malet donna au Roy, en latin, de lettre de forme, à deux coulombes. Comm. : *degeneres partus.* Fin : *purus natura.* Couvert de cuir à ung fermoir de laton. — 10 s. — A 801. B 804. D 595. E 623. F 565.

791. Un petit livret du Bestiaire, historié et rimé, escript de lettre de forme, en françois. Comm. : *a eles.* Fin : *sina hic.*

---

1. A et B : *que Gilet.*

Couvert de cuir rouge empraint, à ung fermoir de laton. — 10 s. — A 475. B 499. D 338. E 378. F 354.

792. Bestiaire et chançons en langaige picart, et Demandes et autres choses à point d'orgue, escript de lettre formée, à deux coulombes, en françois. Comm. : *tu es amez*. Fin : *trop desir à veoir*. A deux fermoirs d'argent, couvert de cuir rouge. — 2 l. — A 457. B 478. D 321. E 362. F 340.

***793**. Le Bestiaire Furnival, le Compost de la lune, l'Ymaige du monde, le Tournoiement Antecrist, avec pluseurs motez notez, partie en ryme et partie en prose, partie à deux coulombes et partie à une. Comm. : *un vendredi occit David*. Fin : *car larges*. Couvert de cuir rouge à cinq bouillons de cuivre et deux fermoirs d'argent. — 15 s. — D 901. E 205. F 179.

794. Le Bestiaire maistre Richart de Furnival, d'amours, le Compost de la lune, l'Ymage du monde, le Tournoiement Antecrist, que fist un moisne de Saint-Germain des Prez, avecques plusieurs chançons notéez[1]. — A 438. B 459.

A la Royne, 11 de novembre 1392. — A. C 107.

795. Un vieil livre de medecine, en latin, de menue lettre bastarde, à deux coulombes. Comm. : *ad omnes hii frons*. Fin : *et sunt de qua*. Couvert d'une pel de parchemin. — D 872. E 896. F 804.

796. Medecine, en un petit livre vermeil à ung fermoir de laton, couvert de cuir vermeil, en lettre de forme et en latin. Comm. : *subjugari (?)*. Fin : *omnia mitte*. — 2 l. — A 554. B 568. D 425. E 461. F 434.

797. Medecine, couvert de cuir rouge à ung fermoir de laton, escript de très mechant lettre grosse, en latin. Comm. : *habent duos*. Fin : *parte superiori*. — A 584. B 599. D 458. E 494. F 463.

798. Medecine, jadis couvert d'aiz, sans fermoirs, et de present couvert de cuir blanc, à deux fermoirs de laton, escript de très mauvaise lettre de forme. Comm. : *attrahando aerem*.

---

1. Cet article fait probablement double emploi avec le précédent. Le volume ainsi décrit devait offrir beaucoup d'analogie avec le ms. français 12469.

Fin : *in mortario.* — 1 s. — A 624. B 632. D 701. E 728.
F 655.

799. Ung livre de medecine, avecques pluseurs autres
choses, couvert de cuir rouge, escript en françois, de lettre de
forme. Comm. du texte : *a lever et ne convient*[1]. Fin du texte :
tuscie Alixandrie. A deux fermoirs de cuivre. — 16 s. —
A 68. B 69. D 40. E 39. F 28.

800. Ung livre de medecine, du Gouvernement des roys et
des princes, le livre des Sept Saiges de Romme, Lucidaire,
Vices et vertuz, les Dix commandemens de la loy, les Sept
sacremens, la Moralité des philozophes, Cirurgie pour oiseaux
de proye et pluseurs autres choses; escript de pluseurs mains,
en partie enluminé et l'autre non, en françois. Comm. du texte :
prent qui mettent[2]. Fin : *demain de l'an.* Couvert de cuir
blanc, à deux fermoirs de cuivre. — 4 l. — A 66. B 67. D 37.
E 38. F 27.

Le Roy l'a donné à maistre Pierre le Cirurgien[3], qui vint de
Montpellier, avec maistre Jehan le bon phisicien. — A.

801. Medecine et cirurgie, et cirurgie pour oyseaulx de
proye, partie de lettre courant et partie de lettre bastarde, en
françoiz et à deux coulombes. Comm. : *l'ordure en ist.* Fin :
de cire vierge. Couvert de cuir rouge à empraintes, et ii fermoirs de laton. — 12 s. — A 465. B 486. D 407. E 443. F 416.

802. Cirurgie et medecine pour oyseaulx, et cirurgie pour
gens, et autres choses, escript en françois, de lettre de forme,
à deux coulombes. Comm. : *ccion par volunté.* Fin : *le degasté.*
Couvert de cuir vert à deux fermoirs de laton. — 6 s. —
A 423. B 445. D 296. E 337. F 315.

803. Un petit livret de cirurgie et medecine en prose, escript
de lettre de forme, en françois. Comm. : *ou XXI.* Fin :
vomite. Couvert de veluyau rouge, à deux fermoirs de laton.
— 4 s. — A 430. B 452. D 303. E 344. F 322.

---

1. Suivant E et F, les premiers mots du second feuillet auraient été *et ne
vault mie.*

2. Suivant l'inventaire D, les premiers mots du second feuillet étaient : *de
ceulz et dirons.*

3. Voir plus loin les art. 828 et 829.

804. Cirurgie en françois, en prose, de mauvaise lettre de forme, à deux coulombes. Comm. : *une sole partie*. Et en la fin est un autre traictié de medecine en latin commençant ou deuxieme foillet : *Ypognistidos Ysopus*. Couvert d'aiz à deux petiz fermoirs de laton. — 16 s. — A 439. B 460. D 406. E 442. F 415.

***805**. Un gros livre court de medecine et cirurgie, contenant le traictié de la Pomme d'ambre, le petit Lenfrant, le grant Lenfrant, et pluseurs autres, escript de grosse lettre de forme, en françois, et à deux coulombes. Comm. : *cor. an^a. ɔ x sene mente*. Fin : *par oille nardim metez*. Couvert de cuir qui fut rouge, à quatre fermoirs de laton. — 1 l. 12 s. — D 900. E 204. F 178.

806. Ypocras, couvert de cuir blanc, à ung fermoir de laton, escript de lettre de forme, en latin. Comm. : *Utitur si vero*. Fin : *sepius artificera*. — 5 s. — A 613. B 624. D 464. E 500. F 467.

807. Tegny Galieni, les Amphorismes Ypocras, et alii, recouvert de cuir rouge, à deux fermoirs de laton, escript en latin de lettre de forme, à deux coulombes, et glose. Comm. : *recedit*. Fin : *quos dixit*. — 24 s. — A 808. B 811. D 610. E 637. F 574.

808. Un livre de medecine en latin, couvert de cuir rouge, sanz aiz, fermant à lasnières, nommé Albusberti (*sic*) Razis filii Zacharie, qui vint de maistre Jehan de Marigny, escript en latin, de menue lettre, à deux coulombes. Comm. du texte : *cerebrum et micha*. Fin : *et cotatur*. — A 817. B 820. D 588. E 616. F 559.

***809**. Un beau livre de medecine qui se appelle Canones Abohaaly, escript de bonne menue lettre de forme, en latin, à deux coulombes, en assez gros volume. Comm. : *Cap. XXVIII de causis*. Fin : *epergazel, id est perditis*. Et fu ledit livre maistre Gervaise Christien, comme il est escript en la fin dudit livre; couvert de cuir à empraintes, sans ais, fermant à iiii lasnières. — 15 l. — D 770. E 794. F 711.

810. Un livre d'Avicene complet, à iiii fermoirs d'argent, et couvert de soie blanche, et le donna au Roy maistre Gervaise Chrestien son premier phisicien. — A 799. B 802.

Le Roy l'a fait bailler à maistre Regnaut Freron. — A. C 157.

811. Commenta Haali et Galieni super Aphorismos, couvert de cuir vert, à deux fermoirs de laton, escript de lettre de forme, à deux coulombes. Comm. : *nam illud quod*. Fin : *virtus ejus*. — 12 s. — A 553. B 567. D 418. E 454. F 427.

812. Le livre de medecine que fist Helham, contenant xxv livres en deux volumes, très bien escript de lettre boulenoise, à deux coulombes, le premier volume contenant xii livres. Comm. du texte : *varios expellandi*. Fin : *morbum*. Et l'autre volume contenant xiii livres. Comm. : *humiditatem non dissolvunt*. Fin : *linga arietis*. Et sont touz les dits deux volumes couvers de taffetas jaune, chascun à iiii fermoirs d'argent, dorez, esmaillez des armes du roy de Jerusalem et de Secile, qui les dits deux volumes envoya pieça au roy de France. — 30 l. — D 762 et 763. E 786 et 787. F 704[1].

813. Almasorius translatus a magistro Giraldo Cremonensi, et alia plura, en cayers, et sont à present reliez entre deux aiz couvers de cuir blanc et deux fermoirs de laton, escript en latin, de menue lettre à deux colombes. Comm. : *receptacula*. Fin : *sahanet*. — 10 s. — A 717. B 722. D 632. E 659. F 591.

*****814**. Liber Almanzorii, liber avium et liber somniorum, escript en latin, de lettre boulenoise, partie à une coulombe et partie à deux. Comm. : *calidum et humidum*. Fin : *secundum racione cessionis*. Couvert de cuir rouge sanz aiz, à ii lasnières de mesmes. — 10 s. — D 817. E 841. F 754.

815. Diete Ysaac en latin, de lettre de forme, à deux coulombes. Comm. : *cibus enim multus*. Fin : *qz al'n artificialiter*. Couvert de cuir blanc à deux fermoirs de laton. — 5 s. — D 781. E 805. F 722.

816. Un livre de medecine, jadiz sans aiz, en latin, intitulé De febrium Ysaac, de maistre Jehan de Marregny, escript de menue lettre de forme, à deux coulombes. Comm. : *nisi dis-*

---

1. Ms. latin 6912 de la Bibliothèque nationale. — Voir la notice LXVIII des livres parvenus jusqu'à nous.

cretio. Fin : *stricte vel ample*. Et de present couvert de cuir blanc, à deux fermoirs de laton. — A 822. B 825. D 526. E 561. F 518.

817. Un livre en latin, jadiz couvert de deux aiz seulement, dont l'un estoit perdu à moitié, nommé Viaticus Constantini, qui vint de maistre Jehan de Marrigny, et de present est couvert de cuir blanc, à deux fermoirs rouges de laton. Comm. du texte : *igneis et*. Fin : *confectio accepit*. — 1 l. — A 811. B 814. D 522. E 557. F 514.

817 *bis*. Viaticus, couvert d'une vieille couverture de parchemin. Comm. : *fuit pro gratia*. — 12 d. — F 819.

*818. Un livre de medecine appellé Viatique, escript de menue lettre de forme, à deux coulombes. Comm. : *e vulnere propter*. Fin : *inde bibitur*. Et contient ledit livre le texte premier, et en la fin s'ensuit l'exposition, et est en petit volume, couvert de cuir blanc vieil, à un fermoir de laton. — 5 s. — D 793. E 817. F 733.

819. La Cirurgie de maistre Guigo[1], en un très gros livre court, bien escript, que donna au Roy monseigneur d'Anjou, escript de lettre de forme en françois, à deux coulombes[2]. Comm. du texte : *très pou des choses*. Fin : *à louer toutes les armes*. Couvert de cuir rouge empraint, à deux fermoirs de cuivre. — 5 l. — A 85. B 86. D 52. E 51. F 40.

820. La Cirurgie maistre Henry de Mondeville, jadis en cayers sanz aiz, et de present est couverte de cuir vermeil, à deux fermoirs de laton, escripte de grosse lettre de forme, en françois, à deux coulombes. Comm. : *des lieux utilitez*. Fin : *brun et à tes mains*. — 12 s. — A 393. B 414. D 391. E 428. F 403.

*821. La Cirurgie Henry de Mondeville, escripte de lettre de forme, à deux coulombes, historiée et figurée. Comm. :

---

1. Guí de Chauliac.

2. Cet article de l'inventaire a servi à un faussaire pour fabriquer une lettre que Charles V aurait écrite à Gilles Malet pour l'autoriser à prêter à Gervais Chrétien « le livre de cirurgie de notre frère le duc d'Anjou ». La fausseté de la lettre, qui est aujourd'hui à la bibliothèque de Nantes, a été démontrée dans une dissertation qui est à l'Appendice.

qui sont contenuz dedens. Fin : *avecques secheresse.* Couvert de cuir rouge à empraintes, à cinq bouillons et deux fermoirs de laton. — 2 l. — D 902. E 206. F 180.

822. Un cayer sanz aiz et couverture, nommé Amphorismi Johannis Damaceni, en latin, qui est de maistre Jehan de Marigny, sans fin et sans commencement, escript en latin, à deux coulombes, de lettre de forme et glosé. Comm. : *et vere.* Fin : *temperatam dico.* — Nihil. — A 814. B 817. D 618. E 645. F 581.

***823.** Johannes de Sancto Amando, en latin, de menue lettre de forme, à deux coulombes. Comm. : *sed ex impulsu.* Fin : *quedam in liquida.* Couvert de cuir noir, sans aiz, à queue. — 2 s. — D 868. E 892. F 800.

824. Un livre en latin, jadiz couvert d'ais seulement, et de present couvert de cuir blanc, à deux fermoirs de laton, nommé Tractatus magistri Johannis de Sancto Amando, escript de lettre bastarde, qui fu de Jehan de Marregny, à une coulombe. Comm. : *et formato.* Fin du texte : *sens est sed post.* — 5 s. — A 821. B 824. D 525. E 560. F 517.

825. Un livre jadiz sanz aiz et sanz couverture, de medecine, en latin, nommé Johannes de Sancto Amando, qui jadiz fu de maistre Jehan de Marrigny, escript de menue lettre bastarde, à deux coulombes, en parchemin. Comm. : *alter nominat.* Fin : *dia eufforbium.* De present couvert, entre deux ais, de cuir blanc, à deux fermoirs de laton. — 5 s. — A 816. B 819. D 673. E 700. F 630.

***826.** Breviarium Johannis filii Serapionis, escript de lettre de forme, en latin et à deux coulombes. Comm. : *corrumpat naturam.* Fin : *Surabeth id est staphea.* Couvert de cuir blanc tout neuf, à ıı fermoirs de laton. — 10 s. — D 818. E 842. F 755.

827. Un livre, jadiz couvert de rouge sanz aiz, nommé Ysagoge Johannicii Ategny Galieni, et vint de maistre Jehan de Marrigny, escript de lettre de forme, en latin, à une coulombe. Comm. : *in modum.* Fin : *importat.* Et de present est couvert de cuir blanc, à deux fermoirs de laton. — 5 s. — A 824. B 827. D 527. E 562. F 519.

828. Un livre de Cirurgie, appellé Lanfiran, le petit et le grant, Trotole[1], Antidotaire Jhesu le filz Hally, des medecinez dez yex, en un petit volume et gros. — A 67. B 68.

Le Roy l'a donné à maistre Pierre le cirurgien, qui vint de Montpellier avecques maistre Jehan le bon phisicien. — A. C 28. — Voir l'article 829.

829. La Cirurgie maistre Pierre Fromont[2], bien escripte de lettre de forme, à deux histoires au commencement, en françois, à deux coulombes. Comm. : *comme entre toutes*. Fin : *cimini mastre*. Couvert de cuir rouge empraint, à ii fermoirs de laton. — 2 l. — A 406. B 427. D 282. E 323. F 301.

829 *bis*. Un livre en parchemin et couvert de parchemin, appellé Antidotoire. Comm. : *neque*. Fin : *XIII[a]*. — 4 s. — F 822.

·**830**. Antidotarium Nicholai, en latin, escript de lettre boulenoise, et à deux coulombes. Comm. : *lauri*. Fin : *in fo. accuta*. Couvert de cuir qui fut jaune, et jadis fu à queue, à deux fermoirs de laton et tissuz de fil. — 5 s. — D 815. E 839. F 752.

·**831**. Antidotarius Nicholai, escript de lettre bastarde[3], en latin, et à deux coulombes. Comm. : *pillarum octavier*. Fin : *unguentum*. Couvert de cuir blanc à cinq coquilles de laton, et iii fermoirs de laton à tixuz vers. — 4 s. — D 803. E 827. F 742.

832. Liber Platearii, qui se commence « Ego Nicholaus », escript de menue lettre bastarde, en latin et à deux coulombes. Comm. : *rat et ad omnia*. Fin : *nit ex factis*. Couvert de cuir blanc neuf à deux fermoirs de laton. — 5 s. — D 796. E 820. F 736.

833. Un Antidotaire qui se commence Ego Nicolaus, en ung livre couvert de cuir fauve, jadiz sans fermoir, et y a à pre-

---

1. *Tirtulle*. B.

2. Ce maitre Pierre Fromont, auteur d'un livre de chirurgie, serait-il le même que le chirurgien maitre Pierre, mentionné aux art. 800 et 828 comme étant venu de Montpellier avec Jean le Bon, physicien, et comme ayant reçu des livres de la librairie royale?

3. *De lettre de note*. E.

sent deux fermoirs de laton, escript en latin de grosse lettre de forme. Comm. du texte : *q. s. detur*. Fin : *mirte camedos.* — 10 s. — A 890. B 893. D 558. E 590. F 540.

834. Un livre en latin, sanz aiz, nommé liber Platearii de singulari et simplici medicina, de maistre Jehan de Marigny, escript en latin de menue lettre. Comm. : *prodest de ea.* — De petite valeur. — 12 d. — A 815. B 818. D 587. E 615. F 558.

835. Un livre couvert de vert, en latin, sanz aiz, fermant à lasnières et à noyaux jadiz, et est à present couvert de cuir blanc entre deux aiz, à deux fermoirs de laton, nommé Pratica Platearii, qui vint de maistre Jehan de Marrigny, escript en latin de lettre de forme, à deux coulombes. Comm. : *in primo.* Fin : *hameli.* — 10 s. — A 810. B 813. D 613. E 640. F 577.

836. Cirurgie Rogerini, en latin, de menue lettre de forme, à deux coulombes. Comm. : *dantur delicatis*. Fin : *sed eciam determinacionis.* Couvert de cuir blanc, à deux fermoirs de laton. — 10 s. — D 783. E 807. F 724.

836 *bis*. Un livre en parchemin, couvert de parchemin, nommé la Rogerine. Comm. : *sudor*. Fin : *in superioribus.* — 2 s. — F 825.

837. Agregaciones Serapionis, et Flebotomia magistri Hernauldi de Villanova, couvert d'ais et de cuir blanc, à deux fermoirs de laton, escript de lettre de forme, à trois coulombes en partie. Comm. : *lapago*. Fin : *et virtus et etas.* — 1 l. — A 809. B 812. D 592. E 620. F 562.

838. Medicina Trotula, domina mulierum, synonima et Rogerina, escript en latin, de lettre de forme, à deux coulombes. Comm. : *parcium post ea*. Fin : *sequitur post.* Couvert de cuir blant, à deux fermoirs de laton. — 6 l. — A 551. B 565. D 417. E 453. F 426.

***839**. Megategis[1], item Amandus super Antidotarium; item versus Egidii de pulsibus et urinis, et alia quedam, en parchemin, et en latin, de lettre de forme, et à deux coulombes.

---

1. Peut-être pour *Megategni*.

Comm. : *poteris de uno quoque.* Fin : *talis virtus in celo.* Couvert d'un cuir rouge empraint, sanz aiz, bien vieil, à une lasnière et pourry par dessoubz. — D 829. E 853. F 765.

840. Un livre jadiz sanz aiz, en latin, nommé Theorica Panthegny, qui vint de maistre Jehan de Marigny, escript de menue lettre de forme, à deux coulombes. Comm. : *in partes.* Fin : *vulve aperiens.* Et de present couvert de cuir blanc, à deux fermoirs de laton. — 2 s. — A 812. B 815. D 523. E 558. F 515.

841. Un livre couvert de vieilz parchemin, nommé Thesaurus pauperum, de maistre Jehan de Marigny, escript de lettre de forme, à deux coulombes, en parchemin. Comm. : *probatum est.* Fin : *capulligines.* — 2 s. — A 819. B 822. D 585. E 613. F 556.

842. Uñ très vieil livre couvert de cuir blanc, à deux aiz, intitulé : « Incipiunt diete universales », et est de medecine, et vint de maistre Jehan de Marigni, escript en prose, en latin, de menue lettre bastarde, à une coulombe. Comm. : *quosdem homines.* Fin : *humores.* Fermé d'un fermoir de cuir. — 1 s. — A 820. B 823. D 590. E 618. F 561.

***843.** Tacuinum sanitatis, de lettre de forme, à une coulombe, et en latin. Comm. : *in octava.* Fin : *ta diversa cibaria.* Couvert de cuir tanné, à ii fermoirs de laton. — 12 s. — D 773. E 797. F 714[1].

844. Tacuin en un grant livre plat, à deux fermoirs de cuivre, couvert de cuir rouge, escript de lettre de fourme, partie en françois et partie en latin. Comm. : *Dolore.* Fin : *le ventrail.* — 40 s. — A 76. B 77. D 44. E 43. F 32.

845. Tacuin, escript de lettre formée, en françois, en grant volume. Comm. : *et se elle est.* Fin : *est sanguine.* Couvert de cuir vert, à deux fermoirs de laton. — A 316. B 337. D 209. E 251.

***846.** Le livre de la garde du corps, de la manière de faire

---

1. **Ms. latin 6977 de la Bibliothèque nationale. — Voir la notice LXIX des livres parvenus jusqu'à nous.**

emplâtres, de la nature des pierres, le livre Teche et pluseurs autres bonnes choses declairées ou dernier fueillet du livre, très bien escript de lettre de forme, en françois, et à deux coulombes. Comm. : *le XIX, comment l'en doit garder*. Fin : *penser avenroit*. Couvert de cuir qui fu rouge, à deux fermoirs de laton. — 2 l. — D 920. E 224. F 197.

847. Un livre de medecine, couvert de vert, fermant à lasnières, nommé Liber de differencia spiritus et anime[1], qui fu de maistre Jehan de Marigny, escript en latin, de menue lettre bastarde, à deux coulombes. Comm. : *Cerebri media (?)*. Fin : *a certaines tables d'algorisme*. — 1 s. — A 818. B 821. D 589. E 617. F 560.

848. Un cayer en parchemin, en latin, nommé Ars generalis ultima, sans aiz et couverture, excepté de parchemin, qui est de maistre Jehan de Marigny, escript de meschant lettre. Comm. : *magna etc*. Fin : *unum celum*. — A 813. B 816. D 620. E 647.

849. Un très vieilz livre de medecine, couvert de cuir noir sanz aiz, intitulé Modus conficiendi, de maistre Jehan de Marregny; escript en latin, de menue lettre, à deux colombes. Comm. : *colate*. Fin : *quousque*. — 1 s. — A 823. B 826. D 623. E 650. F 584.

850. Item un petit livret en papier, nommé Novus tractatus, en latin, de maistre Jehan de Marigny, escript de meschant lettre. Comm. : *habent ad accipiendum*. Fin : *superioribus et passionibus*. — De petite valeur. — A 827. B 830. D 598. E 626.

**851*. Tractatus de urinis, Astronomia Ypocratis, Astronomia Aristotelis, et autres declairez ou premier fueillet, escript de lettre de forme, en latin, à deux coulombes. Comm. : *venas testiculos*. Fin : *quem (?) modum dedit*. Couvert de cuir qui fu rouge, à un fermoir de laton. — D 774. E 798. F 715.

---

1. Traité de Constantin l'Africain, traduit par Jean de Séville, dont il y a la copie dans plusieurs exemplaires du *Liber Floridus* du chanoine Lambert. Voir le t. XXXVIII des *Notices et extraits des manuscrits*.

852. Le traitié de l'espidimie[1], *en prose*, en un caier couvert de cuir sans aiz. — A 482.

Le Roy l'a prins pour la mortalité. — A. C 111.

852 *bis*. Un livre en papier : Aliqua notabilia. couvert de parchemin. Comm. : *prima*. — 12 d. — F 820.

852 *ter*. Un livre en papier, couvert de parchemin, nommé Ars magisterii. Comm. : *ba*. — IIII s. — F 821.

*__**853**__. Condiciones agrorum per totam Ytaliam, et y a pluseurs figures, escript en latin, de très anciennes lettres par diptongues[2]. Comm. : *de municipiis itaque*. Fin : *acte sunt*. Sanz couverture. — 10 s. — D 850. E 874. F 783.

854. Rusticanus de Agricultura, couvert de soie à queue et fermoirs d'argent esmailliez. — A 235. B 239.

A mons. d'Anjou, 7 d'octobre 1380. — A. B. C 168.

*__**855**__. Un livre Ruralium commodorum, que l'en dit Rusticanus, en latin, de lettre de note, à deux coulombes. Comm. : *de malis*. Fin : *lupinus impingandi*. Couvert de cuir rouge plain, à II fermoirs de laton. — 4 l. — D 757. E 781. F 699.

856. Vegèce, de Chevalerie, couvert de drap d'or, très bien escript et bien enluminé, de la translation maistre Jehan de Meum, comme il est escript en la fin du dit livre, de grosse lettre de forme, à deux coulombes. Comm. : *comment l'en doit*. Fin, en rouge lettre : *primo Jehan contes d'Eu*. A cinq bouillons et deux petiz fermoirs de cuivre. — 2 l. — A 137. B 138. D 161. E 157. F 138[3].

---

1. Sans doute l'opuscule dont il y a une copie à la fin du ms. français 12323. sous le titre suivant : « Le traictié que les maistres de medicine et les astronomiens de Paris firent de la pestilence que fisique apelle epydimie, en l'an de l'incarnation Nostre Seigneur M CCC XLVIII; » — ou peut-être encore l'opuscule composé en 1365 par maitre Jean de Bourgogne, surnommé à la Barbe. professeur en médecine et citoyen de Liège, qui était copié à la fin d'un exemplaire des *Voyages de Mandeville* possédé par Charles V. Voir plus loin l'article 877.

2. Ancien manuscrit du recueil de traités d'arpentage connu sous le titre de *Gromatici veteres*.

3. Ms. du Musée britannique. 20. B. I. — Voir la notice LXX des livres parvenus jusqu'à nous.

857. Vegèce de Chevallerie, en prose, en aiz. — A 119. B 120.

Baillé à mons. d'Anjou, 22 de novembre 1380. — A. C 41.

858. Vegèce, de Chevalerie, couvert de drap d'or, à deux petiz fermoirs d'argent doré, escript de lettre formée, en françois, à deux coulombes. Comm. du texte : *très grant chaleur.* Fin : *l'en se tiengne corbe.* — 32 s. — A 132. B 133. D 84. E 82. F 69.

859. Vegèce, de Chevalerie, en prose, très bien escript, couvert de veluyau celestin, à deux fermoirs d'argent des armes d'Auceurre, en françois, de lettre formée, à deux coulombes. Comm. : *rigne en.* Fin : *as devant.* — 2 l. — A 175. B 175. D 115. E 113. F 96.

860. Vegèce, de Chevalerie, couvert de cuir blanc, escript de lettre formée, en françois. Comm. : *ges est apris d'armes.* Fin : *voiles soient.* A deux fermoirs de cuivre. — 12 s. — A 258. B 269. D 154. E 150. F 131.

861. Vegèce, de Chevalerie, en un cayer couvert de parchemin, escript en françois, de lettre formée, à deux coulombes. Comm. : *la pure verité.* Fin : *mez mez engins.* — 16 s. — A 398. B 419. D 276. E 317. F 297.

862. Vegèce, de Chevalerie, bien escript, de lettre de forme, en françois, à deux coulombes. Comm. du texte : *autres mes non.* Fin : *avons traittié.* Couvert de cuir rouge, à deux fermoirs de laton. — 16 s. — A 447. B 468. D 316. E 357. F 335.

863. Vegèce, de chevalerie, en françois, très bien historié et enluminé, escript de lettre de forme, à deux coulombes. Comm. : *vostre en françois selon ce.* Fin : *en aguetz entour,* et est signé CHARLES, couvert de cuir rouge empraint, et à boullons et fermoirs de laton. — 2 l. — A 458. B 479. D 395. E 432. F 406.

864. Vegesse, de Chevallerie, en prose. — A 462. B 483. Au conte de Salebruche[1]. — A. C 109.

---

1. Le 16 septembre 1380, Charles V désigna comme un de ses exécuteurs testamentaires « Jehan, conte de Sarrebruche, notre cousin, boutillier de France ». *Mandements de Charles V*, p. 949, n° 1956. — Le comte Jean de Sarrebruck est souvent mentionné dans les *Mandements de Charles V.*

865. Un livret couvert de cuir rouge empraint, nommé Vegèce, de chevalerie, à deux fermoirs de laton, escript de lettre de forme, en françois. Comm. : *droit nombre*. Fin : *blance de mille*. — 1 l. — A 511. B 534. D 364. E 403. F 378.

866. Julian Frontin, en cayers de papier, couvert de parchemin, escript de lettre de note, en latin, à une coulombe, et est enluminé de rouge par les chappitres. Comm. : *triduo ante quam parthus*. Fin : *Crassus bello sociali*. — 6 s. — A 793. B 796. D 721. E 748. F 670.

Frère Morice[1] l'a. — A.

867. Les Eschés, le jeu figuré et escript de lettre de forme, en françois, à une coulombe seulement. Comm. : *li blant traiait*. Fin : *ceste pasture*. Couvert de cuir blanc sanz emprainte, à ii fermoirs de cuivre. — 1 l. — A 367. B 388. D 253. E 294. F 274[2].

868. Le jeu des eschez figuré ainsy qu'on doit jouer, en ung petit livret, escript de lettre de forme, en françois. Comm. : *li blanc*. Fin : *li blanc*. Couvert de cuir vert, à ii fermoirs de laton. — 5 s. — A 468. B 489. D 330. E 371. F 349.

869. Les Eschez touz figurez et la manière de y jouer, couvert de cuir rouge à bouillons et deux fermoirs de laton, escript de lettre de forme, en latin. Comm. : *aurei primo*. Fin : *adhibei primo*. — 4 l. — A 607. B 620. D 448. E 484. F 454.

870. Le Jeu qui se fait par le jeu des dez, bien historié et bien escript, de lettre de forme, en françois, à une coulombe. Comm. : *laisse ceste bataille*. Fin : *tes cuers*. Couvert de cuir rouge, à deux fermoirs de cuivre. — 1 l. — A 370. B 391. D 255. E 296. F 276.

871. Les Provinces du monde[3], en un petit cayer couvert de parchemin, escript de lettre courant, à une coulombe. Comm. : *sancti Laurencii*. Fin : *Reges christiani*. — A 791. B 794. D 524. E 559. F 516.

---

1. Frère Maurice de Coulanges. Voir la note ajoutée à l'art. 469.

2. Peut-être le n° 1999 du fonds français. — Voir la notice LXXI des livres parvenus jusqu'à nous.

3. Petit traité dont il y a une belle copie, venant de la librairie du duc de Berri, dans le ms. français 12201, fol. 67-82.

872. Messire Marc Paul, qui parle de plusieurs seigneurs et pays, où ly et ses deux frères furent, et par especial parle du grant Caan. — A 97. B 98.

Donné à mons. d'Orleenz. — A. C 36.

873. Marcus Paulus, en ung cayer de parchemin, escript de lettre formée, en françois, à deux coulombes. Comm. : *deux freres prescheurs*. Fin : *que sa arrieres*. — 10 s. — A 396. B 417. D 275. E 316. F 295.

874. Marcus Paulus, couvert de drap d'or, bien escript et enluminé, de lettre de forme, en françois et à deux coulombes. Comm. : *il fut roys*. Fin : *proprement*. A ii fermoirs de laton. — 15 s. — A 446. B 467. D 315. E 356. F 334.

875. Marcus Paulus, non enluminé, escript en françois, de lettre de forme. Comm. : *vocata moult grant*. Fin : *ilec dist il*. Couvert de cuir blanc, à deux fermoirs de laton. — 12 s. — A 450. B 471. D 317. E 358. F 336[1].

876. Un livre couvert de drap d'or nommé Marc Paul. — B 537.

877. Messire Guillaume de Maneville, qui parle d'une partie des merveilles du monde et des pays, couvert de veluyau ynde, et le donna au Roy maistre Gervaise Chrestien, son premier fisicien[2]. — A 131. B 132.

Le Roy l'a prins 20 de novembre 1392. — A. C 42.

*878. Une partie du livre de Mandeville, escript de lettre de forme, à une coulombe, en cayers, couverts de parchemin. Comm. : *que son saint corps*. Fin : *chieres années*. — 1 s. — D 911. E 215. F 188.

879. Une quarte de mer en tableaux, faicte par manière de unes tables, painte et historiée, figurée et escripte et fermant

---

1. Ms. de la bibliothèque de Stockholm, publié en phototypie par Nordenskiold. — Voir la notice LXXII des livres parvenus jusqu'à nous.

2. Ce beau manuscrit était encore intact dans les collections de la Bibliothèque royale, il y a environ soixante-dix ans, quand il fut volé, mutilé et morcelé pour entrer dans le cabinet de Barrois. Ce qui en subsiste a formé les deux volumes qui portent aujourd'hui les n°⁸ 4515 et 4516 dans le fonds français des Nouvelles acquisitions. — Voir la notice LXXIII des livres parvenus jusqu'à nous.

à quatre fermoirs de cuivre, laquelle quarte contient six grans fueillez qui sont de bois, sur lesquelz fueillez est colé le parchemin, ouquel sont faictes les dictes figures, couvert de cuir blanc, à deux rondeaux ouvrez[1]. — 4 l. — A 200. B 200. D 132. E 129. F 112.

880. Le premier livre de Vincent, dit le Miroir historial, en françois, et en un volume escript à deux coulombes, de lettre de forme. Comm. : *sies de l'eglise*. Fin : *et après ce*. Couvert de cuir rouge, à deux fermoirs de cuivre.

Le IIe livre du dit Miroir historial, en françois et en volume escript comme cellui dessus. Comm. du texte : *et abatre du tout*. Fin : *doctrine du vieillart*. Couvert de cuir vermeil empraint, à quatre fermoirs de cuivre.

Le IIIe livre du dit Miroir historial, en un volume et en françois, escript comme cellui dessus. Comm. : *desconfirent les Aleins*. Fin : *honnestement*. Couvert de cuir vermeil, empraint, à deux fermoirs de fer.

Le IIIIe livre du dit Miroir historial, en un volume et en françois, escript comme cellui dessus. Comm. : *tondi on les chies*. Fin : *les autres emblent*. Couvert de cuir vermeil, empraint, à deux fermoirs de fer. — A 17-20. B 17-20. D 4-7. E 4-7[2].

(Note ajoutée dans l'inventaire E :) Memoire que, avant ce que le present inventoire feust fait, monseigneur duc de Guienne manda maistre Jehan Maulin et moy, qui avions chascun une clef de la dicte librairie, et nous fist bailler à mons. de Bavière[3] ces quatre volumes de Vincent. LE BÈGUE. — Soient recouvrez.

---

1. Ce sont les cartes catalanes, n° 30 du fonds espagnol, dont il existe une reproduction lithographiée dans les *Notices et extraits des manuscrits* (t. XIV), et une reproduction héliogravée, dans le fascicule intitulé : *Choix de documents géographiques conservés à la Bibliothèque nationale* (Paris, 1883, gr. in-fol.). — Voir la notice LXXIV des livres parvenus jusqu'à nous.

2. Ces quatre volumes reçurent en 1377 ou 1378, pour être mieux protégés, de riches chemises dont l'étoffe ne coûta pas moins de 52 francs. Voir dans l'Appendice un mandement du roi, du 23 novembre 1377, et une quittance du 22 avril 1378. — Le premier volume est conservé à la bibliothèque de Leyde (cod. Vossianus, gall., fol. 3 A); le second est à la bibliothèque de l'Arsenal, n° 5080. — Voir la notice LXXVI-LXXVII des livres parvenus jusqu'à nous.

3. Louis, duc en Bavière, frère de la reine Isabeau.

881. Un Livre de Vincent en trois volumez couvers de soie à queue et très bien hystoriez, chascun à quatre fermoirs esmaillez. — A 234. B 237.

A mons. d'Anjou, 7 d'octobre 1380. — A. B. C 66.

882. Le premier volume du Miroir historial, en prose, tanslaté en françois par frère Jehan de Vignay, escript de grosse lettre de forme, à deux coulombes, et n'est point achevé de enluminer. Comm. : *Vincent le fit*. Fin : *et aucuns parfirent*. Couvert de cuir rouge à empraintes, à quatre fermoirs de laton.

Le second volume du dit Miroir historial, escript de lettre de forme, à deux coulombes, bien escript et historié, de la translacion du dit de Vignay. Comm. : *quant Gayus qui estoit*. Fin : *de ce me met je plus en jeune*.

La quarte partie du dit Miroir historial, de la translacion [du] devant dit, commençant au XXV° livre et finissant au XXXII° et dernier livre, bien escript et historié, de lettre de forme, à ii coulombes. Comm. du texte : *estancellans comme escharbocle*. Fin : *ne sera entre les presidens*. Couvert de cuir rouge à empraintes et iiii fermoirs de laton. Les trois volumes estimés 60 l. — A 294, 295, 297. B 315, 316, 318. D 384-386. E 421-423. F 396-398.

883. Le quart volume du Miroir historial en prose, bien historié et enluminé, de très bonne lettre de forme, à deux coulombes. Comm. après les rubriches : *tost à une seule main*. Fin : *ble haulte puissance*. Et est signé du roy JEHAN, couvert de cuir rouge empraint à bouillons et iiii fermoirs de laton. — 24 s. p. — D 403. E 440. F 414. — C'est à ce volume que paraissent se rapporter les articles 296 de l'inventaire A et 317 de l'inventaire B : « Le Tiers volume du Miroir historial; » indication fautive, comme nous en avertit une note insérée dans l'inventaire A : « Il n'y a point de III°; mais il en a un quart volume en lieu. »

884. Le premier volume du Miroir historial dit Vincent, en ung volume et en françois, bien historié et bien escript de lettre de forme, à deux coulombes. Comm. : *c'est-à-dire des philosophes*. Fin : *que il se cessast*. Couvert de cuir vermeil empraint, à deux fermoirs de fer. — A 24. B 24. D 10. E 10.

885. Unes Croniques faisans mencion du temps que il a que les papes, les empereurs et les roys de France commencèrent à regner chascun en son siège, et combien chascun y a regné, et des faiz notables, ou de la plus grant partie, qui au temps de chascun d'eulz est advenue, nommées Martinienne, couvertes de soie, à deux fermoirs d'argent esmaillez aus armes de France, escriptes de lettre de forme en françois, à deux coulombes. Comm. : *Loys conte d'Estampes*. Fin : *en celluy lieu*. — 8 l. — A 64. B 65. D 36. E 35. F 24[1].

886. Unes Croniques faisans mencion combien il a que les papes, les empereurs de Romme et les roys de France commencèrent à regner chascun en son siège, et le temps de chascun, et des faiz notables, ou de la plus grant partie, qui ou temps de chascun d'eulz sont advenuz, jusques au temps de pape Jehan derrenier trespassé XXIIe de ce nom ; couvert de cuir rouge à empraintes, escript en françois de lettre de forme, à deux coulombes et deux fermoirs de cuivre. Comm. : *et nourrie*. Fin : *ez lettres apostoliques*. — 2 l. — A 78. B 79. D 46. E 45. F 34.

887. Unes Croniques des papes, empereurs de Romme et roys de France, faisans mencion combien chascun d'eulz a regné, et partie des faiz notables qui en leurs temps sont avenuz, couvertes de cuir rouge à empraintes, de lettre de forme, en françois, à deux coulombes. Comm. : *puet estre intitulé*. Fin : *prins en Gascoigne*[2]. A deux fermoirs de cuivre. — 2 l. 10 s. — A 81. B 82. D 49. E 48. F 37[3].

888. Les ans de la nativité Nostre-Seigneur Jhesu-Crist, puis Adam, de l'aage du monde, et aussy des papes, empereurs et roys de France, paint, historié et escript selon un abre, en parchemin ployé par manière d'unes tables. — A 486. B 509. D 347. E 387. F 362.

---

1. Ms. du Vatican, n° 697 du fonds de la Reine. — Voir la notice LXXIX des livres parvenus jusqu'à nous.

2. Traduction de la Chronique de Bernard Gui, ms. 1409 du fonds français des Nouvelles acquisitions.

3. Bibliothèque nationale, ms. français 1409 des Nouvelles acquisitions. — Voir la notice LXXVIII des livres parvenus jusqu'à nous.

889. Unes Croniques des papes et empereurs et roys, abrégées, jusques au pape Jehan, escript de lettre formée, en françois, à deux coulombes. Comm. : *le catalogue*. Fin : *dame morut*. Couvert de cuir, à deux fermoirs de laton. — 2 l. — A 517. B 541. D 381. E 418. F 393[1].

890. Unes petites croniques abrégées sur Vincent, en prose, bien escriptes, faisans mencion des papes, empereurs et roys de France jusques à l'an mil CCC XLII, escriptes en françois, de lettre de forme, à deux coulombes. Comm. : *fut faicte*. Fin : *encontre lequel*. Couvert de cuir, à ıı fermoirs de laton. — 1 l. — A 357. B 378. D 370. E 408. F 383.

891. Josephus, en deux très grans volumes, couvers de cuir blanc à queue courte, chascun garniz de deux fermoirs de laton, escript en latin de lettre de forme, à deux coulombes, le premier volume commençant ou ıı[e] foillet : *processerit*, et ou derrenier : *commutant que*. Et le second volume commençant ou second foillet : *inter eos*, et ou derrenier : *si perpeti patres*. — 24 l. — A 869. B 871. D 566 et 567. E 598 et 599. F 544 et 545.

*__892__. Josephus, de l'Ancienneté des Juifs, escript en françois, de lettre de note toute neufve, à deux coulombes et bien enluminé. Comm. : *entre nous hommes*. Fin : *dis et moult impetueusement*. Signé en la fin d'ARSONVAL. Couvert de veluyau asuré, à deux fermoirs de cuivre et bouillons de cuivre dorez. — 24 l. — A 912. D 923. E 901. F 199[2].

893. Judas Machabeus, la Passion Nostre-Seigneur, la Vie des Pères, comment on doit amer Dieu. Les Regrez en croiz à la Croix, de la terre de prestre Jehan, sermons et autres chosez de devocion. — A 340. B 361.

Au senescal d'Eu[3], le derrenier de decembre 1397. — A. C 100.

*__894__. Ecclesiastica historia, en bien petit volume, couvert

---

1. Ms. français 19477 de la Bibliothèque nationale.
2. Envoyé au Louvre, en janvier 1409 (v. st.), par le duc de Guyenne. A.
3. Jean le Sénéchal, sénéchal d'Eu, est mentionné dans les *Mandements de Charles V*, n°s 951, 1007, 1147 et 1155.

de cuir blanc tout neuf, à un fermoir de laton, escript de
menue lettre bastarde, en latin, et à une coulombe. Comm. :
Valentinus. Fin : *rum que compositum*. — 10 s. — D 833.
E 857. F 769.

895. Un livre en parchemin contenant la forme d'aucunes
lettres sur la convocation du conseil général, sur la destruction
des Templiers, sur le passaige particulier fait par les maistres
de l'Ospital et sur pluseurs autres choses de court de Romme,
escript de menue lettre de court de Romme, à une coulombe.
Comm. : *indubitatam*. Fin : *dicta coherceat*. Couvert d'une
pel de parchemin. — 5 s. — D 843. E 867. F 777.

896. Collationes Patrum, de cuir blanc à queue, à deux
fermoirs et bouillons, escript en latin de lettre de forme.
Comm. : *cum in cenobio*. Fin : *regnum enim celorum*. — 8 l.
— A 577. B 592. D 435. E 471. F 442.

897. Collationes Patrum, en ung livre jadiz couvert de
cuir fauve à queue, et de present recouvert de cuir blanc, à
deux fermoirs de laton, escript en latin de lettre de forme, à
deux coulombes. Comm. : *origines et causas*. Fin : *propter
ne totum*. Et contient au commencement le livre de institutis
cenobiorum editus a beato Cassiano, Maciliensi abbate, ouquel
livre pend une chaene de fer. — 40 s. — A 891. B 894. D 676.
E 703. F 633.

898. Collationes Patrum, id est Cassian, couvert de cuir
blanc, à deux fermoirs de laton, escript de lettre de forme, à
deux coulombes. Comm. : *posseremus*. Fin : *et ipse*. — 30 s.
— A 563. B 578. D 420. E 456. F 429.

899. Cassien, id est Collaciones Patrum, lequel traitte par
semblable manière comme la Vie dez sains Pèrez hermittez, et
le translata du commendement du Roy frère Jehan Goulain, et
est couvert de soye. — A 171. B 172.

Baillé à mons. d'Anjou, 7 d'octobre 1380. — A. C 47.

Baillé à mons. d'Anjou en prest du commandement du Roy[1].
— B.

---

1. C'est à tort que Paulin Paris (*Les Manuscrits françois*, t. II, p. 57) a considéré comme répondant à cet article de l'inventaire le ms. français 175, qui
est postérieur à l'époque de Charles V.

900. La Vie des Pères, à deux fermoirs de laton, couverte de cuir rouge empraint, escripte de lettre de forme, en latin, à deux coulombes. Comm. : *nescio quid*. Fin : *animarum est.* — 8 l. — A 532. B 551. D 410. E 446. F 419.

901. La Vie des Pères, rymée, très vieil, en françois, escripte de lettre formée, à deux coulombes. Comm. : *ravoie et*. Fin : *ces fautes vous*. Couvert de cuir à ung fermoir de laton. — 10 s. — A 355. B 376. D 242. E 283. F 263.

902. La Vie des Pères, très vieil, rimé, escript en françois, de lettre de forme, à deux coulombes. Comm. : *que vous iroye*. Fin : *et tuit alardoit*. Couvert de cuir rouge, à ii fermoirs de laton. — 10 s. — A 440. B 461. D 309. E 350. F 328.

903. La Vie des Pères, rimée, couverte de cuir blanc, de petite value, dudit Jaques [de Rue][1] escripte en françois, de lettre de forme, à deux coulombes. Comm. : *li dist sire*. Fin : *qui savoe*. A un fermoir de laton. — 10 s. — A 495. B 519. D 354. E 394. F 369.

904. Un très grant livre de la Vie des Pères et des Miracles Nostre Dame, bien enluminé et bien escript, de lettre de forme, à trois coulombes. Comm. du texte : *et que il signifie*. Fin : *un pain plus blanc*[2]. Couvert de cuir blanc, à deux fermoirs de cuivre. — 16 l. — A 31. B 31. D 17. E 16. F 7.

905. Un Livre de la Vie dez Pères rymé, et aveques la Vie de Sains comme Legende dorée en prose, bien escript, en iii coulombez, bien historié et en très grant volume. — A 34. B 34.

Baillé par le Roy le 30 aoust 1405 à madame de Guienne[3] et madame Michele[4]. — C 16.

906. Un livre à une chemise blanche de soie, nommé la Vie des Pères, à ii fermoirs d'argent, donné au Roy par Gilet. — A 202. B 215.

---

1. Secrétaire du roi de Navarre, qui fut exécuté en 1378.
2. *Cet deux nons*, suivant E.
3. Marguerite de Bourgogne, femme du dauphin Louis, duc de Guyenne.
4. Michelle, fille de Charles VI, femme de Philippe le Bon, qui devint duc de Bourgogne.

A mons. d'Anjou, ce 7ᵉ jour [d'octobre 1380]. — A. B. C 55.

907. Une Legende dorée, en latin, couverte de cuir rouge, à deux fermoirs de cuivre, escript de lettre formée, à deux coulombes. Comm. du texte : *cunt*. Fin : *lacrimarum interiorium* (sic). — 4 l. — A 213. B 212. D 140. E 137. F 120.

908. Une Legende dorée, couverte de drap d'or, bien ystoriée. — A 239. B 243.

Le Roy la print 23ᵉ de septembre 1392. — A. C 70.

909. Une Legende dorée, couverte de soie ynde à queue, à ii fermoirs, et y sont toutez lez Viez dez Sains selon Vincent, donnée au Roy par Gilet. — A 240. B 244.

Au sire de Gonaut, 28 de jenvier 1381 (v. st.). — A. C 71.

910. Une Legende dorée, en menue lettre de forme et petit volume, couvert de cuir blanc, à deux fermoirs de soie et de cuir, en latin et à deux coulombes. Comm. du texte : *severe justicie*. Fin : *afficitur considerando*. — A 581. B 596. D 427. E 463.

911. Une Legende dorée, en un petit volume quarré, couvert de cuir très rouge, à un fermoir de laton, escript en latin, de menue lettre. Comm. : *et libere*. Fin : *et hoc*. — 2 l. — A 884. B 887. D 555. E 587. F 538.

912. Une Legende dorée en françois et en un volume de grosse lettre. — A 22. B 22.

A madame de Bourgongne[1], 14 d'octobre 1381. — A. C 13.

913. Partie d'une Legende dorée, qui se commence au mariage Nostre Dame, et après la passion Nostre Seigneur, Vie de pluseurs sains, les xv Signes en prose, en un grox volume, escript à deux coulombes de lettre de forme, en françois, couvert de cuir rouge à empraintes. Comm. : *messe a l'ange*. Fin : *moigne Job*. A deux fermoirs de cuivre. — 3 l. — A 86. B 87. D 53. E 52. F 41.

914. Trois grans volumes en latin, où sont toutes Vies de sains, lesquelz vindrent des Jacobins de Venise, desquelz le Roy les acheta, et les fist venir Fredric Cornier, touz escripts

---

1. Marguerite de Flandre, femme du duc Philippe le Hardi.

de lettre boulenoise de forme, et à deux coulombes, c'est assavoir : le premier commençant ou ii⁰ foillet du texte *ab imperfecto*, et ou derrenier du texte *cum illis*. Couvert de cuir blanc, à deux fermoirs de laton.

Le second volume. Comm. : *titur unum membrum*. Fin : *omne conferret*. Couvert et fermant comme dessus.

Le tiers. Comm. : *qui primo ceciderent*. Fin : *puellarum sanctarum*. Couvert et fermant comme dessus. — 40 l. les trois volumes. — A 800. B 803. D 516-518. E 551-553. F 508-510.

*915. Vita sanctorum, escript de lettre très ancienne, en latin, et à une coulombe. Comm. : *animis velud*. Fin : *preces domine*. Couvert de cuir blanc vieil, et ung fermoir de laton. — 2 s. — D 795. E 819. F 735.

916. La Passion et resurreccion de Jhesu Crist, Viez de plusieurs sains en prose, très bien escript, et es margez les armez de Chambly. — A 306. B 327.

A madame de Bar[1], 26ᵉ de fevrier 1392 (v. st.). — A. C 99.

917. La Vie saint Anthoine, en ung livre couvert de cuir vermeil, à deux fermoirs de laton, et y en souloit avoir quatre, avecques les Proverbes Salmon, Ecclesiastiques, la Prophecie de la royne Sibile, historié, escript de lettre de forme, en latin. Comm. : *promere clamosos*. Fin : *jam et cantu*. — 3 l. — A 547. B 561. D 416. E 452. F 425.

918. La Vie sainte Bautheult, jadiz royne de France, très bien escripte, en parchemin, de lettre de forme, en latin, et à deux coulombes. Comm. : *amor*. Fin : *erat autem*. En ung cayier couvert de parchemin. — 2 s. — A 786. B 789. D 520. E 555. F 512.

919. La Vie saint Blese, en françois et latin, en ung très petit livret. Comm. : *homines*. Fin : *digni*. Couvert de veluau vermeil, à deux petiz fermoirs de laton. — 2 s. — A 478. B 502. D 341. E 381. F 357.

920. La Vie sainte Crotilde[2], en latin, de lettre de note, couvert de soie, à deux fermoirs d'argent. — A 851. B 854.

---

1. Probablement Marie, sœur de Charles V, femme de Robert, duc de Bar.
2. *Brigide*. B.

En déficit. — C 170.

921. La Vie saint Denis, et la vie de quarante-six autres sains, bien historiez, à chemise de toille à queue, escript de lettre formée, en françois et latin. Comm. : *nobis ut mundi*. Fin : *donnant aus royaulx*. A deux fermoirs d'argent dorez. — A 154. B 155. D 100. E 98[1].

Enlevé vers 1414. — E 924.

922. La Vie saint Denis, avec autres cayers liez en parchemin, et y a autant latin comme françois, très bien escript et très parfaictement bien enluminé, et toutes les histoires, et souloit estre le livre couvert de parchemin[2], et n'est pas tout enluminé ne parfait, escript de lettre formée. Comm. du texte : *penitus debellare*. Fin : *mort en quel manière*. A deux fermoirs de laton. — 2 l. — A 167. B 167. D 110. E 108. F 91.

923. Un petit livre couvert de drap d'or, à deux petiz fermoirs d'argent dorez, où est la Vie saint Denis, bien historiée, escript en françois, à une coulombe, partie de lettre bastarde et partie de lettre de forme. Comm. : *science et sa doctrine*. Fin : *que les hommes*. — 1 l. — A 266. B 278. D 174. E 170. F 151.

924. Les Faiz[3] saint Denis de France, en ung petit livret, escript de lettre de forme, en françois. Comm. : *les yeulz aux pasteurs*. Fin : *et la memoire*. Couvert de cuir rouge empraint, à deux fermoirs de laton. — 12 s. — A 120. B 121. D 74. E 73. F 62.

925. La Vie saint Denis, en ung petit livret couvert de veluyau, en prose, bien escript, de lettre de forme, en françois. Comm. : *la doctrine*. Fin : *imitacione*. A II petiz fermoirs d'argent dorez. — A 469. B 490. D 331.

*****926**. La Vie saint Denis et de pluseurs autres sains, comme Legende dorée, escripte en françois, à deux coulombes, de

---

1. Ms. de la Bibliothèque nationale, relié en trois volumes, n°° 2090-2092 du fonds français. — Voir la notice LXXXV des livres parvenus jusqu'à nous.

2. La couverture primitive était *de soie, à une chemise blanche et fermoirs d'argent esmaillés de France*, suivant les inventaires A et B.

3. *La Vie*. B.

vieille lettre de forme. Comm. : *Divine poestez.* Fin : *rent a mon mest.* Couvert d'une chemise de toille à queue, à deux fermoirs de laton. — 1 l. — D 892. E 196. F 171.

927. Le livre du fait de la Passion saint Denis, des xi martirs, les ans de la nativité Nostre Seigneur, la Genealogie des papes, empereurs et roys de France, et les temps que ilz ont regné, et d'aucuns des faiz qui en leur temps sont advenuz, la Passion Nostre Seigneur, la Vie Nostre Dame, rimez, partie du Bestiaire en prose sanz commencement, autres notables en françois moralisez en latin, les vers Regnault de Dampmartin, rimez[1]; escript de lettre formée, à ii et à iii coulombes. Comm. : *que il vouloit.* Fin : *te si est celle.* Couvert de cuir à iiii fermoirs de laton. — 10 l. — A 331. B 352. D 240. E 281. F 261[2].

928. La Vie saint Eloy, saint Quentin, saint Julien, rymées, escriptes de lettre de forme, en françois. Comm. : *qu'il ne priassent.* Fin : *ly haut homme.* Couvert de cuir rouge empraint, à deux fermoirs de laton. — 10 s. — A 113. B 114. D 69. E 68. F 157.

929. La Vie saint Fiacre et le service noté, chançons notées et autres choses, bien escript de lettre de forme, à deux coulombes, en latin et en françois. Comm. : *tout pour voir.* Fin : *quam potens.* Couvert de cuir, à deux fermoirs de laton. — 12 s. — A 451. B 472. D 318. E 359. F 337.

*__930__. Vita beati Fursei, escripte en latin, de lettre de forme, à une coulombe, en la fin duquel a pluseurs hympnes et anthiennes notées[3]. Comm. : *secretariorum.* Fin : *ebdomada.* Couvert de cuir qui fut rouge, à ung fermoir de laton. — 2 s. — D 797. E 821. F 737.

---

1. Les inventaires A et B ajoutent ici : *la Patenostre exposée en prose.*

2. La première partie de ce volume, jusqu'à la Passion Nostre-Seigneur, exclusivement, forme aujourd'hui le ms. français 696. — Voir la notice LXXXIV des livres parvenus jusqu'à nous.

3. Le volume ainsi indiqué devait avoir beaucoup d'analogie avec le ms. 944 de l'Arsenal (Vie et miracles de saint Fursi, suivis d'hymnes et d'antiennes notées). L'exemplaire de l'Arsenal a dû être copié vers le milieu du xiii° siècle pour la Sainte-Chapelle. Une main du commencement du xiv° siècle a mis sur le dernier feuillet de garde : « Iste liber est domini regis, » et une autre

931. La Vie sainte Genevièvre en latin et rimée, et le service noté, et y a près de la moitié du livre en françois, rimé, en petit volume, escript de lettre de forme. Comm. : *adhuc vivente*. Fin : *qu'en doit faire*. Couvert de cuir, à deux fermoirs de laton[1]. — 6 s. — A 433. B 455. D 306. E 347. F 325.

932. Un petit livre en françois, couvert de cuir rouge empraint, à ɪɪ fermoirs d'argent, de la Vie saincte Geneviève, venu de la Royne, escript de lettre formée en françois. Comm. : *comme femme qui estoit*. Fin : *ardans si les mist*. — 1 l. — A 217. B 220. D 143. E 140. F 123.

933. La Vie saint Jaques et vies d'autres sains, comment Salladin print Hue de Tabarie, la Passion Jhesu Crist, en langaige picart, escript en lettre de forme, à deux coulombes. Comm. : *en son couraige*. Fin : *par nous de la*. Couvert d'une chemise de toillè blanche, à deux fermoirs d'argent dorez et dix cloux d'argent blanc. — 4 l. — A 163. B 164. D 107. E 105. F 88.

*****934**. Vita sancti Lamberti episcopi, bien escript de lettre de forme, à une coulombe, et y a pluseurs anthenes et respons notez, en ung petit livre couvert de parchemin, escript de lettre de forme. Comm. : *bus virorum*. Fin : *et qui non bajulat*. — 4 s. — D 841. E 865. F 782[2].

935. Une grant partie de la Vie et des faiz de monseigneur saint Loys, que fist faire le seigneur de Jainville, très bien escripte et historiée; couvert de cuir rouge à empraintes, à deux fermoirs d'argent, escript de lettre de forme, en françois, à deux coulombes. Comm. : *et pour ce que*. Fin : *en tele manière*. — 1 l. — A 77. B 78. D 45. E 44. F 33.

936. La Vie saint Loys, roy de France, et le fait de son voiage d'oultre mer, en prose[3]. — A 107. B 108.

main a ajouté : « Et volo quod reddatur thesaurario Capelle. » Le volume est recouvert d'une peau rouge estampée; au milieu des deux plats se voit la double empreinte d'un sceau sur lequel est figuré un lion passant avec la légende : « Johan de Villeperor. »

1. Ce volume devait ressembler beaucoup au ms. latin 5667. Voir *Catalogue des mss. des fonds Libri et Barrois*, p. 207-210.

2. Article omis dans l'édition de Douët d'Arcq; mais il existe sous la cote VIIͤ ɪɪɪɪˣˣ ɪɪɪɪ dans les mss. de la Mazarine et de Sainte-Geneviève,

3. Les mots *en prose* manquent dans A.

Le Roy l'a devers soy. — A. C 39.

937. La Vie saint Loys et ses miracles, couvert de drap d'or marramas, à deux fermoirs d'argent dorés, em prose et en françois, escript de lettre formée. Comm. : *ne sont à recorder*. Fin : *et par discucion*. — 24 s. — A 130. B 131. D 80. E 79.

938. La Vie saint Loys et ses miracles, couvert de soie, bien escript et enluminé, escripte de lettre formée en françois. Comm. : *de la beneureté*. Fin : *de dimenche*. A deux fermoirs d'argent dorez esmaillez. — 2 l. — A 144. B 145. D 92. E 90. F 76[1].

939. La Vie saint Loys, roy de France, et ses miracles, à une chemise de toille blanche, à deux fermoirs d'argent dorez, escript de lettre de forme, en françois, à deux coulombes. Comm. : *de avancierres*. Fin : *las qui lors*. — 1 l. — A 157. B 157. D 102. E 100. F 83.
Enlevé vers 1414. — E 925.

940. Un livre des Miracles et de la vie monseigneur saint Loys, roy de France, couvert de cuir vermeil empraint, à deux fermoirs d'argent, donné au Roy par Gilet, escript de lettre formée, en françois, à ıı coulombes. Comm. : *d'Alençon son filz*. Fin : *et neuf ou mois*. — 140. — A 205. B 202. D 134. E 131. F 114[2].

941. Un Livre couvert de veluyau vermeil, où est la Vie saint Lois, à deux fermoirs d'argent, aus armez du conte de Saint-Pol. — A 266. B 277.
Rendu au conte de Saint-Pol[3] par le commandement du Roy. — A. B. C 82.

*****942**. La Vie de saint Loys, roys de France, en françois, de lettre bastarde, et à deux coulombes. Comm. : *pour ce que li*

---

1. La vie de saint Louis par le confesseur de la reine Marguerite, Guillaume de Saint-Pathus. Ms. français 5716 de la Bibliothèque nationale. — Voir la notice XCV des livres parvenus jusqu'à nous.
2. C'est le manuscrit de l'ouvrage du sire de Joinville, ms. français 13568. — Voir la notice XCIV des livres parvenus jusqu'à nous.
3. Waleran de Luxembourg, qui avait été disgracié à la fin du règne de Charles V.

contes. Fin : *trinité et tout li saint*[1]. Couvert de cuir qui fut rouge, à deux fermoirs de laton. — 10 s. — D 896. E 200. F 174.

943. Un livre où est l'exposicion de *Cum natus esset Jhesus*, etc., les Miracles saint Loys, Apolonii Thirii, les Vies saint Dominique et saint Père le martir, saint Thomas d'Aquin, et le Dialogue Gali[2] rymé, en françois, escript de lettre de forme, à deux coulombes. Comm. : *la ne fu pas*. Fin : *si sont il prest*. Couvert de cuir rouge empraint, à iiii fermoirs de cuivre. — 2 l. 10 s. — A 103. B 104. D 63. E 62. F 51.

944. Un livre couvert de cuir vermeil empraint, à trois escussons sur les fueillez, de la Vie Nostre Dame en latin rymez, escript de grosse lettre de forme. Comm. : *sanctus Epiphanius*. Fin : *inclite rex*. — 2 l. — A 802. B 805. D 599. E 627. F 566.

945. Le livre des Miracles Nostre Dame, en françois, rimez, et en un volume bien escript, en picart, de lettre de forme, à deux coulombes et bien historié. Comm. du texte : *de touz perins*. Fin : *dame en toy*. Couvert de cuir empraint rouge, à ii fermoirs de cuivre. — 12 l. — A 26. B 26. D 12. F 6.

946. Les Miracles Nostre Dame rymez, et chascun ver enluminé de couleurs, très bien figurée et historiée, et escripte en langage piquart. — A 73. B 74.

A madame de Bar[3], 26ᵉ de fevrier 1392 (v. st.). — A. C 30.

947. Un livre qui se commence de l'Arche Noe, Miracles de Nostre Dame, la Vie et les faiz saint Loys, Exemples de pluseurs autres choses, rymé en françois, escript de lettre de forme, à deux coulombes. Comm. du texte : *pour ce petit*. Fin : *as tant ce veu*. Couvert de cuir rouge empraint, à iiii fermoirs de cuivre. — 3 l. — A 104. B 105. D 64. E 63. F 52.

948. Les Miraclez Nostre Dame rymez, couvert de veluyau

---

1. Cette notice doit s'appliquer à une copie de la Vie de saint Louis par Guillaume de Nangis.

2. Le mot *Galy* a été biffé dans B.

3. Marie, sœur de Charles V, femme de Robert, duc de Bar.

ynde, et furent rachetés des Anglois, bien escripts et hystoriés.
— A 154. B 154[1].

A mons. de Berry. — A. C 45.

949. Ung livre couvert de cuir blanc qui est des Miracles
Nostre Dame, rymées (*sic*), escript de lettre de forme, en
françois. Comm. : *que ne*. Fin : *la mère Dieu*. A ıı fermoirs de
laton. — 3 l. — A 261. B 273. D 156. E 152. F 133.

950. Les Miracles Nostre Dame, bien escriptes, rimées et
historiées, en françois, de lettre formée, à deux coulombes.
Comm. : *se Dieu ne fust*. Fin : *et li vieillars*. Couvert de cuir
rouge empraint, à quatre fermoirs de laton. — A 330. B 351.
D 221. E 263.

Raditur quia non fuit repertus, licet inde sit oneratus Anthonius de Essartis, per ante custos librorum regis. Le Bègue. (Note
ajoutée dans E.)

951. Un livre des Miraclez Nostre Dame, bien hystorié,
qui se commance à chançons, très mal couvert. Du conte de
Saint-Pol[2]. — A 523. B 546.

Rendu au dit conte. — C 116.

952. Un livre des Miraclez Nostre Dame, qui commance à
la genealogie Nostre Dame, couvert de cuir à queue, à boullons, à un fermoir d'argent. Du conte de Saint Pol[3]. — A 524.
B 547.

Rendu au dit conte. — C 117.

953. Un livre qui s'appelle le Rosier Nostre Dame, où sont
assez de bonnes choses de Nostre Dame, mises par exemples,
et avecques sont assez d'esbatemens, comme les Moustiers de
Paris et autres[4], escript de lettre de forme, en françois rymé.
Comm. du texte : *li chevalier qui bien*. Fin : *ou à la mort*.
Couvert de cuir rouge empraint, à ııı fermoirs de cuivre. —
4 l. — A 106. B 107. D 59. E 58. F 47.

---

1. Ms. du séminaire de Soissons. — Voir la notice LXXXIII des livres parvenus jusqu'à nous.

2. Waleran de Luxembourg, qui avait été disgracié à la fin du règne de
Charles V.

3. Voir la note précédente.

4. *Et autres choses plusieurs, et tout rymé*. B.

954. La Vie des trois Maries, rimée, et le service, en latin, en ung livret escript de lettre de forme. Comm. : *et comment quelle*. Fin : *sanguinis tui*. Couvert de cuir vermeil empraint. A ıı fermoirs de laton. — 6 s. — A 467. B 488. D 329. E 370. F 348.

955. Premièrement la Vie saint Martin de Tours, en un grant volume escript de grosse lettre de forme, en latin, à deux coulombes. Comm. : *sis mis non erubesse*. Fin : *fuerunt non;* bien enluminé et historié, couvert de cuir blant, à deux fermoirs de laton et deux gros cloux de laton. — A 530. B 549. D 408. E 444.

956. La Vie saint Martin de Tours, en lettre de note, jadiz en cayer couvert de parchemin, et de present entre deux ais, couvert de cuir rouge sanz emprainte, à ıı fermoirs de cuivre, escript en françois. Comm. : *et souvent*. Fin : *de sa bonne*. — 10 s. — A 184. B 186. D 123. E 120. F 103.

957. La Vie saint Martin de Tours, très parfaictement bien escripte et historiée, en petit volume, couvert de soie jaune, et en prose, à deux fermoirs d'argent esmaillez de France et Bourgoigne, de lettre formée, en françois. Comm. : *cruaulté des dessus dis*. Fin : *le cinquiesme*. — 2 l. — A 167. B 168. D 111. E 109. F 92.

958. La Vie saint Martin de Tours, rimée, escript en grosse lettre et bonne, formée, en françois. Comm. : *et arcules*. Fin : *si qu'il estoit*. Couvert de cuir blant, à ıı fermoirs de laton. — 1 l. — A 346. B 367. D 234. E 275. F 255[1].

959. La Vie saint Martin, saint Brice et saint Jehan l'aumosnier, saint Benoist, les Miracles Saint-Germain-des-Prez, la vie saint Donstan, saint Hemon, les Miracles Nostre Dame de Soissons, de Laon et de Rochemadour, et pluseurs autres choses, en ung volume escript de lettre de forme, en françois au commencement, et en la fin en latin, rymé en partie, et partie en prose. Comm. du texte : *non philozophes*. Fin : *ille*

---

1. Ms. français 1043 de la Bibliothèque nationale. — N° LXXXVI des livres parvenus jusqu'à nous.

Deus. Couvert de cuir rouge, à empraintes; à deux fermoirs de cuivre. — 3 l. — A 72. B 73. D 41. E 40. F 29.

960. Le Voyage de paradis, la Vie saincte Marguerite, et autres choses rimées, en ung petit livret, en françois, de lettre formée. Comm. : *hors suis de l'or.* Fin : *ne pourront estre.* Couvert de cuir à ung fermoir de laton. — 5 s. — A 379. B 400. D 263. E 304. F 284.

961. La Vie saincte Marguerite, en ung très petit livret, en deux aiz d'or, bordez de grenatz et esmeraudelles. En l'estude du Roy à Vincennes. — G 3061.

962. Item un très petit livret couvert de cuir rouge empraint, à un fermoir de laton, ouquel sont les passions de saint Pierre, saint Pol, saint Barthelemy et pluseurs autres, de lettre bastarde, en latin, et à une coulombe. Comm. : *judicasset.* Fin : *tifices congregate.* — 2 s. — D 835. E 859. F 771.

963. Ung livre couvert d'une chemise blanche de toille, de la Vie et des miracles de frère Pierre Thomas, jadiz carministre et patriarche de Constentinoble, à deux fermoirs d'argent dorez, escript de lettre formée, en françois. Comm. : *et mettre en memoire.* Fin : *mandement de nostredit saint père.* — 24 s. — A 207. B 205. D 136. E 133. F 116.

964. La Vie saint Remi, couverte de drap de soie à queue, à deux fermoirs d'argent, escript de lettre formée en françois. Comm. du texte : *com l hault.* Fin : *dominum.* — 1 l. — A 134. B 135. D 86. E 84. F 71.

965. La Vie saint Remi, couverte de drap d'or, rymée, escripte de lettre formée, en françois. Comm. : *aux françois.* Fin : *qu'aspre vengence.* A II fermoirs, l'un d'argent et l'autre de laton. — 24 s. — A 127. B 128. D 83. E 81. F 68[1].

966. La Vie saint Remi, couverte de soye, qui jadiz fu de drap d'or, à deux fermoirs d'argent, escripte de lettre formée, en françois et rymée. Comm. : *que un homs.* Fin : *ne firent.* — 12 s. — A 140. B 141. D 89. E 87. F 74[2].

---

1. Ms. 3349 de la Bibliothèque royale de Belgique à Bruxelles. — Voir la notice LXXXVIII des livres parvenus jusqu'à nous.

2. Ms. 3348 de la Bibliothèque royale de Belgique à Bruxelles. — Voir la notice LXXXVII des livres parvenus jusqu'à nous.

967. La Vie saint Thomas de Cantorbie, rimée, en lettre de forme, à une coulombe. Comm. : *que les ordres*. Fin : *de ce que*. En ung petit livret, couvert de cuir rouge à empraintes. A ɪɪ fermoirs d'argent dorez. — 16 s. — A 479. B 503. D 342. E 382. F 358.

968. La Vie suer Ysabeau de Longchamp, qui fut suer saint Loys, et ses miracles, escript en françois, de lettre de forme, à une coulombe, et une histoire d'une nonnain au commencement. Comm. : *seigneur Jhesu Crist*. Fin : *guement travaillié*, en ung petit livret, couvert de cuir qui fut rouge, sanz empraintes, à deux fermoirs de laton. — 5 s. — A 477. B 501. D 340. E 380. F 356.

⋅**968** *bis*. L'Istoire de Troye la grant[1], en latin, de lettre courant, à une coulombe. Comm. : *inventis flores*. Fin : *et dictes qui*. Couvert de cuir rouge sanz aiz, à ɪɪɪɪ lasnières. — 32 s. — D 805. E 829. F 744.

969. Un livre escript de lettre de forme, qui commence de Genezis en françois, et aussi traicte des faiz de Julius Cezar, appellé Suetoine. Comm. : *dis qui cy est très bien euree*. Fin : *il remaist illec gisant*. Couvert de cuir vermeil à empraintes, à quatre fermoirs d'argent blanc. — 16 l. — A 10. B 10. D 1. E 1. F 1.

Il y est, et n'y [a] que ɪɪɪ fermoirs, pourquoy soit respondu du quart, et y a aussi vɪɪɪ bouillons d'argent blanc. (Note ajoutée dans E.)

970. Un livre escript en lettre de fourme, qui commence de Genezis en françois, et traitte des faiz de Julius Cezar et des Rommains, et fut jadiz couvert de veluyau vert, à deux fermoirs d'argent, et s'appelle Lucain et Suetoine, bien escript et bien historié; et de present est recouvert de cuir vermeil à empraintes. Comm. du texte : *avoir nom*. Fin : *affermerent au derrain*. Garny de quatre fermoirs d'argent dorez, à une fleur de lis. — 16 l. — A 11. B 11. D 2. E 2. F 2[2].

---

1. Voir plus loin, art. 1205 et suiv., les histoires fabuleuses de Troie.

2. Ms. de la Bibliothèque royale de Copenhague. — Voir la notice LXXV des livres parvenus jusqu'à nous.

Il y est et n'y a que troiz des fermouers contenus ci, pour ce soit respondu du quart. (Note ajoutée dans E.)

971. Un livre en françois, en un volume, qui se commence de Genezis, et traitte du fait des Romains, de la vie des sains Pères hermites et de Merlin[1], escript de moyenne lettre de forme, en deux coulombes. Comm. : *seray les commandemens monseigneur*. Fin : *nimes en chopolin*. Couvert de cuir rouge, à ii petiz fermoirs de cuivre. — 6 l. — A 16. B 16. D 8. E 8. F 4.

972. Les Faiz des Romains, en françois et en un volume appellé Suetoine, escript de lettre de forme, à deux coulombes. Comm. : *greignours*. Fin : *vulnera XIIII^cim*. Couvert de cuir blanc, à deux fermoirs de cuivre. — 8 l. — A 25. B 25. D 11. E 11. F 5.

973. Un livre qui commence de Genezis en françois, et aussi traitte des Faiz de Julius Cesar, appellé Suetoine, escript de lettre de forme, à trois coulombes. Comm. : *si leur dist que*. Fin : *guient preu en sa vie*. Couvert de cuir rouge, à quatre fermoirs de cuivre. — 12 l. — D 18. E 17. F 8.

973 *bis*. Un livre couvert de cuir rouge à empraintes, qui a iiii fermoirs d'argent des armes de la Royne, qui est de Genezis, et du roy Ninus et autres choses[2]. — A 39. B 39.

974. Les Fais et la vie Cesar, de Suetoine, et des Romains, bien ystorié et escript. — A 281. B 310.

Au Roy, 25 de janvier 1381 (v. st.). — A. C 89.

975. L'original de Titus Livius en françois. La première translation qui en fu faite, escript de mauvaise lettre, mal enluminée et point historiée. — A 33. B 33.

Presté à Mons. de Berry. — B.

A mons. de Bourbon, 14° d'octobre 1392. — A. C 15.

976. Titus Livius qui fu maistre Raoul de Praille[3], en ii volumes, couvert de cuir jaune, tout un. — A 866. B 869.

---

1. *Et de Pompée*. B.

2. Cette notice se rapporte peut-être au manuscrit indiqué dans l'article précédent.

3. *Prairez*. A.

Maistre Symon de Hesdin l'a. — B.

A mons. d'Anjou, 7e de mars 1380 (v. st.). — A. C 176.

977. Un livre de Titus Livius, très bien escript et bien ystorié, à quatre fermoirs d'argent, couvert de soie à queue, en de très grant volume. — A 251. B 263.

Au Boys devers le Roy. — A. B. C 76.

978. Titus Livius, en un grant volume, couvert de soie à queue, à deux grans fermoirs d'argent esmaillez de France. — A 230. B 233.

A mons. d'Anjou, 7e d'octobre 1380. — A. B. C 62.

979. Le grant Titus Livius, très bien escript et ystorié, couvert de soye à queue. — B 257.

Au Boiz. — B.

*980. Un Titus Livius très parfaitement bien escript de lettre de forme, à deux coulombes, et très bien historié et enluminé, de la translation du prieur de Saint Eloy de Paris, contenant xxix livres en trois decades. Comm. : *nettes faisans grans sons.* Fin : *que en cellui an ordena l'en.* Et est signé : CHARLES, en un petit volume gros et court, couvert d'une chemise de soie vermeille et asurée à grant queue, à deux fermoirs d'argent dorez et une fleur de lis enlevée. — 40 l. — D 883. E 187. F 164.

981. Titus Livius, en françois, en très grant volume[1], contenant trois decades ou xxix livres, escript de très bonne lettre de forme, à deux coulombes, et très bien historié et enluminé, de la translacion du prieur de Saint Eloy de Paris. Comm. : *ner jour d'avoir audience.* Fin : *ront perpetuelement en soy.* Et fut du roy Charles, comme il est escript en la fin dudit livre, couvert de cuir qui fut vert, à deux fermoirs d'argent dorez esmaillez de France. — 60 l. — A 913. D 924. E 902[2].

Envoyé en janvier 1409 (v. st.) au Louvre par le duc de Guyenne. — A.

---

1. *Qui autrefois fu au Roy.* A.

2. Article faisant probablement double emploi avec l'un des précédents (art. 977-979). Le volume décrit ici est aujourd'hui à la bibliothèque Sainte-Geneviève, n° 777. — Voir la notice LXXX des livres parvenus jusqu'à nous.

982. La Conjuroison Cartilline, et aucuns des consaulx Julius Cesar, et contient Croniques au commencement, de lettre de forme en françois. Comm. : *prez eulx*. Fin : *disse a Cesar*. Couvert de vieil drap d'or, à deux petiz fermoirs d'argent et v boullons de cuivre de chascun costé. — A 175. B 176. D 180. E 176. F 807.

Enlevé vers 1414. — E 930.

983. Julius Cesar, en prose, très bien escript, en très grant volume et gros, couvert de cuir blanc. — A 300. B 321.

Au Roy, derrenier de decembre 1397. — A. C 96.

984. La Vie et les faiz de Cesar, en prose, en deux coulombez, bien escript. — A 402. B 423.

Le Roy l'a à Beauté, 12ᵉ de septembre 1393. — A. C 103.

985. Croniques assemblées de Julius Cezar et de Godeffroy de Buillon, en papier, en prose, en françois, à deux coulombes, historié d'encre seulement es marges d'em bas, au commencement seulement. Comm. du texte : *reperierent le Romain*. Fin : *li hommage*. Couvert de cuir blant à queue, sans empraintes, à deux fermoirs de cuivre. — 15 s. — A 305. B 326. D 199. E 241. F 230.

986. Valerius Maximus, couvert de soie vermeille à queue, très bien escript et hystorié. — A 242. B 245[1].

A mons. d'Anjou, 6ᵉ de mars 1380 (v. st.). — A. C 72.

987. Les Croniques de France[2] en deux volumez, couvertes de soye inde à queue, et les fermoirs d'or, et sont en deux estuiz de cuir escorchiez aus armez de France. — A 252. B 264.

Au Boys devers le Roy. — A. C 77.

988. Unes Croniques de France, en françois, et en un volume, escriptes de lettre de forme, à trois coulombes.

---

1. Ms. français 9749 de la Bibliothèque nationale. — Voir la notice LXXXI des livres parvenus jusqu'à nous.

2. Charles V et Charles VI ont possédé plusieurs exemplaires des Chroniques de France, qu'il n'est pas facile d'identifier avec les notices des anciens inventaires. Ceux qui m'ont paru avoir été exécutés pour le roi ou pour des membres de la famille royale sont décrits dans le chapitre consacré aux livres parvenus jusqu'à nous.

Comm. : *que puis celle heure.* Fin : *failli si leur gettoient.* Couvertes de cuir vermeil, à ıı fermoirs de cuivre. — A 23. B 23. D 9. E 9.

Enlevé vers 1414. — E 917.

989. Unes Croniques de France, en françois, couvertes de veluyau, à fleurs de lis, à trois boullons d'argent, escriptes de lettre de forme, à deux coulombes. Comm. du texte : *empe-rieres*[1]. Fin : *te bonne coustume.* A deux fermoirs d'argent. — 10 l. — A 63. B 64. D 34. E 33. F 22.

Le Roy les prinst 16ᵉ de decembre 1380. Il les a rendues. — A.

990. Unez Cronicques de France, couvertes de soie à queue et deux fermoirs à fleurs de liz d'argent dorés, donné au Roy par Gilet. — B 210.

Portées à Saint-Germain-en-Laie. — B. (Le même volume figure en ces termes sur l'inventaire G, n° 2099 :)

Unes Cronicques de France, à deux fermoers d'argent dorez, et ont une chemise de soye à queue. A Saint-Germain-en-Laye. — G 2099.

991-992. Unes Chroniques de France en un volume et en françois, les quelles furent du sire d'Andresel, escriptes de plusieurs lettres. — A 21. B 21.

Données à madame d'Orleenz[2], femme de feu mons. d'Orleenz, frère du Roy. — A. C 12.

993. Unes petites Croniques de France, très abregées, et en la fin sont aucunes chartes de Laon, escriptes de lettre de forme, en françois, à deux coulombes. Comm. : *Loys le py.* Fin : *et y furent connuz.* Couvert de cuir rouge emprint, à deux fermoirs de laton. — 1 l. — A 111. B 112. D 68. E 67. F 56.

994. Une Croniques de France trés abregées, en prose et petit volume, en un viez cayer jadiz, et à present entre deux aiz, couvert de cuir rouge, à deux fermoirs de laton, escript de lettre de forme, à deux coulombes, en françois. Comm. : *de li*

---

1. *Contrée et alèrent.* E.
2. Valentine de Milan.

oissy. Fin : *ses frères*. — 1 l. — A 431. B 453. D 304. E 345. F 323.

***995**. Unes petites Chroniques abregées des roys de France, escriptes de lettre de forme, en françois, à deux coulombes. Comm. : *que je mete*, et ou derrenier foillet est un Arbre de la genealogie des diz roys, commençant : *c'est cy li commence-mens*. Couverte de cuir blanc, à deux fermoirs de laton. — 10 s. — D 906. E 210. F 184.

996. Le commencement des Gestes de France, rimé en partie, escript en gascoing, trés vieil, de lettre formée, en petit volume. Comm. : *A la fin de la vie*. Fin : *dess. un poy*. Couvert de cuir blanc, à deux fermoirs de laton. — 10 s. — A 375. B 396. D 260. E 301. F 281.

997. Un livret rymé, qui se nomme les Prophecies Nostre Dame, de l'institucion du royaume de France et de la noblesse d'icelluy, à deux petiz fermoirs d'argent, donné au Roy par Gilet, escript de lettre formée en françois, rymé, et en latin en prose. Comm. : *vecy une sentence*. Fin : *Francorum lauda-tissimam*. — 1 l. — A 208. B 206. D 137. E 134. F 117[1].

997 *bis*. Le livre du roy Philippe le Conquerant, rymé, escript en françois, de lettre formée, à deux coulombes. Comm. : *et de bourgois*. Fin : *ou li chevaliers*. Couvert de cuir, à deux fermoirs de laton de moyen volume. — 16 s. — A 378. B 399. D 262. E 303. F 283[2].

997 *ter*. Le Rommans du roy Phelippe le Conquerant, les Macabées et autres choses en françois[3], à deux coulombes, partie en rime et partie en prose. Comm. : *com cil qui*. Fin : *en nulle manière*. Couvert de cuir qui fut rouge, à iiii fermoirs et cinq bouillons de cuivre. — A 190. B 192. D 181. E 177.

998[4]. Le Passaige saint Loys oultre mer, du roy Phelippe

---

1. Au Musée Condé à Chantilly. — Voir la notice CII des livres parvenus jusqu'à nous.

2. Cf. l'art. 1091. — Par Philippe le Conquérant, il faut entendre Philippe-Auguste.

3. *De Pamphilet et les espitres Seneques*. A et B.

4. Pour les vies de saint Louis, voir plus haut, art. 935-943.

qui morut en Arragon, et quant le roy Phelippe print la croix pour aler oultre mer, rymé, escript de lettre formée, en françois. Comm. du texte : *qui lui ot.* Fin : *que maufé.* Couvert de cuir, à deux fermoirs de laton. — 10 s. — A 422. B 444. D 295. E 336. F 314.

999. Le Procès messire Robert d'Artois, en lettre courant, couvert de drap de soie, en françois. Comm. du texte : *foiz et une autre.* Fin du texte : *sa femme laquelle est fille.* A deux fermoirs d'argent[1]. — A 100. B 101. D 61. E 60.

1000. Le Procès messire Robert d'Artois, escript de lettre courant, en françois. Comm. du texte : *et par ceulz.* Fin : *et acquise au Roy.* Couvert de cuir rouge, à ii fermoirs de laton. — 1 l. — A 344. B 365. D 231. E 272. F 252.

1001. La bataille de Cassel en Flandres, rimée, bien escripte et historiée, en françois, de lettre de forme. Comm. : *mais la ne fis.* Fin : *mais je vous di.* Couvert de soie, à deux fermoirs d'argent. — 1 l. — A 437. B 458. D 310. E 351. F 329.

A la Royne, 1392, 13 de novembre. — A.

1002. La Guerre Philippe de Valois et des Flamens, en ryme, de lettre de note, et à deux coulombes. Comm. : *demenoient tout leur revel.* Fin : *il furent tout la.* Couvert de cuir vermeil à empraintes, à bouillons et deux fermoirs de laton[2]. Envoyé au Louvre en janvier 1409 (v. st.) par le duc de Guyenne. A 925. D 936. E 913. F 210.

1003. La Guerre du roy de France et du roy d'Angleterre, et les Faiz du roy de Navarre et de ceulz de Paris quant ilz furent contre le Roy, escript en papier, jadiz couvert de parchemin sanz aiz, et à present entre deux ais, couvert de cuir blanc, escript en françois, de lettre formée, et rymé, à deux coulombes. Comm. : *en cet estat.* Fin : *car qui veist.* A ii fermoirs de laton. — 2 l. — A 360. B 381. D 246. E 287. F 267.

---

1. Ni à cet article ni au suivant ne correspond l'exemplaire du **Procès** de Robert d'Artois, n° 18437 du fonds français, dont le frontispice est une grande peinture représentant la cour des pairs.

2. *Cuivre.* A.

1004. Ung livre de cuir vert, sanz aiz, ouquel est le traictié de la paix du roy de France et du roy d'Angleterre[1], escript en françois, de lettre courant. Comm. : *seigneuries, bois, forestz*. Fin : *cité ou ailleurs. De la paix mil CCC LX*. — 1 l. — A 519. B 543. D 371. E 409. F 384.

1005. Un livre couvert de soie, à deux fermoirs d'argent dorez, escript de lettre de notte, très bonne, ouquel il [est] dit en l'ancien inventoire[2] estre escripz les privilèges donnez des papes aux roys de France, mais ce sont les lettres des aliances[3] faictes par les roys de France avecques pluseurs empereurs et roys, collacionnées aus originaulx et signées en partie de deux tabellions appostoliques, et est escript tout le dit livre à une coulombe, partie en latin et partie en françois. Comm. après les rebriches : *fastigia dignitatis*. Fin : *de l'incarnacion Nostre Seigneur*. Et fait le dit livre très bien à garder. — 2 l. — D 168. E 164. F 145.

1006. Un livre couvert de soie tannée, où sont les testamens des roys de France, escript en françois, de lettre courant. Comm. du texte : *l'ordonnance en latin*. Fin : *enterine comme nostre*. A ii petiz fermoirs d'argent dorez. — 1 l. — A 263. B 274. D 157. E 153. F 134.

1007. Le livre des Privillèges octroyez au roy de France. Comm. après la table : *tamen arbitramur*[4]. Et a deux fermoirs d'argent dorez à deux rozettes. A la suite du Roy. — G 1212.

---

1. Le traité de Brétigny.

2. On lit dans les inventaires A 215 et B 217 : *Un livre couvert de soie à deux fermoirs d'argent dorés, où sont escripz en lettre de note lez privillegez donnés des papez aus roys de France*. On a ajouté cette note dans l'inventaire A : *Il y a un livre designé comme cestui, mais il contient les alliances des rois avec plusieurs personnes*.

3. Il s'agit ici du recueil dont nous avons une copie du xvᵉ siècle (fonds français, nᵒ 10140), et qui est intitulé : « Livre des alliances et appointemens des rois de France, lequel fut fait par le commandement du roi Charles. » Il y en a une copie moderne, sous le nᵒ 17854 du même fonds. De son côté, M. le duc de La Trémoille en a trouvé un exemplaire du xvᵉ siècle dans son chartrier de Thouars.

4. Recueil des privilèges accordés aux rois par les papes. L'article de l'inventaire répond au ms. latin 9814 du fonds latin. — Voir la notice XCVI des livres parvenus jusqu'à nous.

1008. Avaluemens de monnoyes, en un cayer très petit. Comm. : *du XXe jour*. Fin : *cursus florenorum*. — 2 s. — A 183. B 185. D 122. E 119. F 102.

1009. Ung livret des monnoyes, bien escript, de lettre de forme, en françois. Comm. du texte : *il veult prendre*. Fin : *de tornois*. Couvert de soie à deux fermoirs de laton. — A 474. B 498. D 337. E 377.

1010. Un livre de parchemin, où sont escripz aucuns joyaulx, et sans ays, couvert de veluyau vermeil. — Non prisé et de nulle valeur. — A 487. B 510. D 348. E 388. F 363.

1011. Un papier fermant à clef, couvert de cuir de cerf blanc, ouquel sont escriptes aucunes choses secretes. — 1 s. — A 484. B 507. D 345. E 385. F 360.

1012. Un autre papier pareil du dessus dit. — 1 s. — A 485. B 508. D 346. E 386. F 361.

1013. La revenue de la conté de Montfort, escripte en françois, de lettre formée. Comm. : *mess. Robers*. Fin : *Phelippe par la grace de Dieu*. Couvert de cuir blanc, à deux fermoirs de laton. — A 354. B 375. D 241. E 282.

1014. De Charlon, conte de Provence, qui conquist Secille et Puille, rimé et très mal escript, et vieil, de lettre de forme, en françois, à deux coulombes. Comm. : *ou autrement*. Fin : *que l'en a Naples*. Couvert de cuir vert, à ıı fermoirs de laton. — 10 s. — A 443. B 464. D 313. E 354. F 332.

1015. Les Croniques d'Espaigne, que fist l'evesque de Burs[1], translatées en françois par frère Jehan Goulain, en deux volumes[2], très bien escripz de lettre de forme et à deux coulombes, et très bien historiez et enluminez. Le premier volume commençant ou ıı^e foillet *Hercules fut mort son filz*, et ou derrenier *le prefect fist*.

Et le second volume, commençant ou ıı^e foillet : *mais après il retourna*, et ou derrenier : *terre et gasta*. Et est signé :

---

1. Traduction de la Chronique universelle de Gonsalve, évêque de Burgos, sur laquelle il faut voir une notice du Castan, dans la *Bibliothèque de l'École des chartes*, 1883, t. XLIV, p. 265-283.

2. L'un des volumes est porté en déficit sur l'inventaire F.

CHARLES, tous deux couverts de grans chemises de soie d'asur et de blanc, à grandes queues, à deux fermoirs d'argent dorez, esmaillez de France, et tissuz de soie. — 8 l. — A 226. B 230. D 885. E 189. F 166.

A mons. d'Anjou, 7 d'octobre 1380. — A. B. C 60.

1016. Un livre nommé Royal en latin, à une chemise blanche à queue, à deux fermoirs d'argent doré, esmaillez de France, que fist et donna au Roy le patriarche d'Alexandrie[1], et y est du roy Pietre et du roy Henry, escript de lettre de forme en latin, à une coulombe. Comm. : *ut cunctis*. Fin : *historia*. Et est couvert d'or soubz ladite chemise. — 24 s. — A 807. B 810. D 593. E 621. F 563.

1017. Les Guerres d'Angleterre et d'Escoce, en papier, et Godeffroy de Buillon, en françois, de lettre courant, à deux coulombes. Comm. : *de vous ay*. Fin : *venez seurement*. — 10 s. — A 492. B 516. D 351. E 391. F 366.

***1018**. Un vieil rommant en papier, groz et court, de lettre bastarde, à une coulombe, et en ryme, et parle des guerres d'Escoce et d'Angleterre. Comm. : *qui a deuil fu*. Fin : *les barons que je di*. Couvert de vielz parchemin à deux bouillons[2]. — D 919. E 223. F 196.

***1019**. Historia Jherosolimitana et de Machometo, en latin, de lettre bastarde, à une coulombe, en grant volume plat, commençant ou II° foillet *occidente in oriente* et ou derrenier *magnificentia mea*. Couvert de cuir qui fut rouge, sanz aiz, à III lasnières de mesmes. — 10 s. — D 813. E 837. F 750.

***1020**. Un livre en papier, ouquel est la vie de Mahomet, l'istoire de Jerusalem et le Lapidaire, tout en latin, de lettre de note, à une coulombe. Comm. : *de gentibus qui*. Fin : *quod astrahat Sarracenos*. Couvert d'une pel de parchemin et relié de deux bandes de cuir noir fermant à une lasnière de cuir. — 10 s. — D 830. E 854. F 766.

1021. La Fleur des histoires de la terre d'Oriant, en prose,

---

1. Jean de Cardaillac, mort en 1390. Voir plus haut, art. 150.
2. *A bouclettes de solier*. E.

escript en françois de lettre formée, à deux coulombes. Comm.
du texte : *y a des grans.* Fin : *de domas.* Couvert de vieille
soye, à deux fermoirs de laton. — 1 l. — A 426. B 448. D 299.
E 340. F 318.

1022. Les Croniques d'oultre mer, et comment Mahomet
conquist presque toute la terre de Surie, et Godefroy de Buillon, escript en françois de lettre formée, à deux coulombes.
Comm. : *le temple refist.* Fin : *nous encores mie.* Couvert de
cuir à ii fermoirs de laton. — 10 l. — A 286. B 306. D 190.
E 232. F 223.

1023. Les Croniques de Jherusalem, en prose, en deux
coulombez et en grant volume. — B 301.

Le Roy l'a par devers soy. — B.

1024. Un livre couvert de cuir noir, qui se appelle le
Voyage d'oultre mer, escript en lettre de forme, en françois.
Comm. : *et ceu que il.* Fin : *neuf mile.* A ii fermoirs de laton.
— 8 s. — A 510. B 533. D 363. E 402. F 377.

1025. Un livre de Godefroy de Buillon[1] sur la conqueste
de la terre d'oultre mer, et en grant volume, très bien historié,
et en prose, escript de lettre de forme, à trois coulombes.
Comm. : *de Romme.* Fin : *mandèrent.* Couvert de cuir vermeil, à deux fermoirs de cuivre. — A 32. B 32. D 16.

1026. Godeffroy de Billon, de la conqueste d'oultre mer;
qui fu de la contesse de Pennebrok, couvert de soie à queue et
rymé. — A 37. B 37.

Baillé par le Roy au dauphin le 29 de decembre 1398. —
C 19.

1027. Unes Croniques de Godefroy de Buillon, de la conqueste de la terre d'oultre mer, en prose, bien vieilles, couvertes de cuir blanc à queue, escriptes de lettre de forme, à
deux coulombes, et en françois. Comm. : *truist toute.* Fin :
il donna. A deux fermoirs de cuivre. — 2 l. — A 79. B 80. D 47.
E 46. F 35.

---

1. En 1377, Charles V avait fait acheter de somptueuses étoffes pour couvrir
un exemplaire des « Croniques d'oultremer de Godefroy de Bullon », destiné
au Dauphin. Voir le mandement du 23 novembre 1377 et la quittance du
22 avril 1378, qui seront publiés dans l'Appendice.

1028. Godeffroy de Billon, de la conqueste de Jherusalem, en prose, et deux coulombez, couvert de cuir blanc à queue. — A 282. B 302.

Le Roy l'a, 24 de septembre 1392. — A. C 90.

1029. Comment Jherusalem fu conquise, aveques la terre d'oultremer, par Godeffroy de Buillon, en prose. — A 284. B 304.

Donné au marquis de Saluces, quant il plaida em parlement, par le roy Charles. — A. C 91.

1030. Un livre du Chevalier au cisgne, et de Godeffroy de Builon, de la terre d'oultre mer, en ryme, escript de lettre de forme, à deux coulombes. Comm. : *elle a fait contre Dieu*. Fin : *car moult estoit le jour*. Couvert de cuir blanc enfumé, à ii fermoirs de laton. — 24 s. — A 285. B 305. D 387. E 424. F 309.

1031. Le livre de la terre de Jherusalem et de la conqueste d'icelle par Godefroy de Buillon, en françois, escript en prose, à deux coulombes, de lettre formée. Comm. : *que un grant sire*. Fin : *retournez arrière*. Couvert de cuir à deux fermoirs de laton. — 5 s. — A 289. B 309. D 192. E 234. F 225.

1032. Godeffroy de Buillon, de la conqueste d'oultre mer, rimé, bien vieil, en papier, escript de lettre formée, en françois, à deux coulombes. Comm. : *et quant li roys*. Fin : *la en fist son deduit*. Couvert de cuir blanc à ii fermoirs de laton. — 10 s. — A 324. B 345. D 216. E 258. F 245.

1033. Un livre qui vint du conte de Saint Pol[1], que le Roy a baillié à mons. le dalphin, qui est de Godeffroy de Billon. — A 529. B 548.

*****1034**. Un livre de Godefroy de Buillon et de la terre d'oultremer, en ung gros volume moyen, escript en françois, de lettre de forme neufve, à deux coulombes, bien historié et enluminé. Comm. : *trent sus aus*. Fin : *leur batailles*. Couvert de soie à queue bien vieille, à deux fermoirs d'argent. — 8 l. — D 909. E 213. F 186.

---

1. Waleran de Luxembourg, qui fut disgracié à la fin du règne de Charles V.

1035. Les Faiz des Tartars, la prinse d'Anthioche, en petit volume, très vieil, en françois, de lettre de forme. Comm. : *deist estre occis*. Fin : *que il auront*. Couvert de cuir rouge, à ung fermoir de laton. — A 472 *ter*. B 495. D 334. E 374.

1036. Secreta fidelium crucis, à deux fermoirs d'argent, couvert de soie jaune, escript de lettre de forme boulenoise, en latin, à deux coulombes. Comm. du texte : *quod ad terras soldano*. Fin en lettre rouge : *relatio facta*. En la fin duquel livre a la mappemonde figurée. — 4 l. — A 610. B 623. D 444. E 480. F 450.

1037. Le Tresor du roy Philippe pour aler oultre mer, et y sont les engins figurez telz que il les fault pour assaillir villes, citez, chasteaux et forteresses, passer rivières[1], escript en prose, de lettre formée, en françois, à deux coulombes. Comm. : *ise ce es*. Fin : *ainsy par la grace*. Couvert de cuir, à iiii fermoirs de laton. — 15 s. — A 419. B 441. D 292. E 333. F 311.

1038. Le Passaige de la Terre Sainte[2], nommé Directoire ou adrecement de la conqueste de la terre d'oultre mer, très bien escript, et en prose, de lettre formée, en françois. Comm. : *de vostre beneureté*. Fin : *la convoitise*. Couvert de cuir rouge empraint, à ii fermoirs de laton. — 1 l. — A 350. B 371. D 237. E 278. F 258.

1039. L'Ordonnance du passaige d'oultre mer, bien escripte, en ung petit livret, couvert de cuir paint aux armes de France et de Bourgoigne, escript de lettre de forme, en françois. Comm. du texte : *en Alixandre*. Fin : *sainte vraye croix*. A deux fermoirs petiz d'argent. — 8 s. — A 160. B 161. D 104. E 102. F 85.

1040. Demandes que ung escuier fait sur l'ordonnance du

---

1. Traduction du mémoire composé pour Philippe de Valois, par « Guido de Vigevano de Papia, olim medicus imperatoris Henrici, medicus domine Johanne de Burgundia ». Voir le ms. latin 11015, fol. 32.

2. Ce doit être la traduction du *Directorium ad passagium faciendum* qu'on a attribué à un dominicain allemand nommé Brocard, ou Burchard, mais qui, suivant les recherches de M. Ch. Kohler, est de Guillaume Adam, archevêque de Sultanich, puis d'Antivari.

passaige de la terre d'oultre mer, en un cayer couvert de parchemin, escript en françois, de lettre courant, à II coulombes. Comm. : *et de pluseurs.* Fin : *dient que le Roy.* — 2 s. — A 400. B 421. D 277. E 318. F 297.

1041. Un livre couvert de veluyau inde, très plat, qui se nomme « Lamentatio super Jherusalem de negligentia Christianorum », qui vint de messire Philipe de Maisières, escript de lettre de forme, en latin, à deux coulombes. Comm. : *preclarissimus.* Fin : *rubricatum et.* A deux petiz fermoirs d'argent, à un estuy de cuir rouge. — 40 s. — A 899. B 902. D 547. E 579. F 534.

***1042.** Precianus minor, de grosse lettre de forme, en latin, à une coulombe. Comm. : *cionum conjunctione.* Fin : *tis temporis.* Couvert de cuir fauve à queue, à v bouillons et I fermoir de laton. — 1 s. — D 772. E 796. F 713.

***1043.** Un petit Donast, en latin au commencement, et après en françois, avec Chatonnet en latin, bien enluminé et escript de lettre de forme. Comm. : *cidentia et modi.* Fin : *cum tibi contigerit,* couvert de soie vermeille à II fermoirs d'argent dorez aux armes de monseigneur le daulphin. — 1 l. — D 734. E 761. F 682.

1044. Un livre ouquel sont contenuz le Donest, les Accidens, les Quarez, le Chatonnet, Theodolet, Ovide des Remèdes, Thobie et les xv livres de Ovide le grant, escript de lettre de note toute neufve, à une coulombe. Comm. : *desinunt similis.* Fin : *et magnum siclis.* Couvert de cuir qui fu rouge, à cinq bouillons et IIII fermoirs de cuivre, sur tissuz de fil. — 50 s. — D 858. E 882. F 791.

1045. Grecisme glosé, en un livre couvert de cuir, escript en latin de lettre de forme grosse et menue. Comm. : *metaplasmi.* Fin: *indigeo pane.* — 1 l. — A 779. B 782. D 539. E 573. F 529.

***1046.** Hugucio de Dirivationibus nominum et verborum, de menue lettre de forme, à deux coulombes. Comm. : *lis q. sine lite.* Fin : *seboni pole.* Couvert de cuir blanc, d'un costé sanz aiz. — D 820. E 844. F 757.

1047. Huguce, couvert de cuir blanc à queue, escript en latin, à deux coulombes, de menue lettre de forme. Comm. : *salve ave*. Fin : *zelus in bono*. — A 549. B 563. D 431. E 467.

Ce livre fu baillé par Anthoine des Essarts à maistre Jehan de Bouy, maistre d'escole monsieur de Ponthieu, et en a ledit Maulin sa cedule, pour ce en est cy chargé. — E.

1048. Ung Catholicon. Comm. : *nam in quantum*. A quatre fermoirs de laton. A la suite du Roy. — G 1210.

1049. Catholicon couvert de cuir vermeil à empraintes, très bel que donna au Roy madame la duchesse d'Orleens[1]. — A 805. B 809.

Donné à maistre Jehan de La Chaleur[2]. — A. C 158.

1050. Catholicon qui vint du confesseur [du Roy, l'evesque de Troyes[3]], qui est en la chapelle du Roy. — A 848. B 852.

Le Roy l'a mis en sa chappelle pour ses chappelainz en la garde du premier chappelain. — A. C 167.

1051. Catholicon abregé, couvert de cuir noir, en françois et en latin, qui vint du confesseur [du Roy, l'evesque de Troyes]. — A 850. B 853.

Le roy [Charles VI] l'a pour aprendre. — A. B. C 169.

1052. Dirivouer qui traicte et est exposition des moz, ainsi que fait Huguce ou Catholicon, couvert de cuir rouge à bouillons et deux fermoirs de laton, escript en latin, de menue lettre de forme, à deux coulombes. Comm. : *expertus peritus*. Fin : *secundum interpretationem*. — 3 l. — A 605. B 619. D 457. E 493. F 462.

1053. L'Art de dictier selon l'usaige de court de Romme, composé par maistre Jehan de Capue, couvert d'ais et de cuir blanc, à deux fermoirs de laton, escript de lettre courant, en latin, à deux coulombes. Comm. : *nimia severitate*. Fin : *littere affectuose*. — 5 s. — A 608. B 621. D 460. E 496. F 465.

---

1. Blanche, femme de Philippe, duc d'Orléans, pour laquelle a été fait un beau livre d'Heures, conservé dans la bibliothèque du château de Wernigerode ; j'ai donné la notice de ce manuscrit dans la *Bibliothèque de l'École des chartes*, 1905, t. LXVI, p. 489-539.

2. Jean de La Chaleur, chancelier de l'Université de Paris en 1371.

3. Pierre de Villiers.

1054. Ovide le Grant, très vieil, glosé, en latin et à deux coulombes. Comm. : *ceperat irridet*. Fin : *en deus*. Couvert de cuir blanc, à deux fermoirs de laton. — 2 s. — A 783. B 786. D 714. E 741. F 665.

1055. Ovide le Grant, rymé et moralisé, escript de lettre de note, glosé et mal historié ès marges, couvert de cuir blanc, à deux fermoirs de cuivre, à deux coulombes, escript en françois. Comm. : *ly air n'avoit point*. Fin : *fors sanz plus*. — A 298. B 319. D 196. E 238.

1056. Ovide en un volume grant, rymé, escript à iii coulombes et bien historié. — A 27. B 27.

Baillé à mons. d'Anjou, 6 de mars 1380 (v. st.). — A. C 14.

***1057**. Ovide Methamorfoseos, en françois, de lettre de note et en ryme, à deux coulombes. Comm. après les rebriches : *et bien porent estre*. Fin : *de reprouvoir ne de remordre*. Couvert de cuir vermeil à empraintes, à bouillons et deux fermoirs de laton. — A 917. D 928. E 906.

Envoyé au Louvre le 7 janvier 1409 (v. st.) par le duc de Guyenne. — A.

***1058**. Ovidius, de Epistolis, en latin, de lettre bastarde, à une coulombe. Comm. : *forsitam*. Fin : *et puta*. Couvert de cuir blanc, à deux fermoirs de laton. — 10 s. — D 801. E 825. F 741.

1059. Ovidius, de Tristibus, glosé et de lettre de forme. Comm. en texte : *ut titulo carinas*. Fin : *vela damus*. Couvert de cuir blanc, à ung fermoir de laton. — 4 s. — D 785. E 809. F 726.

1060. Ovidius, de Ponto, en ung livret très vieil, escript de lettre de forme et enterliné en latin. Comm. : *talia celestes*. Fin : *maxime nobilitas*. — A 785. B 788. D 615. E 642. F 579.

1061. Ovidius, de Vetula rustica deflenti, couvert de parchemin, et n'y est demeuré que Rustica, escript en latin de lettre de forme et glosé. Comm. : *talibus alloquiis*. Fin : *impiget*. — A 789. B 792. D 611. E 638. F 575.

1062. Un petit cayer en françois, appellé Ovide de Vetula, en papier sans couverture. Comm. : *l'umain lignaige*. Fin : *close ne*. — Nullius valoris. — A 725. B 729. D 635. E 662. F 594.

1063. Lucan très vieil, jadiz sans couverture, et est à present entre deux aiz, couvert de cuir blanc, à deux fermoirs de laton, escript de lettre de forme en latin. Comm. : *sauciet axis*. Fin : *expu[g]nantis opus*. — A 788. B 791. D 612. F 639.

****1064**. Lucanus en latin, de lettre boulenoise, sanz glose, en une coulombe. Comm. : *fert animus*. Fin : *fata movent*. Couvert de cuir blanc, à ii fermoirs de laton. — 4 s. — D 786. E 810. F 727.

1065. Alexander magnus et Lucanus, jadiz couvert de parchemin, sans aiz et à present en deux aiz, couvert de cuir rouge, à deux fermoirs de laton, escript en latin, de lettre de forme, en vers. Comm. : *primus Aristotelis*. Fin : *facta movent*. — 20 s. — A 905. B 908. D 548. E 580. F 535.

1066. La Muse maistre Raoul de Praelles[1], couverte de soie vermeille, à ung fermoir d'argent armoyé aux armes de France, escripte en latin de lettre de forme, à deux coulombes. Comm. : *advertantes* (sic) *quod*. Fin : *bibi sompno*. — 24 s. — A 616. B 626. D 447. E 483. F 453.

****1067**. Un grant roman vieil. Comm. : *ou prael ou sa femme*. — E 899.

1068. Un rommant en gascoing, rimé, très vieil, de lettre de forme, à deux coulombes. Comm. : *tos soi afars*. Fin : *o dist Maurins*. Couvert de cuir rouge, à deux fermoirs de laton. — 10 s. — A 408. B 429. D 284. E 325. F 303.

1069. Agolant rimé, très vieil, escript en françois de lettre de forme. Comm. du texte : *baron fait il*. Fin : *ycy sara*. Couvert de cuir rouge, à i fermoir de laton. — A 472 *quater*. B 496. D 335. E 375.

1070. Alixandre en prose translaté l'an mil IIIᶜ XLI par frère Jehan de Vignay, escript de lettre formée, à ii coulombes.

1. Quand Raoul de Préles donna sa *Muse* au roi, il reçut un volume intitulé : *Philosophie morale*. Voir plus haut l'art. 505.

Comm. : *sa langue au palais*. Fin : *tint et vindrent*. Couvert de cuir, à deux fermoirs de laton. — 16 s. — A 365. B 386. D 250. E 291. F 271.

1071. Alexandre le Grant, rymé, escript de lettre formée, en françois, à deux coulombes. Comm. : *si y ert privez*. Fin : *sus moy en deust*. Couvert de cuir, à deux fermoirs de laton. — 1 l. — A 291. B 312. D 194. E 236. F 227.

1072. Alixandre le Grant, rymé, sans enluminer, escript de lettre formée, en françois, à deux coulombes. Comm. : *puis lui fut*. Fin : *est caumis*. Couvert de cuir, à ii fermoirs de laton. — 40 s. — A 317. B 338. D 210. E 252. F 240.

1073. Alixandre, rimé et historié d'encre sans couleurs, escript en françois, de lettre formée, à deux coulombes. Comm. : *tant loings*[1]. Fin : *communement par tout*. Couvert de cuir, à deux fermoirs de laton. — A 329. B 350. D 220. E 262.

*__1074__. Le Rommant d'Alixandre et Ysopet, de lettre de forme, rimé, et à deux coulombes. Comm. : *qui l'enmainent*. Fin : *et nous nous sommes*. Couvert de cuir vermeil à empraintes, et deux fermoirs de cuivre. — 2 l. — A 924. D 935. E 912. F 209.

Envoyé au Louvre, en janvier 1409 (v. st.), par le duc de Guyenne. — A.

1075. D'Amis et d'Amille, de Jourdin de Blesves, rimé et bien escript, de lettre de forme, à deux coulombes, et une histoire au commencement. Comm. : *fuils Amile*. Fin : *lors a renier*. Couvert de cuir noir, à ii fermoirs de laton. — 1 l. — A 410. B 431. D 286. E 327. F 305.

1076. Un papier d'Amours, sanz ais, rimé, escript de lettre courant. Comm. : *et si m'ennois*. Fin : *qui de la*. — 1 s. — A 388. B 409. D 269. E 310. F 290.

1077. Demandez et reponces d'Amours, escrips de lettre de note en un caier couvert de parchemin. — A 179. B 181.

En déficit. — C 48.

---

1. *Et cy s'en vint*. E.

1078. Jugemens d'Amours, en ryme[1], sanz enluminer, escript de lettre formée, à deux coulombes, en françois. Comm. : *sanz villenie*. Fin : *en determina*. Couvert de cuir blanc, à deux fermoirs de laton. — 15 s. — A 381. B 402. D 265. E 306. F 286.

1079. Ansseis de Cartaige, Athiz et Profilias, rimé, escript en françois, de lettre formée, à deux coulombes. Comm. : *seignor dist*. Fin : *c'est il vos*. Couvert de cuir, à deux fermoirs de laton. — 32 s. — A 442. B 463. D 312. E 353. F 463[2].

1080. Anticlaudianus, les Diz Baudoin de Condet, la Voye de paradis que fist Rustebuef, la Succession des evesques du Liège, en un livre jadiz couvert de parchemin, et de present entre deux ais, couvert de cuir blanc à deux fermoirs de cuivre, escript de lettre courant, en françois. Comm. : *quar la chantoit*. Fin : *freres le cointe*. — 2 l. — A 185. B 187. D 124. E 121. F 104[3].

1081. Du roy Artus de la Table ronde et de la mort du dit roy, très bien escript, et enluminé, en trois coulombez, de grant volume. — A 276. B 296.

Le Roy la pris par devers soy. — B.

Le Roy l'a fait bailler à la Reyne, 1401, 20e d'avril. — B.

1082. De la mort le roy Artus, les Fais de la Table ronde, en prose, escript en III coulombes. — A 299. B 320. — Article biffé dans B, comme faisant double emploi avec l'article précédent (1081).

Au Roy, 11 d'octobre 1384. — A. C 95.

1083. Le Romans de Artus le Restoré, très mal escript, en françois, de lettre formée et de lettre courant, à deux coulombes. Comm. : *ou Artus estoit*. Fin : *nous die*. Couvert de cuir rouge, à deux fermoirs de laton. — A 332. B 353. D 222. E 264.

---

1. En marge de D : *Nota qu'il dit ou vieil inventoire qu'il est en prose*. L'observation est juste.

2. Ms. français 793 de la Bibliothèque nationale.

3. Ms. français 1634 de la Bibliothèque nationale. — Voir la notice XCIX des livres parvenus jusqu'à nous.

***1084**. Le Romans Artus le Restoré, en un grant volume plat, de grosse lettre de forme, en françois, à trois coulombes. Comm. : *sien tout et lesa femme*. Fin : *quant Tixelius fu*. Couvert de cuir rouge, à empraintes, à grooz bouillons et quatre fermoirs de laton. — 4 l. — D 898. E 202. F 176[1].

1085. Artuz et Jehannette, bien escript et hystorié. Tout mençonges[2]. — A 199. B 199.

Donné au conte de Savoie[3]. — A. C 53.

1086. Un livre d'Artus et Jehannete, escript de lettre de forme, en françois, à deux coulombes, historié en chascun fueillet en la marge d'en bas. Comm. : *et arriere si alèrent*. Fin : *fintz vecy le deable*. Couvert de cuir vermeil royé par dessus, à cinq bouillons de cuivre, d'un chascun costé, à deux fermoirs de laton, et tissuz mi-partie de blanc et de vert. — D 745.

1087. Aubri le Bourgoignon, rymé et mal escript, en françois, de lettre formée, à deux coulombes. Comm. : *tout li baron*. Fin : *et la royne*. Couvert de cuir vert, à ii fermoirs de laton. — A 326. B 347. D 217. E 259.

1088. Aubri le Bourgoignon, en rime, vieil et mal escript, en françois, de lettre formée, à deux coulombes. Comm. : *de la chambre ist*. Fin : *et Almaurry*. Couvert de cuir rouge, à ii fermoirs de laton. — 10 s. — A 341. B 362. D 229. E 270. F 250.

1089. Un meschant livre couvert de cuir blanc, de dame Aye d'Avignon, de menue lettre bastarde, en rime, à une coulombe. Comm. : *li termes est*. Fin : *Jehan que tout ce*. Et en la fin est le livre du Prebtre Jehan et des diversitez qui sont en sa terre, en prose. — 10 s. — A 491. B 515. D 401. E 438. F 412.

1090. Aymery de Narbonne, couvert de cuir rouge rymé. — A 498. B 522.

---

1. Ms. français 761 de la Bibliothèque nationale. — Voir la notice C des livres parvenus jusqu'à nous.

2. *Tout mençonge*, manque dans B.

3. Amédée VI, beau-frère de Charles V.

De Jaques de Rue[1]. — A.

A Bussy, qui est à mons. de Coucy[2]. — A. C 112.

1091. La Bataille des Sept Ars, de Philippe le Conquérant, la Généalogie par manière de Cronique des roys de France, en petit volume, rimé, à deux coulombes, de menue lettre de forme. Comm. : *en monterent.* Fin : *touz ses bons.* Couvert de cuir qui fut rouge sanz emprainte, à ii fermoirs de cuivre. — 12 s. — A 371. B 392. D 256. E 297. F 277.

1092. Berignus en prose, sanz enluminer, escript de lettre formée, en françois, à deux coulombes. Comm. : *de la maison.* Fin : *conquise.* Couvert de cuir, à ii fermoirs de laton. — 10 s. — A 336. B 357. D 226. E 268. F 248.

1093. Le livre de Blanchaudin et du Beau mauvais, très vieil, escript de lettre formée, en françois et rymé. Comm. : *dessul un mul.* Fin : *trestouz estoit.* Couvert de cuir, à deux fermoirs de laton. — A 335. B 356. D 223. E 265.

1094. L'Achèvement du Brest, Branor et aussi Guiron le Courtoiz, en prose, et à trois coulombez. — A 288. B 308.

Porté à Meleun pour le Roy par Colin de L'Isle, derrenier de septembre 1380. — A. C 92.

1095. Beuves de Hantonne, et Josianne s'amie, petit, couvert de cuir rouge, meschant, venu de Jaques de Rue, escript en françois, de lettre de forme. Comm. : *B. ot nom.* Fin : *le ducz la baise.* Couvert de cuir rouge, à deux fermoirs de laton. — 10 s. — A 494. B 518. D 353. E 393. F 368.

1096-1097. Le livre de Bueve d'Esgremont, la Vie saint Charlemagne, les Quatre filz Hemon, dame Aye d'Avignon, les Croniques de Jerusalem, Doon de Nantueil, Maugis le larron, Vivien et Raoul de Cambray, escript en françois, de lettre formée, rymé et en deux coulombes. Comm. : *l'emperieres de France.* Fin : *XIII de ses barons.* Couvert de cuir à deux fermoirs de laton. — 10 l. — A 280. B 300. D 188. E 230. F 221.

1098. Chalemaine et Turpin, et les ans de Adam jusques

---

1. Jacques de Rue, secrétaire du roi de Navarre, exécuté en 1378.
2. Enguerrand VII, sire de Couci. — « Messire Simon de Bucy » siégeait dans le conseil du roi en 1365. *Mandements de Charles V*, p. 111.

à Jhesu Christ, quantes foiz Jherusalem a esté prinse, le livre
de Pantigny, et autres choses en prose, escript de lettre formée,
en françois. Comm. du texte : *de cy à l'autre*. Fin : *qui a les
cheviaulx*. Couvert de cuir blanc à queue, et deux fermoirs de
laton, et de petit volume. — A 376. B 397. D 261. E 302. F 282.

1099. Le livre de Charles et d'Ogier et de pluseurs autres
choses, rymé et en langaige picart, en grant volume et de
mauvaise lettre formée, à deux coulombes. Comm. du texte :
Moyses et David. Fin : *quant roy Charles*. Couvert de cuir à
deux fermoirs de laton. — 3 l. — A 274. B 294. D 185. E 227.
F 218.

1100. Le livre du Chastel de richesse, de lettre de forme,
rymé, en françois, et à une coulombe. Comm. : *par angoisse*.
Fin : *l'osta par penitance*. Couvert de cuir rouge empraint, à
bouillons et deux fermoirs de laton. Donné au roy par Gilet.
— 1 l. — B 209. D 894. E 198. F 172.

1101. Cligés et Ypomecol, rymé, en ung petit livret couvert de cuir, escript de lettre de forme, à deux coulombes.
Comm. : *Calabre*. Fin : *fet si ne sens plit*. A ii fermoirs de
cuivre. — 1 l. — A 194. B 194. D 128. E 125. F 108.

1102. Un livre appellé Decacornon, couvert de cuir vermeil empraint, en petit volume, escript en françois, de lettre
formée. Comm. : *Reste*. Fin : *desiderabunt*. A deux fermoirs
de laton. — 2 l. — A 206. B 203. D 135. E 132. F 115.

1103. Du bel Ascanor de la Montangne et de Wytasse le
Moyne, avec de grans truffes[1]. — A 196. B 195.
    A la Royne par le Roy, 29ᵉ d'aoust 1390. — A. C 52.

1104. Des Faiz d'Espaigne, Athiz et Profirias, très vieil,
escript en françois, de lettre formée, à deux coulombes, et
rimé. Comm. : *qui les omosnes*. Fin : *tuit li riches*. A ii et à
iii coulombes, couvert de cuir rouge, à ii fermoirs de laton.
— 12 s. — A 374. B 395. D 259. E 300. F 280.

1105. Florence et Octovien de Romme, rymé, en ung
petit livret, couvert de rouge, sans emprainte, à deux fermoirs

---

1. *De grant truffes*, manque dans B.

de cuivre, mal escript et en françois. Comm. : *fait à Paris.* Fin : *une dame.* — 4 s. — A 186. B 188. D 125. E 122. F 105.

1106. Florimont, couvert de cuir vermeil à empraintes, à dix bouillons d'argent, à deux fermoirs d'argent aux armes de la royne de Bourbon, sur tixuz de soie, escript de lettre de forme, en ryme et à deux coulombes, bien historié et enluminé, et en la fin du dit livre est le livre de Mandeville, de lettre de note, en prose. Comm. : *mes ne savez encore.* Fin : *seroit longue chose.* — 2 l. 8 s. — A 489. B 512. D 400. E 437. F 411.

Le roy [Charles VI] l'a baillé au chanteur de la royne. — A.

1107. Foulques Faucon, Girart le Conte, rimé, en gascoing, escript de lettre formée, à deux coulombes. Comm. : *ecarles.* Fin : *au meillour chevalier.* Couvert de cuir blanc, à ii fermoirs de laton. — A 327. B 348. D 218. E 260.

1108. Foulques Faucon et Girard de Roucillon, petit et très bien enluminé et très vieil, escript en françois de lettre formée, à ii coulombes. Comm. : *seguart par.* Fin : *grans vertuz.* Couvert de cuir, à ii fermoirs de laton. — 1 l. — A 424. B 446. D 297. E 338. F 316.

1109. Garin de Mont Glene, rymé, escript en ii coulombez, et sont les aiz historiez par dehors et couverts de corne dont on fait les lanternes. — A 36. B 36.

Il a esté recouvert, et puiz le Roy l'a donné à Bussy[1] en octobre 1392. — A. C 18.

*__1110__. Le Romant Guerin de Monglaine, de Aymeri de Nerbonne, de Guillaume au court neez, en un gros volume court, rymé, de lettre de forme et à deux coulombes. Comm. : *quant Guerin se eslongna.* Fin : *ainsi depart.* Couvert de cuir vert, à v bouillons et ii fermoirs de laton. — D 788. E 812.

*__1111__. Le livre messire Gieffroy de Charny[2], en françois, partie rimé et partie en prose. Comm. : *qu'il pueut avoir.* Fin :

---

1. Voir plus haut, art. 1090.

2. Je ne puis dire quel est ce Geoffroi de Charni. Il y a dans le ms. français 25447 une sorte de Castoiement de chevalerie, à la fin duquel on lit : « Explicit Charny. » Mais cet opuscule est entièrement en vers, et par conséquent ne répond pas aux désignations de l'art. 1111.

lequel est plus grant. Et est bien escript de lettre de forme et bien historié, couvert de cuir rouge à empraintes, à deux fermoirs de laton. — 2 l. — D 760. E 784. F 702.

1112. Glorion de Bretaigne, rymé, escript de lettre formée, en françois, à deux coulombes. Comm. : *si ert fille.* Fin : *qu'ilz le servent.* En petit volume, couvert de cuir rouge empraint, à ii fermoirs de laton. — A 358. D 243. E 284.

1113. Un livre du saint Graal et de la Table ronde, bien escript et enluminé, à iii coulombes et en grant volume, couvert de cuir rouge à granz bouillons et quatre fermoirs de laton, en françois. Comm. : *eue que je tant.* Fin : *fait il mador.* — 5 l. — A 277. B 297. D 186. E 228. F 219.

1114. Du Saint Greal et de Meliagant et de Lancelot du Lac, et fine où il doit recommancier à Agravain. — A 270. B 290.

Au Roi, le 25 janvier 1381 (v. st.). — A. C 85.

***1115.** Un livre du Saint Graal et de Merlin, escript de lettre de forme, en prose, à deux coulombes. Comm. : *et en proyéres.* Fin : *plus beau chevalier de lui.* Couvert de cuir rouge, à deux fermoirs de laton. — 8 l. — D 917. E 221. F 194.

***1116.** Un gros rommant en françois, ouquel est contenu tout au long l'istoire du Saint Graal, de Merlin, de la nativité Lancelot, et touz ses faiz, de la Table ronde, du roy Artus et jusques à la fin de Lancelot, et la mort du dit roy Artus, escript en prose, de lettre de forme et à trois coulombes, très bien enluminé et historié. Comm. : *en ceste manière.* Fin : *ensi s'en parti li roys.* Couvert de cuir vermeil empraint, à vi bouillons de cuivre de chacun costé, et quatre fermoirs de mesmes. — D 921.

1116 *bis*[1]. Ung grant rommant plat du Saint Graal, de Lancelot du Lac et du roy Artus, très bien historié d'ancienneté, en françois, de bonne lettre de forme et à trois coulombes. Comm. ou iii⁰ foillet *se mist à tous,* et ou derrenier, qui est le ii⁰ [à la fin] : *ment ordonna Lancelot.* Et n'est point complet,

---

1. Il est possible que les notices 1116 et 1116 *bis* se rapportent à un même manuscrit.

et y a aucunes fueilles escriptes de neuf, qui ne furent onques enluminez. *Couvert de cuir blanc, à bouillons et fermoirs de laton. Et fut baillé à Guillaume Des Champs par Maulin pour relier.* — F 214.

(Note marginale :) Guillaume Des Champs l'a par argent que on lui doit, et ne l'a onques le dit Guernier comme dit le texte.

1117. Le livre du Saint Graal et de Tristan, très ancien, et menue lettre vieille, et n'est point enluminé, et est en grant volume, escript en françois de lettre formée, à deux coulombes. Comm. : *as tu encore bien.* Fin : *li un par devant.* Couvert de cuir, à deux fermoirs de laton. — 2 l. — A 271. B 291. D 183. E 225. F 216.

1118. Du Saint Greal, de Lancelot, et de Tristan, de Palamedes et Galaad, en trois coulombez, bien escript et enluminé et de grant volume. — A 275. B 295.

A Madame de Bourgongne[1], 14 d'octobre 1381. — A. C 87.

1119. Du Saint Greal, de Lancelot et de Gauvain, en très grant volume plat, en prose, très bien escript et ystorié, couvert de cuir rouge à empraintes, à quatre fermoirs d'argent des armez de la royne Jehanne de Bourbon, et boullons d'argent. — A 302. B 323.

Le Roy l'a devers soy. — B.
La Royne l'a le 19 d'aoust 1390. — A. C 97.

1120. Du Saint Graal, de la creacion Adam, la Naissance de toutes choses, Merlin, les Prophecies Sebile, les Prophecies Methode, evesque de Patras, en prose, escript de lettre de forme, en françois. Comm. : *si semble.* Fin : *sept ans.* Couvert de cuir vert, à deux fermoirs de laton. — 1 l. — A 448. B 469. D 369. E 407. F 382.

1121. Guillaume d'Anjou, en ung cayer, sanz fin et sanz commancement, et en prose, sanz ais, escript en françois de lettre de forme, à deux coulombes. Comm. : *rienz et comment.* Fin : *tant à faire.* Couvert de parchemin. — 5 s. — A 386. B 407. D 268. E 309. F 289.

1122. Guillaume d'Orenge, rimé, en lettre formée, en

---

1. Marguerite de Flandre, femme du duc Philippe le Hardi.

françois, en petit volume. Comm. : *respons premier*. Fin : *plus de II^m*. Couvert de cuir vermeil, à deux fermoirs de laton. — 5 s. — A 373. B 394. D 258. E 299. F 279.

1123. Guion de Nantueil, rimé, escript en françois, de lettre formée, à deux coulombes. Comm. : *si que bien long*. Fin : *et garnaux*. Couvert de cuir, à deux fermoirs de laton. — 16 s. — A 415. B 436. D 290. E 331. F 309.

1124. Un grant livre de Guiron le Courtoiz et de Branor, très bien escript, en iii coulombes, rymé. — B 289.

Le Roy l'a devers soy. Presté à Madame de Bar[1]. — B.

1125. Ector de Troyes[2], couvert de cuir rouge, rimé, de petite value, dudit Jaques [de Rue][3], escript de lettre formée, à deux coulombes, en françois. Comm. : *furent es chambres*[4]. Fin : *seure et ferme*. A deux fermoirs de laton. — 24 s. — A 496. B 520. D 355. E 395. F 370.

1126. Un livre couvert de cuir à queue, où est l'Issue d'Egipte des enfans de Israel[5], un traictié de philozophie, la Passion, et autres choses; donné au Roy par Gilet; escript en françois, de lettre formée. Comm. : *en tribulacions*. Fin : *des brebiz de Jhesu Crist*. A deux fermoirs de laton. — 2 l. — A 215. B 218. D 142. E 139. F 122.

1127. Jehan le duc du Mont aux fées, escript en lettre de note, très grans mençonges[6], en françois. Comm. : *porent pou faire*. Fin : *que on leur fist*. Couvert de cuir blanc sanz empraintes, à deux fermoirs de cuivre. — 2 l. — A 199. B 198. D 131. E 128. F 111.

---

1. Marie, sœur de Charles V, femme de Robert, duc de Bar.

2. Un autre exemplaire du même ouvrage est mentionné dans l'art. 104 de l'inventaire C : « le livre d'Hector de Troye, qui fut baillé à mons. de Nevers », c'est-à-dire à Jean, fils de Philippe le Hardi, duc de Bourgogne.

3. Secrétaire du roi de Navarre, exécuté en 1378.

4. *Diray vous donc*. E.

5. Dans le ms. 2306 de la Bibliothèque royale de Belgique, aux fol. 9-98 v°, se trouve « le second livre de la Bible moralisée, qui est de l'yssue des enfans d'Israel hors de Egypte, pour aler en la terre de promission », suivi comme ici des « Moralitez de philosophie » et de la « Passion de Jhesu Crist ». Voir plus haut, sous le n° 452, l'indication d'un autre manuscrit qui contenait aussi ces trois morceaux copiés dans le même ordre.

6. Les mots *très grans mençonges* omis dans A et B.

1128. Jehan le Duc du Mont aux fées, en prose, de lettre de forme, en françois, à deux coulombes. Comm. : *ces barons est grant*. Fin : *et en la fin dueil*. Et est signé du roy JEHAN. Couvert de cuir vermeil à empraintes et à cinq boullons et deux fermoirs de laton. — 1 l. — A 348. B 369. D 388. E 425. F 400.

Donné à la Roine. — A.

1129. Josaphat et Balaan, rymé, en ung petit livret, bien escript de lettre de forme, à ii coulombes, et historié, en françois. Comm. : *si fut moult forment*. Fin : *a ses diz*. Couvert de cuir blant, à ii fermoirs de laton. — 10 s. — A 385. B 406. D 267. E 308. F 288.

1130. Josaphas et Balaon, rimé, escript en françois, de lettre de forme, à ii coulombes. Comm. : *sor chrestiens*. Fin : *dessor la tombe*[1]. Couvert de rouge, à ung fermoir rouge. — 10 s. — A 453. B 474. D 319. E 360. F 338.

1131. Lancelot du Lac, pareillement couvert [de cuir vermeil], à quatre fermoirs d'argent hachiez de armez de la Royne. — B 514.

Le Roy l'a par devers soy. — B.

1132. Lancelot du Lac, couvert de cuir vert, en prose, de pou de value, du dit Jaques [de Rue], escript en françois, de lettre courant, à deux coulombes. Comm. : *pieche tant*. Fin : *y feussent venu*. A ii fermoirs de laton. — 12 s. — A 497. B 521. D 356. E 396. F 371.

1133. Un Rommant de Lancelot du Lac et de la Table ronde, de mauvaise lettre de forme, en prose, à deux coulombes. Comm. : *et l'ost estoit dessoubs logié*. Fin : *point n'avoit garde*. Couvert de cuir blanc à deux fermoirs de laton — 24 s. — D 918. E 222. F 195.

1134. Le livre de la Male marrastre, Marques le filz Chaton, et des Sept saiges, en prose, escript de lettre formée, en françois, à deux coulombes. Comm. : *respondit certes*. Fin : *dist en oyence*. Couvert de cuir, à deux fermoirs de laton. — 24 s. — A 362. B 383. D 245. E 286. F 266.

---

1. *Dessoubz la tombe.* E.

1135. Le livre de Marques de Romme, de Laurin et de Cassiodorus, de Pelliarmenus, des Faiz de Romme et de Constentinoble, en prose, en trois coulombes et très grant volume, de bonne lettre de forme, en françois et historié. Comm. : *que s'il estoit mors*. Fin : *en diray mon advis*. Couvert de cuir rouge, à ɪɪɪɪ fermoirs de cuivre. — A 303. B 324. D 198. E 240.

***1136**. Le Rommant de Maugis le larron, le rommant de Bueuve d'Aigremont, et tout le Rommant des Quatre filz Hemon, de lettre de forme, à deux coulombes, bien historié. Comm. : *durement se merveille*. Fin : *à l'entrée de labour*. Couvert de cuir rouge, à cinq bouillons et quatre fermoirs de laton. — 4 l. — D 895. E 199. F 173.

1137. De Meliachin et du Cheval de fust, du chastelain de Coussy, de la dame de Fayel, rimé, bien escript et enluminé, à deux coulombes, de lettre de forme. Comm. : *comme pucelle*. Fin : *tant demaine*. Couvert de cuir blanc, à deux fermoirs de laton. — A 405. B 426. D 281. E 322.

1138. Meliachin et du Cheval de fust, rimé et bien escript, en françois, de lettre formée, à deux coulombes. Comm. : *toute honneur*. Fin : *et plus les essauçoit*. Couvert de cuir à deux fermoirs de laton. — 2 l. — A 418. B 440. D 291. E 332. F 310[1].

1139. Meliadus et du Chevalier sans paour que aucuns nomment le Brust, en très grant volume, couvert de cuir blanc. — A 499.

Donné à mons. de Harecourt, quant il donna au Roy le Pelerinage[2]. — A. C 113.

1140. Item un romant de Meliagant, de Lancelot et de Tristan, en prose, en un grant volume plat, escript de lettre de forme, à ɪɪ coulombes. Comm. : *viaus et de vassellement*. Fin : *forest se fut celle nuit*. Couvert de cuir blanc, à deux fermoirs de laton. — 4 l. — A 278. B 298. D 402. E 439.

---

1. Ms. français 1589 de la Bibliothèque nationale. — Voir la notice CI des livres conservés jusqu'à nos jours.

2. Le manuscrit des Pèlerinages, donné au roi par Jean, comte d'Harcourt, est catalogué sous le nᵒ 1155.

Presté à mons. d'Omont[1], 28 de janvier 1382. — A.

1141. Merengis rymé, très vieil, en petit volume escript de lettre formée, en françois, à deux coulombes. Comm. : *quelz homs il fut*. Fin : *li clo*. Couvert de cuir blanc, à ung fermoir de laton. — 4 s. — A 351. B 372. D 238. E 279. F 259.

1142. Un livre de Merlin et des faiz de Lancelot du Lac et de Gauvain, en prose, à deux coulombes, escript de lettre de forme, en françois. Comm. : *doit veoir*. Fin : *destruent de la gent*. Couvert de cuir, à deux fermoirs de laton. — 12 l. — A 287. B 307. D 191. E 233. F 224.

1143. L'Enserrement de Merlin et toute l'istoire de sa vie, escript en françois, de lettre formée, en prose, à deux coulombes. Comm. : *li gran maistres*. Fin : *comme il vint*. Couvert de cuir, à deux fermoirs de laton. — 3 l. — A 283. B 301. D 189. E 231. F 222.

1144. L'Enserrement de Merlin et de Uterpandragon, en un gros volume et en prose, bien escript, en II coulombes. — A 293. B 314.

A la Reyne, 12 de novembre 1392. — A. C 93.

1145. Les Prophecies Merlin, en prose, escriptes de menue lettre de forme, à deux coulombes. Comm. : *que il avoit*. Fin : *le paroit nostre s.* Couvert de cuir rouge à queue, sanz empraintes, à deux fermoirs de laton. — 23 s. — A 349. B 370. D 236. E 277. F 257.

1146. Le Couronnement des roys, et Merlin[2] et Ambroise son maistre, en prose, de lettre de forme, à une coulombe. Comm. : *a noz eglises*. Fin : *nes ne point ne vendra*. En petit volume couvert de cuir blanc à queue, à II fermoirs de laton, dont l'un est rompu. — 6 s. — A 382. B 403. D 390. E 427. F 402.

1147. Un livre pareillement couvert [de cuir vermeil empraint], à deux fermoirs d'argent, hachiez aux armes de la Royne, des Enfances Ogier, de Robert le Deable et de plu-

1. Pierre d'Omont, chambellan de Charles V, mentionné dans divers mandements de ce roi.
2. *Merlin le Sauvage*. B.

seurs autres choses, à ıı coulombes, et historié, escript en françois, de lettre de forme. Comm. : *a Gaufroy*. Fin : *un petitet*.
— 3 l. — A 490. B 513. D 350. E 390. F 365.

Le Roy l'a baillé au chantre de la Royne pareulx. — A.

1148. Le Retour du paon et d'Alixandre, rimé, en ung
petit livret, escript de lettre formée en françois. Comm. : *le
preudomme*. Fin : *un ver qu'il*. Couvert de cuir rouge empraint,
à deux fermoirs de laton. — 24 s. — A 403. B 424. D 278.
E 319.

1149. Les Veuz du pan, rimez, escripz en françois, de lettre
formée. Comm. : *sire en ces valées*. Fin : *du restor du pan*.
Couvert de cuir rouge, à ıı fermoirs de laton. — 24 s. — A 359.
B 380. D 244. E 285. F 265.

En déficit. — C 101.

1150. Les Veuz du paon, rimez, escripz de vieille lettre de
forme, en françois, historiez. Comm. : *vigreux sont*. Fin : *par
devant les deux roys*. Couvert de cuir rouge, à ıı fermoirs de
laton. — 1 l. — A 463. B 484. D 379. E 416. F 391.

1151. Perseval le Galois, en ryme, ses faiz et sa chevalerie, escript de lettre formée, en françois, à deux coulombes.
Comm. : *se sont angles*. Fin : *Perceval remet*. Couvert de cuir,
à deux fermoirs de laton. — 24 s. — A 323. B 344. D 215.
E 257. F 244.

1152. Perceval le Galois, escript, en françois rimé, de
lettre formée, à deux coulombes. Comm. : *mais c'est en sain*.
Fin : *qui dient ci gist*. Couvert de cuir vermeil empraint, à
quatre fermoirs de laton. — A 339. B 360. D 228.

1153. Perceval le Galois, rimé, escript de lettre formée,
en françois, à ııı coulombes. Comm. : *et landemain*. Fin : *a
grant joye*. Couvert de cuir à ıı fermoirs de laton. — 2 l. —
A 421. B 443. D 294. E 335. F 313.

1154. La Passion Nostre Seigneur, rimée, par personnages,
la Vie des Pères, l'Ymage du monde, Vies d'aucuns sains, pluseurs choses de saint Pol, chançons et autres choses rimées.
Comm. : *Judas respont*. Fin : *olive, anglantier*. Escript de
menue lettre bastarde, à ııı coulombes; couvert de cuir qui fut

rouge, à ıı fermoirs de laton. — 2 l. — A 352. B 373. D 383. E 420. F 395.

1155. Le Pelerinage du Munde, de l'ame et de Jhesus Crist, couvert de soie vert à queue, que donna au Roy le conte de Harcourt[1]. — A 225. B 229.

A mons. d'Anjou, 22 de novembre [1380]. — A. C 59.

1156. Le Pelerinage du monde, de l'ame et de Jhesu Crist, en deux volumes, couvers de cuir blanc, escripz de lettre courant, en deux coulombes, dont l'un d'iceulz volumes est en ryme : du Pelerinage du monde et de l'ame. Comm. : *machou en fu*. Fin : *o sanctissime Andrea*. A ıı fermoirs de laton.

Et l'autre est du Pelerinage Jhesu Crist, rymé. Comm. : *et soit assez*. Fin : *pourquoy aussy*. A deux fermoirs de laton. — 4 l. — A 258. B 270. D 158. E 154. F 135.

1157. Le Pelerinage du monde, jadiz en parchemin sanz aiz, et de present relié de cuir rouge, à deux fermoirs d'argent dorez, armoiez de France sur tixuz de soie[2], escript de lettre courant à deux coulombes. Comm. : *avec la generacion*. Fin : *sed quia non sufficio (?)*. Et y a pluseurs choses de devocion après le dit Pelerinage. — 2 l. — A 501. B 524. D 396. E 433. F 407.

1158. Le Pelerinage de l'ame, couvert et fermant comme dessus, escript de lettre de note, à deux coulombes. Comm. : *sur lesquelz angles*. Fin : *sa toy ne tient*. — 2 l. — A 502. B 525. D 397. E 434. F 408.

1159. Le Pelerinage de Jhesu Crist, couvert, fermant et escript comme dessus (n° 1158). Comm. : *la m'acointay*. Fin : *et pour la grant*. — 2 l. — A 503. B 526. D 398. E 435. F 409.

1160. Les Gestes du roy Peppin et de sa femme Berthe au grant pié, et les Gestez de Charlemaine[3], rimez, bien escript

---

1. Le roman de Meliadus que Jean, comte d'Harcourt, reçut en retour de son cadeau est indiqué ci-dessus, au n° 1139.

2. *Tixus asurez*. E.

3. Il est douteux que le volume ainsi intitulé soit le même que celui auquel Charles V fit donner une riche couverture en 1377 et qui, destiné au Dauphin, est désigné par les mots : « Les Gestes Charlemaine, les Enfances Pepin, » dans deux pièces de comptabilité publiées à l'Appendice.

en iii coulombez bien historié et en très grant volume. —
A 35. B 35.

A la Royne, 29 d'aoust 1390. — Le Roy les lui a ostéez et
donnéez à mons. de Coucy. — A. C 17.

1163. Item de Pierre Alphons et de La Rose abregie,
l'Estre perileux, achevé par messire Gauvain, en ryme[1], de
vieille lettre, à deux coulombes. Comm. du texte : *car cil qui
est.* Fin : *celle nuit.* Couvert de deux ais sanz cuir, à deux
fermoirs de cuivre. — 10 s. — A 368. B 389. D 254. E 295.
F 275.

1166. Ung livre de Quilila et de Dymas (*sic*), Moralitez à
propos aux estaz du monde, rymé et historié, escript de lettre
formée, à deux coulombes. Comm. : *qu'il convendra.* Fin :
trambler pour sa mort[2]. Et est signé du roy JEHAN. Couvert
de cuir vert, à deux fermoirs de laton. — 24 s. — A 109. B 110.
D 159. E 155. F 136.

1167. Le Reclus de Morléans, rymé et bien historié, escript
de lettre de forme, en françois. Comm. : *ou l'en paron.* Fin :
par tout s'espend. Couvert de cuir blanc, à deux fermoirs de
laton. — 10 s. — A 124. B 125. D 77. E 76. F 63[3].

1168. Le livre appellé Charité du Reclus de Morleans, et le
testament maistre Jehan de Meun, rimé en françois, escript de
lettre formée. Comm. : *si respons.* Fin : *dont il aime.* Couvert
de cuir rouge, à deux fermoirs de laton. — 1 l. — A 135.
B 136. D 91. E 89. F 75.

1169. Le livre du Reclus de Mortleans, rimé, couvert de
veluyau inde, à une fleur de lis de brodure d'or, que donna au
Roy le gouverneur du bailliage d'Amiens, escript de lettre formée, en françois, à deux coulombes. Comm. : *cy devant.* Fin :

---

1. *Em prose.* A.

2. Cet exemplaire de la version française de Dina et Calila ne paraît pas
nous être parvenu. Voir le très important article que Gaston Paris a consacré
à cet ouvrage dans l'*Hist. littéraire de la France*, t. XXXIII, p. 191-253.

3. Le ms. français 1763, qui contient le Reclus de Morleans, commence bien
au second feuillet par les mots *Ou l'en parole.* Ce n'est cependant pas l'exemplaire de Charles V. En effet, dans l'exemplaire de la librairie du Louvre, le
dernier feuillet commençait par les mots *Par tout s'espend,* mots qui, dans le
ms. 1763, se trouvent à la ligne 10 de l'avant-dernier feuillet.

li erres qui ces. A deux fermoirs d'argent dorez. — 2 l. —
A 172. B 173. D 113. E 111. F 94.

1170. Le Reclus de Morleans, les Croniques des evesques
du Liège, et autres choses en rime et prose, et très grosse
lettre formée, à deux coulombes, en françois. Comm. : *pour
ce fault on.* Fin : *et ses hommes.* Couvert de cuir rouge, à
ii fermoirs de laton. — A 320. B 341. D 212. E 254.
  Enlevé vers 1414. — E 933.

1171. L'Exposicion du pseaulme *Eructavit*, le Reclus de
Morleans, Marcon (*sic*) et Salmon, escripte en françois, de
lettre formée, à iii coulombes, et rimé. Comm. : *esgarda tout.*
Fin : *li donna.* Couvert de cuir rouge, à ii fermoirs de laton.
— 10 s. — A 353. B 374. D 239. E 280. F 260.

1172. Le Reclus de Morleans, en ung cayer de parchemin,
rymé et historié, lequel contient deux autres livres rimez,
escript de lettre de forme, à ii coulombes. Comm. : *qui sa
char routiroit.* Fin : *de la sus.* Couvert d'une peau de parchemin. — A 391. B 412. D 271. E 312.

1173. Le Reclus de Morleans dit Charité, rimé, escript de
lettre de forme, en françois. Comm. : *cui il voit.* Fin : *ne fu ne
est.* Couvert de cuir rouge, à ii fermoirs de laton. — 12 s. —
A 412. B 433. D 288. E 329. F 307.

1174. Le Reclus de Morleans, rimé, escript de lettre de
forme, en françois, à deux coulombes. Comm. : *les autruy
pechiez.* Fin : *o dame.* Couvert de cuir vert, à deux fermoirs
de laton. — 4 s. — A 445. B 466. D 314. E 355. F 333.

1175. Un livre de Renart, rymé et historié, couvert de
cuir rouge à empraintes, escript de lettre de forme en françois,
à deux coulombes. Comm. : *Ysangrin.* Fin : *la moelle dessoubz l'escorse.* A deux fermoirs de cuivre. — 2 l. — A 89.
B 90. D 55. E 54. F 43.

1176. Renart rimé, escript en deux coulombes, de lettre
formée, en françois. Comm. : *et envie.* Fin : *ala le.* Couvert
de cuir rouge, à deux fermoirs de laton. — 2 l. — A 342.
B 363. D 380. E 417. F 392.

  *1177. Item le romant de Renart, escript de lettre de forme,

à deux coulombes, rimé et historié. Comm. : *pour dant Renart.*
Fin : *et le seel a englacier.* Couvert de cuir rouge, à quatre
fermoirs de laton. — 1 l. — D 903. E 207. F 181.

*1178. Renart rimé, escript de lettre de note, à deux cou-
lombes. Comm. : *en lanier beste.* Fin : *mere dit il.* Couvert de
cuir vermeil à empraintes, à bouillons et deux fermoirs de
laton. — 2 l. 8 s. — A 921. D 932. E 909. F 206.

Envoyé au Louvre en janvier 1409 (v. st.) par le duc de
Guyenne. — A.

1179. Un livre de Renart[1], escript de lettre formée, en
françois, à deux coulombes. Comm. : *pourra encore.* Fin :
mais s'il se. Couvert de cuir à ıı fermoirs de laton. — A 417.
B 439. D 382. E 419. F 394.

Mons. de Bourgogne [Jean Sans peur] le tient. — E.

1180. Le livre de Regnart, couvert de cuir rouge à
empreintes, avecques les Fables Ysopet. — A 256. B 267.

A maistre Aymery de Mengniac[2]. — A. C 79.

*1181. Un livre rymé de Renart et des Fables Ysopet, en
grant volume, de lettre de forme, bien historié et à deux coulombes. Comm. : *ce R. le fist.* Fin : *de bestes et de gent.* Couvert de cuir rouge[3] à losanges et deux fermoirs de laton. —
3 l. — D 754. E 778. F 696.

1182. Le Romant du conte Roald[4] d'Angleterre, rymé,
escript de lettre de forme, en françois. Comm. : *ces maistres.*
Fin : *des ores mes.* En petit volume, couvert de cuir blanc, à
ıı fermoirs de laton. — 12 s. — A 383. B 404. D 266. E 307.
F 287.

1183. Le Romant de la Roze maistre Jehan de Meun, bien
escript et historié. — A 436.

Le Roy l'a envoié au conte de Salzebery [par] l'arcevesque
de Rouen[5]. — A. C 106.

---

1. *De Regnart, Ysopet et Avienet, moralitez rymez.* (A et B.) — *Il y a
Regnart seulement* (note ajoutée dans A).
2. Aimeri de Maignac, conseiller du roi, qui devint évêque de Paris en 1368.
3. *Royé à losanges.* E.
4. *Rouart.* D. — *Renard.* F.
5. Guill. de L'Estrange.

1184. Un romant de la Rose, escript de lettre de forme, à deux coulombes. Comm. : *mes que elle estoit*. Fin : *onques nul*. Couvert de cuir, à deux fermoirs de laton. — 1 l. — A 429. B 451. D 302. E 343. F 321.

1185. Le Romans de la Rose, très vieil, mal escript, escript de lettre de forme, en françois. Comm. : *que el mois*. Fin : *rosiers et rains*. Couvert de cuir rouge, à deux fermoirs de laton, en petit volume. — 12 s. — A 427. B 449. D 300. E 341. F 319.

1186. Le Romant de la Rose, le Testament maistre Jehan de Meun, rimé, très bien escript et historié, couvert de cuir vermeil à empraintes, à deux fermoirs de cuivre, escript de lettre de forme, à deux coulombes. Comm. : *ce mi est advis*. Fin : *pour ce est tu mere*. — 4 l. — A 197. B 196. D 129. E 126. F 109.

1187. Les Sept Saiges et Marques le filz Cathon, en petit volume, escript de lettre de forme, à deux coulombes. Comm. : *toute clergie*. Fin : *seignor les trois*. Couvert de cuir rouge, à deux fermoirs de laton. — 10 s. — A 459. B 480. D 322. E 363. F 341.

1188. Un livre des Sept Saiges et de Cassiodorus, couvert de cuir rouge à queue, escript en françois de lettre de forme, à III coulombes. Comm. : *merveilles que li emperieres*. Fin : *il sauroit qui eidier*. A cinq bouillons et deux fermoirs de laton. — 5 l. — A 516. B 540. D 399. E 436. F 410.

1189. Un romant de la Table ronde, couvert de cuir rouge, très mauvaisement escript en françois, de lettre de forme, à deux coulombes. Comm. : *qui est li chevaliers*. Fin : *luxure*. A deux fermoirs. — 1 l. — A 515. B 539. D 368. E 406. F 381.

1190. Le livre de la Table ronde et de Tristan et du roy Marc de Cornoaille, très ancien et très vieille lettre, sanz enluminer, et est en grant volume, escript de lettre formée, en françois, à deux coulombes. Comm. : *la nes commença*. Fin : *et a moy*. Couvert de cuir à deux fermoirs de laton. — 2 l. — A 272. B 292. D 184. E 226. F 217.

1191. Taillefer dit Raoul de Cambresis, rimé, très vieil et bien petit, à une coulombe, de lettre bastarde. Comm. : *dame Aalez*. Fin : *ne prist du leur*. Couvert de cuir vert sanz emprainte, à deux fermoirs de laton. — 5 s. — A 407. B 428. D 283. E 324. F 302.

1192. L'Ystoire de Thèbez en prose, sanz enluminer, dont les aiz ne sont point couvers. Du conte de Saint-Pol[1]. — A 521. B 544.

Rendue au conte de Saint-Pol. — C 114.

1193. Le Romans de Tiessalus, rimé en françois, de lettre de forme, à ii coulombes, de petit volume. Comm. : *despairez*. Fin : *la couronne*. Couvert de cuir rouge, sanz emprainte, à i fermoir de cuivre. — 10 s. — A 363. B 384. D 251. E 292. F 272.

*1194. Un livre de Torchefauvel[2], historié et noté, bien escript de lettre de forme. Comm. : *Benedicite Domino*. Fin : *vous ay dame*. Couvert d'un vielz drap de soie à abres vert et ii petiz fermoirs d'argent dorez. — 3 l. — D 753. E 777. F 695.

1195. Torrez chevalier au Cercle d'or, rymé, bien historié et escript. — A 416. B 437.

A la Royne, 11 de novembre 1392. — A. C 105.

1196. Un cayer en françois appellé la Tour de sapience, escript de lettre de forme, en parchemin et en latin. Comm. : *de son sifle*. Fin : *conjunction*. — 2 s. — A 757. B 760. D 640. E 667. F 599.

1197. Un livre de Tristan, en très gros volume, escript de lettre de forme, à deux coulombes, très bien historié et enluminé. Comm. : *fors de femme prendre*. Fin : *des ymages estoit faicte (?)*. Couvert de cuir vermeil tout neuf, à empraintes, à gros bouillons et iiii fermoirs de laton. — D 404[3].

1198. Tristan et Lancelot, et de ses faiz, de la Table ronde,

---

1. Waleran de Luxembourg, disgracié à la fin du règne de Charles V.

2. Sur le roman de Fauvel, voir l'article de Gaston Paris, dans l'*Hist. littéraire de la France*, t. XXXII, p. 109-153.

3. Au même manuscrit semble devoir se rapporter un article des premiers inventaires ainsi conçu : *Le tiers livre de Tristan en prose*. A 318. B 339.

en prose, et très bien vieil, escript en françois, de lettre de forme, à deux coulombes. Comm. : *cheval et quant*. Fin : *fut apparlee*. Couvert de cuir rouge, à deux fermoirs de laton. — 24 s. — A 325. B 346. D 325. E 366. F 344.

1199. Tristan de Laonnois et l'ystoire du Saint Greal, en prose, gros volume escript en trois coulombez. — A 304. B 325.

A la Roine, le 30 janvier 1401 (v. st.). — C 98.

1200. Le premier livre de Tristan de Leonnois et du roy Marc de Cornouaille, escript de lettre de forme, à deux coulombes, en françois. Comm. : *si en ouvrerons*. Fin : *a lire*. Couvert de cuir rouge, à deux fermoirs de cuivre, en un estuy de cuir blanc.

Le ii⁣ᵉ volume du dit livre de Tristan, ainsi estuyé comme l'autre. Comm. : *a l'autre*. Fin : *de Tristan*. Couvert de cuir vermeil, à deux fermoirs de cuivre.

Le tiers volume dudit livre de Tristan, escript comme les autres. Comm. : *de la Table ronde*. Fin : *ma promesse*. Couvert de cuir rouge, à deux fermoirs de cuivre. Ainsi mis en estuy de cuir blanc. Et ne sont pas de grans volumes. — A 28-30. B 28-30. D 13-15. E 13-15.

1201. Un gros volume de Tristan de Leonnois, de lettre de forme et à ii coulombes, historié et enluminé. Comm. : *vausist ou non*. Fin : *Tristan beaux doulx amis*. Couvert de cuir à queue, à bouillons et iiii fermoirs de laton. — D 405. E 441[1].

1202. Tristan appellé le Brest ou Brust, du roy Marc de Cornoaille, d'Yseult la blonde et d'autres bons chevaliers de la Table ronde, bien escript et bien enluminé, à iii coulombez et en grant volume. — A 273. B 293.

Au Roy, le 25 de jenvier 1381 (v. st.). Il l'a envoié à la reyne d'Espaigne. — A. C 86.

1203. Les Trois mors et les trois vifz, les Dix commandemens rimez, couvert de veluyau jaune, escript de lettre formée, en françois. Comm. : *glorieuse vierge*. Fin : *les droiz*. A ung

---

1. Peut-être le manuscrit ainsi indiqué dans les inventaires A (377) et B (398) : « Tristan de Leonnois, filz du roy Meliadus et du roy Marc de Cornouaille, en prose. »

fermoir de laton. — 1 l. — A 171. B 171. D 112. E 110. F 93.

***1205**. Une histoire de Troye[1], en prose, de lettre de forme boulenoise, en françois, à deux coulombes, très bien historiée et enluminée, à histoires de Boulongne. Commençant ou iie foillet, de lettre rouge, *rent par le nom de Grece*, et ou derrenier *mander a mengier*. Couvert de vielz drap de soye, à deux fermoirs, dont l'un est d'argent et l'autre de cuivre. — D 907. E 211.

1206. Troye en prose, couvert de soie, bien hystorié, que donna au Roy mons^r le duc de Berry, son frère. — A 91. B 92.
Le Roy l'a baillé à Montigny[2]. — A. C 34.

1207. Troye la grant, couvert de cuir à boulons, très vieil, recouvert de present de cuir vert, escript en françois et rymé, de lettre formée. Comm. : *pour ce qu'il vit*. Fin : *n'ot puis eu*. A deux fermoirs de laton. — 3 l. — A 260. B 272. D 155. E 151. F 132.

1208. Troye la grant, rimé, escript en deux coulombes, en françois, de lettre formée. Comm. : *et toute Troye*. Fin : *que d'Ulixes*. Couvert de cuir vert, à deux fermoirs de laton. — 1 l. — A 337. B 358. D 227. E 269. F 249.

1209. Troye la grant, rymé. — A 399. B 420.

1210. Troye la Grant, rimé, et grant volume, de lettre de forme et à deux coulombes, et une histoire au commencement. Comm. : *ne se pendi devers*. Fin : *que s'il a Ulixes*. Couvert de cuir qui fut rouge, à bouillons et iiii fermoirs de laton. — A 413. B 434. D 392. E 429.

1211. Des Faiz de Troye, des Roumains, de Thèbes, de Alixandre le Grant, hystorié au commencement, escript de lettre boulenoise, et sont les ystoires par les marges très anciennes. — A 93. B 94.
Le Roy le print quant il ala au Mont Saint Michel[3]. — A. C 35.

1. Volume venu de la bibliothèque de Jean de Neufchâtel, mort en 1380.
2. Probablement Jean de Montigny, échanson du roi, qui mourut vers le commencement de l'année 1375. Voir *Mandements de Charles V*, p. 621, n° 1199.
3. Le voyage de Charles VI au Mont-Saint-Michel est fixé à l'année 1393

***1212**. La Vision du prieur de Sallon, de lettre de note, historiée et enluminée, couverte de cuir vermeil à empraintes, à deux fermoirs d'argent dorez. Comm. : *beaux livres il avoit.* Fin, en lettre rouge : *le prieur en la fin.* — 1 l. — A 928. D 939. E 914. F 211[1].

Envoyé au Louvre en janvier 1409 (v. st). par le duc de Guyenne.

***1213**. Le livre que fist Honoré Bonnet, prieur de Salon, escript de lettre de note, en françois, et à deux coulombes. Comm. du texte : *maintenant puis que.* Fin : *son parlement.* En un grant volume plat, couvert de veluyau vermeil, à courte queue et trois cours fermoirs d'argent dorez, faiz en façon de deux mains, et y a trois cerfs voulant d'argent doré. — 10 l. — D 888. E 192. F 169.

1214. Le livre des Wandres qui vindrent en France, du Loherans Garin[2], du Bègue de Belin, rimée, en petit volume, escript en françois, de lettre de forme, à deux coulombes. Comm. : *et maint tirant.* Fin : *que glocins.* Couvert de cuir à deux fermoirs de laton. — 24 s. — A 411. B 432. D 287. E 328. F 306.

1215. Watriquet, escript de lettre de forme, en françois, rymé. Comm. : *quiere le vez.* Fin : *s'ilz qui de tel.* Couvert de cuir vert, à deux petiz fermoirs de laton. — 2 s. — A 369. B 390. D 372. E 410. F 385.

1216. Un autre Watriquet, en françois, bien escript de lettre de forme et historié. Comm. du texte : *que nulz.* Fin : *liee fut.* Couvert de drap d'or, à ii fermoirs de laton. — D 373[3].

1217. Un autre Watriquet en françois, escript de lettre de forme, rimé et historié. Comm. : *que feusse.* Fin : *desormés.*

____

dans l'*Hist. de l'abbaye du Mont-Saint-Michel*, par dom Jean Huynes, éd. d'Eug. de Beaurepaire, t. II, p. 51.

1. Ms. français 810 de la Bibliothèque nationale. — Voir la notice CIII des livres conservés jusqu'à nous.

2. *De Laurens Guerin.* D.

3. « Vatriquet rymé, qui sont Diz d'un menestrel, bien escript et bien ystorié. » (A 454. B 475.)

Couvert de drap d'or, à ıı petiz fermoirs d'argent. — 32 s. — D 374. B 411. F 386[1].

1218. Watriquet, escript en françois, de vieille lettre de forme, rimé. Comm. : *n'avoit pas.* Fin : *celi pechiez.* Couvert de cuir rouge, à ıı fermoirs de leton. — 5 s. — A 505. B 528. D 376. E 413. F 387.

1219. Le Miroir aux princes par Watriquet, escript en françois, de lettre de forme, rimé. Comm. : *ains airent.* Fin : *seur vous.* Couvert de cuir vert, à deux petiz fermoirs de laton, et petit volume. — 5 s. — A 397. B 418. D 375. E 412. F 389.

1220. Le Miroir aus dames, de Vatriquet, un menestrel, couvert de drap d'or marramas, à dix cloux et deux fermoirs d'argent dorez et esmaillez; et y a fatras, escript en françois, de lettre formée, et rymé. Comm. : *car bueil fut née.* Fin : *et sçay puis.* — 2 l. 10 s. — A 145. B 146. D 93. E 91. F 77.

1223. Vuitasse le Moyne, rymé[2], en ung meschant cayer sans nulles couvertures. Comm. *demandèrent au charreton.* — 1 s. — A 180. B 182. D 119. E 117. F 100.

1224. Les Fables Ysopet, le Bestiaire maistre Richart de Furnival, d'Amours, historié et rymé, en françois, escript de lettre de forme. Comm. : *hors en trait.* Fin : *or vous di je belle.* Couvert de cuir rouge, à deux fermoirs de laton. — A 121. B 122. D 75. E 74[3].

1225. Les Compilacions d'Ysopet et Avienet, en françois et latin, de lettre de forme, à une coulombe, rymés, hystoriés de noir, et sont bonnes moralités, couvertes de drap d'or. Comm. : *et comment que.* Fin : *monseigneur.* Couvert d'un vieil drap d'or, à ıı fermoirs d'argent et tixuz de soie. — A 157. B 158. D 179. E 175.

Enlevé vers 1414. — E 925.

1226. Chançons notées, vieilles, escriptes de lettre de

---

1. « Les dis de Vatriquet, rimez en un petit livret. » (A 480. B 504.)

2. Le roman d'Eustache le Moine, connu par l'édition qu'en a donnée Francisque Michel. Une autre copie est indiquée plus haut, à l'art. 1103.

3. Ms. français 15213 de la Bibliothèque nationale. — Voir la notice CIV des livres conservés jusqu'à nous.

forme, en françois, à deux coulombes. Comm. : *il ne me chaut.*
Fin : *si que quant.* Couvert de cuir blanc, fermant à deux
courroyes. — 16 s. — A 470. B 491. D 378. E 415. F 390.

1227. Ung livre de Chançons, les Faiz de la terre d'oultre
mer, le Bestiaire, Robert le Diable, Vies de pluseurs sains, le
Miracle de Theophile, de saint Jehan l'euvangeliste et autres
choses rimées, escript en lettre formée et en françois, et partie en prose, en III coulombes. Comm. du texte : *mes toutes.*
Fin : *car qui en fut.* — 2 l. — Couvert de cuir à deux fermoirs de laton. — A 290. B 311. D 193. E 235. F 226.

1228. Chançons, Pastourelles couronnées, Demandes
d'Amours, Servantois de Nostre Dame, en ung livre jadiz couvert de parchemin et de present couvert de cuir rouge sanz
empraintes, escript de lettre courant. Comm. du texte : *n'est
nul qui ne die.* Fin : *doivent aler devant.* — 1 l. — A 176.
B 177. D 116. E 114. F 97.

1229. Un livre couvert de cuir à queue, où sont Motez et
chançons, escript de lettre de forme, en françois et latin.
Comm. du texte : *nativitas gloriose.* Fin : *gnus Dei.* A deux
fermoirs de laton. — 12 s. — A 508. B 531. D 361. E 400.
F 375.

***1230.** Item un livre de Motez et chançons notées, partie en
latin et partie en françois. Comm. : *alieni boni invidia.* Fin :
dis en mal penser. Partie à une coulombe, partie à deux, et
partie à trois. Couvert de cuir rouge, à deux bouillons de
cuivre. — 4 s. — D 914. E 218. F 191.

1231. Motez notés en françois et en latin. — B 180.

1232. Motez et conduiz, jadis en ung cayer couvert de parchemin, lesquelz sont notez, et de present sont couvers de cuir
blanc. Comm. : *leluya.* Fin : *vit rex habet.* A II fermoirs de
cuivre. — 5 s. — A 178. B 179. D 118. E 116. F 99.

1233. Laiz notez en ung cayer couvert de parchemin.
Comm. du texte : *tant en amendoie.* Fin : *doulce amour.* —
2 s. — A 177. B 178. D 117. E 115. F 98.

1234. Un livre de chans royaulx, notez et en prose, escript
de lettre formée, en françois, et à II coulombes. Comm. : *blance*

massonageroit. Fin : *amour fist bien*. Couvert de cuir, à deux fermoirs de laton. — 4 s. — A 333. B 354. D 224. E 266. F 246.

1235. Un autre livre de Chans royaulx, chançons du roy de Navarre, bien escript, en françois, de lettre formée, à ii coulombes. Comm. du texte : *qui tant vous ay*. Fin : *en a mercy*. Couvert de cuir blanc, à ii fermoirs de laton. — 1 l. — A 334. B 355. D 225. E 267. F 247.

1236. Un livre de Chans royaulx, notez, escripz en françois, de lettre formée, à deux coulombes. Comm. : *gnoist son mal*. Fin : *a ceste fie*. Couvert de cuir rouge, à ii fermoirs de laton. — 1 l. — A 343. B 364. D 230. E 271. F 251.

1237. Un livre de Chans royaulx, notez, escript de lettre formée, à ii coulombes, en françois. Comm. du texte : *de fine amour*. Fin : *qu'il la canchie*. Couvert de cuir rouge empraint, à ii fermoirs de laton. — 1 l. — A 364. B 385. D 249. E 290. F 270.

1238. Chans royaulx notez, en un court volume gros, escript de lettre de forme à une coulombe. Comm. : *tout pour eulz*. Fin : *ainsint doit on aler*. Couvert de cuir rouge sanz emprainte, à ii fermoirs de cuivre. — 5 s. — A 372. B 393. D 257. E 298. F 278.

1239. Chans royaulx en un petit livret escript de lettre de forme, et noté, et sans commencement. Comm. : *tot à un mot*. Fin, ou derrenier de la note : *a la virge*. En petit volume couvert de cuir blanc, à i fermoir de cuivre. — 4 s. — A 392. B 413. D 272. E 313. F 292.

TABLE DE L'INVENTAIRE

A

INVENTAIRE GÉNÉRAL

DES LIVRES AYANT APPARTENU

A JEAN DE FRANCE, DUC DE BERRY

INVENTAIRE GÉNÉRAL

DES LIVRES AYANT APPARTENU

A JEAN DE FRANCE, DUC DE BERRY

Mes recherches sur la librairie royale du Louvre auraient été incomplètes si je n'avais pas étendu mes investigations à une collection princière formée à la même époque et dans les mêmes conditions, mais présentant un caractère assez différent. Il s'agit de la librairie de Jean, duc de Berry, frère de Charles V.

Le roi, en fondant une bibliothèque, qui, dans sa pensée, devait lui survivre, voulait favoriser les travaux des lettrés admis à fréquenter la cour; le duc de Berry n'obéissait guère qu'à sa passion pour le luxe et la curiosité. Les deux frères ont exercé une heureuse influence sur le développement des lettres et des arts au milieu de la longue et épouvantable crise qui menaça la France d'une ruine complète.

Il ne m'appartient pas d'écrire le livre où sera mise en relief la part qui revient au duc de Berry dans le merveilleux éclat de l'art en France, à la fin du xiv⁰ siècle et au commencement du xv⁰. Je dois me borner à présenter le résultat matériel de mes recherches sur les débris les plus importants de collections qui excitent au plus haut degré l'admiration des connaisseurs. Les morceaux les plus curieux ont déjà été étudiés par les critiques les plus compétents, qui en ont reconnu l'origine et apprécié le mérite. Il suffit de rappeler le nom de M. le comte de Bastard, qui a ouvert la voie, mais dont les projets étaient trop vastes pour pouvoir aboutir, et ceux de M. le comte Paul Durrieu, de M. le comte Robert de Lasteyrie, de M. Magne, de M. Guiffrey et de MM. Gauchery et feu A. de Champeaux.

L'inventaire que j'ai dressé, et dont le germe a été déposé en 1881 dans le tome III du *Cabinet des manuscrits*, est le corollaire de l'inventaire des livres des rois Charles V et Charles VI qui remplit une grande partie du présent volume.

J'ai essayé de réunir tous les renseignements qui pouvaient servir à reconnaître dans les bibliothèques modernes les volumes qui ont fait partie des collections du duc de Berry; mais j'ai laissé de côté tous les détails relatifs aux reliures et aux ornements extérieurs. Tout ce qui touche aux reliures a été soigneusement recueilli dans les deux volumes que M. Guiffrey a publiés sous ce titre : *Inventaires de Jean, duc de Berry (1401-1416)*. Paris, 1894 et 1896, in-8°.

Les indications bibliographiques consignées dans l'Inventaire et dans les notes faisant suite à l'Inventaire pourront, malgré leur sécheresse, rendre quelques services aux critiques qui voudront étudier dans tous ses détails l'ensemble de ce vaste sujet d'histoire littéraire et artistique.

Les inventaires auxquels j'ai emprunté les premiers éléments de mon travail sont les suivants :

A. Inventaire de l'année 1402 : ms. français 11496 de la Bibliothèque nationale; c'est le plus ancien; il est désigné par la lettre B dans l'édition de M. Guiffrey.

B. Inventaire de l'année 1413 : registre KK 258 des Archives nationales. Il porte la lettre A dans l'édition de M. Guiffrey.

C. Inventaire de l'année 1416; ms. 841 de la bibliothèque de Sainte-Geneviève.

D. État des livres donnés ou promis à la Sainte-Chapelle de Bourges, publié par M. Hiver, sous le titre de *Description du trésor donné par Jean, duc de Berry, à la Sainte-Chapelle de Bourges,* p. 96 à 105.

E. État des livres délivrés à Arnoul Belin, premier trésorier de la Sainte-Chapelle : ms. latin 17173 de la Bibliothèque nationale.

J'ai aussi emprunté quelques articles à l'inventaire de la librairie de Philippe le Bon, duc de Bourgogne, dressé en 1420 et publié en 1906 [1].

L'Inventaire de la librairie de Charles V et Charles VI m'a fourni encore plusieurs mentions intéressantes. Il ne m'était pas interdit de citer des manuscrits qui ne figurent pas sur les inventaires du duc de Berry, mais qui ont passé par ses mains, soit qu'il les ait empruntés peut-être pour un temps indéterminé, soit qu'il les ait échangés ou qu'il en ait disposé en faveur d'établissements religieux, de parents, d'amis ou de serviteurs.

Les notes se rapportant à beaucoup d'articles de l'Inventaire ont

---

1. *Inventaire de la librairie de Philippe le Bon (1420)*, publié par Georges Doutrepont. Bruxelles, 1906. In-8°. (Publication de la Commission royale d'histoire.)

été rejetées à la fin du texte et portent les mêmes numéros que les articles.

Pour l'annotation, je me suis quelquefois servi d'un inventaire très sommaire, daté de l'année 1552, dont il y a une copie fort imparfaite dans le ms. latin 17173 de la Bibliothèque nationale; elle a été publiée dans la *Bibliothèque de l'École des chartes*, 1856, 4e série, t. IV, p. 144.

L'indication des prix qui se trouve à la fin de beaucoup d'articles se rapporte aux évaluations qui furent faites en 1416, à la requête des exécuteurs testamentaires du duc de Berry. Ces prix sont exprimés en monnaie tournois.

Chaque article se termine par un renvoi au passage correspondant du recueil des Inventaires publié par M. Guiffrey, et le plus souvent à des notes rejetées à la fin de la présente édition de mon Inventaire.

J'ai fait connaître, autant que je l'ai pu, les dépôts dans lesquels sont aujourd'hui conservées des épaves de la plus somptueuse bibliothèque du moyen âge; espérons que l'examen des renseignements consignés dans la présente publication permettra d'en augmenter le nombre.

En employant les anciens inventaires de Jean, duc de Berry, dans le *Cabinet des manuscrits* (1868-1881), j'ai cru devoir tenir compte de l'ordre chronologique, et j'ai désigné par la lettre A le plus vieil inventaire, celui de l'année 1402, et par la lettre B l'inventaire plus récent, celui de 1413. M. Guiffrey, dans son édition de 1894-1896, a donné la préférence à l'inventaire de 1413, auquel il a assigné la lettre A, mettant au second rang l'inventaire de 1402, sous la lettre B. Je dois aussi faire remarquer que, pour les articles de l'inventaire de 1402, M. Guiffrey n'a pas adopté la cotation suivie dans le *Cabinet des manuscrits* et dans les pages qui vont suivre.

Pour éviter toute chance de confusion, je ne renverrai jamais ici aux numéros assignés par M. Guiffrey aux articles de l'inventaire de 1402, mais aux pages du second volume de son édition.

INVENTAIRE

1. Une très belle Bible en latin, escripte de lettre boulonnoise, qui fut du roi Robert, jadis roi de Secille[1], très bien historiée et enluminée d'ouvrage romain, et au commencement de l'histoire a images et armes du roi Robert et de ses successeurs, laquelle mons. d'Orléans[2] donna à Monseigneur le 18 aoust 1407[3]. A 1099. B 116. C 1093. *one usque ad Egiptum.* — 250 l. — (Cette Bible, réclamée par les héritiers de Jean, seigneur de Montaigu, fut vendue le 18 mars 1418 (n. st.), pour 125 l. t., à Galiache Pinel, marchand demeurant à Paris[4].) — Guiffrey, I, p. 255, et II, p. 140.

1 *bis.* [Bible d'origine italienne, qui appartint au roi Charles V et fut remise en 1383 à Jean, duc de Berry.] — (Trésor de l'église de Girone.) — Voir la note 1 *bis.*

1 *ter.* [Une très belle Bible, bien escripte et ystoriée, qui passa en 1383 de la librairie du Roi dans celle du duc de Berry.] — Voir plus haut l'Inventaire des livres de Charles V, nᵒ 2.

2. Une Bible en dix volumes, lesquels furent donnés à Mons. par feu pape Clement de Genève[5]. A 949. D 12. E 12. — (Donnée à la Sainte-Chapelle en 1404. A, D.) — Guiffrey, I, p. 252. — Voir plus loin la note 2.

2 *bis.* [Bible glosée, en deux volumes, donnée à Clément VII

---

1. Robert, mort en janvier 1343.
2. Louis, duc d'Orléans.
3. Cette Bible appartenait plus anciennement au duc de Berry, puisqu'elle est mentionnée dans l'inventaire A, avec une note pour avertir qu'elle était en déficit.
4. Ms. français 6747, fol. 33 et 95 vᵒ.
5. Clément VII, mort en 1394.

par le duc de Berry.] — (Aujourd'hui au Vatican, n°s 50 et 51 du fonds du Vatican.)

3. Une belle Bible en latin, escripte de lettre boulonnoise, très bien historiée et enluminée d'ouvrage romain, et par dessus les fueillets[1] a escussons paints aux armes de feu pape Clement de Genève[2] et de celles de Monseigneur; laquelle avoit autreffois esté de monseigneur, et a esté recouvrée après le trespas de mons. d'Orléans[3], à qui monseigneur l'avoit donnée. A 951. B 109. C 1020. D 13. *Sponditque.* — 375 l. — (Promise à la Sainte-Chapelle, en 1404. D.) — Guiffrey, II, p. 121.

4. Une Bible en un volume, escripte de lettre boulonnoise, historiée en pluseurs lieux de l'ouvrage de Lombardie. D 40. E 31. *Tria indoctus et est.* — (Donnée à la Sainte-Chapelle, en 1404. D.) — Guiffrey, II, p. 177.

5. Une petite Bible en latin, escripte de menue lettre de forme, laquelle Bible le premier president de parlement[4] a donnée à Mons. en septembre 1414. B 172. C 560. *Multa significat.* — 40 l. — (Baillée à la duchesse de Bourbonnais. C. — C'est le ms. latin 10426; il a appartenu à saint Louis, suivant la note que Flamel a mise sur le volume.) — Guiffrey, I, p. 133.

6. [La Bible qui fu au roi Phelippe le Bel.] (Les deux volumes qui composent cet exemplaire portent des notes de Flamel, qui suppléent au silence des anciens inventaires. Tous les deux sont à la Bibliothèque nationale, sous le n° 248 du fonds latin. Le premier volume, longtemps conservé en Angleterre, n'est rentré en France que dans ces dernières années.)

7. Une très belle Bible en françois, escripte de lettre de forme, très richement historiée au commencement. A 950. B 4. C 455. — 300 l. — (Cette Bible, que Charles VI avait fait bailler le 6 novembre 1383 au duc de Berry, « pour icelle veoir »,

---

1. C'est-à-dire sur la tranche; l'inventaire A porte : « Et sur les fueillez par « dehors » pluseurs escussons des armes du pape et de mons. de Berry. »
2. Clément **VII.**
3. Louis, duc d'Orléans.
4. Robert **Mauger.**

dut être remise en 1417 dans la librairie du Louvre. C, fol. 276.
Elle forme aujourd'hui le n° 20090 du fonds français.) —
Guiffrey, I, p. 224, et II, p. 300. — Voir la note 7.

8. Une belle Bible en françois, de lettre de forme, bien historiée. B 129. C 1025. *Des generacions Caym.* — 250 l. —
Ms. 5057 et 5058 de l'Arsenal. — Guiffrey, I, p. 260. — Voir
plus loin, note 8.

9. Une Bible en françois, escripte de lettre françoise, très
richement historiée au commencement, laquelle Raolet d'Oc-
tonville donna à Mons. A 952. B 5. C 456. — 250 l. — (Baillée
à la duchesse de Bourbonnais. C. — Aujourd'hui ms. français 159.) — Guiffrey, I, p. 225. — Voir plus loin la note 9.

10. [Une Bible historial, laquelle mons. le duc donna ou
mois de juing l'an 1410 à messire Jehan Harpedenne, seigneur
de Belleville et de Montagu, chambellan du roy et de Mons.]
— (Cette Bible a fait partie de la bibliothèque du comte
d'Ashburnham, où elle était classée sous le n° 7 de l'Appendice.) — Voir la note 10.

11. La Bible, en un volume, en françois, de lettre ronde,
historiée en pluseurs lieux très richement, et au commencement de la Trinité, Nostre Dame en son trosne, et pluseurs
angels et patriarches. B 77. C 494. *Comme fait la journée.* —
375 l. — (Baillée à la duchesse de Bourbonnais. C.) — Guiffrey, I, p. 241. — Voir la note 11.

11 *bis*. [Une belle Bible historiaux, en deux volumes.] —
(Aujourd'hui au Musée britannique, fonds harléien, n°ˢ 4381
et 4382.) — Voir la note 11 *bis*.

12. Une belle Bible, en deux volumes, en françois, de lettre
de forme, laquelle le roi donna à Monseigneur, à Paris, le
25 avril 1403. B 85. C 1006. Tiers feuill. du vol. I : *Les nouvelles faire;* tiers feuill. du vol. II : *Iniquité.* — 400 l. — (Le
tome I de cette Bible est le ms. 5212 de l'Arsenal, et non pas
le n° 1175 du fonds de Lansdowne, comme je l'avais d'abord
conjecturé). — Guiffrey, I, p. 244. — Voir le Catalogue de
Henry Martin, t. V, p. 158 et 159, et plus loin la note 12.

12 *bis*. [Une très belle Bible en françois, nommée la Bible que Jehan de Valdetar donna au Roi, laquelle, ayant été empruntée par le duc de Berry, fut réclamée à la mort du prince et rentra dans la librairie du Roi.] — Voir l'Inventaire des livres de Charles V, n° 21.

13. Une Bible, en deux petis volumes, en françois, de lettre de forme, bien historiée et enluminée, laquelle le vidame de Laonnois, grant maistre d'ostel du roi, donna à Monseigneur en aoust 1407. B 117. Vol. I : *Du sairement;* vol. II : *vais seront destruit.* — (Donnée par le duc à la duchesse de Bourbonnais le 1er juin 1416. B. — Le second volume de cette Bible forme le n° 5707 du fonds français.) — Guiffrey, I, p. 256. — Voir la note 13.

14. Premier volume de la Bible, traduite en françois par Raoul de Prêles. — (Aujourd'hui au Musée britannique, n° 1175 du fonds Lansdowne.) — Voir la note 14.

15. Un volume de la Bible, en françois, commençant au premier livre de Genesis et finissant au psautier inclus. — Un autre volume commençant aus paraboles Salemon et durant jusques à la fin. A 965 et 966. — (Donnés à Robinet d'Estampes. A.) — Guiffrey, II, p. 124 et 125. — Voir la note 15.

16. Une Bible abreviée, en un grant roole, richement historiée et enluminée, commençant : *Hic incipit prologus.* A 1048. B 56. C 482. D 30. — 12 l. 10 s. — (Promise en 1404 à la Sainte-Chapelle. D.) — Guiffrey, I, p. 235.

17. Un livre appellé le livre des Rois selon la Bible, commençant au père Samuel. A 989. B 20. C 983. — 5 l. — Guiffrey, I, p. 228.

18. Un très ancien Psautier long, historié d'ouvrage romain, et au commencement de David jouant de la harpe, et sur les fueillets peint des armes de France et de Boulogne. A 1027. D 7. E 7. — (Ce psautier, renfermant le texte latin et la version saxonne, fut donné à la Sainte-Chapelle en 1404. A. D. — Aujourd'hui ms. latin 8824.) — Guiffrey, II, p. 131. — Voir la note 18.

19. Un Psautier bien ancien, historié le kalendrier et ail-

leurs en pluseurs lieux, qui fu de saint Thomas de Canturbiere.
A 1010. B 33. C 471. D 24. — 4 l. — (Promis en 1404 à la
Sainte-Chapelle. D.) — Guiffrey, I, p. 231.

20. Un Psautier ancien[1], escript de lettre boulonnoise, où
il a pluseurs histoires d'enlumineure au commencement.
A 1059. D 31. — (Promis en 1404 à la Sainte-Chapelle. D. —
Donné à Guillaume Bois Ratier. A.) — Guiffrey, II, p. 134.

21. Un psautier escript de grosse lettre boulonnoise, historié en l'ouvrage de Lombardie, et au commencement a un
escusson aus armes d'un cardinal. A 1002. D 6. E 6. — (Donné
à la Sainte-Chapelle en 1404. A. D.) — Guiffrey, II, p. 128.

22. Un Psautier très bien escript, noté en pluseurs lieux,
historié et très richement enluminé, à deux fermoirs d'or
esmaillés aux armes d'Anjou et de Meleun. A 1058. — (Donné
à sœur Catherine de Harecourt, religieuse de Poissy. A.) —
Guiffrey, II, p. 134.

23. Un grant Psautier glosé, très bien escript, dont les mots
de *Beatus vir qui non abiit* sont escrips de lettre d'or[2]. A 1025.
D 25. E 17. — (Donné à la Sainte-Chapelle en 1404. A. D.) —
Guiffrey, II, p. 130.

24. Un psautier glosé, escript de grosse lettre de forme,
lequel maistre Arnoul Belin, tresorier de la chapelle de Monseigneur, lui donna aux estraines le 1er janvier 1416 (n. st.).
B 175. *Et in lege.* — (Donné à la Sainte-Chapelle en 1404. B.)
— Guiffrey, I, p. 334.

25. Un Psautier glosé, en la fin duquel sont escriptes les
provinces estans soubs la puissance de Romme. A 1026. D 26.
E 18. — (Donné à la Sainte-Chapelle en 1404. A. D. —
Aujourd'hui ms. latin 8874.) — Guiffrey, II, p. 130. — Voir la
note 25.

---

1. Outre les anciens psautiers inscrits dans cet inventaire, on a cru pouvoir
citer, comme ayant appartenu au duc de Berry, le grand psautier à peintures
qui forme le n° 8846 du fonds latin et dont la très riche illustration vient d'être
publiée en phototypie par les soins de M. Omont; mais l'attribution ne paraît
pas fondée. (Voy. *Bulletin du Comité*, année 1857, IV, 429.)

2. C'est sans fondement qu'on a rapproché de cet article le ms. 50 de la
bibliothèque de Bourges.

26. Un Psautier glosé, escript de lettre de forme, lequel maistre Symon Alligret donna à Monseigneur aux estraines le 1er janvier 1416 (n. st.). B 173. *Modus autem.* — (Donné à la Sainte-Chapelle le 16 janvier 1416 (n. st.). B.) — Guiffrey, I, p. 334.

27. Un petit Psautier, de très bonne lettre de forme, lequel le conte dauphin[1] a donné à Monseigneur. B 176. *Qui confidunt.* — (Donné le 2 avril 1416 (n. st.) à l'archevêque de Bourges[2]. B.) — Guiffrey, I, p. 334.

28. Un petit Psautier, très richement enluminé et historié, et au commencement a un Dieu en la croix et un Dieu en son tronne. A 1052. — (Donné à la duchesse. A.) — Guiffrey, I, p. 138, et II, p. 235. — Voir la note 28.

29. [Un petit Psautier, ouquel a chascun psaume une propre oroison.] — (Donné par le duc de Berry à Philippe le Hardi, duc de Bourgogne[3].)

30. Un Psautier escript en latin et françois, très richement enluminé, où il a pluseurs histoires au commencement de la main maistre André Beaunepveu[4]. A 1049. — (Aujourd'hui ms. français 13091.) — Guiffrey, I, p. 235. — Voir la note 30.

31. Un livre ouquel est contenu tout le Psautier, et pluseurs autres devocions parmi le dit psautier, à deux fermoirs d'argent dorés, esmaillés aux armes de feu messire Jehan de Montagu; lequel livre fu du dit defunt, et l'envoya querir Monseigneur après sa mort chez Fremin de Revelle, escripvain, demeurant à Paris, le 25 octobre 1409. B 126. C 514. *Favum offeres.* — 25 l. — Guiffrey, I, p. 259.

32. [Opuscule de Jean de Blois sur le Psautier, dédié au duc de Berry.] — Voir la note 32.

33. Un livre d'Evangiles glosé, escript de lettre de forme, lequel maistre Arnoul Belin donna à Monseigneur aux

---

1. Béraud III, comte de Clermont, dauphin d'Auvergne.
2. Guillaume Bois-Ratier.
3. Peignot, *Catal. de la bibl. des ducs de Bourgogne*, p. 57.
4. L'inventaire de 1413 porte « de la main feu maistre André Beaunepveu ». Voir Guiffrey, II, p. 235, n° 906.

estraines, le 1ᵉʳ janvier 1415 (n. st.). B 174. *Sin convocatis.* —
(Donné à la Sainte-Chapelle le 16 janvier 1415 (n. st.). B.) —
Guiffrey, I, p. 334.

34. Un livre des Evangiles de saint Luc, glosé. A 1063. —
(Donné à la Sainte-Chapelle. A.) — Guiffrey, II, p. 34.

35. L'Evangile saint Jehan, escripte de menue lettre, en
parchemin, de la grandeur d'un blanc. A 224. C 1117. —
(Donné, si comme on dit, à Jehan du Pré. C.) — Guiffrey, I,
p. 74.

36. Un livre ouquel sont escriptes les epistres saint Pol
glosées[1], de bonne lettre, lequel maistre Pierre Trousseau,
archidiacre de Paris, donna à Monseigneur le 1ᵉʳ janvier 1405
(n. st.). D 41. E 35. — (Donné en 1404 à la Sainte-Chapelle.
D.) — Guiffrey, II, p. 313.

38. Le livre de l'Apocalipse, escript de lettre de court,
translaté en françois, et y a pluseurs exemples après. A 1034.
B 46. C 478. — Guiffrey, I, p. 233.

39. Un livre de Concordances, historié au commencement
d'un image de Nostre Dame, son fils tenant entre ses bras, et
d'un jacobin devant à genolz. A 971. D 18. E 15. — (Donné à
la Sainte-Chapelle en 1404. A. D.) — Guiffrey, II, p. 125.

40-41. Un livre appellé Cy nous dit, escript, en françois,
de lettre de forme, que Monseigneur acheta à Paris, en février
1404 (n. st.), de Jehan Le Moustardier, escripvain de forme,
demeurant à Paris. B 69. C 489. *De la Trinité.* — 15 l. —
(Baillé à la duchesse de Bourbonnais. C.) — [**Ms.** français,
nᵒ 425.]

42. Un livre appellé Cy nous dit, escript, en françois, de
lettre de forme, lequel Monseigneur acheta de maistre
Regnault du Montet, libraire, demeurant à Paris, en février
1413 (n. st.), pour le pris de 20 escus. B 158. C 526. *L'ymage
de Dieu.* — 13 l. — Guiffrey, I, p. 328.

43. Un livre appellé Racionnal, historié au commencement

---

1. Ce n'est pas, comme on l'a supposé, le manuscrit qui porte aujourd'hui
le nᵒ 61 à la bibliothèque de Bourges.

d'un pape, de l'Église et de la Sinagogue. A 970. B 9. C 459.
— 50 l. — (Baillé à la duchesse de Bourbonnais. C. — Aujour-
d'hui ms. français 176.) — Guiffrey, I, 226.

44. Un Lectionnaire, escript de lettre de forme, ouquel sont
les leçons qui se disent tout au long de l'année, tant du temps
comme des festes des sains. E p. 26. — (Donné à la Sainte-
Chapelle. E.) — Guiffrey, II, p. 317.

44 *bis*. Lectionnaire en quatre volumes, dont les trois premiers sont enluminés aux armes du duc de Berry. (Mss. 33-36
de Bourges.) — Voir la note 44 *bis*.

45. Un Breviaire noté, tout complet. D 53. — (Passé en
1416 à la Sainte-Chapelle. D.) — Guiffrey, II, p. 314.

46. Un Breviaire escript de grosse lettre boulonnoise; ou
dedans n'a point de psautier. A 979. D 4. E 4. — (Donné à la
Sainte-Chapelle en 1404. A. D.) — Guiffrey, II, p. 126.

47. Un Breviaire enluminé de blanc et de noir à pluseurs
histoires, qui fu de mons. d'Estampes, où il a ou milieu un
crucifiement et un image de Nostre Dame, d'enlumineure, à
deux fermoirs d'or esmaillés aux armes de mons. le dauphin
et de mons. d'Estampes[1]. A 1055. — (Donné au grand maître
de l'hôtel du Roi[2]. A.) — Guiffrey, II, p. 133.

48. Un Breviaire qui fu de mons. d'Estampes[3], très bien
escript, enluminé et historié. A 1056. — (Donné à l'évêque de
Chartres[4]. A.) — Guiffrey, II, p. 134.

49. Un Breviaire noté, en deux grans volumes de grosse
lettre. D 54. — (Passé en 1416 à la Sainte-Chapelle. D.) —
Guiffrey, II, p. 315.

50. Un très bon et bel Breviaire, en deux volumes, très
richement historiés et enluminés et notés, lesquels Monseigneur acheta à Paris pour le pris de 400 escus. B 167. C 1094.
— 375 l. — (Ce bréviaire, à l'usage de Paris, réclamé par les
héritiers de Jean, seigneur de Montaigu, fut adjugé, le 8 jan-

1. Louis, comte d'Étampes, mort le 6 mai 1400.
2. Jean de Montaigu.
3. Louis, comte d'Étampes.
4. Martin Gouge.

vier 1418 (n. st.), à l'évêque de Paris pour 200 l. t.[1].) — Guiffrey, I, p. 331.

51. Un Breviaire, en deux volumes, où il a pluseurs histoires de blanc et de noir, fermans chacun à deux fermoirs d'or, les uns esmaillés aux armes d'Orleans et les autres à images. A 1051. B 58. C 484. — 150 l. — Guiffrey, I, p. 235.

52. Un Breviaire, en deux petis volumes, très bien escrips, garnis de fermoirs d'or esmaillés aux armes de France, et sont dedens deux estuis de cuir fauve aux armes du conte d'Estampes[2]. D 52. — (Passé en 1416 à la Sainte-Chapelle. D.) — Guiffrey, II, p. 314.

53. Un Breviaire en deux petis volumes, escript de menue lettre de forme, fermans chacun à deux fermoirs d'or esmaillés aux armes de Monseigneur, lequel mons. de Guienne[3] donna à Monseigneur en novembre 1409. B 124. Psautier du vol. I : *Mei et exaudi;* psautier du vol. II : *In cubilibus.* — Guiffrey, I, p. 259.

54. Un volume de Breviaire de demi tems, c'est assavoir du tems d'esté, très bel et richement enluminé, armoié entour des armes mons. de Guienne. B 180. C 561. *Et propre sang.* — (Rendu aux exécuteurs du duc de Guienne[4]. C, fol. 276 v°.) — Guiffrey, I, p. 336, et II, p. 242.

55. Un Breviaire, en deux volumes, appellés les Breviaires de Belleville, à l'usage des Jacobins, très bien et richement historiés et enluminés; le second des dis volumes fermant à deux fermoirs d'or esmaillés aux armes de France[5]. B 114. Et ce breviaire donna le roy Charles le VIe au roy Richart d'Angleterre; et, quant il fut mort, le roy Henri, son successeur, l'envoya à son oncle le duc de Berry[6]. — (Le tome I fut baillé en garde à Pierre de Verone. B, fol. 179 v°. Les deux

1. Ms. français 6747, fol. 33 et 95 v°.
2. Louis, comte d'Étampes, mort le 6 mai 1400.
3. Louis, fils de Charles VI, duc de Guienne en 1401, mort en 1415.
4. Louis, duc de Guienne, mort en 1415.
5. Voir le catalogue des livres de Charles V, article 152.
6. Ces circonstances sont relatées dans les notes que Flamel a inscrites sur le bréviaire.

volumes furent donnés le 7 octobre 1413 à Marie de France, religieuse à Poissy. B, fol. 68 v°. Ils restèrent longtemps dans le couvent de Poissy, comme on le voit par les notes inscrites dans le t. I, fol. 1 et 446 v°. Le Bréviaire de Belleville forme aujourd'hui les n°⁴ 10483 et 10484 du fonds latin.) — Guiffrey, I, p. 254. — Voir la note 55.

56. Un Breviaire en deux volumes, à l'usage de Paris, escript de lettre de forme et historié en pluseurs lieux, dont le brief est en françois, lequel breviaire la femme[1] de feu mons. Pierre de Navarre donna à Monseigneur, en novembre 1412. B 149. C 1061 et 1062. Vol. I : *Sion montem;* vol. II : *Dixit ad me.* — 125 l. — Guiffrey, I, p. 267.

57. Un Breviaire à l'usage de Paris, en deux volumes, en chacun le psautier, fermans chacun à deux fermoirs d'or aux armes de France. A 1061. — (Donné au duc de Guienne[2]. A.) — Guiffrey, II, p. 135.

58. Un Breviaire à l'usage de Paris, très richement escript, enluminé et historié, à deux fermoirs d'or fais de maçonnerie, en chacun un escusson aux armes de France et de mons. le dauphin. A 1100. — (En déficit, en 1402. A.) — Guiffrey, II, p. 140.

58 *bis*. Un Breviaire en deux volumes à l'usage de Paris, noté et richement historié, couvert de veluyau violet et figuré, doublé de satin noir, fermant à deux fermoirs d'argent, dorez des armes de Monseigneur. En l'un a une pippe d'argent, et l'autre est chiex Tarenne[3]. C 1194. — Guiffrey, II, p. 280.

59. Un très bel Breviaire, escript de bonne lettre de forme, à l'usage de Paris, qui fut du Roi, bien historié et enluminé, lequel Monseigneur a eu de feue madame la duchesse d'Orleans[4], et avoit esté de feu mons. d'Orleans, son mari, à qui mon dit seigneur l'avoit donné. B 122. C 512. *Cognovit bos.* — 200 l. — (Aujourd'hui ms. latin 1052.) — Guiffrey, I, p. 258, et II, p. 176. — Voir plus loin la note 59.

---

1. Catherine d'Alençon.
2. Louis, duc de Guienne.
3. Jean Tarenne, changeur et bourgeois de Paris.
4. Valentine, veuve de Louis, duc d'Orléans.

60. Un Breviaire à l'usage de Paris, escript de bonne lettre de forme, très bien enluminé, lequel l'evesque de Gap[1] donna à Monseigneur en janvier 1414 (n. st.). B 170. Deuxième feuillet après le kalendrier et le brief : *mam tu percucisti*. — (Donné à maistre Jehan d'Estampes, fils de Robinet, le 16 janvier 1415 (n. st.). B.) — Guiffrey, I, p. 332.

61. Un petit Breviaire bien portatif, à l'usage de Paris, escript de menue lettre de forme, lequel le roi donna à Monseigneur le 19 septembre 1412. B 171. C 1079. Deuxième feuillet après le kalendrier et le brief : *Israel ab alienati*. — 30 l. — Guiffrey, I, p. 333.

62. Un demi Breviaire noté, à l'usage de Paris, commençant à l'Avent et finissant à la Trinité. D 51. — (Passé en 1416 à la Sainte-Chapelle.) — Guiffrey, II, p. 314.

63. Un demi Breviaire noté, à l'usage de Paris, commençant à la Trinité et finissant à l'Avent. D 60. — (Passé en 1416 à la Sainte-Chapelle. D.) — Guiffrey, II, p. 315.

64. Un grant Messel noté, où il a au commencement le kalendrier, historié en pluseurs lieux de l'ouvrage de Lombardie. D 44. E 32. Fin du feuillet 1 : *Eterna indefici*. — (Donné en 1404 à la Sainte-Chapelle. D. — Aujourd'hui ms. latin 8885.) — Guiffrey, II, p. 177. — Voir plus loin la note 64.

65. Un Messel noté, en grant volume. D 56. — Missel à l'usage de Paris, escript de lettre de forme, historié et enluminé. Au commencement *Principium*. Fol. 2 : *Dominus remissus*. Fin du dernier feuillet : *Guillermi Garnerio*. E 27. — (Passé en 1416 à la Sainte-Chapelle. D.) — Guiffrey, II, p. 178, n° 181?

66. Un Messel noté. A 958. D 3. E 3. — (Donné à la Sainte-Chapelle en 1404. A. D. — Aujourd'hui ms. 43 de Bourges.) — Guiffrey, II, p. 123.

67. Un bel Messel, au commencement duquel est le kalendrier, lequel mons. le patriarche d'Alexandrie[2] donna à estraines à Monseigneur le 1ᵉʳ janvier 1404 (n. st.). D 10.

---

1. Léger d'Eyragues.
2. Sans doute « Ugo de Robertis de Tripoli ».

E 10. *Habitacula note*. — (Donné en 1404 à la Sainte-Chapelle. D.) — Guiffrey, II, p. 174.

68. Un bel Messel, ouquel est le kalendrier au commencement, et ou premier fueillet d'après le kalendrier a en la lettre de *Ad te levavi* un prestre à genols tenant en sa main un enfant, que donna mons. le chancelier de Berry[1]. A 956. D 1. E 1. — (Donné en 1404 à la Sainte-Chapelle. A. D. — Aujourd'hui au Musée britannique, Harley, 2891.) — Guiffrey, II, p. 123. — Voir plus loin la note 68.

69. Un Messel en grant volume appellé le Messel de Graçay. D 55. — (Passé en 1416 à la Sainte-Chapelle. D.) — Guiffrey, II, p. 315.

70. Un Messel, lequel maistre Guillaume Beaumaistre, aumosnier de Monseigneur, lui donna aux estraines le 1er janvier 1404 (n. st.). Fol. 3 : *vultu exhilarata;* fin du fol. penultième : *tuam postem.* D 11. E 11. — (Donné à la Sainte-Chapelle en 1404. D.) — Guiffrey, II, p. 175.

71. Un Messel escript de lettre boulonnoise, historié ou premier fueillet du kalendrier d'un image d'homme soy chauffant au feu et d'un autre homme portant un tonnel, et ou premier fueillet a un escu aus armes de France, à un chef d'or, tenu de deux lions, et dessus le chapel d'un cardinal[2]. A 957. D 2. — (Donné à la Sainte-Chapelle en 1404. A. D. Repris en 1412 pour être donné aux Célestins de Marcoussis[3] ou au grand maître de l'hôtel du Roi. E.) — Guiffrey, II, p. 123, note 4.

72. Un Messel au commencement duquel est le kalendrier, après lequel a une histoire de l'Assomption Nostre Dame, et commence *Etc.* D 45. E 33. — (Donné en 1404 à la Sainte-Chapelle. D. — Aujourd'hui ms. latin 8887.) — Guiffrey, II, p. 177. — Voir la note 72.

73. Un Messel, au commencement duquel est le kalendrier.

---

1. Itier de Martreuil, évêque de Poitiers.

2. M. Hyver (*Description*, p. 96, note 5) suppose que c'étaient les armes du cardinal Philippe d'Alençon; mais cette conjecture n'est pas admissible : Philippe d'Alençon portait de France à une bordure chargée de besans. (Voir les sceaux dessinés dans le ms. latin 17044, p. 181 et 187.)

3. Hyver, *Description*, p. 96.

D 46. E 37. Comm. du second feuillet : *Christus respondet.*
Fin du dernier : *dico vigilate.* — (Donné en 1404 à la Sainte-
Chapelle. D.) — Guiffrey, II, p. 177.

74. Un Messel ouquel est le kalendrier. D 47. Feuillet 3 :
Vultu exhilarata. — (Donné en 1404 à la Sainte-Chapelle. D.)
— Guiffrey, II, p. 314.

75. Un Messel, où deffaillent les epistres et evangiles,
escript de grosse lettre boulonnoise, historié en pluseurs lieux
d'images de la manière romaine. Fol. 2 : *parandas.* A 983.
D 5. E 5. — (Donné à la Sainte-Chapelle en 1404. A. D.) —
Guiffrey, II, p. 126 et 127, note 1.

76. Un Messel à l'usage de Paris, escript de lettre de
forme, acheté en octobre 1412 de maistre Regnault du Montet,
libraire[1]. B 152. *vit eum regnum.* — Guiffrey, I, p. 268.

77. Un petit Messel[2] à l'usage de Paris, escript de bonne
lettre de forme, lequel l'arcevesque de Sens[3] donna à Monseigneur le 8 novembre 1410. B 143. *bant et que sequebantur.*
— (Donné à l'archevêque de Bourges[4]. B.) — Guiffrey, I,
p. 264.

78. Un petit Graduel, enluminé, en la lettre *Domine ad te
levavi,* d'un prestre tenant un petit enfant en ses mains. D 50.
— (Passé en 1416 à la Sainte-Chapelle. D.) — Guiffrey, II,
p. 314.

79. Un Graduel à l'usage de Paris. D 59. — (Passé en 1416
à la Sainte-Chapelle. D.) — Guiffrey, II, p. 315.

80. Un livre en françois, escript de lettre de forme, des
epistres et evangiles de toute l'année, historié en pluseurs
lieux. A 1018. B 40. C 475. — 5 l. — Guiffrey, I, p. 232.

81. Un Evangelier historié très richement au commencement des quatre evangelistes. D 48. E 39. *Filio David.* —
(Donné en 1404 à la Sainte-Chapelle. D. — Aujourd'hui à la

---

1. Voy. plus bas, n° 198.
2. A propos du dernier missel inscrit sur cet inventaire, il faut voir plus
loin la note 77, relative à un prétendu missel du duc de Berry.
3. Jean de Montaigu.
4. Guillaume Bois-Ratier.

Bibliothèque de Bourges, ms. n° 48.) — Guiffrey, II, p. 178.
— Voir la note 81.

82. Un livre de pluseurs Evangiles nottées, et en la première page a un escu aux armes de Monseigneur, un ours et un cigne aux deux coustés. D 57. — (Passé en 1416 à la Sainte-Chapelle. D.) — Guiffrey, II, p. 315.

83. Un Epistolier à l'usage de Paris, richement historié au commencement de saint Pierre, de saint Paul, de saint Jehan et de saint Jacques. Fol. 2 : *Laboris et pascientie;* fin du penult. fol. : *et nos in multa vi.* E 38. — (Donné à la Sainte-Chapelle. E.) — Guiffrey, II, p. 178.

84. Un Epistolier, escript de grosse lettre. D 58. — (Passé en 1416 à la Sainte-Chapelle. D.) — Guiffrey, II, p. 315.

85. Un petit livre appellé Colletère, escript de lettre de forme, lequel fu donné à Monseigneur en novembre 1412 par la femme[1] de feu mons. Pierre de Navarre. B 150. *Misericordia tua.* — (Donné le 8 janvier 1416 (n. st.) au trésorier de la Sainte-Chapelle[2]. B.) — Guiffrey, I, p. 267.

86. Un Ordinaire. D 61. — (Passé en 1416 à la Sainte-Chapelle. D.) — Guiffrey, II, p. 315.

87. Un petit Ordinaire pour la chapelle royale. D 62. — (Passé en 1416 à la Sainte-Chapelle. D.) — Guiffrey, II, p. 315. — Voir plus loin la note 87.

88. Un très bel pontifical escript de grosse lettre de forme, historié en pluseurs lieux, lequel messire Guillaume Bois Ratier donna aux estraines à Monseigneur le 1er janvier 1403 (n. st.). D 8. E 8. — (Donné à la Sainte-Chapelle en 1404. D. E.) — Sur les Pontificaux, nos 88 et 89, voir la note 88-89.

89. Un livre nommé Pontifical, notté en aucuns lieux. D 49. — (Passé en 1416 à la Sainte-Chapelle. D.) — Guiffrey, II, p. 314.

90. Un livre nommé Pontifical, escript de très grosse lettre, pour sacrer rois, emperières, arcevesques et evesques.

1. Catherine d'Alençon.
2. Arnoul Belin.

A 997. B 25. C 466. D 21. — 15 l. — (Ce pontifical, écrit pour Étienne Loipeau, évêque de Luçon, fut promis en 1404 à la Sainte-Chapelle. D. Il forme aujourd'hui le n° 8886 du fonds latin. — Voir la note 90. — C'est peut-être à ce ms. que se rapporte l'article suivant d'un compte de l'année 1400 : « A frère Goureau, religieux de Luçon, lequel a fait un pontifical à Monseigneur pour mectre en sa chapelle de Bourges, LXVII s. VI d. t. ») — Guiffrey, II, p. 338. — Voir la note 90.

91. Un petit livre escript de grosse lettre, et noté en aucuns lieux, du Sacre du roi de France. A 1031. B 43. C 1187. — (Ce livre est en l'hostel de Thevenin de Bonpuis, et est ordonné estre mis en la librairie du Roi, comme l'en dit. C.) — Guiffrey, I, p. 233.

92. Un petit livre de l'Office de la conversion saint Paul. A 1039. B 50. C 1188. — (En l'hostel de Thevenin de Bonpuis. C.) — Guiffrey, I, p. 234.

93. Deux petis livres notés de l'Office du grant Charlemaine, lesquels le tresorier de Saint-Hilaire de Poitiers[1], confesseur et premier chapellain de Monseigneur, lui donna environ le 4 mars 1403 (n. st.). D 9. E 9. — (Donnés à la Sainte-Chapelle en 1404. D.) — Guiffrey, II, p. 315 et 316.

94. Un livre faisant mencion du service saint Charles le Grant, escript et noté, en pluseurs grans cayers de parchemin. D 63. — (Passé en 1416 à la Sainte-Chapelle. D.) — Guiffrey, II, p. 315.

95. Un petit livre faisant mencion du dit prince, escript et noté comme le précédent. D 64. — (Passé en 1416 à la Sainte-Chapelle. D.) — Guiffrey, II, p. 316.

96. Unes Heures esquelles le roi Jehan aprist à lire, et au commencement est le kalendrier, et après pluseurs enseignemens en françois de bien vivre selon Dieu, les heures de Nostre Dame, les heures de la Trinité, l'office des mors et pluseurs autres heures et oroisons, tant en latin que en françois, lequel livre le roi de Secille[2] donna à Monseigneur le 23 octobre 1407.

---

1. Ascelin Roine.
2. Louis II d'Anjou.

B 119. C 1021. *Par ceste viande.* — 125 l. — Guiffrey, I, p. 257.

97. Unes Heures de la Trinité et de Nostre Dame, où il a pluseurs commemoracions de sains, lesquelles furent de madame la duchesse de Normandie[1], mère de monseigneur, très bien historiées et enluminées, à deux fermoirs d'or esmaillés aux armes de la roine de France, de Bavière. A 1057. — (Données à la reine d'Angleterre[2]. A.) — Guiffrey, II, p. 134.

98. Unes très belles Heures, très richement enluminées et historiées de la main Jaquemart de Odin, et par les quarrefors des fueillets en pluseurs lieux faictes des armes et devises de Monseigneur. A 1050. — (Données au duc de Bourgogne. A.) — Guiffrey, II, p. 132. — Ms. 719 de la Bibliothèque royale de Belgique. — Voir la note 98.

98 *bis*. Unes Heures de Nostre Dame, historiées, que madame de Berry donna à feu monseigneur [le duc de Bourgogne], et y sont les armes de maistre Gontier Col... Inventaire de la librairie de Philippe le Bon, duc de Bourgogne, en 1420, art. 7, éd. de G. Doutrepont, p. 5.

99. Unes très grans moult belles et riches Heures, très notablement enluminées et historiées de grans histoires de la main Jaquemart de Hodin (*sic*) et autres ouvriers de Monseigneur; ès quelles sont les heures de Nostre Dame, les Sept pseaulmes, les heures de la Croix et du Saint Esperit, de la Passion et du Saint Esperit encores, et l'office des mors, et au commancement du second fueillet des heures Nostre Dame a escript *flamine;* couvertes de veluiau violet; et fermans à deux grans fermouers d'or, garniz chascun d'un balay, i saphir et vi grosses perles; et y a une pipe d'or, où sont attachiez les seignaulx, garnie d'un gros balay et iiii grosses perles; laquelle perrerie est d'une chaienne en façon de paternostres et de certains eulez, qui furent de feu messire Jehan de Montagu. Et ont lesdictes heures une grant chemise de drap de damas violet doublé de mesmes. Lesquelles heures mondit seigneur a faictes faire ainsy et par la manière qu'elles sont dessus devisées. B 112. — Guiffrey, I, p. 253.

1. Bonne de Luxembourg.
2. Isabelle, fille de Charles VI, femme de Richard II.

Item les Belles grandes Heures de monseigneur, que on
appelle les Très riches heures, garnies de fermoers et de pipe
d'or et de pierrerie, qui sont en un estuy de cuir; prisées
ensemble iii^m l. t. C 1159. — Guiffrey, II, p. 280.

Les Belles grandes Heures sont le ms. latin 919 de la Bibliothèque nationale, au commencement duquel est une note de
Jean Flamel, rappelant que ce beau manuscrit a été achevé en
1409. — Voir la note 99.

100. Unes belles Heures, très bien et richement historiées,
et au commencement est le kalendrier bien richement escript
et historié, et après est l'histoire de la vie et passion de sainte
Katherine, et ensuitte les quatre evangilles et deux oroisons
de Nostre Dame, et après commencent les heures de Nostre
Dame, et s'ensuivent pluseurs autres heures et oroisons, lesquelles heures monseigneur a fait faire par ses ouvriers. B 111.
C 507. Deuxième feuillet des heures de Notre Dame : *Audie-
ritis.* — 875 l. — (Lesquelles heures la roine de Secille[1] a
envoyé querir et demander à mess. les executeurs, et lesquelles mes dis seigneurs lui ont envoiées, pour icelles veoir et
retenir, s'il lui plaisoit, en payant la somme de 700 l. p., ou
telle autre somme d'argent comme bon lui sembleroit, affin
qu'elle eust envers son mari et autrement le fait de l'execucion pour recommandé, laquelle ditte roine, après ce qu'elle
ot longuement veues et advisées icelles heures, a retenu ycelles
par devers elle et paié à la dite execucion la somme de 300 l. t.
C, fol. 270 v°.) — Cabinet de M. le baron Edmond de Rothschild. — Guiffrey, I, p. 253. — Voir la note 100.

101. Pluseurs cayers d'unes Très riches heures que faisoient
Pol et ses frères, très richement historiés et enluminés.
C 1164. — 500 l. — (Au Musée Condé.) — Guiffrey, II, p. 280.
— Voir la note 101.

102. Unes très belles Heures, contenans pluseurs heures
et commemoracions de Dieu et de ses sains, ou commencement desquelles est le kalendrier très richement historié des
epistres de saint Paul, de l'ancien et nouvel Testament, et

1. Yolande d'Aragon, femme de Louis II d'Anjou.

après sont pluseurs enseignemens escrips en françois de bien et honnestement vivre selon Dieu ; lesquelles heures sont très richement historiées en pluseurs lieux, et mesmement, au commencement des heures de Nostre Dame, d'une annonciacion et de pluseurs apostres à l'entour, et en la fin a une oroison en latin qui se commence *Sancta crux*. A 172. B 2. — (Données le 28 mai 1416 à la femme de Robinet d'Estampes. B.) — Guiffrey, I, p. 224. — Ms. latin 18014. — Voir la note 102.

102 *bis.* [Heures, non mentionnées dans les anciens inventaires et dont les débris ont été partagés en trois morceaux.] — Voir note 102 *bis*.

102 *ter.* [Les Heures de Savoie, que Charles VI donna en 1409 au duc de Berry.] — (Ces Heures ont été conservées dans la bibliothèque de l'Université de Turin jusqu'à l'incendie de janvier 1904. Voir la notice XXX des livres de Charles V qui ont subsisté jusqu'à nos jours.)

103. Unes très belles Heures de Nostre Dame, escriptes de grosse lettre de fourme, dont le fermail cousta, en 1405, la somme de 337 frans 10 s. t. B 82. — (Données, sans le fermail, à Robinet d'Estampes, en échange des Heures décrites sous le n° 106.) — Guiffrey, I, p. 243.

104. Unes Heures de Nostre Dame, très bien escriptes et enluminées, et en la fin pluseurs oroisons et une oroison de la Bible. A 1054. — (Données à Robinet d'Estampes. A.) — Guiffrey, II, p. 133.

105. Unes Heures de Nostre Dame, escriptes de lettre boulonnoise, enluminées d'ouvrage romain, et a au commencement un escu des armes de Monseigneur, et dessus deux anges qui le tiennent. A 1053. — (Données à Bureau de Dampmartin. A.) — Guiffrey, II, p. 133.

106. Unes Heures ès quelles sont les heures de Nostre Dame, les Sept psaumes, vigiles de mors, et après pluseurs oroisons [et] messes, le Psautier saint Jeroyme et pluseurs autres devocions, et au commencement sont les quatre evangiles et le kalendrier, lesquelles Monseigneur a prinses de Robinet d'Estampes en lieu d'unes autres heures qu'il lui a données[1]. B 148. *Stirpis.* — (Données à l'évêque de Clermont[2], le 8 janvier 1416. B.) — Guiffrey, I, p. 266.

107. Unes petites Heures ès quelles sont les heures de Nostre Dame, les Sept psaumes, l'office des mors, les heures de la passion Nostre Seigneur, la vie sainte Margarite et pluseurs autres suffraiges et devocions, très bien escriptes et enluminées, lesquelles heures monseigneur acheta de maistre Regnault du Montet, en janvier 1413 (n. st.), le pris de 30 escus d'or comptans. B 153. *Sunt omnes fines.* — (Données à l'évêque de Chartres[3], le 5 septembre 1414. B.) — Guiffrey, I, p. 269.

108. Unes petites Heures de Nostre Dame nommées les Heures de Pucelle, enluminées de blanc et de noir, à l'usage des Prescheurs. A 171. B 1. C 978. — 15 l. — Guiffrey, I, p. 223. — Voir la note 108.

109. Unes petites Heures de Nostre Dame, très bien historiées de menues histoires, lesquelles heures la femme de messire David de Brimeu a données à Monseigneur en janvier 1416 (n. st.). B 181. — (Données à la comtesse d'Armagnac, le 15 mai 1416. B.) — Guiffrey, I, p. 336.

110. Unes petites Heures, ès quelles sont les heures de Nostre Dame, les Sept psaumes, vigiles de mors et autres devocions, et au commencement a une oroison de saint Jehan Baptiste et le kalendrier, lesquelles Monseigneur acheta à Paris en son hostel de Neelle, le 11 décembre 1415, 50 escus. B 162. C 739. *Quoniam.* — 15 l. — (Données par les exécuteurs à Jehan Gauchier, clerc des joyaux du duc. C, fol. 204 v°. — Peut-être le ms. 650 de l'Arsenal.) — Guiffrey, I, p. 330, et II, p. 252 et 293. — Voir la note 110.

110 *bis*. [Heures de Notre-Dame, achetées en 1377, par le duc de Berry, pour être données à sa mère de lait, dame Gille de Caumont.] — Guiffrey, II, p. 337.

110 *ter*. [Un petit livret, à feulliez vers, à ii petis fermoirs d'or des armes de monseigneur d'Anjou, où sont les Heures de Nostre Dame, très bien enluminées de blanc et de noir.] —

---

1. Voir l'article 103.
2. Martin Gouge, évêque de Clermont de 1415 à 1444.
3. Martin Gouge, évêque de Chartres, depuis 1406 jusqu'en 1415.

Livret de la librairie du Roi, qui fut successivement donné à Marie, comtesse de Bar, puis au duc de Berry. Voir l'Inventaire des livres de Charles V, n° 264.

111. Un petit livret ouquel a pluseurs Oroisons, escriptes, en latin, de bonne lettre de forme, et les rubriches escriptes en françois, très bien historié et enluminé, lequel mons. de Guienne[1] donna à Monseigneur en juillet 1412. B 157. C 1193. *am quia peccavi.* — (Donné, le 7 juillet 1415, au roi d'Espagne ou de Castille[2]. B. C.) — Guiffrey, I, p. 270.

112. Un livre de bien grosse lettre de forme, auquel sont pluseurs Oroisons en latin à Dieu et Nostre Dame, le Psautier saint Jeroyme, et les Sept psaumes compilés par François Petrarque, les heures de la Croix et du Saint Esperit, et pluseurs autres devocions et contemplacions à Dieu; lequel livre maistre Philippe de Corbie, conseiller et maistre des requestes de l'hostel du Roi et de Monseigneur, donna à Monseigneur, le 17 novembre 1409. B 125. C 513. *Ac sompnolentia.* — 3 l. 15 s. — Guiffrey, I, p. 259.

113. Un bien petiot livret, ouquel a pluseurs oroisons et commemoracions de sains et de saintes, au commencement duquel est escripte l'oroison *O intemerata*, lequel livre le Roi donna à Monseigneur en mai 1404. B 92. C 1072. — 12 l. — Guiffrey, I, p. 246.

113 *bis*. [Un petit livret, à deux fermoirs des armes de Monseigneur de Berry, très parfaitement bien historié, où sont plusieurs Oroisons en françois et en latin. En l'estude du Roy à Vincennes.] — Voir l'Inventaire des livres de Charles V, n° 352.

114. Le premier livre de Aurelie Augustin de la Cité de Dieu, historié au commencement très richement. A 1060. D 32. E 20. — (Donné à la Sainte-Chapelle en 1404. A. D. — Aujourd'hui ms. français 6271.) — Guiffrey, II, p. 134. — Voir la note 114.

115. Un très bel livre de la Cité de Dieu, escript, en françois, de lettre de court, très bien historié et enluminé, lequel

---

1. Louis, fils de Charles VI.
2. Jean II, roi de Castille et de Léon.

Salmon, secretaire du Roi, donna à Monseigneur. B 115. C 509. *Monseigneur saint Denis.* — 125 l. — (En mars 1417 (n. st.), les exécuteurs rendirent à Pierre Le Fruittier, dit Salmon, secrétaire du roi, ce livre « que le dit Salmon avoit ja pieça baillé pour veoir et visiter à mon dit seigneur ». C, fol. 277 v°.) — Guiffrey, I, p. 255.

116. Un livre de la Cité de Dieu, escript, en françois, de lettre ronde, très richement historié au commencement et en pluseurs lieux. B 78. C 495. *Pluseurs ont usurpé.* — 200 l. — (Baillé à la duchesse de Bourbonnais. C.) — Guiffrey, I, p. 241.

117. Un livre de la Cité de Dieu, en deux volumes, escrips, en françois, de bonne lettre de forme, très bien historiés et enluminés, lesquelx le Roi a donnés à Monseigneur en son hostel de Neelle, en mars 1416 (n. st.). B 177. C 1042. Vol. I : *Ses ydoles revermeille;* vol. II : *Que toute creature.* — 375 l. — Guiffrey, I, p. 335.

118. Un livre de la Cité de Dieu, translaté en françois, finissant au X° livre inclus, où deffaillent les histoires et grans lettres. — Un autre livre de la Cité de Dieu, translaté en françois, commençant au XI° livre, et y deffaillent les histoires et grans lettres. — A 981 et 982. B 15 et 16. C 981 et 982. — 62 l. 10 s. — (Au Musée Condé.) — Guiffrey, I, p. 227 et 228. — Voir plus loin la note 118.

119. Un livre de la Cité de Dieu, en deux volumes, escript en françois, de lettre de court, historié en pluseurs lieux, lequel sire Jaques Coureau donna à monseigneur, le 20 juin 1403. B 93. C 501. Vol. I : *Sains de mons. saint Denis;* vol. II : *Psaultiers.* — 100 l. — (Baillé à la duchesse de Bourbonnais. C.) — Guiffrey, I, p. 247.

120. Un petit livre appellé le Dialogue saint Gregoire, escript en françois, historié en aucuns lieux, lequel monseigneur acheta de Jehan Colin, le 9 juillet 1409, pour le prix de 15 escus d'or. C 508. *Loing nous ne veons.* — 3 l. 15 s. — Guiffrey, I, p. 254.

120 *bis.* [Le Dialogue saint Gregoire en françois.] — (Ms. 1302 de la bibliothèque royale de Belgique.) — Voir la note 120 *bis.*

121. Un livre appellé le Dialogue saint Gregoire, escript, en françois, de lettre de court, lequel Monseigneur acheta de maistre Regnault du Montet, libraire, demeurant à Paris, en février 1413 (n. st.), pour le prix de 10 escus d'or. B 159. C 1038. *Oyez des hommes.* — 5 l. — Guiffrey, I, p. 329.

122. Un livre en françois, escript de lettre de court, nommé le livre du Dialogue saint Gregoire. A 1014. B 37. C 474. — 3 l. 15 s. — Guiffrey, I, p. 232.

123. Un livre en françois, escript de lettre de court, appellé le livre des Omelies saint Gregoire, historié en aucuns lieux. A 1013. B 36. C 473. — 5 l. — Guiffrey, I, p. 232.

124. Un livre de Ysidore, traitant de pluseurs matères, historié en pluseurs lieux. A 977. — (Donné à la Sainte-Chapelle. A.) — Guiffrey, II, p. 126.

125. Un livre en latin, de Meditationibus editis ab Anselmo, Cantuariensi archiepiscopo, auquel a pluseurs belles *oroisons*, escript de lettre de forme, lequel l'evesque de Saint-Flour[1] donna à Monseigneur aux estraines, le 1er janvier 1410 (n. st.). B 127. C 1023. *tes dicam.* — 25 l. — Guiffrey, I, p. 260.

126. Un livre de Sentences, escript en latin de lettre lombarde, lequel messire Guillaume Bois Ratier donna à Monseigneur le 4 juillet 1403. D 37. E 22. *Modos.* — (Donné en 1404 à la Sainte-Chapelle. D.) — Guiffrey, II, p. 175.

127. Un Diccionnaire en trois grans volumes, lesquels mons. l'evesque de Poitiers, chancelier de monseigneur, a donnés à mon dit seigneur. A 1062. D 33. E 21. — (Donné à la Sainte-Chapelle en 1404. A. D. — Aujourd'hui mss. latins 8861-8863 de la Bibliothèque nationale.) — Guiffrey, II, p. 135. — Voir la note 127.

128. Un livre en latin, escript de lettre boulonnoise, ouquel a pluseurs livres, le premier sur Joachin, sur Jheremie, le second parle des semences des Escriptures, le tiers de la prophecie non congnue, le quart des dernières tribulacions, le cinquiesme du commencement et de la fin du monde, et plu-

1. Gérard du Puy.

seurs autres livres; lequel le patriarche d'Alexandrie[1] donna à Monseigneur le 13 février 1403 (n. st.). D 35. *Ecclesiam contemplancium.* — (Donné à la Sainte-Chapelle en 1404. D.) — Guiffrey, II, p. 175.

129. Un petit livre où sont les Sept psaumes, escrips de lettre de forme, et entre chascun vers des dits sept psaumes a un autre vers fait sur la substance des vers d'iceulx psaumes, bien historié au commencement et enluminé, lequel livre Cristine de Pisan donna à Monseigneur à estraines le 1er janvier 1410 (n. st.). B 128. C 1024. *niam infirmus.* — 5 l. — Guiffrey, I, p. 260. — Voir la note 129.

130. Un petit romant de « Miserere mei Deus ». A 1036. B 48. C 994. — 5 s. — Guiffrey, I, p. 234.

131. Un petit livre en françois du psaume de « Eructavit ». A 1037. B 49. C 480. — 5 s. — Guiffrey, I, p. 234.

132. Un livre de lettre de court, où est la Passion en françois, et le livre « Cur Deus homo », qui fu de feu maistre André Beaunepveu. A 944. — (Noté comme perdu, dans l'inventaire A.) — Guiffrey, II, p. 119.

133. Un petit livre de la Passion Nostre Seigneur, lequel monseigneur acheta d'un libraire de Paris pour le pris de 6 escus d'or. B 163. C 530. *Pour ce appelle.* — Guiffrey, I, p. 330.

134. Un petit livre en françois, de lettre ronde, intitulé Des bonnes meurs, lequel parle du remède qui est contre les sept pechiés mortels et des trois estas, historié en pluseurs lieux, lequel livre fu donné à Monseigneur, le 4 mars 1410 (n. st.), par frère Jacques Le Grant, augustin. B 142. C 522. *Et tous les siens.* — 6 l. 5 s. — (Aujourd'hui n° 1023 du fonds français.) — Guiffrey, I, p. 264.

135. Un livre en françois appellé le Livre de l'Empereur celeste, historié au commencement de Dieu, de Nostre Dame et de pluseurs sains et d'une femme escripvant en une chaiere, et au dessoubs les armes de mons. d'Orleans. A 1005. B 30. C 986. — 15 l. — Guiffrey, I, p. 230. — Voir la note 135.

---

1. Voir plus haut, n° 67.

136. Un livre de droit en françois, appellé Digeste vielle, escript de lettre de forme, lequel fu donné à Monseigneur, en mai 1412, par messire Guillaume de Tignonville, chevalier. B 147. C 1032. *Lirent si escrirent.* — Guiffrey, I, p. 266.

137. Le tiers livre des Lois en françois, qui est appellé l'Enforciade, escript de lettre de forme, lequel fu donné à Monseigneur par messire Guillaume de Tignonville, en mai 1412. B 146. C 1031. *Il a empiré.* — 7 l. 10 s. — Guiffrey, I, p. 266.

138. Un très bel Decret, escript de lettre boulonnoise, très richement historié au commencement d'images romains. A 953. B 6. C 457. D 14. — 125 l. — (Promis à la Sainte-Chapelle en 1404. D. Baillé à la duchesse de Bourbonnais. C.) — Guiffrey, I, p. 225. — Voir la note 138.

139. Unes très belles Decretales en latin, historiées au commencement du pape, cardinaux et de pluseurs images, et ou premier fueillet sont les armes de mons. l'evesque de Poictiers, [Itier de Martreuil], chancellier de monseigneur. A 955. D 15. E 15. — (Donné à la Sainte-Chapelle en 1404. A. D.) — Guiffrey, II, p. 122.

140. Un livre en latin, escript de lettre de court, appellé le livre de Foi et de lois, historié au commencement d'un evesque revestu seant en une chaiere et de pluseurs docteurs tenans livres en leurs mains. A 1008. D 23. E 16. — (Donné à la Sainte-Chapelle en 1404. A. D.) — Guiffrey, II, p. 129. — Voir la note 140.

141. Un livre en françois de l'Image du monde, que fit maistre Gossevin, historié en pluseurs lieux, à deux fermoirs d'argent aux armes de Revel. A 1064. B 59. C 485. — 12 l. 10 s. — (Baillé à la duchesse de Bourbonnais. C. Aujourd'hui ms. français 574.) — Guiffrey, I, p. 235. — Voir la note 141.

142. Un grant livre en latin, appellé De Proprietatibus rerum, compillé par frère Pierre Berssuyre, enluminé au commencement d'un docteur estant en sa chaiere et de pluseurs auditeurs. A 967. D 17. E 14. — (Donné à la Sainte-Chapelle en 1404. A. D.) — Guiffrey, II, p. 125. Voir la note 142-145.

143. Un autre grant livre en latin des Propriétés des
choses. A 968. E 30. — (Donné à la Sainte-Chapelle. A. E.) —
Guiffrey, II, p. 125.

144. Un livre De Proprietatibus rerum, escript, en françois,
de lettre courant, lequel Monseigneur acheta à Paris, en son
hostel de Neelle, avec deux autres livres[1], le 2 mars 1416
(n. st.), de maistre Regnault du Montet, pour le pris de
120 escus d'or. B 164. C 1041. *Diverses sciences que vous avez
assemblez.* — 50 l. — Guiffrey, I, p. 331.

145. Un livre des Propriétés des choses, escript, en françois, de lettre de court, lequel livre les quatre secrétaires de
monseigneur, c'est assavoir maistre Pierre de Gyne, Michiel Le
Beuf, Jehan de Cande et Erart Moriset, lui donnèrent aux
estrennes 1403. B 90. C 499. *Après parle.* — 50 l. — (Baillé
à la duchesse de Bourbonnais. C.) — Guiffrey, I, p. 246.

146. Un gros volume, escript en françois de lettre de court,
auquel sont contenus le livre des Propriétés des choses, le
livre de l'histoire de Thèbes, le livre de l'histoire de Troye, le
livre d'Orose, le livre de Lucan, le romant de la Rose, le Testament maistre Jehan de Mehun, le Tresor et le Testament du
dit maistre Jehan de Mehun, Boèce de Consolacion, Matheole
et autres livres, et ou derrenier est le Viandier Taillevent,
lequel volume Monseigneur acheta, en mai 1404, de maistre
Regnault du Montet, la somme de 200 escus d'or. B 70. C 1001.
En especial. — 75 l. — Guiffrey, I, p. 239.

147. Un livre appellé le livre du Tresor, historié au commencement de la creacion du monde, escript de lettre de court.
A 990. B 21. C 465. — 5 l. — (Baillé à la duchesse de Bourbonnais. C. Aujourd'hui ms. français 568.) Guiffrey, I, p. 228.

148. Un petit livre du Tresor maistre Jehan de Mehun, de
lettre de forme, bien historié et enluminé, lequel mons. le duc
de Bavière[2] donna à Monseigneur aux estraines, le 1er janvier
1414 (n. st.). B 168. C 528. *Qui contre.* — 10 l. — (Baillé au
comte d'Armagnac. C.) — Guiffrey, I, p. 332.

1. Voir plus bas, nos 204 et 279.
2. Louis, duc de Bavière.

149. Un livre de Sidrac, escript, en français, de lettre de forme, lequel fu donné à Monseigneur à estraines, le 1er janvier 1404 (n. st.), par messire Guillaume Bois Ratier. B 89. C 1008. *Cellui vint.* — 20 l. — (Sans doute le n° 11113 de la Bibliothèque de Bruxelles, à la fin duquel est la signature du duc de Berry[1].) — Guiffrey, I, p. 245.

150. Un livre d'Ethiques, escript en françois, de lettre de forme, lequel Bureau de Dampmartin, bourgois et marchant de Paris, a fait faire par le commandement de Monseigneur. B 104. C 1017. *En peut l'en.* — 30 l. — Guiffrey, I, p. 250.

151. Un livre d'Ethiques et Politiques, en deux volumes, escript en françois, de lettre de forme, lequel monseigneur d'Orléans[2] donna à Monseigneur. B 98. C 503. Vol. I : *Ces si comme;* vol. II : *Et ceste communité.* — 75 l. — (Baillé à la duchesse de Bourbonnais. C. — Le premier volume est à Chantilly et le second à la Bibliothèque nationale, n° 9106 du fonds français; avant la Révolution, ce second volume était à Saint-Médard de Soissons[3].) — Guiffrey, I, p. 248. — Sur les deux volumes, voir la note 151.

152. Un livre d'Ethiques et Politiques, translaté en françois, escript de lettre de court. A 984. — (Donné à Bureau de Dampmartin. A.) — Guiffrey, II, p. 127.

153. Le livre des Problèmes d'Aristote, translaté ou exposé de latin en françois par maistre Evrart de Conty, jadis physicien du roi Charles le quint, escript de lettre courant, historié au commencement et en plusieurs lieux, lequel fu donné à Monseigneur, en septembre 1405, par messire Guillaume Bois Ratier. B 95. C 1010. *Françoise.* — 75 l. — Guiffrey, I, p. 230.

154. Un livre en françois, d'Aristote, appellé du Ciel et du monde. A 1003. B 28. C 469. — 12 l. 10 s. — (Baillé à la duchesse de Bourbonnais. C. — Nous avons deux exemplaires

---

1. *Catalogue des mss. de la bibl. de Bourgogne,* II, 34.
2. Louis, duc d'Orléans.
3. Montfaucon, *Bibl. bibl.,* II, 1196; Lebeuf, *Mém. de l'Acad. des inscr.,* XVII, 752.

du Ciel et du monde sur lesquels le duc de Berry a mis sa signature, les n°ˢ 565 et 1082 du fonds français.) — Guiffrey, I, p. 230.

155. Un livre des Epistres de Senèque, richement historié au commencement de sa vie et de sa mort. A 963. — (Donné au duc de Bourbonnais. A.) — Guiffrey, II, p. 124.

156. Un livre en latin des Epistres de Senèque, de saint Pol et d'autres, ouquel sont contenus pluseurs autres livres, escript de lettre lombarde, à deux fermoirs d'argent dorés, esmaillés aux armes du duc de Milan[1], qui l'envoya à Monseigneur en mars 1403 (n. st.). D 36. *Amico secreta sunt.* — (Donné à la Sainte-Chapelle en 1404. D.) — Guiffrey, II, p. 175.

156 *bis*. [Traité de Senèque sur les Quatre vertus, translaté, en 1403, pour Monseigneur par maistre Jehan Courtecuisse[2].]

157. Un livre de Boèce, moitié latin et moitié françois, historié au commencement d'un docteur estant en une tour et d'une dame qui parle à lui. A 1007. — Guiffrey, II, p. 129.

158. Un livre compilé de maistre Nicolas Travelz, anglois, de l'ordre des Prescheurs, sur les cinq livres de Boèce de Consolacion, escript en latin, de belle lettre de forme, lequel maistre Nicolas Viaut donna à monseigneur, en fevrier 1404 (n. st.). D 39. E 24. *Cepit imperium.* — (Donné à la Sainte-Chapelle en 1404. D. Aujourd'hui n° 9321 du fonds latin.) — Guiffrey, II, p. 176. — Voir la note 158.

159. Un livre de Boèce de Consolacion, en françois, translaté par manière de rime, commençant *Fortune mère de tristece*. A 1041. — (Donné à messire Jehan d'Ompnie. A.) — Guiffrey, II, p. 132.

160. Un petit livre escript en françois, de lettre de forme, appellé Boèce de Consolacion. A 1021. — (Donné à Guillaume L'Espicer. A.) — Guiffrey, II, p. 130.

---

1. Jean-Marie Visconti.

2. Voir le ms. français 581, fol. 253. J'ai cru devoir mentionner cette traduction, qu'il est fort étonnant de ne rencontrer dans aucun des anciens inventaires de la librairie du duc de Berry.

161. Un livre en françois, nommé le livre du Gouvernement des rois et des princes, historié au commencement d'un roi et d'un religieux qui lui presente un livre. A 1032. B 44. C 993. — 3 l. 2 s. 6 d. — Guiffrey, I, p. 233.

162. Un autre semblable livre, qui fu de feu mons. d'Estampes[1]. A 1033. B 45. C 477. — 2 l. 10 s. — Guiffrey, I, p. 233.

163. Le livre du Gouvernement des rois et princes. C 1135. *Merites au peuple.* — 7 l. 10 s. — Guiffrey, II, p. 277.

164. Un petit livre en françois, escript de lettre de court, du Gouvernement des rois et des princes, appellé le Secret des secrets, que fit Aristote. A 1028. B 41. C 476. — 10 s. — (Baillé à la duchesse de Bourbonnais. C.) — Guiffrey, I, p. 232.

165. Un petit volume, escript, en françois, de lettre courant, ouquel a plusieurs livres, le premier du Gouvernement des rois et des princes, le second du Tresor de sapience, et après plusieurs autres livres. B 130. *Phelipe qui translata ce livre.* — Guiffrey, I, p. 261.

166. Un livre du Gouvernement des rois, en françois, qui se commence *Regnabit rex et sapiens erit,* historié au commencement d'un roi estant en une chaiere et de plusieurs personnages estans à ses piez. A 1004. B 29. C 470. — 12 l. 10 s. — (Baillé à la duchesse de Bourbonnais. C.) — Guiffrey, I, p. 230.

167. Un livre de l'Informacion des rois et des princes, fait et compilé par un maistre en theologie, de l'ordre de saint Dominique, lequel monseigneur acheta de maistre Regnault du Montet, libraire, demourant à Paris, en fevrier 1409. B 140. C 521. *Vivans.* — 6 l. 5 s. — (Baillé à la duchesse de Bourbonnais. C. — Aujourd'hui n° 1210 du fonds français.) — Guiffrey, I, p. 263.

168. Un livre des Dis moraulx des philosophes, escript, en françois, de lettre de court, historié au commencement et ailleurs d'enlumineure de blanc et de noir, lequel monseigneur acheta de maistre Regnault du Montet en janvier 1404 (n. st.), avecques unes heures de Nostre Dame, qu'il donna à mons. de

____
1. Louis, comte d'Étampes, mort le 6 mai 1400.

Vendosme[1], et avecques un livre de Mandeville, qu'il donna à Jehan Barre, son varlet de chambre, tout ensemble pour le prix de 80 escus d'or. B 68. C 488. *Ne sera mie.* — 3 l. 15 s. — Guiffrey, I, p. 238.

169. Un livre des Dis des philosophes et de la vie de plusieurs sains, avec le Bestiaire. A 988. B 19. C 464. — 7 l. 10 s. — (Baillé à la duchesse de Bourbonnais. C.) — Guiffrey, I, p. 228.

170. Un livre appellé le Tresor de sapience, escript, en françois, de lettre de court, lequel maistre Gieffroi Robin donna à Monseigneur aux estraines 1406 (n. st.). B 102. C 1015. *Avoit donné.* — 15 l. — Guiffrey, I, p. 250.

170 *bis*. [L'Enseignement des femmes, par le chevalier de La Tour Landry.] — (Ms. 9542 de la Bibliothèque royale de Belgique.) — Voir la note 170 *bis*.

171. Un livre de François Petrarque, des Remèdes de l'une et de l'autre fortune, translaté en françois, à deux fermoirs d'argent dorés, esmailliés aux armes de Monseigneur et de mons. d'Orléans. A 994. B 23. C 562. — 30 l. — Guiffrey, I, p. 229. — Voir la note 171.

172. Un livre appellé le livre des Eschaz, en françois, escript de lettre de court, historié au commencement d'un roi seant en une chaiere et d'un religieux à genolz qui lui presente un livre. A 1012. B 35. C 472. — 3 l. 5 s. — (Aujourd'hui ms. 5107 de l'Arsenal.) — Guiffrey, I, p. 231. — Voir la note 172.

173. Un petit livre des Images du ciel et du monde, escript, en françois, de lettre de forme. B 135. C 518. *Sont en la voye.* — 2 l. 15 s. — Guiffrey, I, p. 262. — Voir la note 173.

174. Un livre en françois, escript de lettre de court, appellé le livre de Spera. A 1023. B 42. C 992. — 1 l. 5 s. — Guiffrey, I, p. 233.

175. Un petit livre de l'Espère du ciel et du monde, escript,

---

1. Louis de Bourbon, comte de Vendôme.

en françois, de lettre courant, lequel Monseigneur retint pour lui d'une grant quantité de livres, qu'il acheta de Baude de Guy, le 16 décembre 1405, et donna lors tant à sa chapelle de Bourges que à plusieurs personnes, tout ensemble pour le pris de 2,220 escus. B 73. C 1003. *De l'inqualité des jours.* — 2 l. 10 s. — Guiffrey, I, p. 240.

176. Un livre en françois de l'Espère du ciel et du monde, escript de lettre courant, historié en plusieurs lieux, lequel Monseigneur retint pour lui de la dite grant quantité de livres dessus dis. B 74. C 491. *Le monde est tout rond.* — 15 l. — (Baillé à la duchesse de Bourbonnais. C.) — Guiffrey, I, p. 240.

177. Un petit livre d'Astrologie, en latin, ouquel sont les quatre elemens et les douze signes figurés et les planettes, lequel l'abbé de Bruges donna à monseigneur à Paris le 7 juin 1403. B 86. B 1007. *Nominum itaque.* — 5 l. — Collection de M. Court, de Dijon. — Guiffrey, I, p. 245. — Voir la note 177.

178. Un petit livre en françois, appellé livre de Divination, historié au commencement d'un duc seant en une chaiere et d'un docteur qui lui presente un livre. A 1006. B 31. C 987. — 27 l. 10 s. — Guiffrey, I, p. 230.

179. Deux grans livres de Magique, escrips en espaignoul. A 1065. B 60. C 1191. (Arnoul Belin les a eus, comme l'on dit. C.) — Guiffrey, I, p. 236.

180. Un livre en françois des Sept planètes, autrement nommé Magique, historié en plusieurs lieux, et au commencement un couronnement de Dieu et Nostre Dame d'enlumineure. A 969. B 8. C 1063. — Guiffrey, I, p. 226.

181. Un livre de Pline richement historié. A 961. — (Donné à la Sainte-Chapelle. A.) — Guiffrey, II, p. 124.

182. Un livre de Medicine, appelé Galien, de lettre bien ancienne, historié en plusieurs lieux de l'ouvrage de Lombardie, lequel maistre Simon Alligret donna à Monseigneur le 1ᵉʳ janvier 1405 (n. st.). D 42. E 34. *Que non patiuntur.* — (Donné à la Sainte-Chapelle en 1404. D. Ce n'est pas, comme

on l'a dit jadis, le ms. de la bibliothèque de Bourges n° 299,
autrefois 247.) — Guiffrey, II, p. 313.

183. Un livre de Avinscene de Medicine, escript en latin,
de menue lettre de forme, et glosé en plusieurs lieux, lequel
maistre Simon Alligret donna à Monseigneur à estraines le
1ᵉʳ janvier 1404 (n. st.). D 38. E 23. *Cap. VIII. De signis.* —
(Donné à la Sainte-Chapelle en 1404. D.)

184. Un livre de Medicine, escript de grosse lettre de
forme, glosé en plusieurs lieux, ouquel sont contenus plusieurs
livres de la dicte science. E 25. — (Donné à la Sainte-Chapelle. E.)

185. Un livre de Medicine, qui traitte de la Vertu des
herbes et des bestes, escript en latin, de lettre de forme,
ouquel sont les dictes herbes et bestes contrefaictes de pain-
ture, lequel maistre Simon Alligret donna à Monseigneur aux
estraines le 1ᵉʳ janvier 1413 (n. st.). B 154. *Quartus ex pre-
missis.* — (Donné à la Sainte-Chapelle. B.) — Guiffrey, I,
p. 269.

186. Un livre en latin, escript de lettre boulonnoise, appellé
le livre des Prouffis ruraux. A 986. B 18. — Guiffrey, I, p. 228.

187. Un livre en latin, du Coultivement de la terre, enluminé au commencement d'un homme touchant ses beufs en
l'airée. A 962. — (Donné à la Sainte-Chapelle. A. — Aujour-
d'hui n° 9328 du fonds latin.) — Guiffrey, II, p. 124. — Voir
la note 187.

188. Un livre de Stratagème de Frontin, escript en latin,
de lettre de forme. A 993. — (Donné à la Sainte-Chapelle. A.)
— Guiffrey, II, p. 127. — Voir la note 188.

189. Un livre en françois, escript de lettre de forme,
appellé le livre de Vegesse et de chevallerie, historié au commencement de trois hommes d'armes, l'un à cheval et deux à
pié. A 1035. B 47. C 479. — 12 l. 6 d. — (Baillé à la duchesse
de Bourbonnais. C. — Aujourd'hui n° 1229 du fonds français.) — Guiffrey, I, p. 233. — Voir la note 189.

190. Un livre escript en papier, appellé le romant des Des-
duiz. A 1016. — (Donné à Jehan d'Ortègue. A. Ce doit être le

livre des Déduits de la chasse par Gace de La Buigne, volume orné de la signature du duc de Berry, qui est aujourd'hui au Musée Condé, à Chantilly.) — Guiffrey, II, p. 129. — Voir la note 190.

190 *bis*. [Le livre du roi Modus.] — (Aux Archives d'État à Turin.) — Voir la note 190 *bis*.

191. Une bien grande Mappamonde, bien historiée, enroollée dans un grant et long estuy de bois, laquelle maistre Gontier Col donna à Monseigneur. B 137. C 520. — 125 l. — (Baillée à la duchesse de Bourbonnais. C.) — Guiffrey, I, p. 263.

192. Une Mappamonde escripte et historiée, en un grant roole de parchemin. A 1047. D 29. — (Donnée à sire Jehan d'Ompnie. A. Avait été promise à la Sainte-Chapelle en 1404. D.) — Guiffrey, II, p. 132.

193. Une Mappamonde, en uns tableaux de bois longués, fermans en manière d'un livre. B 138. C 1027. — 5 l. — Guiffrey, I, p. 263.

194. Une autre Mappamonde, en un roolle de parchemin dedans un estui de cuir. B 139. C 1028. — 2 l. 10 s. — Guiffrey, I, p. 263.

195. Une Mappamonde de toute la Terre sainte, peinte sur une toile en un grant tableau de bois, laquelle Guillaume Bois Ratier donna à monseigneur le 1er janvier 1405 (n. st.). E 36. — (Donné à la Sainte-Chapelle. E.)

196. Un livre de Marc Pol des Merveilles d'Aise la grant et d'Inde la majour et mineur, et des diverses regions du monde, escript en françois, de bonne lettre de forme, très bien historié et enluminé tout au long, lequel livre monseigneur de Bourgogne donna à monseigneur en janvier 1413 (n. st.). B 156. C 558. *Tartars en leurs tantes*. — 125 l. — (Baillé au conte d'Armagnac. C. — Aujourd'hui n° 2810 du fonds français.) — Guiffrey, I, p. 270. — Voir la note 196.

197. Un petit livre appellé Marc Pol, du Devisement du monde, escript en françois, de lettre de forme. B 133. C 516. *Fist retraire*. — 5 s. — (Baillé à la duchesse de Bourbonnais.

D. — Aujourd'hui n° 5631 du fonds français.) — Guiffrey, I,
p. 262. — Voir la note 197.

198. Un livre en françois appellé le livre des Merveilles
du monde, de la Terre sainte, du grant kaam d'Inde et de
Tartarie, escript de lettre de forme, historié au commencement et en pluseurs lieux, lequel livre, avec un missel[1], Monseigneur achata de maistre Regnault du Montet, libraire, demourant à Paris, en octobre 1412, tous deux ensemble pour le pris
de 100 escus d'or. B 151. *Poy de bonnes citez.* — (Donné à
mess. Pierre des Essars, prevost de Paris. B.) — Guiffrey, I,
p. 268.

200. Le Mirouer historial de Vincent, en quatre volumes,
escrips de lettre de court. A 960. D 16. — (Promis en 1404 à
la Sainte-Chapelle. D. Donné à Guillaume de Lodde. A.) —
Guiffrey, II, p. 123.

201. Le Mirouer historial de Vincent en trois volumes,
escrips en françois de bonne lettre de forme, très bien et
richement historiés et enluminés, lequel livre fu de feu messire
Jehan de Montagu, auquel Monseigneur le donna en son vivant,
et depuis, après son trespassement, Monseigneur l'a recouvré,
c'est assavoir les deux derniers volumes de monseigneur de
Guienne, et le premier volume du prevost de Paris, par don
du Roi. A 943. B 123. Vol. I : *La voye;* vol. II : *Du prieur;*
vol. III : *Temps.* — (Donné au duc de Bourgogne, le 9 février
1413 (n. st.). B.) — Guiffrey, I, p. 258. — Voir la note 201.

202. Trois volumes du Mirouer historial, en françois,
escript de lettre boulonnoise, historié le premier volume de
320 histoires, le second de 513 et le tiers de 92. B 96. C 1011.
Vol. I : *Parolles comme de Genese;* vol. II : *Esveilliez s'il oist
gens;* vol. III : *Le commencement du regne de France.* — 375 l.
— Guiffrey, I, p. 248.

203. Le tiers volume du Mirouer historial de Vincent,
escript en françois, de lettre de forme, lequel Monseigneur
acheta, le 21 janvier 1405 (n. st.), de Colin Beaucousin, la

---

1. Voir plus haut, n° 76.

somme de 40 escus d'or. B 72. C 1002. *XXIIIIe* livre. — 30 l. — Guiffrey, I, p. 240.

204. Un livre appellé les Croniques martiniennes, escript de lettre courant, lequel Monseigneur acheta de Regnault du Montet le 2 mars 1416 (n. st.). B 166. C 1060. *Il escript la science.* — 15 l. — Guiffrey, I, p. 331.

205. Un livre de Valère le Très grant, translaté en françois, très richement historié au commencement, escript de lettre de court. A 964. — (Donné à messire de Hugueville[1]. A.) — Guiffrey, II, p. 124.

206. Un grant livre de Valerius Maximus, historié et escript de lettre de court, lequel sire Jaques Courau envoya à Monseigneur à estraines le 1er janvier 1402 (n. st.). B 62. C 997. — 75 l. — (Aujourd'hui n° 282 du fonds français.) — Guiffrey, I, p. 237.

207. Un livre de Valerius Maximus, translaté en françois, escript de lettre de court, historié au commencement d'un roi et un frère de l'ordre de Saint-Jehan qui lui presente un livre, et d'autres histoires[2]. B 66. C 999. *Marie auxquelz.* — 25 l. — Guiffrey, I, p. 237.

208. Un livre de Jehan Bocasse des Cas des nobles hommes et femmes, translaté de latin en françois par Laurens de Premierfait, clerc, escript de lettre de forme, bien enluminé et historié[3], lequel monseigneur l'evesque de Chartres[4] donna à Monseigneur aux estraines le 1er janvier 1411 (n. st.). B 144. C 523. *Ilz ont plaisir.* — 100 l. — (Baillé au comte d'Armagnac. C.) — Guiffrey, I, p. 265. — Voir la note 208.

209. Un livre des Femmes nobles et renommées, que fit Jehan Bocasse, escript en françois, de lettre de forme, lequel

1. Jean de Heugueville, chambellan de Charles VI.

2. C'est à tort que P. Paris (*Manuscrits françois*, II, 307) et M. Hyver (p. 63) indiquent le ms. français 290 comme répondant à cet article de l'Inventaire.

3. P. Paris (*Manuscrits françois*, I, 247) a d'abord conjecturé que cet article de l'Inventaire répond au ms. français 131 : plus tard, il a supposé (*Ibid.*, II, 231) qu'il se rapporte au ms. français 226. Aucune de ces hypothèses ne me paraît acceptable.

4. Martin Gouge.

Jehan de La Barre donna à Monseigneur en fevrier 1404 (n. st.).
B 91. C 500. *La rubrique LXIII*. — 401. — (Baillé à la duchesse
de Bourbonnais. C. — Aujourd'hui n° 598 du fonds français.)
— Guiffrey, I, p. 246.

210. Un livre de Josephus, en deux volumes, escript de lettre
bien ancienne, dont l'un est historié au commencement de la
creacion du monde, de l'ouvrage de Lombardie, et l'autre du roi
Herode et de plusieurs autres images. A 1028, 1029. D 43.
E 28, 29. — (Donné en 1404 à la Sainte-Chapelle.)

[A cet article ainsi rédigé, tel que je l'avais imprimé en 1881,
en combinant le texte des différents inventaires (A 1028-1029
[B 1028-1029 de M. Guiffrey], D 43 et E 29), il convient de
juxtaposer, pour plus d'exactitude, la reproduction intégrale
de l'inventaire de 1402, tel que M. Guiffrey l'a publié dans son
t. II, p. 131 :]

« Item, un volume du livre de Josephus, en latin, des Anti-
quitez, ystorié au commencement de la Creacion du monde ;
couvert de cuir vermeil empraint, à deux fermouers de lecton.
— Item, un autre volume du dit livre de Josephus, ystorié au
commencement, couvert comme le precedent. — Dati capelle
predicte. »

[A cette description d'un exemplaire du texte latin de Josèphe,
qui paraît bien ne plus exister, je joins l'indication de deux
exemplaires de la version française, qui ont été faits pour le duc
de Berry et qui ne figurent pas sur les inventaires de ce prince :]

210 *bis*. Les Antiquités judaïques, en français. Grand
volume, sur lequel le duc de Berry a mis sa souscription et qui a
fait partie de la librairie des ducs de Bourgogne. Fonds français 6446.

210 *ter*. Les Antiquités judaïques, en français. Deux volumes
sur lesquels est la souscription du duc de Berry et dont l'illustration n'était pas achevée lors de la mort de ce prince. Fonds
français 247 et 21013 des Nouvelles acquisitions. C'est le
célèbre Josèphe, dont la meilleure partie de l'illustration est
le chef-d'œuvre de Jean Fouquet.

Sur les articles 210-210 *ter*, voir plus loin la note répondant
à ces numéros.

211. Un très bel livre de la Legende dorée, historié au commencement et en plusieurs autres lieux très richement. A 1000. B 27. C 468. D 22. — 75 l. — (Promis en 1404 à la Sainte-Chapelle. D. Baillé à la duchesse de Bourbonnais. C.) — Guiffrey, I, p. 230. — Sur l'achat d'une Légende dorée, voir la note 211.

·211 *bis*. [Vie de Notre Seigneur Jesus Christ, traduite en français pour le duc de Berry.] — Voir plus loin la note 211 *bis*.

212. Un livre de la Vie des Pères, escript en françois, de lettre de forme, historié en aucuns lieux. A 1001. — (Donné à l'abbé de Bruges[1].) — Guiffrey, II, p. 128.

212 *bis*. Un petit livre bien ancien de la Vie des Pères, escript en françois, lequel Monseigneur acheta de maistre Regnault du Montet, en mars 1410 (n. st.), pour le pris de 12 escus d'or. B 141. C 1029. *Tost à perfection.* — 5 l. — Guiffrey, I, p. 263.

213. Un livre des trois Maries et de leur sainte lignée, escript en françois, de lettre de court, et au commencement historié de elles et de leurs maris. A 976. B 13. C 980. — 10 l. — Guiffrey, I, p. 227.

213 *bis*. [Vie abrégée de Notre Dame, translatée en françois pour le duc de Berry.] — (Je n'en connais pas de manuscrit.) — Voir la note 213 *bis*.

214. Un livre des Miracles Nostre Dame, escript en françois, de lettre de forme, et noté en aucuns lieux, lequel Monseigneur a eu du Roi. B 97. C 502. *Comment que.* — 30 l. — Guiffrey, I, p. 248. — J'ai donné une description détaillée de ce beau manuscrit dans la notice LXXXIII des livres de Charles V parvenus jusqu'à nous. Il est aujourd'hui au Séminaire de Soissons.

215. La Vie de saint Jehan euvangeliste et d'autres sains, escripte en un petit quaier de papier. A 1046. — (Donné au comte dauphin[2]. A.) — Guiffrey, II, p. 132.

---

1. L'abbé de Bruges est Lubert Hautschild, conseiller du duc de Berri, sur lequel il faut voir la note 177.

2. Béraud, comte de Clermont, dauphin d'Auvergne.

216. Un livre en françois des Loenges de saint Jehan euuan-
geliste, historié en plusieurs lieux, et au commencement a un
escu des armes feue madame la duchesse. A 1009. B 32. C 998.
— 5 l. — Guiffrey, I, p. 231.

217. Un petit livre des Miracles de saint Germain, intitulé
au commencement du premier fueillet : « En ceste table sont
contenus les miracles que saint Germain fist durant sa vie et
après sa mort. » C 1034. — 5 l.

218. Un petit livre de la Vie saint Germain d'Auceurre et
de ses miracles, translaté en françois. A 1040. B 51. C 481. —
15 s. — Guiffrey, I, p. 234.

219. Un livre en latin de la Vie de saint Gildas et de la
translacion de son corps et du saint calice de la cène Nostre
Seigneur. A 1038. D 28. — (Promis en 1404 à la Sainte-Chapelle. D. Donné à l'abbaye de Saint-Gildas. A.) — Guiffrey, II,
p. 131.

220. Plusieurs quaiers de parchemin non relliés, de la Vie
et translacion saint Gildas et du saint calice de la Cène. A 1045.
B 55. C 996. — 2 l. 10 s. — Guiffrey, I, p. 235.

221. Un livre de papier faisant mencion du procès de la
Canonizacion de Charles de Blois. A 1042. B 52. C 1189. —
Guiffrey, I, p. 234.

222. Un petit livre où il a plusieurs Figures de papes,
avecques aucunes prophecies d'eulx. A 311. B 3. C 979. —
1 l. 5 s. — Guiffrey, I, p. 224.

223. Un livre en latin de plusieurs lettres closes envoiées
par le Roi sur le fait du Scisme de l'Eglise et de la relacion du
prieur d'Asalon (Honoré Bonet). A 1015. B 38. C 990. — 12 s.
6 d. — Guiffrey, I, p. 232.

224. Un livre, en françois, de lettre de court, que fit le
prieur d'Asalon, de l'Union de l'Eglise. A 978. — (Donné à
Guillaume Le Neveu. A.) — Guiffrey, II, p. 126.

225. Un livre du Songe du prieur d'Asalon sur le fait du
scisme de l'Eglise; ou premier fueillet a un escusson des armes
de Monseigneur. A 1011. B 34. C 989. — 2 l. 10 s. — Guiffrey, I, p. 231.

226. Un livre des histoires de Troye, d'Alixandre et des Romains, ouquel fault le commencement, lequel fut du Roi. B 61. *Et fuit.* — Guiffrey, I, p. 236.

226 *bis.* [Troye, en prose, bien hystorié, que donna au Roy mons^r le duc de Berry, son frère.] — Voir l'Inventaire des livres de Charles V, article 1206.

227. Un livre de Troye la grant, escript en françois, de lettre de forme, lequel fut acheté par monseigneur de Bureau de Dampmartin, bourgeois et changeur de Paris, en avril 1402. B 63. C 998. — 40 l. — Guiffrey, I, p. 237.

228. Plusieurs quaiers de parchemin, non relliés, escrips de lettre de court, de l'histoire de Troye. A 1044. B 54. C 995. — Guiffrey, I, p. 235.

229. Un livre escript en françois, rimé, de la Destruction de Troye. A 985. B 17. C 463. — 50 l. — Guiffrey, I, p. 228.

230. Un livre escript, en françois, de lettre de court, de l'histoire de Thèbes et de Troye, lequel l'evesque de Chartres[1] donna à Monseigneur le 7 juin[2] 1403. B 88. C 498. *Edipus qui estoit avec un Polibos.* — 15 l. — (Baillé à la duchesse de Bourbonnais. C.) — Guiffrey, I, p. 245.

231. Un livre en françois, qui parle que les Gregois devinrent et où ilz alèrent après la grant destruction de Troye, escript de lettre courant, historié au commencement, vendu le 16 decembre 1405 par Baude de Guy. B 76. C 493. *Pour Troie restaurer.* — 15 l. — (Baillé à la duchesse de Bourbonnais. C. — Aujourd'hui n° 256 du fonds français.) — Guiffrey, I, p. 241.

232. Un livre de Suetoine, autrement nommé Lucan, escript en françois, commençant au livre de Genesis et finissant au livre de Lucan et à la mort de Julius Cesar. A 974. B 12. C 461. — 30 l. — (Baillé au comte d'Armagnac. C. — C'est probablement le n° 246 du fonds français; le n° 301 du même fonds, qui contient la seconde partie d'une compilation historique du même genre, vient aussi, selon toute apparence, du duc de

____

1. Sans doute Martin Gouge. (Voir plus bas, article 276.)
2. Ou peut-être juillet. (Voir l'article 276.)

Berry.) — Guiffrey, I, p. 227. — Sur les deux manuscrits français 246 et 301, voir la note 232.

233. Un livre de Tite Live, très richement historié au commencement de la fondacion de la cité de Rome. A 959. B 7. C 458. — 125 l. — (Baillé à la duchesse de Bourbonnais. C. — Aujourd'hui n° 263 du fonds français.) — Guiffrey, I, p. 226.

234. Un livre de Titus Livius, en trois volumes, en françois, de lettre courant, lequel Monseigneur retint pour lui de la grant quantité de livres achetée de Baude de Guy, le 16 decembre 1405. B 75. C 492. Vol. I : *Le consul fut occis;* vol. II : *De la destruction;* vol. III : *Seroient.* — 75 l. — Le tome II est au musée Condé à Chantilly. — Guiffrey, I, p. 240. — Voir la note 234.

235. Les Decades de Tite Live, en trois volumes, escriptes en françois, de très bonne lettre de forme, très bien historiés et enluminés, lesquels Monseigneur acheta de Jehan de La Cloche, tresorier de France, environ le mois de septembre 1413. B 160. C 1036. Vol. I : *Les poettes;* vol. II : *De puissance;* vol. III : *Plusieurs courses.* — 375 l. — Guiffrey, I, p. 329. — Voir la note 235.

236. Un livre de Titus Livius, translaté en françois, escript de lettre de forme. B 67. C 1000. *Par la manière.* — 150 l. — Guiffrey, I, p. 238.

236 *bis.* [Autre exemplaire de Tite Live, en françois.] — (Bibliothèque de Genève.) — Voir plus loin la note 236 *bis.*

237. Un grand livre qui se commence en lettre rouge : « Cy en droit monstre le traictié de l'histoire comment Julius Cesar gouverna l'Empire. » C 559. — 62 l. 10 s. — (Baillé à la duchesse de Bourbonnais. C.) — Guiffrey, II, p. 242.

238. Un livre des Croniques de France, en latin, en lettre de forme, lequel monseigneur de Berry fit prendre en l'eglise de Saint-Denis pour monstrer à l'empereur, et aussi pour le faire coppier, et voult à ses derrains jours qu'il feust restitué à la dite eglise. B 179. C 1194. *tis et vocatum est nomen ejus Adam.* — Guiffrey, I, p. 335. — Voir la note 238.

239. Un livre des Croniques de France, escriptes en françois, de lettre de court, très bien historié en plusieurs lieux, lequel Jehan de La Barre, receveur general de toutes finances en Languedoc et duchié de Guienne, donna à Monseigneur en avril 1408. B 121. C 511. *Comment Childerich.* — 100 l. — Guiffrey, I, p. 257.

240. Un livre escript en françois très notablement, et historié en plusieurs lieux, des Croniques de France, ou premier fueillet un escu aus armes de feu messire Aymeri de Rochechouart[1]. A 980. B 14. C 462. — 100 l. — (Baillé à la duchesse de Bourbonnais). C. — Guiffrey, I, p. 227.

241. Un livre des Croniques de France, en deux volumes, escript, ⬤ françois, de lettre de forme, très notablement historié et enluminé au commencement et en plusieurs lieux. Vol. I : *De tout le monde;* tiers fueillet du vol. II : *Il vint près.* — (Aujourd'hui n° 2813 du fonds français.) — Voir la note 241.

242. Un livre appellé Croniques de France, escript de lettre de forme. A 1024. — (Donné à G. Le Neveu. A.) — Guiffrey, II, p. 130.

243. Un livre des Croniques de France, fait par maistre Jehan Froissart, depuis le temps du roi Charles le quart, des guerres de France, d'Angleterre et autres royaumes, escript en françois, de lettre de court, lequel livre fut donné à Monseigneur le 8 novembre 1407 par mess. Guillaume Bois Ratier, à present arcevesque de Bourges. B 118. C 510. *Entre les autres.* — 40 l. — (Baillé à la duchesse de Bourbonnais. C. — Aujourd'hui n° 2641 du fonds français.) — Guiffrey, I, p. 256. — Sur le goût de Bois Ratier pour les livres, voir la note 243.

244. Un livre escript de lettre de court des Croniques de France, finissant au roi Charles le siziesme. A 975. — (Donné à la comtesse d'Armagnac. A. — Aujourd'hui ms. français 2608.) — Guiffrey, II, p. 125.

245. Un petit livre en latin, qui se adresse à Monseigneur le duc, compillé par Aymery, abbé de Moissac, des Lamentacions

---

1. Aimeri de Rochechouart, seigneur de Mortemart, mort en 1397. (P. Anselme, IV, 676.)

de la mort du roi Charlemaingne[1], escript de lettre de forme
et historié en plusieurs lieux, lequel livre l'evesque de Saint-
Flour[2] donna à estraines à Monseigneur le 1er janvier 1406
(n. st.). B 101. C 1014. *Partibus.* — 20 l. — Guiffrey, I,
p. 249.

246. Un livre en françois des Fais et bonnes meurs du sage
roi Charles cinquiesme roi d'icellui nom, lequel livre damoiselle Cristine de Pizan donna à Monseigneur à estraines le
1er janvier 1405 (n. st.). B 94. C 1009. *Ses escuiers.* — 3 l. 15 s.
— Guiffrey, II, p. 129-130.

247. Un livre en françois, escript de lettre de court, de
l'Histoire des contes de Flandres. A 1019. — (Donné à l'abbé
de Bruges[3]. A.) — Guiffrey, II, p. 129.

248. Un livre de l'Histoire de Lesignen, escript en latin[4],
de lettre de forme, bien historié. B 132. C 515. *Sola sed tantum.* — 10 l. — (Baillé à la duchesse de Bourbonnais. C.) —
Guiffrey, I, p. 261.

249. Un livre de l'Histoire de Lezignen, en latin, de lettre
courant. B 131. C 149. *Ornatus stans super equum.* — 10 l. —
Guiffrey, I, p. 261.

250. Un livre qui se commance : « Hic est liber in quo cen-
sus et luta[5] Bigorre, » et se finist au commencement du derrenier fueillet *Arrin son frain.* C 1033. — 1 l. 5 s. — Guiffrey,
II, p. 277.

251. Un livre appellé les Croniques d'Angleterre, escript
en mauvais françois, de lettre de court. A 1017. B 39. C 991.
— Guiffrey, I, p. 232.

252. Un livre de la Prinse et mort du roi Richard d'Angle-

1. La Bibliothèque nationale possède deux exemplaires de cet opuscule,
n** 5944 et 5946 du fonds latin; ni l'un ni l'autre ne paraît avoir appartenu au
duc de Berry.

2. Gérard du Puy.

3. Lubert Hautschild, abbé de l'Eeckhout; voir la note relative à l'article 177
de l'Inventaire.

4. Le duc de Berry fit traduire cette histoire en français, par Jean d'Arras,
pour sa sœur Marie, duchesse de Bar et marquise du Pont. (Voir la préface
mise en tête du ms. français 1482.)

5. Ainsi porte le manuscrit; il faudrait peut-être lire *jura,* ou *loca.*

terre, escript, en françois rimé, de lettre de court, et historié en plusieurs lieux, que le vidame de Laonnois donna à Monseigneur. B 99. C 1012. *Qu'il eust.* — 6 l. 5 s.· — Guiffrey, I, p. 249.

253. Un grant livre appellé les Croniques de Burgues, escript, en françois, de lettre de court, lequel fut acheté par Monseigneur le duc de Hennequin de Virelay, demeurant en la rue neufve Nostre Dame, à Paris, en fevrier 1403 (n. st.), la somme de 200 escus d'or. B 64. C 486. *N'ont mie.* — 100 l. — Guiffrey, I, p. 237. — Voir la note 253.

254. Un livre appellé les Croniques de Burgues, escript, en françois, de lettre de court, bien historié et enluminé, lequel Monseigneur acheta, le 29 octobre 1407, la somme de 160 escus d'or comptans. B 106. C 504. *Car elles furent composées.* — 100 l. — (Baillé à la duchesse de Bourbonnais. C. — Aujourd'hui au Musée britannique, ms. royal 19, E. VI.) — Guiffrey, I, p. 251.

255. Le livre Godefroi de Billon, qui parle du passage d'outre mer et du conquest de la Terre sainte, escript, en françois, de vieille lettre de forme, lequel avecques plusieurs autres monseigneur acheta à Paris, le 27 aoust 1405, de Bureau de Dampmartin, pour le pris de 2,025 livres. B 80. C 497. *Pent's et fist.* — 20 l. — (Baillé à la duchesse de Bourbonnais. C.) — Guiffrey, I, p. 242.

256. Un petit livre appellé la Fleur des histoires de la terre d'Orient, escript en françois, de lettre de court, enluminé et historié en plusieurs lieux, en la fin duquel a un autre livre de toutes les provinces et cités de l'universal monde, lequel monseigneur de Bourgogne donna à Monseigneur à Paris, le 22 mars 1403 (n. st.). B 84. C 1005. *Du royaulme.* — 20 l. — Ms. français 12201 de la Bibl. nat. — Guiffrey, I, p. 244. — Voir la note 256.

257. Un grant livre des Sept ars, en latin, escript de lettre de forme, et commence au livre de Priscian de l'art de grammaire, très bien historié et enluminé, lequel livre avoit autres fois esté de Monseigneur, et a esté recouvré après le trespas de

feu mons. d'Orléans, à qui Monseigneur l'avoit donné[1]. A 954.
B 108. C 1019. *Quamvis contractum.* — 75 l. — (Aujourd'hui
n° 275 du fonds Burney, au Musée britannique[2]. En tête du ms.
on lit cette note : « Iste liber fuit domino Gregorio pape XI. »
A la fin, le duc de Berry a tracé ces mots : « Ce livre est au
duc de Berry et d'Auvergne, conte de Poitou et d'Auvergne,
et li donna le pape Climant de Genève l'an mil CCC IIII[xx] et
VII. ») — Guiffrey, I, p. 252. — Voir la note 257.

259. Un grant livre appellé Catholicon, escript de lettre de
forme. A 1030. D 27. E 19. — (Donné à la Sainte-Chapelle. A.
D. — Aujourd'hui ms. 335 de Bourges). — Guiffrey, II, p. 131.
— Voir la note 259.

260. Un livre appellé Catholicon abregié, escript de lettre
de forme, lequel Monseigneur le duc d'Orléans[3] donna à monseigneur en avril 1401. D 34. — (Donné en 1404 à la Sainte-
Chapelle. D.) — Guiffrey, II, p. 175.

261. Un livre appellé Terance, escript en latin, de lettre
de forme, très bien historié et enluminé, lequel livre fut donné
à Monseigneur en janvier 1408 (n. st.) par mons. Martin Gouge,
lors son tresorier general, à present evesque de Chartres. B 120.
C 1022. *Nempe.* — 30 l. — (Aujourd'hui n° 7907 A du fonds
latin.) — Guiffrey, I, p. 257. — Voir la note 261.

262. Un livre appellé Terance, de lettre de forme, et glosé,
à deux fermoers d'argent dorés, esmaillés aux armes de monseigneur de Guienne, lequel livre l'evesque de Chalon[4] donna
à Monseigneur. B 178. C 529. *Fore sibi hanc.* — 75 l. —
(Rendu en mars 1417 (n. st.) aux exécuteurs testamentaires du
duc de Guienne. C, fol. 276 v°. — Aujourd'hui ms. 664 de
l'Arsenal.) — Guiffrey, I, p. 335. — Voir la note 261-262.

263. Un livre en latin des Bucoliques de Virgile, glosé en
plusieurs lieux. A 996. — (Donné à la Sainte-Chapelle. A.
Probablement le ms. latin DCXI de Turin.) — Voir la note 263.

---

1. Ce manuscrit est ainsi désigné dans l'inventaire A : « Un livre de Pre-
« cian, traictant de geomettrie et de pluseurs autres sciences. »

2. Voir Francisque-Michel, *Documents inédits, Rapports au ministre*, p. 160.

3. Louis, duc d'Orléans.

4. Sans doute Jean de La Coste, évêque de Chalon, de 1405 à 1408.

264. Un livre d'Ovide Metamorphoseos, escript, en françois, de lettre de court. A 987. — (Donné à l'abbé de Saint-Sulpice. A. — A cet article ou à un des deux suivants paraît répondre le ms. 742 de Lyon.) — Guiffrey, II, p. 127. — Voir la note 264-265.

265. Un livre d'Ovide Metamorphoseos, escript en françois, rimé[1]. B 65. C 487. *De la disputoison.* — 25 l. — (Baillé à la duchesse de Bourbonnais. C.) — Guiffrey, I, p. 237.

266. Un livre escript en françois, de lettre de forme, d'Ovide Metamorphoseos. A 995. B 24. C 985. — 30 l. — Guiffrey, I, p. 229.

267. Un livre appellé Ovide Metamorphoseos, escript, en françois, de lettre de court, et glosé en plusieurs lieux. A 972. B 10. C 460. — 30 l. — (Baillé à la duchesse de Bourbonnais. C. — Aujourd'hui n° 373 du fonds français.) — Guiffrey, I, p. 226.

268. Un petit livre en françois, escript de lettre de forme, que fit Ovide de l'Art d'amours. A 1020. — (Donné au comte de Clermont[2]. A.) — Guiffrey, II, p. 130.

269. Un rommant qui parle des Quatre fils Haymond, de Rolant et Olivier et plusieurs autres, escript de lettre de court, lequel Monseigneur acheta de maistre Jehan Flamel, son secretaire, le pris de 30 frans. B 105. C 1018. *Pour aler à Paris.* — Guiffrey, I, p. 251.

270. Un grant livre appellé le Livre de Lancelot du Lac, escript en françois, de lettre de·forme, très bien historié au commencement et en plusieurs lieux, lequel Monseigneur acheta, en janvier 1405 (n. st.), de maistre Regnault du Montet, demeurant à Paris, la somme de 300 escus d'or. B 71. C 102. *En la fin.* — 125 l. — (Baillé au comte d'Armagnac. C. — Aujourd'hui n°ˢ 117 à 120 du fonds français.) — Guiffrey, I, p. 239.

271. Un livre appellé le Brut d'Angleterre, escript, en françois rimé, de lettre de court. B 161. C 527. *Un filz avoit.* —

---

1. M. Paris (*Les Manuscrits françois*, III, 177) et M. Hyver (p. 46) ont cru sans fondement qu'à cet article d'inventaire répondait le ms. français 373.
2. Jean de Bourbon, comte de Clermont, gendre du duc de Berry.

5 l. — (Baillé à la duchesse de Bourbonnais. C. — Aujourd'hui n° 1454 du fonds français.) — Guiffrey, I, p. 330, et II, p. 338. — Voir la note 271.

272. Un livre nommé Giron le Courtois, en deux volumes. C 557. Vol. I : *Preudommes et hardiz;* vol. II : *Quant le bon chevalier.* — 150 l. — Guiffrey, II, p. 242.

273. Un livre de Regnart et de pluseurs autres livres dedans. A 998. B 26. C 467. — 2 l. 10 s. — Guiffrey, I, p. 229.

274. Un livre escript et noté de Lays anciens. A 991. B 22. C 984. D 20. — 2 l. 10 s. — (Promis à la Sainte-Chapelle en 1404. D.) — Guiffrey, II, p. 229.

275. Un livre du Romant de la Rose. A 992. — (Donné à Guillaume de Lode. A.) — Guiffrey, II, p. 127.

276. Le romant de la Rose et le Testament maistre Jehan de Mehun, en un volume escript de lettre de court, lesquelx romant et Testament furent donnés à Monseigneur le 7 juillet[1] 1403 par l'evesque de Chartres, lors son tresorier general[2]. B 87. *Ens en le milieu.* — (Donné à Guillaume Lurin, le 3 mars 1414 (n. st.). B. — Aujourd'hui ms. français 380.) — Guiffrey, I, p. 245.

277. Un livre escript de lettre de forme, ouquel est le romant de la Rose, le livre de la Violette, le livre de la Penthère et le Testament maistre Jehan de Mehun, bien historié et enluminé de blanc et de noir, lequel Monseigneur acheta la somme de 120 escus d'or comptans. B 107. C 505. *Que j'oy pres.* — (Baillé à la duchesse de Bourbonnais. C. — Le Laboureur[3] dit à propos de ce ms. : « Ce livre, sans pris pour la beauté des figures de miniatures, est encore aujourd'huy dans la bibliothèque du président de Mesmes, où M. le comte d'Avaux, son fils, me l'a fait voir. » — Guiffrey, I, p. 251. — Voir la note 277.

278. Le romant de l'Humain voyage de vie humaine, qui

---

1. Ou peut-être juin. (Voir plus haut, article 230.)
2. Martin Gouge.
3. *Hist. de Charles VI*, Introd., p. 82.

est exposé sur le romant de la Rose, escript en françois, de lettre de forme, très bien historié, lequel monseigneur achata de Baude de Guy, marchant demourant à Paris. B 81. — (Donné à Bernard d'Armagnac, fils du comte d'Armagnac, connétable de France, le 28 mai 1416. B.) — Guiffrey, I, p. 242.

279. Un livre appellé le Pelerinage de vie, escript de lettre courant, en françois rimé, historié en plusieurs lieux, lequel Monseigneur acheta de maistre Regnault du Montet le 2 mars 1416 (n. st.). B 165. C 1040. *Avecques son père Lucifer*. — 15 l. — Guiffrey, I, p. 331.

280. Un livre du Pelerinage du corps et de l'ame, appellé le Pelerin, escript en françois, de lettre courant, historié au commencement et en plusieurs lieux de blanc et de noir. B 79. C 496. *Dedans lui et l'ame.* — 40 l. — (Baillé à la duchesse de Bourbonnais. C. — Aujourd'hui ms. français n° 829.) — Guiffrey, I, p. 242.

281. Un petit livret appellé le livre de la Joieuse vision. C 1037. *Tout me sembloit.* — 1 l. 5 s. — Guiffrey, II, p. 278.

282-283. Un livre de Machaut. A 973. B 11. D 19. Promis à la Sainte-Chapelle en 1404. D. — (Donné au duc de Clarence[1] le 22 décembre 1412. B. Aujourd'hui ms. français 9221.) — Guiffrey, I, p. 226 et 339; II, p. 318.

284. Un livre de Matheole, translaté en françois, escript de lettre de court. A 999. — (Donné à sire Jehan d'Ompnie. A. — Guiffrey, II, p. 128.

284 *bis*. [La Patience de la comtesse d'Anjou.] Manuscrit acheté de Jean Colin, en 1413, par le duc de Berry. — Guiffrey, t. II, p. 338.

285. Un livre du Mirouer des dames, escript en françois, de lettre de forme. B 134. C 517. *ter et reposer.* — 20 l. — (Baillé à la duchesse de Bourbonnais. C. Exemplaire reconnu par M. Paul Meyer au Musée britannique, ms. addit. 29986.) — Guiffrey, I, p. 262.

---

1. Thomas, duc de Clarence, fils de Henri IV, roi d'Angleterre.

285 *bis.* [Autre exemplaire du Miroir des dames.] — A la Bibliothèque royale de Belgique, ms. 9555. — Voir la note 285 *bis.*

286. Le livre appellé de Long estude, fait et compillé par Cristine, escript de lettre de court, historié de blanc et de noir, lequel fut donné à Monseigneur en son hostel de Neelle, à Paris, par la dite Cristine, le 20 mars 1403 (n. st.). B 83. C 1004. *De souverain sens.* — 5 l. — Guiffrey, I, p. 243.

287. Un livre de la Mutacion de fortune, escript, en françois rimé, de lettre de court, compillé par Cristine de Pizan, historié en aucuns lieux, lequel livre la dite damoiselle donna à Monseigneur au mois de mars 1404 (n. st.). B 103. C 1016. *Travail penible.* — 10 l. — (Aujourd'hui à la bibliothèque de La Haye.) — Guiffrey, I, p. 250.

288. Le livre de la Paix, escript, en françois, de lettre de court, que Cristine de Pizan donna à Monseigneur aus estrainnes le 1er janvier 1414 (n. st.). B 169. C 1039. *Et loisibles.* — 5 l. — Guiffrey, I, p. 332.

289. Un livre des Fais d'armes et de chevalerie, composé par Christine de Pizan, escript, en françois, de lettre de court, historié au commencement et enluminé, lequel la dite damoiselle donna à Monseigneur aux estraines le 1er janvier 1413 (n. st.). B 155. *Le recite le poete.* — Guiffrey, I, p. 270.

290. Le livre de l'Epistre que Othea la deesse envoya à Ector, compillé par Cristine de Pizan, escript, en françois, de lettre de court et très bien historié, lequel la dite Cristine donna à Monseigneur. B 100. C 1013. *Pour ce le dy.* — 2 l. 10 s. — Guiffrey, I, p. 249.

291. Un livre compilé de plusieurs Balades et ditiés, fait et composé par damoiselle Cristine de Pizan, escript de lettre de court, bien historié et enluminé, lequel Monseigneur a acheté de la dite damoiselle 200 escus. B 110. C 506. *Tous mes bons jours.* — 50 l. — (Baillé à la duchesse de Bourbonnais. C. — Aujourd'hui ms. français 835.) — Guiffrey, I, p. 252. — Voir la note 291.

292. Un livre appellé le livre des Mottés et des balades.

D 65. — (Passé en 1416 à la Sainte-Chapelle. D.) — Guiffrey, II, p. 316.

292 *bis.* [Les Epistres du debat sur le romant de la Rose, de Christine de Pisan.] — (Ms. 236 de sir Thomas Phillipps.) — Voir la note 292 *bis.*

293. La Cité des dames. — (Aujourd'hui ms. français n° 607, à la fin duquel est la signature du duc de Berry.)

294. L'Arbre des batailles, escript, en françois, de lettre de court, historié et enluminé. B 136. C 519. *Revient comment.* — 6 l. 5 s. — (Baillé à la duchesse de Bourbonnais. C. — Aujourd'hui au Musée britannique, ms. Reg. 20 C. vııı.)ˈ — Guiffrey, I, p. 262. — Voir la note 294.

295. Un grant livre ancien, escript en grec, fermant à plu-sieurs fermoers de cuivre, couvert de vieil cuivre empraint, de plusieurs escriptures, et dessus les ais a gros boullons de cuivre d'estrange façon, et une manière d'astralade de cuivre sur l'un des ais. C 524. — 15 l. — Guiffrey, II, p. 238.

296. Un petit livre en papier, escript de lettre gascongne. A 1043. B 53. C 1190. — Guiffrey, I, p. 234.

296 *bis.* [La divine Comédie.] Ouvrage non mentionné dans les anciens inventaires, que Paulin Paris (t. VII, p. 147) attri-buait au duc de Berry, parce que sur la première initiale on voit un écu d'azur à trois fleurs de lis d'or, avec bordure engrêlée de gueules. — Guiffrey, I, p. cLxxx.

297. Un livre contrefait d'une pièce de bois painte en sem-blance d'un livre, où il n'a nuls fueillés ne riens escript, lequel livre Pol de Limbourg et ses deux frères donnèrent à mon dit seigneur aux estraines 1411 (n. st.). B 145. C 1030. — 2 l. 10 s. — Guiffrey, I, p. 265.

NOTES SUR DIVERS ARTICLES

DE

L'INVENTAIRE DES LIVRES DU DUC DE BERRY.

1 *bis*. Sur la Bible qui est aujourd'hui dans l'église de Girone, il faut voir la notice I des manuscrits de Charles V qui sont parvenus jusqu'à nous.

2. La Bible en dix volumes, que le duc de Berry avait reçue du pape Clément VII et qu'il donna à la Sainte-Chapelle de Bourges, était encore à la Sainte-Chapelle au milieu du xvie siècle. Elle figure en ces termes sur l'inventaire du 17 novembre 1552, dont il y a une copie dans le ms. latin 17173, au fol. 226 :

Biblia glossata decem tomos habens. Primus tomus exponit libros quinque Moysis. Secundus exponit librum Josue, Judicum, Ruth, Esdræ, Nehemiæ, Tobiæ, Judith, Esther, Paralipomenon, Malachiæ. Tertius, Isaiam et Jeremiam. Quartus, Job, Parabolas Salomonis, Ecclesiasten, Cantica, Sapientiam et Apocalipsim. Quintus, Ezechielem, Danielem et libros duodecim prophetarum. Sextus, libros quatuor Regum. Septimus, Leviticum et Deuteronomium. Octavus, quatuor evangelistas. Nonus, epistolas Pauli. Decimus, psalterium.

2 *bis*. La grande Bible glosée, en deux volumes, qui forme les n°s 50 et 51 du fonds du Vatican, provient de la bibliothèque du duc de Berry, auquel elle avait été donnée par Clément VII. Elle porte au frontispice les armes de Clément VII et à la fin la note : « Ceste Bible est au duc de Berry et d'Auvergne, conte de Poitou. JEHAN. » Cette Bible était déjà dans la bibliothèque du Saint-Siège, en 1455, à la mort du pape Nicolas V. — Voir Müntz et Fabre, *La bibliothèque du Vatican au XVe siècle*, p. 48 et 49.

7. Sur le ms. français 20090, il faut voir la notice VIII du chapitre consacré aux manuscrits de Charles V et de Charles VI qui sont parvenus jusqu'à nous. Ce ms. est une des huit Bibles historiales, qui sont connues comme ayant appartenu au duc de Berry. Les autres sont celles qui portent dans le présent inventaire les nᵒˢ 8, 9, 10, 11 *bis*, 12, 12 *bis* et 13. A ces manuscrits j'ai hésité et j'hésite encore, avec M. le comte Durrieu [1], à ajouter l'exemplaire de la Bible allégorisée nº 166 du fonds français de la Bibliothèque nationale, qui paraît avoir été copié dans le même atelier qu'un autre exemplaire du même ouvrage ayant appartenu dès l'année 1401 à Philippe le Hardi, duc de Bourgogne. Ce qui est certain, c'est qu'il y a dans les premiers cahiers des miniatures qui semblent bien d'une des mains à qui est due l'illustration de la première partie des Heures du duc de Berry conservées au Musée Condé.

---

8. Très beau manuscrit de la bibliothèque de l'Arsenal, jadis divisé en deux volumes, portant les cotes 5057 et 5058, le premier renfermant 88 miniatures, et le second 48. A la fin du tome II, vestiges d'une note écrite de la main du duc de Berry : « Ceste Bible est au duc de Berry : JEHAN. » — Voir Berger, *La Bible française*, p. 366, et le *Catalogue des manuscrits de l'Arsenal*, par H. Martin, t. V, p. 28 et 29.

---

9. Le ms. français 159 contient des notes écrites par J. Flamel et par le duc de Berry lui-même pour indiquer que le prince en était propriétaire. Samuel Berger les a reproduites dans sa description de ce beau volume, avec des détails sur les peintures dont il est orné. — Voir *La Bible française*, p. 333.

---

10. Cette Bible renferme plusieurs notes constatant la possession du comte de Berry et la façon dont le livre passa à un autre possesseur :

Ceste Bible est au duc de Berry : Jehan.

C'est une Bible historial, laquele est à Jehan, filz du Roy de France, duc de Berry et d'Auvergne, conte de Poitou, d'Estampes, de Bouloingne et d'Auvergne. Flamel.

Laquelle Bible mon dit seigneur le duc donna, ou mois de juing l'an mil quatre cens et dix, à noble et puissant seigneur messire Jehan Harpedenne,

---

1. *Le Manuscrit*, t. II, p. 130.

seigneur de Belleville et de Montagu, etc., chambellan du roy messire et de monseigneur le duc de Berry, etc., conseiller, etc. FLAMEL.

Voir *Catalogue of the manuscripts at Ashburnham Place*, Appendix, n° 7, et Berger, *La Bible française*, p. 416.

---

11. On serait porté au premier moment à identifier la Bible décrite sous le n° 11 avec le manuscrit Harleien 4381-4382, dont le frontispice est orné d'une miniature représentant « la Trinité, Notre-Dame en son trosne et pluseurs angels et patriarches ». Mais l'identification n'est pas possible. Le deuxième feuillet du ms. 4381 commence, non point par *comme fait la journée*, mais par *des generacions Caym*, caractère qui lui est commun avec les mss. 5057-5058 de l'Arsenal.

---

11 *bis*. Cette « Bible hystoriaux », dont les deux volumes forment les n°s 4381 et 4382 du fonds Harley au Musée britannique, vient authentiquement du duc de Berry. En tête du premier volume, on lit cette note : « Ceste belle Bible est à Jehan, filz de roy de France, duc de Berry et d'Auvergne, conte de Poitou, d'Estampes, de Bouloingne et d'Auvergne : FLAMEL. » Le duc de Berry a tracé ces mots à la fin du second volume : « Ceste Bible est au duc de Berry : JEHAN. » Le manuscrit a plus tard appartenu à Pierre, duc de Bourbon. Il a fait partie de la bibliothèque de Paul Petau, et a été acquis en 1723 par Robert Harley, comte d'Oxford. M. Warner, dans ses *Illuminated manuscripts*, planche 44, a donné une excellente reproduction de la page sur laquelle est représentée l'apparition du Seigneur à Abraham (*Genèse*, XII).

Au sujet de cette belle Bible, on peut consulter les ouvrages suivants : *A Catalogue of the Harleian mss.*, t. III, p. 139. Fr. Michel, *Rapports au ministre*, p. 151. S. Berger, *La Bible française*, p. 401.

---

12. Volume que Samuel Berger (*La Bible française*, p. 368) qualifiait d'admirable manuscrit, orné d'environ 330 miniatures, la plupart en grisailles, généralement très petites et très fines. Remarquable frontispice occupant à peu près la moitié d'une page; il est divisé verticalement en trois compartiments : celui du milieu contient dans la partie supérieure une image de la Trinité et dans le bas David agenouillé adressant sa prière à Dieu : *Bonitatem, disciplinam, scienciam, doce me* (Ps., CXVIII, 65). Dans le compartiment de gauche, sujets se rapportant au Pentateuque et aux livres historiaux ; dans celui de droite, sujets tirés des livres sapientiaux et des Prophètes, avec quatre légendes en caractères microscopiques qui forment quatre vers :

> V livres de la loy Moyses.
> Des Hystoriaux les devises.
> Les V livres de sapience.
> Des prophetes la contenance.

---

13. Ce charmant volume de la Bible historiale, copié en 1362-1363 par Raoulet d'Orléans, est décrit sous le n° XI dans la liste des livres de Charles V parvenus jusqu'à nous.

---

14. Volume copié par Henri du Trévou, dont je donne la description dans la liste des livres de Charles V parvenus jusqu'à nous, article V.

---

15. La Bibliothèque nationale a acquis à deux reprises, en 1878 et en 1881, les deux feuillets qui étaient à la fin du premier volume de la Bible n° 15 ; sur ce double feuillet (ms. fr. 3431 des nouv. acq.), on lit deux notes de la main de Jean Flamel :

Ceste demye Bible est à Jehan, filz de Roy de France, duc de Berry et d'Auvergne. J. FLAMEL.

Et depuis, c'est assavoir l'an mil quatre cens et dix, mon dit seigneur le duc donna ceste dicte demie bible à Robinet d'Estampes, garde de ses joyaux. J. FLAMEL.

Voir le *Catalogue des manuscrits latins et français ajoutés aux fonds des Nouvelles acquisitions*, part. I, p. 60.

---

18. Le ms. latin 8824 est un volume in-folio de 196 feuillets, format très allongé, sur parchemin, écriture anglo-saxonne du xɪᵉ siècle. Il doit manquer un feuillet au commencement ; le feuillet 186 a été coupé avec un canif. Ce remarquable manuscrit contient le psautier latin, avec la version anglo-saxonne en regard [1]. Sur les premières pages on voit quelques dessins au trait. Après le psautier ont

---

1. Il y a plusieurs éditions du texte de ce psautier. *Libri Psalmorum versio antiqua latina, cum paraphrasi anglo-saxonica, partim soluta oratione, partim metrice composita, nunc primum e cod. ms. in bibl. regia Paris. adservato descripsit et edidit* Benjamin Thorpe. Oxford, 1855. — *The anglo-saxon version of the book of psalms commonly known as the Paris psalter*, by J. Douglas Bruce. Baltimore, 1894, in-8°.

été transcrits les cantiques sacrés, le Symbole de saint Athanase et les litanies des saints. Le copiste s'est fait connaître par cette souscription : « Hoc psalterii carmen inclyti regis David sacer Dei Wulfrinus, id est cognomento Cada, manu sua conscripsit. Quicumque legerit scriptum, anime sue expetiat votum. » Le manuscrit paraît avoir été fait pour une femme [1]. — A la fin, le duc de Berry a tracé ces mots : « Ce livre est au duc de Berry : JEHAN. » Le prince décrit ainsi le psautier dans ses lettres pour la Sainte-Chapelle : « Un très ancien psaultier, long, historié d'ouvrage romain, et au commencement de David jouant de la harpe, et sur les fueilletz paint des armes de France et de Boulongne, couvert de vieille soye, à deux tixus, dont en l'un n'a point de fermoir. » On distingue encore sur la tranche du volume les armes de France et celles d'Auvergne (d'or au gonfanon de gueules, frangé de sinople), qu'on a confondues avec celles de Boulogne, parce qu'au xive siècle les comtés de Boulogne et d'Auvergne se trouvaient réunis dans les mêmes mains [2].

---

25. Le Psautier glosé, suivi d'un Provincial, aujourd'hui le ms. latin 8874 de la Bibliothèque nationale, est une copie du xiiie siècle. — Voir la *Bibliothèque de l'École des chartes*, 1856, p. 158.

---

28. A propos du nᵒ 28, M. Paul Meyer s'est demandé auquel des psautiers du duc de Berry appartient celui qui est ainsi désigné dans un ancien inventaire du château de Baux : « Ung livre en quoy est le psaultier et plusieurs oroysons, couvert de drap d'or et de perles, avec son estuyf de cuir garni d'une corroie d'argent dorée, à fleurs de lis, qui fu de monseigneur de Berry et après de madame de Boulogne sa femme. » Cet inventaire a été publié en 1877 dans la *Revue des Sociétés savantes*, t. VII, p. 136.

---

30. Le manuscrit français 13091 de la Bibliothèque nationale appartient à la famille de ces psautiers, plus ou moins richement enluminés, dans lesquels les psaumes sont suivis des cantiques et des litanies des saints. Il contient à la fois le texte latin et la ver-

---

1. C'est ce qu'on peut conjecturer de la formule d'une oraison copiée au fol. 195 vᵒ, col. 2 : « Te deprecor, Domine, michi famule (*vel* famulo) tue (*vel* tuo) et famulis et famulabus tuis per intercessionem, etc. »

2. Le comte A. de Bastard a fait lithographier sept colonnes du psautier, qui devaient former les planches IX et X de *La Librairie du duc de Berry*.

sion française. Tel fut, du xie au milieu du xive siècle, le véritable et à peu près le seul livre d'heures qui fut en usage parmi les laïques[1].

Le manuscrit 13091 vient incontestablement du duc de Berry, puisque le prince a mis sa signature à la fin, et que Flamel a tracé ces mots sur la première page :

Ce Psaultier, qui est en latin et en françois, est à Jehan, filz de Roy de France, duc de Berry et d'Auvergne, conte de Poitou, d'Estampes, de Bouloingne et d'Auvergne. FLAMEL.

Il consiste en 272 feuillets de parchemin, hauts de 250 millimètres et larges de 175. On y trouve, disposés sur deux colonnes, le texte latin et la version française des psaumes et des cantiques, avec les litanies des saints en latin.

Le volume a dû être fait pour le duc de Berry. En effet, les litanies (fol. 270) mentionnent les saints propres à l'église de Bourges : « Sancte Guillerme, sancte Vursine, sancte Austregisile, sancte Sulpici... » — En tête sont les images des prophètes et des apôtres ; cette suite de vingt-quatre tableaux, dont plusieurs sont inachevés, est considérée à bon droit comme un des chefs-d'œuvre de l'art français à la fin du xive siècle. Le psautier est, en outre, orné de huit peintures d'un tout autre style que celles du commencement. Cette différence de travail avait frappé les rédacteurs des anciens inventaires du duc de Berry, qui, en enregistrant le psautier latin-français, ne manquent pas de faire observer qu'il y a, au commencement, plusieurs histoires de la main de maître André Beauneveu. Il n'y a pas à revenir ici sur ce qui a été dit de ce grand artiste[2], immortalisé par une phrase de son compatriote Jean Froissart. Signalons seulement une variante que présentent les différents inventaires : celui de l'année 1402 porte : *de la main maistre André Beaunepveu*, et ceux des années 1413 et 1416 : *de la main feu maistre André Beaunepveu*. En doit-on conclure qu'André Beauneveu vivait encore en 1402 et qu'il était mort avant la fin de l'année 1413 ?

Les tableaux des prophètes et des apôtres dans le ms. 13091 sont

1. Voir le livre de Samuel Berger, *La Bible française*, p. 321, 322, 342, 352, 371, 395, 396, 399, 402 et 432.

2. Waagen, *Kunstwerke und Künstler in Paris*, p. 335. — Delisle, *Mélanges de paléographie et de bibliographie*, p. 297 et 298. — Wauters, *Recherches sur l'histoire de l'école flamande de peinture avant et pendant la première moitié du XVe siècle*, 1er fascicule, p. 55 et suiv. (extr. des *Bulletins de l'Académie royale de Belgique*, 3e série, t. V, année 1883).

donc incontestablement l'œuvre d'André Beauneveu. M. le comte de Lasteyrie[1] attribue à Jacquemart de Hesdin une partie des autres peintures du volume. Il faut voir aussi un article de M. le comte Paul Durrieu dans *Le Manuscrit*, revue d'Alphonse Labitte, 15 avril 1894, p. 52 et suiv.

On trouvera dans la Paléographie universelle de Silvestre[2] le fac-similé de deux pages du Psautier du duc de Berry : la note de Jean Flamel et le texte du fol. 239 v°. — Une autre page, celle qui contient l'image de l'homme de douleurs, est insérée dans le volume de Paul Lacroix intitulé *Les Arts au moyen âge*[3]. L'image de saint Pierre se trouve dans *Le Manuscrit* d'Alphonse Labitte[4]. — Il y a aussi des reproductions jointes aux articles de MM. Durrieu et de Lasteyrie qui viennent d'être cités. — Voir aussi la description de Dehaisnes dans *L'Histoire de l'art dans la Flandre*, p. 254-256.

---

32. Jean de Blois, de l'ordre de Saint-Augustin, dédia au duc de Berry un petit opuscule dans lequel était expliqué le sujet de chacun des psaumes. La dédicace se lit en tête d'une édition gothique de la fin du xvᵉ siècle, dont quelques feuillets ont été retrouvés en 1896 dans la couverture du manuscrit 70 de la bibliothèque de Berne, qui a appartenu à l'historien Nicole Gilles. — Voir ma notice sur des *Documents parisiens de la bibliothèque de Berne*, dans les *Mémoires de la Société de l'Histoire de Paris*, t. XXIII, p. 267.

---

44 *bis*. Ce lectionnaire est ainsi décrit dans l'inventaire de 1552 :

Un lectionnaire écrit de lettre de forme, auquel sont les leçons qui se disent tout au long de l'année, tant du temps comme des fêtes des saints; est couvert de viel cuir rouge, et par dessus une chemise de drap de soie, doublée de satin bleu; à deux fermoirs d'argent, sur l'un desquels est l'image de Notre-Dame, et sur l'autre une image de saint Jean-Baptiste, émaillés, assis sur signés de soie bleue.

Le titre mis en tête d'un de ces volumes est ainsi conçu :

Ce livre des legendes des istoires commence d'apprès le Corps de Dieu, et sert jusques le xxvᵉ evangille, qu'elle soyt dicte, et aussy sert pour les legendes des sainctz, et commence le jour de sainct Germain qui est à la fin de may, et finist le jour de l'Assumption Nostre Dame.

1. *Monuments et mémoires de la Fondation Piot*, 1896, t. III, p. 117 et suiv.
2. Pl. CXCV; édit. de Sir Fred. Madden, p. 541.
3. Paris, 1869, p. 479.
4. T. I, p. 51.

Précieux volumes, malgré l'état de délabrement dans lequel ils se sont trouvés quand ils sont venus en 1904 à Paris pour l'Exposition des Primitifs. Ils ont été illustrés par les artistes du duc de Berry, et le comte Paul Durrieu, dans la *Revue de l'Art ancien et moderne* (1906, t. XIX, p. 407), a cru pouvoir y reconnaître plusieurs peintures du maître des Heures de Boucicaut (Jacques Coene). Voici l'indication de plusieurs peintures dont M. Gauchery a bien voulu me donner des épreuves photographiques :

Du ms. 33 : fol. 1, les Quatre évangélistes; fol. 22, la Nativité du Seigneur; fol. 72, l'Ascension; fol. 177, la descente du Saint-Esprit sur les Apôtres.

Du ms. 34 : fol. 1, la Trinité; fol. ..., le couronnement de la Vierge; fol. 46, la Nativité de la sainte Vierge; fol. 136, Tous les saints.

Du ms. 35 : fol. 1, la Trinité; fol. ..., le duc de Berry agenouillé en prières aux pieds de saint André.

---

55. On trouvera une description du Bréviaire de Belleville dans la notice XX-XXI des Livres de Charles V qui sont parvenus jusqu'à nous, et il y a dans ma *Notice de douze livres royaux* (p. 81-88) un travail analogue qui est accompagné de la reproduction de trois pages en phototypie.

---

59. *Ce très beau Bréviaire est décrit dans ma* Notice de douze livres royaux, *p. 89-93, avec la phototypie d'une page. —* Voir aussi la notice XXIII des livres de Charles V parvenus jusqu'à nous.

---

64. L'article 64 de l'Inventaire s'applique bien à notre ms. 8885 : dans ce manuscrit, le feuillet faisant suite au calendrier a disparu, mais il est certain qu'il se terminait par *eterna indefici*, parce que le feuillet suivant commence par la syllabe *ens*, ce qui prouve que le feuillet disparu devait être précédé d'un feuillet se terminant par le commencement d'un mot que devait compléter la syllabe finale *ens*, laquelle est en tête du fol. 2 du manuscrit 8885 : *inde-fici[ens*. Le ms. 8885 est un Missel à l'usage de Paris : le calendrier mentionne au 4 décembre la susception des cheveux de la Vierge et du chef de saint Denis dans l'église de Paris.

---

68. M. Warner considère comme répondant au n° 68 de l'Inventaire le ms. 2891 du fonds Harleien au Musée britannique. L'ancien catalogue imprimé l'annonce en ces termes :

1. Gulielmi, Parisiensis episcopi, Consilium de mysterio et negligentia Altaris.

2. Missale majus, cum precibus et calendario. Codex membranaceus pulcherrimus, in folio minore, cum duabus illuminationibus formæ majoris et literis initiatibus eleganter figuratis[1].

Le Missel est exposé dans une des galeries du Musée britannique et la dernière édition du Guide[2] le décrit ainsi :

Missel à l'usage de Paris, milieu du xiv° siècle. Initiales avec de délicates miniatures; marges à bordures de feuilles de lierre. Avant le canon deux grandes miniatures : le Christ en croix et le Christ dans sa gloire, avec fonds d'or et diaprés. Les armes de la famille angevine de Beauvau sont sur la première bordure. Volume offert à Jean, duc de Berry, par Itier de Martreuil, évêque de Poitiers (1395-1405), et donné par le duc à la Sainte-Chapelle de Bourges en 1404.

A la notice est jointe une reproduction autotypique du tableau de Jésus dans sa gloire; il faut y remarquer le fonds losangé à fleurs de lis.

Le Missel Harleien ne porte pas la signature du duc de Berry; mais on y trouve, « au premier feuillet d'après le calendrier, en la lettre de *Ad te levavi*, un prestre à genols, tenant en sa main un enfant ». — Le manuscrit porte l'ex-libris de Joseph Hinselin, conseiller du Roy; il a été acheté en 1723 par Robert Harley.

---

72. Une lettre du duc de Berry, relative aux donations qu'il faisait à la Sainte-Chapelle de Bourges, publiée par M. Hyver, et l'article 177 d'un inventaire publié par M. Guiffrey (t. II, p. 177) mentionnent dans les termes suivants le Missel dont il s'agit dans l'article 72 de mon édition :

Un autre Missel, au commencement duquel est le kalendrier, après lequel a une histoire de l'Assomption Notre Dame, et commence au premier feuillet de lettre vermeille *Incipit ordo missalis*, et fenist au dernier feuillet *tos benedicetur*, et y a un escuçon de nos armes.

Voir *Bibliothèque de l'École des chartes*, 1856, 4° série, t. II, p. 154.

---

77. J'avais cru qu'on pouvait rapprocher des missels du duc de Berry un livre qui a été cité sous le titre de Missel dit du duc de Berry, et même sous celui de Missel du duc de Berry. M. le comte de Toulgoët-Treanna, qui le possède, en a fait grand usage dans une *Notice sur la famille de Ruilly et la chapelenie de Sainte-*

---

1. *A Catalogue of Harleian mss.*, t. II, p. 718.
2. *Guide to the mss. exhibited in the dep. of mss.*, 1906, p. 130.

Catherine de Vierzon (*Mém. de la Soc. des Antiquaires du Centre*, 1892-1893, t. XIX, p. 97-180).

Le manuscrit a été fait au commencement du xv⁰ siècle, peut-être dans un atelier d'où sont sortis des livres du duc de Berry; il devait servir à la chapelle que Guillaume de Ruilly, conseiller du prince, avait fondée dans l'église de Vierzon. Il contient divers offices qui devaient se célébrer dans ladite chapelle, et, ce qui lui donne une réelle importance, les actes relatifs à la fondation, documents que M. le comte de Toulgoët a publiés. On y trouve, en outre, deux pièces de vers latins dont voici le commencement :

I. *Querimonia Marie cernentis Jesum pendentem in Cruce incipit.*

> Ah ! michi care Jhesu, proles divina, meique
> Pars, uteri talamo menses incluse novenos,
> Hiis alitus mammis, nuper tu pulcher in omnes
> Et virtute potens, dic, si potes, ordine matri
> Quis tibi tot penas judex inflixit ubique...

(Pièce de 30 vers.)

II. *Ad Mariam matrem Responsale alloquium Christi pendentis in Cruce incipit.*

> Quos, mulier, gemitus et que lamenta verendo
> Ore refers, memini, quanta quoque mole malorum
> Nunc premor, experior mortali hoc corpore, verum
> Sola mei deitas nullos experta dolores,
> Eterna virtute potens, de morte tropheum
> Sumet et humanum genus ex Acheronte reducit...

(Pièce incomplète de la fin, et dont il subsiste 53 vers.)

---

81. L'Évangéliaire, n° 48 de la bibliothèque de Bourges, mérite bien d'être qualifié « historié très richement », comme il est dit dans l'état des livres donnés à la Sainte-Chapelle. La miniature du fol. 181, représentant la prière du duc de Berry, à genoux devant saint André, nous offre un des meilleurs portraits du prince qui nous soit parvenu. Le cadre de la page est orné aux quatre angles des attributs du prince : les armes, le chiffre VE, l'ours et le cygne. J'en dois la photographie à l'amitié de M. Gauchery, qui a bien voulu encore me donner une photographie réduite de la première page du même évangéliaire, où les images des évangélistes remplissent les quatre compartiments de la peinture du frontispice, avec les armes du duc dans l'initiale et le chiffre VE à l'angle gauche du bas du cadre.

---

87. Cet Ordinaire est probablement le « livre ouquel est contenu toute l'ordonnance de la chapelle royale », qui fut acheté en 1370 par Étienne Loypeau pour le duc de Berry. (*Inventaires du duc de Berry*, éd. Guiffrey, t. II, p. 337.)

***

88. Au Pontifical que le duc de Berry reçut de Guillaume Bois-Ratier le 1ᵉʳ janvier 1402 se rapporte la note marginale d'un inventaire du prince : « Et se commence au commencement du ɪɪᵉ feuillet *et in ellectorum*, et se fenist au derrenier feuillet *domini domini;* escript de lettre d'or. » Guiffrey, t. II, p. 174, note 2.

Les deux pontificaux cités sous les nᵒˢ 88 et 89 sont ainsi mentionnés dans l'édition de M. Guiffrey (t. II, p. 312, n° 15) : « Deux grans pontificaulx,... dedens lesquels a en chascun un Agnus Dei de perles, et y en fault plusieurs. »

***

90. A ce manuscrit se rapporte peut-être l'article suivant d'un compte de l'année 1400 : « A frère Goureau, religieux de Luçon, lequel a fait un pontifical à monseigneur pour mectre en sa chapelle de Bourges, ʟxvɪɪ s. vɪ d. t. [1]. » — Le ms. latin 8886, dont j'ai donné la notice dans la *Bibliothèque de l'École des chartes* (4ᵉ série, t. II, p. 152), est enregistré comme il suit dans l'inventaire des dons faits à la Sainte-Chapelle (ms. latin 1263 des Nouv. acq.) : « Un très bel Messel, ouquel est contenu le sacre du pape, de rois de France et pluseurs autres choses, et sur les fueillets par dehors est paint un escuçon des armes de Monseigneur tenu de deux ours; lequel messel est couvert d'un veluiau vermeil, fermant à deux fermouers d'argent doré, sur lesquels a deux escuçons des dites armes; et est escrit au commencement du ɪɪɪɪᵉ fueillet *quia et illa*, et fenissant en la fin du penultieme fueillet *anime fa.* » Cf. Guiffrey, t. II, p. 178.

Il existe un second exemplaire de ce Pontifical, qui doit être considéré comme le frère du ms. 8886 et dont l'exécution est aussi remarquable. Après être arrivé entre les mains de Louis d'Harcourt, patriarche de Jérusalem et évêque de Bayeux, il fut légué par ce prélat à l'église de Bayeux, en 1474. Quand je l'examinai en 1887, il y manquait des feuillets, qui se sont retrouvés à Caen dans la Collection Mancel. Il a trouvé place, en 1889, dans le *Catalogue des manuscrits des départements*, t. X, p. 338-339. Il a depuis été complété par les feuillets de la Collection Mancel et vendu à M. Pierrepont Morgan, comme nous l'apprend M. Robert de Lasteyrie dans un article de la *Revue de l'Art ancien et moderne* (1906, t. XX, p. 24).

---

1. Arch. nat., KK. 251, fol. 106 vᵒ.

Outre ma notice, insérée en 1887 dans la *Bibliothèque de l'École des chartes* (t. XLVIII, p. 526-534), on peut consulter une autre notice qui a paru dans la *Revue du Bas-Poitou* et qui a été tirée à part : *Le Pontificat d'Étienne Loypeau* (Vannes, 1895, in-8°).

---

95. A la suite de l'article 95, j'aurais pu enregistrer, comme livre venu de la chapelle du duc de Berry, un manuscrit portant les armes et la devise du duc de Berry, qui m'a été communiqué le 11 novembre 1892, mais qui m'a semblé devoir être écarté comme ayant subi de grossières falsifications tendant à le faire passer pour un livre du duc de Berry. Voici la note que j'avais prise quand le manuscrit passa sous mes yeux :

Volume petit in-folio, contenant les offices des grandes fêtes (messe et heures), qui a peut-être été fait pour Jean Cœur, archevêque de Bourges. L'office de saint Guillaume y tient une place très notable. Les armes de la famille Cœur, qu'on avait peintes sur beaucoup de feuillets, ont été frauduleusement recouverts des armes de Jean duc de Berry, avec la devise *Le temps viendra*. [Je me demande aujourd'hui si ce ne sont pas les armes des Cœur qu'on a essayé de superposer et d'ajouter à celles du duc de Berry.]

Le manuscrit paraît dater du règne de Louis XI.

---

97. Feu M. de Champeaux m'a jadis remis une note sur un volume qui, disait-il, paraissait bien répondre à l'article 97. Il était alors conservé dans une bibliothèque de Belgique, peut-être à Anvers, et M. J. Destrée, conservateur du Musée royal d'antiquités de Bruxelles, se proposait d'en faire l'objet d'une étude.

---

98. Cet article se rapporte au ms. 719 (jadis 110) de la Bibliothèque royale de Belgique, que le duc de Berry donna au duc de Bourgogne et qui, après la mort de Jean sans peur, fut remis à la veuve de ce prince, Marguerite de Bavière, comme il est dit dans une note marginale de l'inventaire de 1420 (éd. de G. Doutrepont, p. 5, n° 6). — Voir la notice du P. Van den Ghen, dans le *Catalogue des manuscrits de la Bibliothèque royale de Belgique* (t. I, p. 445 et 446), et la notice insérée dans mes *Mélanges de paléographie*, p. 295-302.

Les peintures de ce manuscrit ont été publiées à Harlem-Anvers, en 1905, dans le premier fascicule du *Musée des enlumineurs*. Les principales peintures sont de Jacquemart de Hesdin, comme l'a démontré M. Robert de Lasteyrie, dans le mémoire intitulé *Les*

Miniatures d'André Beauneveu et de Jacquemart de Hesdin (*Monuments et mémoires de la Fondation Piot*, 1896, t. III, p. 84 et suiv.). Plusieurs des peintures secondaires viennent d'être attribuées par le comte Paul Durrieu (*Revue de l'Art ancien et moderne*, 1906, t. XIX, p. 404) au maître des Heures de Boucicaut, sans doute Jacques Coene.

Le chanoine Dehaisnes attribue à André Beauneveu les deux premières miniatures, et à Jacquemart de Hesdin 18 autres peintures; il a fait reproduire l'image de la Vierge et le portrait du duc de Berry.

Sans vouloir compléter la bibliographie de ce beau manuscrit, on peut citer un travail de Marchal dans les *Bulletins de l'Académie royale de Bruxelles*, 1844, t. XI, part. i, p. 407-424; une notice insérée dans mes *Mélanges de paléographie et de bibliographie*, 1880, p. 295-303; les *Recherches* de Wauters *sur l'histoire de l'école flamande de peinture*, fascicule I, p. 57 (extrait des *Bulletins de l'Académie royale de Belgique*, 3e série, t. V, n° 2, 1883) et un long passage du livre de l'abbé Dehaisnes (*Histoire de l'art dans la Flandre avant le XVe siècle*, p. 252-254).

Le grand tableau de la Vierge, gravé par Ch. de Brou, se trouve dans l'ancien *Catalogue des manuscrits de la bibliothèque royale des ducs de Bourgogne* (Bruxelles, 1842), t. I, en regard de la p. LXXXIX. — On trouvera dans *Le Manuscrit* d'Alphonse Labitte [1] la reproduction du tableau du duc de Berry agenouillé aux pieds de saint André.

---

99 [2]. Le plus somptueux des volumes mentionnés sur les inventaires du duc de Berry est le livre d'heures qui fut estimé 4,000 liv. tournois lors de l'ouverture de la succession, et qui est appelé tantôt *Les belles grandes Heures de Monseigneur*, tantôt *Unes très grans moult belles et riches Heures*. On comprend qu'il importe de déterminer à quel manuscrit doivent s'appliquer d'aussi pompeuses qualifications.

Le docteur Waagen [3], dans un ouvrage publié en 1839, avait, sur la foi de M. le comte de Bastard, admis qu'il s'agissait là du ms. latin 919 de la Bibliothèque nationale; mais depuis il est revenu sur

---

1. T. I, p. 85.

2. Je crois pouvoir donner place ici à une édition, considérablement augmentée, de la notice que j'avais consacrée en 1884 aux Belles grandes heures du duc de Berry dans la *Gazette des beaux-arts*.

3. *Kunstwerke und Künstler in Paris*, p. 338 et 339.

cette opinion, et dans un ouvrage plus récent[1] il a essayé de démontrer que les Belles grandes Heures du duc de Berry étaient, non pas le ms. latin 919, mais le livre d'heures possédé par le duc d'Aumale, dont il sera bientôt question.

Voyons donc quelles conditions doit remplir un manuscrit pour répondre à la description que les inventaires du xve siècle nous ont laissée des Belles grandes Heures. L'expression *très grand* employée dans l'inventaire de l'année 1413 suffirait pour exclure un volume de la taille du manuscrit de Chantilly; mais elle est d'une merveilleuse justesse, si on l'applique au ms. 919, dont les dimensions sont tout à fait extraordinaires pour un livre d'heures : 397 millimètres sur 295. — Le même inventaire de 1413 nous apprend que les Très grandes Heures renfermaient les heures de Notre-Dame, les sept psaumes, les heures de la Croix et du Saint-Esprit, un second texte des heures de la Passion et du Saint-Esprit, et enfin l'office des morts. Il serait impossible de mieux définir le contenu du ms. 919, dans lequel nous trouvons, à la suite du calendrier (fol. 1-6) :

1° Les heures de Notre-Dame (fol. 8-42 v°) ;

2° Les sept psaumes de la pénitence et les litanies des saints (fol. 45-52);

3° Les petites heures de la Croix (fol. 53-55 v°) et les petites heures du Saint-Esprit (fol. 56-58);

4° Les grandes heures de la Passion (fol. 61-85 v°), et les grandes heures du Saint-Esprit (fol. 86-101);

5° L'office des morts (fol. 106-123 v°).

Un dernier détail lève tous les doutes qui pourraient encore rester dans notre esprit : le mot *flamine*, suivant l'inventaire de l'année 1413, se lisait au commencement du second feuillet de l'office de Notre-Dame dans les Très grandes Heures du duc de Berry. Or, le ms. 919 nous offre, au haut du deuxième feuillet des heures de Notre-Dame (fol. 9 du ms.), les mots *flamine sacro qui tecum...*

Pour compléter ces renseignements et pour déterminer le nombre des tableaux que renfermaient les Belles grandes Heures, je dois ajouter ici quelques détails relatifs aux travaux dont le ms. 919 fut l'objet sous le règne de Charles VIII. Elles sont empruntées à un compte de l'argenterie du roi, de l'année 1488[2] :

A Jehan Estienne, cousturier suivant la court dudit seigneur, la somme de quatorze livres huit solz neuf deniers tournois, qui deue lui estoit pour son paiement d'une aulne de veloux cramoisi double, achapté de lui le deuxiesme

1. *Galleries and Cabinets of art of Great-Britain*, p. 249, note.
2. Arch. nat., KK. 70.

jour dudit mois [juillet 1488] et livré à messire Robert Moreau, sommellier et chappellain ordinaire de la chappelle dudit seigneur, pour couvrir unes Heures vieilles, en grant volume, appellées les Heures du duc de Berry, lesquelles ledit seigneur a commandé couvrir et relyer, pour lui servir à son plaisir, laquelle somme de xiiii l. viii s. ix d. t. a esté paiée audit Jehan Estienne, comme il appert par sa quittance, montant pareille somme de xiiii l. viii s. ix d. t., cy rendue, servant cy pour ladicte somme de xiiii l. viii s. ix d. t. (Fol. 286 v°.)

A lui (messire Robert Moreau, chappelain ordinaire du roy), la somme de soixante s. t., pour avoir, ledit jour (7 juillet 1488), couvert en aiz de bois et relyé unes Grans Heures en parchemin, en volume de deux fueillets la peau, hystoriées d'environ quarante cinq grans histoires, appellées les Heures du feu duc Jehan de Berry, et d'icelles Heures avoir timpané toutes les histoires, grandes et petites, et avoir fait environ IIIIxx couleures sur le fons d'icelles, et pour papier de Lombardie lysse qu'il a fourny et livré pour servir à mettre sur lesdites histoires, que aussy pour avoir couvert lesdites Heures d'une aulne de veloux cramoisy, cy devant comptée le iii° jour dudit mois, sur Jehan Estienne, pour ce laditte somme de lx s. t. (Fol. 288.)

A lui (Robert Moreau), pour avoir, le xvii° jour dudit mois de juillet (1488), couvert et garny de trois quartiers satin tanné unes Heures, en grant volume, appellées les Heures du duc de Berry, la somme de xx d. t. (Fol. 288 v°.)

A Nicolas Le Soupple, orfèvre, demourant à Angers, la somme de iiiixxxi l. vi s. iii d. t., qui deue lui estoit, tant pour trois marcs quatre onces six gros ung denier d'argent fin, qu'il a mis et emploié du sien, le xviii° jour de juillet mil quatre cens quatre vings et huit, à faire et forger, par le commandement dudit seigneur, dix boullons goderonnez, huit coings, sur chascun desquelz a ung boullon aussi goderonné, deux fermouers larges de deux grans doys chascun, sur lesquelz fermouers il a gravé d'un costé ung Cruxifiement de Nostre Seigneur et une Annunciacion, et sur l'autre costé gravé et esmaillé les armes de France, lesquelles choses il a mises et assises sur unes Grans Heures, en grant volume, appartenant audit seigneur, appellées les Heures du feu duc Jehan de Berry, à faire et forger aussi deux pièces plates servans à atacher le ruban desdits fermoers, et sept charnières par lui assises et clouées sur le dos desdites Heures; le tout camoché à petiz poinçons et pesant, avecques plusieurs petiz cloz d'argent necessaires pour atacher et asseoir ladicte garniture, ledit pois de trois marcs quatre onces six gros ung denier d'argent, que pour quinze ducatz d'or qu'il a fourniz, mis et emploiez à dorer lesdis boullons, coings, fermouers et charnières, que aussi pour les peines et sallaires de lui et quatre autres orfèvres qui ont vacqué dix jours entiers à faire, dorer et asseoir ladicte garniture, pour ce, pour tout ensemble, pour argent, or et façon, ladicte somme de iiiixxxi l. vi s. iii d. t., qui paiée a esté audit Nicolas Le Soupple, comme il appert par sa quittance, montant ladicte somme cy rendue, servant cy pour ce, cy ladicte somme de iiiixxxi l. vi s. iii d. t. (Fol. 166 v°.)

Tous les ornements exécutés par l'orfèvre Nicolas Le Soupple, et dont plusieurs sont encore mentionnés dans des inventaires de 1518[1]

1. « Item les grandes et belles Heures du feu duc de Berry, couvertes de veloux cramoisi, à gros clous d'argent doré, et tout dedans ung sac de veloux

et de 1544[1], les dix boulons godronnés, les huit coins, les deux larges fermoirs et les deux pièces plates destinées à attacher les rubans des fermoirs ont disparu depuis longtemps; mais tous ces morceaux d'orfèvrerie ont laissé des empreintes assez nettes pour permettre d'en distinguer les dimensions et les contours, sur les plats du ms. 919, recouverts encore de velours cramoisi et doublés de satin tanné.

Il est donc certain que le ms. 919 est bien le livre qui est appelé dans l'inventaire du duc de Berry, tantôt « les Belles grandes Heures », et tantôt « unes Très grans moult belles et riches Heures ». Une seule objection a été mise en avant par le docteur Waagen : c'est que l'inventaire parle de « grans histoires », alors que les tableaux du ms. 919 n'ont généralement guère plus de 100 millimètres de haut sur 90 de large. Mais ces tableaux ont été considérés comme grands par rapport aux petites miniatures encadrées dans beaucoup d'initiales ou semées sur les marges de la plupart des pages du manuscrit. D'ailleurs, c'est incontestablement au ms. 919 que se rapportent les articles du compte de 1418 où il est question de « quarante cinq grans histoires ».

Au premier abord, ce nombre de quarante-cinq tableaux semble devoir soulever une difficulté : le ms. 919 n'en renferme que vingt-huit. Mais il ne faut pas perdre de vue que ce ms. 919 ne nous est pas arrivé sans avoir subi de notables détériorations. Plusieurs des feuillets dont il se compose portent les traces de l'injure du temps, et quelque désordre s'est introduit, de longue date, dans la façon dont les cahiers ont été assemblés; ainsi, pour ne citer qu'un exemple, les feuillets 67 et 68, qui contiennent les laudes des heures de la Passion, devraient précéder les feuillets 65 et 66, sur lesquels est copié l'office de prime. Enfin, on remarque çà et là des feuillets blancs dont la plupart ont dû être insérés à une époque relativement moderne, probablement pour remplacer des feuillets déchirés ou avariés. La disparition d'un certain nombre d'anciens feuillets me semble attestée par les lacunes qu'il est aisé de signaler dans une série de petites signatures qu'on observe au bas des pages depuis le feuillet 62 jusqu'au feuillet 101. C'est ainsi qu'on y chercherait vainement les signatures c ı et ıııı, d ııı, e ıı, f ı, g ı et ıııı, h ı.

Les huit feuillets qui portaient ces cotes quand le manuscrit était

tenné. » *Catalogue de la bibliothèque de François Ier à Blois, en 1518,* publié par Michelant, p. 42.

1. « Les grans Heures du feu duc de Berry, couvert de veloux cramoisy, à fermouers d'argent doré, en un sac de veloux tanné. » Bibl. nat., ms. fr. 5660, fol. 117, art. 1742; ms. fr. 12999, fol. 76, art. 1736.

complet se trouvaient avant les feuillets qui sont aujourd'hui numérotés 65, 67, 70, 74, 77, 81, 84 et 86. Tout porte à croire qu'il y a
également des lacunes avant les feuillets numérotés 8, 18, 24, 28,
31, 34, 36, 41 et 61. Dans cette hypothèse, nous aurions la place de
17 feuillets disparus, et comme nous ne possédons plus que vingt-
huit des quarante-cinq grandes histoires mentionnées dans le compte
de 1488, nous aurions sur les 17 feuillets absents la place des
17 miniatures dont nous déplorons la perte.

Quoi qu'il en soit, il reste hors de doute que les 28 tableaux
existant aujourd'hui dans le ms. 919 appartiennent bien à la série
des « grans histoires de la main Jaquemart de Hodin et autres
ouvriers de Monseigneur », mentionnées dans l'inventaire de 1413.

M. le comte Robert de Lasteyrie[1] a signalé la part qui revient à
Jaquemart de Hédin dans l'illustration du ms. 919, et, parmi les
autres ouvriers de Monseigneur que l'inventaire mentionne en bloc,
M. le comte Paul Durrieu[2] a proposé de compter le maître des
Heures de Boucicaut, probablement Jacques Coene, dont il a cru
reconnaître la main sur les peintures des fol. 74, 84 et 110.

Voici le sujet des 28 tableaux qui subsistent :

HEURES DE NOTRE-DAME. *Matines :* Offrande d'un agneau par Joachim et
Anne (8). — *Laudes :* Message de l'ange à Joachim et Anne (18). — *Prime :*
Joachim et Anne à la Porte dorée (24). — *Tierce :* la Nativité de Notre-Dame
(28). — *Sexte :* la Présentation (31). — *None :* la Vierge devant un métier (34).
— *Vépres :* Mariage de la Vierge (36). — *Complie :* les Noces de Cana (41).

PSAUMES DE LA PÉNITENCE : Prière de David dans le désert (45).

HEURES DE LA CROIX : Jésus en croix (53).

HEURES DU SAINT-ESPRIT : la Pentecôte (56).

HEURES DE LA PASSION. *Matines :* Entrée de Jésus à Jérusalem (61). —
Laudes : Jésus au jardin des Oliviers (65). — *Prime :* Judas recevant les
30 deniers (67). — *Tierce :* Jésus dépouillé pour être mis en croix (70). —
Sexte : Jésus mis en croix (74). — *None :* Jésus descendu de la croix (77). —
Vépres : la Résurrection (81). — *Complie :* Jésus aux limbes (84).

HEURES DU SAINT-ESPRIT. *Matines :* Baptème de Notre-Seigneur (86). —
Laudes : Descente du Saint-Esprit sur les Apôtres (89). — *Prime :* la Trinité
(93). — *Tierce :* Saint Pierre (94). — *Sexte :* le duc de Berry reçu par saint
Pierre (96). — *None :* le Baptème (97). — *Vépres :* la Messe (98). — *Complie :*
Saint Grégoire inspiré par le Saint-Esprit (100).

OFFICE DES MORTS : Un enterrement (106).

---

1. *Les Miniatures d'André Beauneveu et de Jacquemart de Hesdin,* dans
les *Monuments et mémoires de la Fondation Piot,* 1896, t. III, p. 93 et suiv.,
et p. 102 et suiv.

2. *Revue de l'Art ancien et moderne,* 1906, t. XIX, p. 413.

L'inscription que Jean Flamel a tracée en tête du volume indique exactement l'époque à laquelle il fut terminé :

Ces Belles et notables Heures fist faire très hault et très puissant prince Jehan, fils de Roy de France, duc de Berry et d'Auvergne, conte de Poitou, d'Estampes, de Bouloingne et d'Auvergne, et furent parfaittes et acomplies en l'an de grace mil quatre cens et neuf.

Malgré les mutilations qu'il a subies, le ms. 919 doit encore exciter notre admiration par l'éclat des enluminures qui en ornent toutes les pages[1]. C'est par centaines qu'il faut compter les formes diverses sous lesquelles se présentent l'écu fleurdelisé à la bordure engrêlée de gueules, l'ours et le cygne, le chiffre VE et la devise : *Le temps venra.* Toutes les marges sont couvertes de vignettes, de fleurs, de papillons, d'oiseaux, de quadrupèdes, d'anges, de démons et de figures grotesques que l'imagination des artistes a variés à

---

1. Le lecteur me saura gré de reproduire ici quelques lignes de mon confrère et ami M. Guiffrey, tout en regrettant qu'il ait moins de sympathie pour les cygnes que pour les ours du duc de Berry. Voici comment il parle de l'illustration des Belles grandes Heures (t. I, p. CLV de son édition des *Inventaires*) :

« N'y avait-il pas parmi les peintres attachés à la personne du duc un artiste spécialement chargé du soin de représenter, dans les attitudes les plus variées, les deux favoris du prince, l'ours et le cygne? On serait tenté de l'admettre, à voir la quantité de ces animaux introduits dans la composition des miniatures. Sous ce rapport, les Grandes Heures nous offrent encore d'incomparables fantaisies. Voyez notamment l'enfant nu, monté sur un ours muselé, brandissant une lance, et vingt autres caprices où l'imagination la plus fantaisiste se donne libre carrière. Ordinairement, l'ours se détache sur un fond d'or damassé, tandis que le cygne vogue sur un lac d'argent avec ciel d'azur. Comme le graveur des sceaux, le peintre des manuscrits a mieux saisi l'attitude et le geste de maître Martin que la souplesse onduleuse du cygne. Ce dernier, il faut l'avouer, ressemble trop souvent à un autre volatile moins noble.

« Nous n'en finirions pas si nous voulions énumérer tous les éléments grotesques qui entrent dans la décoration des Grandes Heures du duc de Berry. On rencontre là de bien étranges sujets pour un ouvrage de piété. Encore passe le singe montrant à lire à son nourrisson; rien à dire non plus des fous, des joueurs d'instruments ou de gobelets, qui se prélassent à côté d'un tableau montrant le duc reçu par saint Pierre à la porte du Paradis. Mais le caprice satirique ne dépasse-t-il pas quelque peu les bornes quand l'artiste coiffe du chapeau rouge des cardinaux, tantôt un chien, tantôt un porc, quand il nous montre un moine tournant le dos et relevant sa robe plus haut que la ceinture. Ces inventions gauloises charmaient nos ancêtres, et le bon Duc était bien de son temps sous ce rapport. Il aimait à rire et se plaisait à s'entourer, ses comptes en font foi, de baladins, de joueurs d'instruments de toutes sortes, d'escamoteurs et d'équilibristes; ses peintres n'avaient pas besoin d'aller chercher au loin leurs modèles ; ils les avaient sous les yeux. »

l'infini. Il n'est pas une initiale dont l'intérieur et la bordure ne soient richement décorés ; beaucoup renferment des bustes ou petites scènes traitées avec un véritable talent. Outre les ornements du calendrier, qui, par le sujet et par le style, rappellent les ornements du calendrier d'autres livres du duc de Berry, et parmi lesquels MM. Gauchery et de Champeaux ont reconnu une vue du château de Nonette en Auvergne, il faut citer avec une recommandation particulière les tableaux par lesquels s'ouvrent les différentes parties des offices. Deux de ces tableaux méritent d'être tout spécialement remarqués.

Le premier, sur le fol. 8, représente « le grand prêtre Isaschar repoussant, en présence du peuple, l'oblation de saint Joachim et de sainte Anne[1] ». Au-dessous du tableau, un grand D sert de cadre à une Vierge qui tient l'enfant Jésus dans ses bras. A côté, dans la marge, le duc de Berry, sous une riche draperie, est agenouillé, les mains jointes, avec un livre posé sur un prie-Dieu, que recouvre une étoffe fleurdelisée à bordure engrêlée de gueules.

L'autre tableau, que je tiens à citer, se voit sur le fol. 96, au commencement de sexte, dans l'office du Saint-Esprit. Le duc de Berry, accompagné de cinq personnages de sa maison ou de son conseil, se présente à la porte du paradis, dans lequel il va être introduit par saint Pierre, d'après l'ordre du Saint-Esprit.

Mentionnons encore sur les fol. 96, 97 et 98 de petits portraits du duc de Berry, à genoux sur son prie-Dieu.

Trois pages du ms. 919 (les fol. 8, 18 v° et 24) ont été reproduites en fac-similé dans le grand ouvrage de M. le comte de Bastard. Une quatrième (fol. 96) a été donnée dans la *Paléographie universelle* de Silvestre[2].

Le Manuscrit d'Alphonse Labitte[3] nous en présente une, sur laquelle on a cru voir un portrait de Philippe le Hardi, duc de Bourgogne. Le tableau de la naissance de la Vierge a été gravé dans l'Histoire de la peinture du docteur Alfred Woltmann[4].

Au Congrès de l'histoire de l'art tenu à Paris, dans la séance du 25 juillet 1900, M. le commandeur Venturi a lu un mémoire sur le miniaturiste français qui a décoré pour la maison d'Este, vers 1430, une Bible aujourd'hui conservée au Vatican dans la bibliothèque

1. C'est ainsi que l'indique M. le comte de Bastard.
2. Planche CXCV ; p. 544 du texte traduit par Sir Frédéric Madden.
3. Tome II, p. 133.
4. *Geschichte der Malerei*, I, 364.

Barberini. Il a signalé l'analogie des miniatures de cette Bible avec celles des Grandes Heures du duc de Berry.

---

100. *Les Belles Heures très bien et richement historiées*. — Le livre connu sous cette dénomination est une des merveilles d'art dont le duc de Berry aimait à s'entourer, et qui est arrivée jusqu'à notre époque dans un état d'irréprochable fraîcheur. Il fait l'ornement d'un cabinet digne à tous égards de contenir un pareil trésor. M. le baron Edmond de Rothschild l'a acquis des héritiers du baron d'Ailly, l'un des bienfaiteurs de la Bibliothèque nationale. Dans une notice publiée en 1880 [1], j'ai établi qu'il était désigné par les mots « une Belles Heures très bien et richement historiées » sur des inventaires de 1413 et 1416, qu'il fut estimé 875 livres tournois lors de l'ouverture de la succession du duc de Berry, et que la reine de Sicile Yolande d'Aragon se l'appropria, en payant le prix réduit de 300 livres tournois.

Ce volume, orné de 172 peintures, a été spécialement fait pour le duc de Berry : cela résulte de la présence sur plusieurs feuillets des armes du prince, avec les ours, les cygnes et la devise *Le temps vendra*. Nous avons de plus le témoignage de Jean Flamel, qui a tracé sur le premier feuillet les mots :

Ces heures fist faire très excellent et puissant prince Jehan, filz de roy de France, duc de Berry et d'Auvergne, conte de Poitou, d'Estampes, de Bouloingne et d'Auvergne : J. FLAMEL.

Le caractère et le mérite de ce livre ont été mis en relief dans un récent mémoire de M. le comte Durrieu [2], dont la valeur est encore relevée par les reproductions héliographiques que l'éditeur de la *Gazette des beaux-arts* y a jointes.

---

101. Au n° 101 de l'Inventaire correspond le livre qui mérite à tous égards le titre de « unes Très riches Heures très richement historiées et enluminées », qui est le plus précieux morceau du Cabinet des livres du Musée Condé et dont Monseigneur le duc d'Aumale m'a fait le grand honneur de me charger, en 1884, de faire connaître au public l'origine, le caractère et l'inappréciable valeur, dans un article de la *Gazette des beaux-arts* [3], orné de quatre héliogra-

---

1. *Mélanges de paléographie et de bibliographie*, p. 283-293.

2. *Les Belles Heures de Jean de France, duc de Berry*. Extrait de la *Gazette des beaux-arts*, année 1906.

3. Tome XXXIX, 2ᵉ période, 1884, p. 97, 281 et 391.

vures de Dujardin. Depuis, il a été donné à mon confrère et ami M. le comte Paul Durrieu d'en rédiger, avec une incontestable compétence, une description tout à fait digne d'un tel chef-d'œuvre, avec une reproduction des peintures qui ne laisserait rien à désirer si la meilleure héliogravure n'était impuissante à rendre la délicatesse et le charme d'une merveille de coloris[1]. La mort du duc de Berry survint avant l'achèvement de l'illustration du livre, que le prince avait confiée à Pol [de Limbourg] et à ses frères. C'est à ces modestes artistes que nous devons les plus remarquables peintures qui aient été exécutées en France au commencement du xv⁰ siècle. Nous ne possédons rien de supérieur ni pour l'élévation de la pensée, ni pour l'originalité et la noblesse de la composition, ni surtout pour la délicatesse de l'exécution.

La partie complémentaire de l'illustration, qui date de la seconde moitié du xv⁰ siècle, quoique bien inférieure, ne manque pas d'un certain mérite. M. le comte Durrieu l'attribue avec toute vraisemblance à Jean Colombe, qui a dû l'exécuter à Bourges, entre 1485 et 1489, pour le duc Charles I⁰ʳ de Savoie et la femme de ce prince, Blanche de Montferrat.

---

102. Voici ce que j'écrivais en 1884, au sujet du ms. latin 18014 de la Bibliothèque nationale, que je croyais alors, et que je crois encore aujourd'hui, pouvoir identifier avec le volume décrit à l'article 102 de l'Inventaire, sous le titre de « unes Très belles Heures, richement historiées ».

Le ms. 18014, qui au mérite d'une parfaite exécution joint l'avantage de nous être parvenu dans un état de fraîcheur incomparable, se compose de 290 feuillets, hauts de 214 millimètres et larges de 152, a longtemps passé pour avoir appartenu à Louis II, duc d'Anjou, depuis 1384 jusqu'en 1417. Une ancienne reliure, que Charles II, duc de Lorraine, fit renouveler en 1606, portait une inscription ainsi conçue : « Louys, roy de Hierusalem et de Sicile, duc d'Anjou. 1390. » Sur la foi d'une note qui mentionnait cette inscription[2], Gaignières, devenu possesseur du manuscrit, fit dorer

---

1. *Chantilly. Les Très riches Heures de Jean de France, duc de Berry.* Paris, 1904, in-fol.

2. Je crois avoir fait, à un moment donné, une observation d'où il résultait que la note relative à la reliure renouvelée en 1606 par les soins de Charles II, duc de Lorraine, ne s'appliquait pas au manuscrit qui porte le n° 18014. Malheureusement mes souvenirs sont trop vagues pour que je puisse dire si mon observation doit être prise en considération.

sur le dos le titre : « Heures de Louis, duc d'Anjou, roy de Jérusalem ». C'est également sous le titre de : « Heures de Louis II, duc
d'Anjou, roy de Jérusalem et de Sicile », qu'elles ont été décrites
dans le *Catalogue des livres de la bibliothèque de feu M. le duc de
La Vallière*[1], et, ce qui est plus étonnant, dans la *Paléographie
universelle* de Silvestre et Champollion[2].

Rien ne semble justifier la tradition du xviie et du xviiie siècle
qui vient d'être rapportée. On chercherait vainement dans le
ms. 18014 une particularité propre à un membre de la maison
d'Anjou. Tout se réunit, au contraire, pour montrer qu'il a été copié
et enluminé pour Jean, duc de Berry. Les armes de ce prince y sont
peintes dans de grandes initiales au moins une trentaine de fois ; sa
figure, plus ou moins reconnaissable, y revient dans une dizaine de
tableaux. Une place d'honneur a été réservée à ce qui concerne
saint Jean, par exemple l'invocation à saint Jean, qui se lit au
fol. 104, et, mieux encore, les Heures de saint Jean, qui n'occupent
pas moins de vingt-six pages et qui sont ornées de huit grandes
peintures.

Le ms. 18014 est donc incontestablement un livre de Jean, duc
de Berry. Voici maintenant les raisons qui me font croire qu'il doit
être identifié avec l'article 102 de l'Inventaire général.

Les Très belles Heures, richement historiées, auxquelles est consacré l'article 102, doivent se reconnaître aux traits suivants :

1° On y voyait en tête un « kalendrier très richement historié des
epistres de saint Pol, de l'ancien et nouvel testament » ;

2° A la suite du calendrier venaient « pluseurs enseignemens
escripz en françois de bien et honnestement vivre selon Dieu » ;

3° Le commencement des Heures de Notre-Dame était décoré
« d'une Annonciation et de pluseurs appostres à l'entour » ;

4° A la fin du volume se lisait « une oroison escripte en latin qui
se commence *Sancta crux* ».

Or, si nous ouvrons le ms. 18014, nous y trouverons :

1° Sur les six premiers feuillets, un calendrier[3] dont chaque page

---

1. Première partie, t. I, p. 96.

2. L'éditeur anglais, Sir Frédéric Madden, a entrevu la méprise de Champollion. — Voir *Universal palæography* (London, 1850, in-8°), t. II, p. 529 et
531. — Le docteur Woltmann a encore tout récemment attribué à Louis, duc
d'Anjou, le ms. 18014 ; voir *Geschichte der Malerei*, I, 365.

3. Sur ce genre d'illustration du calendrier, qui se retrouve dans deux autres
livres ayant appartenu au duc de Berry, le Bréviaire de Belleville et les Très
grandes Heures, il faut voir ma publication intitulée : *Notice sur douze livres
royaux*, et celle de M. Henry Yates Thompson, indiquées plus loin, p. 294.

nous offre trois petits sujets inspirés l'un par un texte de saint
Paul, les deux autres par des textes attribués à un prophète et à un
apôtre. Ainsi, au haut de la page du mois de janvier, saint Paul est
figuré prononçant ces paroles de l'épître aux Hébreux : « Qui omnia
creavit Deus est. » Au bas de la même page, Jérémie et saint Pierre
déroulent des banderoles sur lesquelles on lit : « Patrem invoca-
bitis qui terram fecit et condidit celos, » et : « Credo in Deum,
patrem omnipotentem, creatorem celi et terre. »

2° Immédiatement après le calendrier, une pièce en français,
intitulée : « Ci après s'ensuit l'Estimeur du monde, qui enseigne et
entroduit tout homme à bien et honnestement vivre selonc Dieu. »

3° Au commencement des Heures de Notre-Dame, sur le fol. 22 r°,
l'image de l'Annonciation, avec une bordure dont les différents
compartiments sont remplis par les figures des apôtres.

Pour ces trois particularités, il existe donc une parfaite concor-
dance entre le ms. 18014 et l'article XXVI des inventaires.

L'identité serait absolument démontrée s'il se rencontrait à la fin
du ms. 18014 une oraison latine commençant par les mots *Sancta
crux*, et c'est en vain qu'on l'y chercherait; mais rien n'empêche
de supposer qu'il manque à la fin du ms. 18014 un cahier sur lequel
commençait en belle feuille l'oraison *Sancta crux*. Les trois autres
particularités me semblent assez caractéristiques pour rendre l'identification très vraisemblable et pour considérer le volume comme
répondant à l'article 102 de l'Inventaire général, et comme cet
article fait partie d'un inventaire dressé en 1402, il en faut conclure
que le ms. 18014 était exécuté à cette date. Je dois faire observer
que nulle part on n'y trouve les ours et les cygnes, ni le chiffre VE,
ni la devise LE TEMPS VENRA, que nous offrent à profusion les
bordures de certains manuscrits du duc de Berry.

Le rédacteur du *Catalogue de La Vallière* n'a point commis
d'exagération en disant que les 113 miniatures de cet élégant
volume sont « d'une beauté parfaite ». On peut voir le jugement
que le docteur Waagen[1] a porté sur plusieurs d'entre elles. Celle
qui représente saint Louis sur son lit de mort (fol. 16) a été reproduite dans la *Paléographie universelle*, planche 191.

Les trois pages sur lesquelles sont représentés la Trinité, la
Visitation et le Baptême du Christ, sont en phototypie dans *Le
Manuscrit* d'Alphonse Labitte[2].

Assez récemment, en 1896, M. le comte Robert de Lasteyrie a

---

1. *Kunstwerke und Kunstler in Paris* (Berlin, 1839, in-8°), p. 337 et 338.
2. T. I, p. 85, 88 et 90.

fait une étude approfondie de l'illustration du ms. 18014 et a montré, par de très judicieux rapprochements, que la meilleure partie de l'illustration de ce beau volume doit être attribuée à Jacquemart de Hesdin [1].

Je dois ajouter que le texte du ms. 18014 offre la plus grande analogie avec l'état primitif des Heures dites de Turin complétées par les morceaux reconnus aujourd'hui en avoir fait partie, comme il sera expliqué dans la note suivante.

Je ne saurais parler des Grandes et des Petites Heures du duc de Berry sans indiquer les affinités qu'elles nous présentent avec le livre d'heures, n° 1855 de la Bibliothèque impériale de Vienne. Je connais seulement ce manuscrit par le jugement de Waagen, qui le plaçait à côté de nos Grandes Heures, et par la description, accompagnée de la reproduction de sept pages, publiée par M. le Dr Rudolf Beer [2], à l'occasion d'une exposition organisée en 1902 à la Bibliothèque impériale de Vienne. Les pièces principales de la décoration du calendrier (l'accord de l'Ancien et du Nouveau Testament figuré par les prophètes et les apôtres, la ruine de la Synagogue mise en regard du développement de l'Église, et la prédication de saint Paul) sont une fidèle réplique des mêmes sujets tels qu'ils sont traités dans les petites Heures du duc de Berry, de sorte que le manuscrit de Vienne doit entrer dans le groupe de manuscrits représenté en France par le Bréviaire de Belleville, par le très beau Bréviaire de Charles V, par les grandes et les petites Heures du duc de Berry [3], en Angleterre par les *Heures de Jeanne de France*, reine de Navarre, appartenant à M. Henry Yates Thompson [4].

Ce qui m'induit à rattacher le manuscrit de Vienne à la famille des manuscrits exécutés par les artistes du duc de Berry, c'est la place qu'occupent sur les marges du fol. 67 les animaux favoris du prince, ce que M. Beer appelle spirituellement « la bouffonnerie des différents membres de la famille des ours ».

---

1. *Les Miniatures d'André Beauneveu et de Jacquemart de Hesdin*, dans *Monuments et mémoires de la Fondation Piot*, 1896, t. III, p. 98 et suiv., et p. 111 et suiv.

2. *Künst und Kunsthandwerk*, 1902, p. 295-302.

3. Voir ma *Notice sur douze livres royaux*, p. 88.

4. Je renvoie à deux ouvrages de ce savant bibliophile : *A Descriptive catalogue of the second series of fifty manuscripts in the collection of Henry Yates Thompson* (Cambridge, 1902, in-8°), p. 151-183 et 365-366. — *Thirty-two miniatures from the book of hours of Joan II, queen of Navarre* (London, 1899, 2 fascicules in-4°).

102 *bis*. Les Heures du duc de Berry dont les destinées ont été les plus tragiques sont celles que j'ai enregistrées sous le n° 102 *bis*. Je ne vois rien dans les anciens inventaires qui convienne exactement à ce beau livre. Ce qui paraît bien établi, c'est qu'à une époque ancienne il a été coupé en trois morceaux, qui ont suivi des voies bien différentes pour arriver jusqu'au commencement du xxᵉ siècle. A l'état primitif du volume ne paraît correspondre ni l'article 102 ni l'article 103 de mon édition des anciens inventaires.

Premier morceau.

Il consistait en 91 feuillets, qui ont formé le manuscrit de la bibliothèque de l'Université de Turin coté K. 14. 29 (jadis D. VI. 23). Il a été détruit complètement par l'incendie du mois de janvier 1904, à l'exception de cinq feuillets qu'on en avait enlevés, probablement au cours du xviiiᵉ ou du xixᵉ siècle, et qui ont été recueillis de nos jours par le Musée du Louvre. Mon ami le comte Paul Durrieu en avait reconnu l'origine et apprécié la valeur, il y a six années, dans une communication qu'il fit à la Société des Antiquaires de France[1]. Il était donc désigné pour le décrire avec autant de goût que d'érudition, dans un volume[2] que des amis beaucoup trop bienveillants ont bien voulu faire paraître en 1902 à l'occasion du cinquantième anniversaire de mon entrée à la Société de l'Histoire de France et au Comité de publication de la Bibliothèque de l'École des chartes. Ainsi a été fait tout ce qui pouvait être tenté pour conserver à la postérité une image, hélas! bien insuffisante, d'un des plus beaux livres du moyen âge.

La matière a été épuisée par M. le comte Durrieu, et j'éprouve une véritable honte en tirant d'un de mes cartons quelques lignes que j'avais écrites en 1885 après que ma femme et moi nous avions admiré et étudié le manuscrit à Turin; je ne le fais que pour avoir l'occasion de faire connaître l'opinion d'un critique éminent, mon ami Auguste Castan, opinion qui concorde bien avec celle de M. Durrieu. Voici ce que portait ma note de 1885 :

Le fond du livre, dont beaucoup de pages sont écrites en français, paraît bien d'origine royale, et c'est pour un roi de France qu'ont été copiées les prières des fol. 58 vᵒ et 76 vᵒ :

Et tu, Deus, meus creator, redemptor et protector meus, preces sanctorum

---

1. *Bulletin de la Soc. des Antiq. de France*, 1901, p. 227.

2. *Heures de Turin. Quarante-cinq feuillets à peintures provenant des Très belles Heures de Jean de France, duc de Berry. Reproduction en phototypie*

tuorum et meas dignanter exaudias, et me servum tuum ac cunctum populum michi commissum regas et dirigas, ut sic transeamus per bona transsitoria quod perveniamus feliciter ad eterna. Amen.

Misericors Deus et miserator, consolator et defensor, in te, Domine, confido. Servo tuo auxilium et consilium Francorum regi tribue, quia bella michi video, bella parantur meis. Hostium meorum animos et errores constringe mortalium, ne contra me debellare valeant, sed propter inobedientiam suam et eorum nequiciam tibi, Christe, devote supplico, ut per tuam graciam obtinere valeam victoriam viriliter cum honore seu pacem. Amen.

J'ai vu trop rapidement ce manuscrit pour être à même d'en apprécier les exquises peintures; mais je m'estime heureux de pouvoir consigner ici le jugement d'un connaisseur tel que Castan. Voici ce qu'il m'écrivait à la date du 6 décembre 1885 :

Dans ce manuscrit, il y a au moins quinze miniatures qui sont des chefs-d'œuvre de premier ordre. La plupart sont flamandes et appartiennent à l'école des Van Eyck; plusieurs sont françaises, dans la manière de Jean Fouquet. Parmi ces merveilleuses pages, il y a du flamand et de l'italien. Le tout peut être attribué aux dix premières années du xve siècle. Le calendrier paraît être d'inspiration flamande : saint Bavon y figure parmi les plus grands saints. J'y ai remarqué plusieurs portraits, entre autres, au fol. 76 v°, celui du roi Jean, en prières, sous sa tente, devant un oratoire portatif. Vers la fin, un autre personnage, [le duc de Berry,] dont la figure est très expressive, prie la sainte Vierge, agenouillé sur un tapis aux armes de Berry. Il est vêtu d'une draperie rouge damassée; il a les cheveux absolument blancs et rejetés en arrière. C'est un portrait d'après nature; l'image du roi Jean, quoique beaucoup plus parfaite, n'a pas le même accent de vérité.

Du manuscrit, connu sous le nom de *Heures de Turin*, il subsiste seulement cinq feuillets, qui, anciennement coupés dans le volume, ont servi à l'illustration des Évangiles publiés en 1864 par Curmer[1], et qui sont arrivés au Musée du Louvre, par suite d'un don de M. Jules Maciet. Les miniatures du Louvre ont été comprises dans la publication de M. le comte Durrieu sous les n°s XIV, XXVIII, XXXIV, XXXV[2] et XLII.

M. le comte Durrieu a distingué dans les Heures de Turin trois séries de peintures, la première du temps du duc de Berry, la

---

d'après les originaux de la Biblioteca nazionale de Turin et du Musée du Louvre. Paris, 1902. Petit in-fol. de 28 p. et de 45 planches.

1. Pages 100, 345, 346, 353 et 354. La description s'en trouve dans l'*Appendice aux Évangiles :* Description des ornements, p. 79, 211, 220 et 223.

2. La planche XXXV reproduit le tableau des « Saints docteurs de l'église », dont Ambroise-Firmin Didot possédait la copie en couleurs exécutée pour Curmer en vue de l'édition des *Évangiles*, et annoncée dans le *Catalogue de la bibliothèque Didot*, vente de 1884, p. 59, article 76.

deuxième du temps de Guillaume IV de Bavière, comte de Hainaut et de Hollande, la troisième pouvant se rattacher à l'œuvre des miniaturistes qui ont travaillé en Flandre et dans les régions voisines vers le troisième quart du xvᵉ siècle.

Deuxième morceau.

Le deuxième morceau du même manuscrit, qui a formé un volume, anciennement relié en maroquin rouge, aux armes de Du Plessis-Châtillon (écu chargé de trois quintefeuilles), appartenait, il y a une soixantaine d'années, au comte Victor de Saint-Mauris. Le marquis Léon de Laborde[1] avait cru qu'il était « allé se réfugier à Berlin ». Il était, je crois, resté en France chez le comte Auguste de Bastard, qui le désignait sous le titre de Les Belles Heures du duc de Berry. Il est aujourd'hui chez la veuve du baron Adolphe de Rothschild. J'ai pu le feuilleter en 1885. On y compte, sauf erreur, 240 pages et 25 grands tableaux. Il contient, dans l'ordre suivant :

1° Le calendrier;

2° L'office de Notre-Dame;

3° Les sept psaumes de la pénitence;

4° L'office des morts;

5° Les oraisons de la Passion;

6° Les heures du Saint-Esprit;

7° Les heures de la Passion;

8° Une prière à la sainte Trinité, commençant par les mots : « Summe summi tu patris unice... »

9° Une prière aux Anges.

Le calendrier renferme une dizaine de notes nécrologiques, qui suffisent pour établir que le livre vient bien du duc de Berry et qui peuvent servir à en fixer exactement la date. Il n'est donc pas inutile de les donner ici :

ıı kal. februarii. *Obitus domine Johanne de Armegniaco, duchisse Biturie.* — (1387.)

v idus aprilis. *Obitus Johannis, regis Francie, anno LXIIII.* — (1364.)

v kal. maii. *Obitus Philippi, ducis Burgundie.* — (1404.)

ıı non. maii. *Obitus Ludovici, comitis Stamparum, anno IIII°.* — (1400.)

x kal. septembris. *Obitus Philippi de Valesio, rex (sic) Francorum, anno L.* — (1350.)

ııı idus septembris. *Obitus domine Bone, duchisse Normannie.* — (1349.)

xvı kal. octobris. *Obitus Karoli quinti, anno IIII°, regis Francorum.* — (1380.)

xıı kal. octobris. *Obitus Ludovici, regis Cecilie.* — (1384.)

---

1. *Les Ducs de Bourgogne*, t. I, p. cxxı, note. — Conf. Guiffrey, t. II, p. 319.

II idus decembris. Obiit Johanna, regina Francie, uxor regis Philippi de Valesio. — (1348.)

La mort la plus récente qui soit mentionnée dans ces notes est celle de Philippe le Hardi, duc de Bourgogne, arrivée le 27 avril 1404. Ainsi, les Belles Heures du duc de Berry, dont toutes les parties sont parfaitement homogènes, et qui ont été par conséquent achevées du vivant du prince, appartiennent à la période comprise entre les années 1404 et 1416. Je n'y ai remarqué les armes du duc de Berry qu'à un seul endroit : elles sont peintes six fois sur un catafalque dans la miniature qui est en tête de l'office des morts.

Dans la quatrième des peintures qui ornent l'office du Saint-Esprit (à la p. 173), on doit, selon toute apparence, reconnaître une représentation du duc et de la duchesse en prières. Mais je n'ose pas affirmer qu'il faille considérer comme des portraits de la duchesse les figures d'une dame à genoux, qu'on voit sous le tableau de l'Annonciation, en tête de l'Office de la Vierge, et sous le tableau de l'Homme de douleurs, en tête des oraisons de la Passion. Il serait possible que ces deux figures eussent été ajoutées après coup, en même temps que les armes peintes à côté (fasce de ... et de ..., à 6 merlettes de ...).

D'ordinaire, les grandes peintures occupent la meilleure partie d'une page, dont le reste est couvert par trois ou quatre lignes de texte. Un petit tableau remplit l'intérieur de l'initiale du texte. La marge inférieure de la page a été mise à profit pour peindre de petites scènes fort élégamment composées. C'est ainsi que les sacrements de l'église sont représentés au bas des feuillets sur lesquels commencent les différentes parties de l'office du Saint-Esprit.

Du manuscrit dont il vient d'être question vient peut-être un feuillet couvert d'une miniature dont une reproduction inachevée s'est trouvée parmi les planches laissées en préparation par M. le comte Auguste de Bastard. On y voit un seigneur, accompagné d'une suite nombreuse, qui se met en voyage ; une procession sort d'une porte fortifiée pour bénir les voyageurs ; au fond du tableau, deux hauteurs couronnées de châteaux. Cette miniature est à rapprocher de celle qui est au vol. 288 v° des Petites heures du duc de Berry (ms. latin 18014 de la Bibliothèque nationale). Elle sert de frontispice à la prière qui est ordinairement intitulée : « Ad accipiendam viam suam in exitu domus, ville, vel castri, vel loci officium. »

Une page du manuscrit a été reproduite dans la *Librairie de Jean de France, duc de Berry*. Mon exemplaire de cet ouvrage contient le calque très bien exécuté de plusieurs des peintures du même livre.

Troisième morceau.

L'existence de ce troisième morceau a été reconnue par M. Jean-J.
Marquet de Vasselot dans la bibliothèque de la famille Trivulce à
Milan. M. le comte Paul Durrieu nous fait espérer qu'il pourra l'étudier en même temps qu'il restituera l'ensemble du manuscrit si
maltraité par le sort.

Je n'ai pas reconnu l'article qui concerne ce manuscrit dans l'énu-
mération des livres d'heures manuscrits que M. Giulio Porro a
signalés, sous le mot *Officium*, p. 325-335 du *Catalogo dei Codici
manoscritti della Trivulziana* (Torino, 1884, in-8°).

---

108. J'ai essayé de démontrer que les Heures de Pucelle sont un
charmant petit livre d'heures, de la collection de la baronne
Adolphe de Rothschild, et qui a pu appartenir à la mère du duc de
Berry, Bonne de Luxembourg, duchesse de Normandie, morte peu
de mois avant l'avènement de son mari au trône de France.

Jean Pucelle est le chef d'un atelier d'enlumineurs parisiens qui
a fait connaître son nom par des notes insérées dans une Bible datée
de 1327 et dans le Bréviaire de Belleville. — Voir ce que j'en ai dit
dans ma *Notice sur douze livres royaux*, p. 73-75. On trouvera des
détails sur Jean Pucelle dans l'article XX-XXI des Notices sur les
livres de Charles V qui sont parvenus jusqu'à nous.

---

110. Il est possible qu'à cet article de l'inventaire réponde le livre
d'Heures conservé à l'Arsenal sous le n° 650. — Il se pourrait aussi
que Jean Gauchier, cité dans cet article comme clerc des joyaux
du duc de Berry, soit le même qu'un certain « Johannes Granche-
rii, alias d'Orléans, pictor », qui achetait des terrains à Bourges
en 1410. — Voir une note de M. Jarry, dans le *Bulletin n° 130 de
la Société archéologique de l'Orléanais*, année 1886, p. 523.

---

110 *bis*. Je ne puis rien dire des Heures de Notre-Dame que le duc
de Berry acheta en 1377 pour sa mère de lait (Guiffrey, II, p. 337),
ni des Heures pour la copie desquelles il fit payer 20 livres tournois,
la même année, à « maistre Jehan l'Escrivain, demourant à Paris ».
— Voir *Ibid*.

Je ne crois pas possible d'attribuer au duc de Berry un livre
d'heures du xvᵉ siècle, d'exécution assez médiocre, dans les enca-
drements duquel figurent plusieurs fois des banderoles portant la

devise LE TEMS VENRA; près de ces banderoles se voient, à plusieurs endroits, des animaux qu'à la rigueur on peut prendre pour des ours. Ce manuscrit, qui n'est probablement pas antérieur au milieu du xv⁰ siècle, faisait partie de la bibliothèque du comte Neri de Campo Ligure, n° 213, de la vente faite à Milan en février 1897 par la librairie A. Genolini.

---

114. A la fin du ms. français 6271 on lit la note : « Ce livre est au duc de Berry. JEHAN. » — Les deux premiers livres de la Cité de Dieu manquent dans le ms. 6271, de façon que nous ne pouvons pas apprécier la richesse du commencement signalée par l'Inventaire. M. le comte de Laborde se demande si le ms. 6271 ne répondrait pas plutôt à l'article 116 de l'Inventaire, ce qui n'est pas impossible, quoique ce ms. 6271 ne mérite guère d'être signalé comme « très richement historié au commencement et en plusieurs lieux ».

---

118. Le volume ainsi indiqué dans l'inventaire des livres du duc de Berry : « un livre de la Cité de Dieu, translaté en françois, finissant au X⁰ livre inclus, où deffaillent les histoires et grandes lettres, » est conservé au Musée Condé. On y a gratté la signature et la note que le prince avait tracées sur le dernier feuillet. Les peintures et les grandes initiales, dont l'absence est indiquée dans l'inventaire, ont été exécutées dans la seconde moitié du xv⁰ siècle, quand ce volume fut arrivé entre les mains d'Antoine de Chourses.

---

120 *bis.* Le Dialogue de saint Grégoire en français, qui a appartenu au duc de Berry, est à la bibliothèque royale de Belgique, n° 1302 du catalogue du P. Van den Gheyn (t. II, p. 264). On lit à la fin : « Ce livre est à Jehan, fils de roy de France, duc de Berry et d'Auvergne, conte de Poitou et d'Auvergne : JEHAN. — Le dit Monseigneur de Berry l'a donné à Monseigneur de Bourgogne. » — Voir mes *Mélanges de paléographie*, p. 230.

Ce manuscrit est ainsi mentionné dans un inventaire de l'année 1485 :

« Ung moyen livre en parchemin, couvert de cuir noir, illuminé d'or et d'azur, intitulé : Le premier livre du Dialogue de saint Grégoire..., quemenchant ou second feuillet *esperit dix huit*, et finissant *nous mesmes aurons esté sacrifié à Dieu, Amen*, et tout en la fin : *Le dit Monseigneur de Berry l'a donné à Monseigneur de Bour-*

goingne. » (Barrois, *Bibliothèque protypographique*, p. 229, n° 1619.)

127. Le dictionnaire indiqué dans le n° 127 est un exemplaire du Répertoire moral de Pierre Bersuire, qui est conservé à la Bibliothèque nationale sous les n°ˢ 8861-8863 du fonds latin. On y voit encore les armes d'Itier de Martreuil, évêque de Poitiers et chancelier du duc de Berry : sable fretté d'or.

129. L'opuscule de Christine de Pisan annoncé dans l'article 129 du présent Inventaire est intitulé : « Les Sept psaumes en françois allégorisés, » dans un manuscrit qui formait le n° 203 du fonds Barrois chez lord Ashburnham. Un exemplaire contemporain de la rédaction a été acquis vers 1895 par la Bibliothèque nationale, où il a été classé sous le n° 4792 dans le fonds français des Nouvelles acquisitions. Ce livret est rempli d'allusions à des événements du temps de Charles VI; je l'ai fait connaître dans les *Notices et extraits des manuscrits*, t. XXXV, part. II, p. 551-560.

135. Nous savons, par le rôle de la dépense de Louis, duc d'Orléans, du mois d'avril 1398, que ce prince avait donné au duc de Berry le Livre de l'Empereur celestiel et le livre des Remèdes de chacune fortune et qu'il les avait fait couvrir avec luxe et orner de fermoirs d'or, qui avaient été payés 33 livres 5 sous tournois à l'orfèvre Hance Krest. — Voir Champollion, *Les Ducs d'Orléans*, I, p. 126, et L. de Laborde, *Les Ducs de Bourgogne*, III, p. 157 et 188, n°ˢ 5823, 5826 et 5827.

138. Ce beau Décret en lettre boulonnaise paraît bien avoir été l'exemplaire que les Bénédictins[1] avaient remarqué en 1727 dans la bibliothèque du chapitre d'Albi, et qui, suivant le comte de Bastard[2], devait avoir appartenu au duc de Berry et au cardinal d'Amboise.

140. Le livre de Foi et de lois existait encore au xviᵉ siècle dans la Bibliothèque de la Sainte-Chapelle de Bourges. Il est indiqué par les mots : « De fide et legibus » dans l'inventaire du 17 novembre

1. *Voyage littéraire*, I, II, p. 67.
2. *Études de Symbolique chrétienne*, p. 287. (*Bulletin du Comité de la langue, de l'histoire et des arts de la France*, t. IV.)

1552 (*Bibliothèque de l'École des chartes*, 1856, 4ᵉ série, t. II, p. 147).

---

141. Au commencement du ms. français 574 se lit une note ainsi conçue : « Ce livre fu à messire Guillaume Flote, seigneur de Revel et chancelier de France. »

J'ai vu en 1894, dans une collection privée, une copie de l'Image du monde avec une note de l'année 1444, par laquelle Jean Le Clerc, libraire de Bruges, annonçait cet ouvrage comme « translaté de latin en franchoïs par le commandemant et ordonnanche du noble duc Jehan de Berry et d'Auvergne, l'an M CC et XLV ».

142-146. Le duc de Berry attachait un grand prix à l'ouvrage de Barthélemi L'Anglais sur les Propriétés des choses[1]. Il en possédait le texte original en latin et la traduction française que Jean Corbichon en avait faite par l'ordre de Charles V. Les exemplaires qu'il en avait réunis dans sa bibliothèque ne paraissent pas nous être parvenus; mais nous en connaissons deux copies qui ont été certainement écrites et enluminées dans un des ateliers d'où sont sortis quelques-uns des meilleurs volumes acquis par le prince. L'un d'eux, qui était en 1906 dans la librairie de Jacques Rosenthal à Munich, et qui a été acquis par un amateur de Paris, avait fait partie des collections de la maison d'Urfé, dont il avait conservé la reliure monumentale; l'illustration en avait été confiée à un des peintres les plus habiles du milieu du règne de Charles VI. L'autre a été fait pour Béraud d'Auvergne, comte de Clermont; il est à la Bibliothèque nationale, nᵒ 9141 du fonds français. M. le comte Paul Durrieu[2], qui l'a soigneusement étudié, y a reconnu les portraits de Jean sans Peur et du duc de Berry, peut-être aussi celui de Louis d'Orléans. Il y a signalé une miniature où le duc de Berry est représenté choisissant des pierres précieuses. On sait quelle était sa prédilection pour ce genre de curiosités, et la peinture citée par M. Durrieu[3] m'a remis en mémoire un passage du *Chevalier errant*, où l'auteur *Thomas* nous montre le duc de Berry abandonnant les affaires de l'État pour faire son choix dans un assortiment de joyaux apportés par des marchands vénitiens :

Après alay plus avant, et trouvay les tentes de Mons. de Berry, qui onclex

---

1. Le rédacteur de l'Inventaire s'est trompé en citant l'ouvrage comme « compillé par frère Pierre Bersuyre ».

2. *Revue de l'Art ancien et moderne*, 1906, t. XX, p. 21 et suiv.

3. Elle est reproduite à la p. 20 de l'article.

estoit du roy de France. Cellui vy je en bonne et noble compaingnie, et disoit qu'il vouloit aler vers son nepveu le roy Charlez de France, pour avoir le gouvernement de Languedoc. Et quant il ot ce dit, là vindrent deux marchanz veniciaulz, qui lui apportèrent rubiz et balaiz et autres pierrez precieuses à monstrer : car ilz savoyent que moult amoit telles choses ; dont il se trait à une part pour les veoir. Et quant je vy ce, je n'y attendi plus [1]...

Dans mes recherches sur l'exemplaire de Corbichon qui a pu appartenir à Charles V, j'ai cité plusieurs manuscrits parmi lesquels peut se trouver l'exemplaire du duc de Berry; mais l'identification reste douteuse.

---

151. Sur cet exemplaire, en deux volumes, des Éthiques et des Politiques d'Aristote, traduites par Nicole Orême, il faut voir ma notice insérée dans la *Bibliothèque de l'École des chartes*, année 1869, 6ᵉ série, t. V, p. 601-620, et le *Catalogue des manuscrits du Musée Condé*, t. I, p. 215-220. Le volume des Éthiques a figuré en 1857 à la vente des livres de la maréchale Lannes.

---

158. Sous le nᵒ 9321 du fonds latin se conserve, en un volume in-folio, une belle copie de la Consolation de Boèce, de la fin du xivᵉ siècle, avec le commentaire de Nicolas Treveth. Plusieurs feuillets en ont été enlevés, mais le feuillet final subsiste, avec la note : « Ce livre est au duc de Berry : JEHAN. »

---

166 et 167. Ces deux articles se rapportent à deux exemplaires de la traduction que fit Jean Golein de l'ouvrage anonyme composé vers le commencement du xivᵉ siècle sous le titre de *Liber de informatione principum*. — Voir *Histoire littéraire de la France*, t. XXXI, p. 35.

---

170 *bis*. Le ms. 9542 de la Bibliothèque royale de Belgique, contenant l'ouvrage du chevalier de La Tour Landri, est ainsi désigné, sous le nᵒ 106 de l'inventaire des livres de Philippe le Bon, dressé en 1420 (édition de G. Doutrepont, p. 66) : « Ung livre nommé le Livre fait pour l'enseignement des femmes, escript, en parchemin, de lettre courant, à une histoire, enluminé d'or, commençant au iiᵉ feuillet *que a mes filles*, et ou derrenier *deschargié à grand peine*, couvert de cuir rouge bien usé. » Au commencement et à la fin se

---

1. Ms. français 12559, fol. 158 vᵒ.

voit l'*ex-libris* du duc de Berry : « Ce livre est au duc de Berry, conte de Poitou et d'Auvergne : JEHAN. »

---

172. Un exemplaire du livre des Échecs moralisés, traduit par Jean du Vignai, qui a appartenu au duc de Berry, porte le nº 5107 à la bibliothèque de l'Arsenal. — Le duc de Berry donna un exemplaire du même livre au comte de Savoie. Compte cité par le comte de Toulgoët, dans les *Mémoires de la Société du Centre*, t. XVII, p. 142. — Le prince offrit aussi à son frère le roi Charles V un exemplaire du livre des Échecs, sur les fermoirs duquel étaient figurés des cygnes blancs. — Voir plus haut, p. 91*, l'article 534 de l'Inventaire des livres de Charles V.

---

173. De ce livre peut être rapproché l'article 616 du Catalogue des livres de Charles V : « Le livre des formes, figures et images qui sont ès cieux, translatés d'espagnol en françois par Pierre Leraut, du commandement de Mons. de Berry. »

---

177. Le livre d'astrologie, inscrit sous le nº 177, est l'œuvre de Lubert Hautschild, abbé de l'Eeckhout, mort en 1417. L'auteur s'est fait connaître par ces mots tracés au bas de la dernière page : « Lubertus abbas Brugensis, predictas ymagines atque figuras ordinavit. » J'ai publié dans le *Bulletin du bibliophile*, en 1896, une notice sur cet abbé, qui, suivant l'obituaire de l'Eeckhout, fut « illustrissimorum principum ac ducum Biturie Burgundieque consiliarius ».

L'abbé Lubert reçut en cadeau du duc de Berry une Vie des Pères en français et une histoire des comtes de Flandre. — Voir les articles 212 et 247 de l'Inventaire.

---

187. C'est le ms. latin 9328 de la Bibliothèque nationale, intitulé : « Petri de Crescentiis liber ruralium commodorum », à la suite duquel sont copiés plusieurs traités d'économie rurale ou domestique et d'hygiène. J'en ai donné l'indication dans la *Bibliothèque de l'École des chartes*, 1856, 4ᵉ série, t. II, p. 155.

---

188. Sur l'inventaire des livres de la Sainte-Chapelle, dressé en 1552, publié dans la *Bibliothèque de l'École des chartes*, 1856, 4ᵉ série, t. II, p. 144, on lit cet article : « Statilii stratagemata. »

---

189. A cet article de l'Inventaire doit répondre le manuscrit de Vegèce, qui vient de la maison de Bourbon et qui est aujourd'hui à la Bibliothèque nationale, n° 1129 du fonds français; il contient la traduction de Vegèce par Jean de Vignai. — Voir *Romania*, 1896, t. XXV, p. 410.

---

190. Ce manuscrit de Gace de La Buigne est au Musée Condé; il porte la signature du duc de Berry. — Voir le *Catalogue des manuscrits du Musée Condé*, t. II, p. 75-77.

---

190 *bis*. Le livre du roi Modus, ayant appartenu au duc de Berry et portant sa signature, est conservé aux Archives d'État à Turin. Il y en a une notice, avec fac-similé, dans l'ouvrage de Pietro Vayra, *Il Museo storico della casa di Savoia*, p. 15 et suiv.

---

196. Le livre des Merveilles, l'un des plus splendides manuscrits du duc de Berry, est conservé à la Bibliothèque nationale sous le n° 2810 du fonds français. Le comte Auguste de Bastard en a reproduit plusieurs des peintures, qui devaient entrer dans son grand ouvrage sur la librairie du duc de Berry[1]. M. le comte Durrieu est porté à croire qu'une notable partie des peintures de ce manuscrit doit être attribuée au maître des Heures de Boucicaut, probablement Jaques Coene de Bruges. Il a été donné au duc de Berry en 1413 par le duc de Bourgogne. A-t-il été fait pour Jean sans peur ou pour le père de celui-ci, Philippe le Bon? La question restera indécise tant qu'on n'aura pas déterminé auquel de ces deux princes doit être attribué le portrait placé en tête du volume. On y a ajouté les armes et les marques de possession du duc de Nemours, à la mort duquel il entra dans la maison de Bourbon.

---

197. Je me suis demandé si notre manuscrit 5631 ne serait pas le « livre de Marcho Polo », que le roi d'Aragon Juan Ier envoya au duc de Berry, comme nous l'apprend une lettre du 13 août 1343 qu'a publiée M. Francisco de Bofarul[2].

1. Il y en a sept planches dans l'exemplaire de la Bibliothèque nationale et neuf dans l'exemplaire qui m'a été donné par Mme la comtesse de Bastard.

2. Le travail de M. de Bofarul, intitulé : *Antiguos y nuevos datos referentes al bibliófilo francés Juan de Francia, duque de Berry*, occupe les p. 22-60 du tome V de la *Revista de ciencias historicas* (Barcelona, 1887).

---

201. Il semble bien que l'exemplaire du Miroir historial français, en trois volumes, indiqué sous le n° 201 de l'Inventaire du duc de Berry comme donné en 1413 au duc de Bourgogne[1], soit le même que l'exemplaire du Miroir historial français, en trois volumes, trouvé en 1420 dans la librairie de Philippe le Bon[2] avec des fermoirs aux armes du duc de Berry; l'identification présente cependant une assez grosse difficulté. Le relevé des premiers mots du second feuillet de chaque volume n'est pas le même pour l'exemplaire décrit dans l'Inventaire du duc de Berry et dans celui du duc. Voici en quels termes l'*incipit* du second feuillet de chaque volume est indiqué dans les deux inventaires :

	INVENTAIRE DU DUC DE BERRY.	INVENTAIRE DU DUC DE BOURGOGNE.
Volume I :	*la voye*	*la voye par quoy.*
Volume II :	*du prieur.*	*d'orient adont.*
Volume III :	*temps*	*ans et après.*

L'accord entre les deux inventaires n'existe que pour le premier volume. Sans pouvoir expliquer la divergence, je dois enregistrer ici comme venu du duc de Berry, et peut-être de Philippe le Bon, un exemplaire du tome II du Miroir historial, qui, après avoir appartenu au comte d'Ashburnham, est aujourd'hui dans la collection de M. Henry Yates Thompson.

Voici la note que j'avais prise sur ce manuscrit quand il formait le n° 146 de l'Appendice de lord Ashburnham :

Ce volume, qui contient les livres XIV-XXIV du Miroir et dont les premiers feuillets manquent, ce qui empêche de savoir quel était l'*incipit* du second feuillet, vient de la librairie du duc de Berry, comme le prouvent les armes peintes sur la tranche, la signature du duc mise au recto du dernier feuillet et la note de Flamel écrite au verso de ce même feuillet. Les armes du duc de Berry se voient encore au bas de la première page du livre XVII, qui est aujourd'hui reliée en tête du volume. Là les armes du duc Jean sont accompagnées de deux lions, absolument semblables à ceux qu'on remarque sur différents livres de Charles V. Je suis porté à croire que le volume dont il s'agit avait d'abord été fait pour Charles V et que les armes peintes sur diverses pages devaient être primitivement les armes royales.

Ce manuscrit est passé dans la collection de M. Henry Yates

---

1. Édit. de Guiffrey, t. I, p. 258, art. 972.
2. Édit. de G. Doutrepont, p. 99, n** 149-151.

Thompson, il a été soigneusement décrit en 1902 par M. Cockerell[1].
Nous lisons à la fin :

Ce livre est au duc de Berry : JEHAN. — Cy finist le second volume du livre
du Mirouer historial, et contient ce volume unze livres, comme dit est à l'en-
commencement d'icelJui, lequel est à Jehan, filz de roy de France, duc de
Berry et d'Auvergne, conte de Poitou, d'Estampes, de Bouloingne et d'Auvergne.
J. FLAMEL.

Pendant que ces notes étaient à l'état d'épreuves, M. H. Yates
Thompson, avec la clairvoyance dont il a donné tant de preuves, a
reconnu dans une vente faite à Londres le tome premier du Miroir
historial du duc de Berry ; il en a fait l'acquisition le 15 décembre
1906, pour pouvoir le placer à côté du second, précédemment
recueilli à Ashburnham Place. Le second feuillet commence par les
mots *la voie*, ce qui suffit pour établir l'identité avec l'exemplaire
décrit dans l'Inventaire du duc de Berry. Le volume nouvellement
acquis contient les treize premiers livres du Miroir ; il consiste en
447 feuillets et est orné de 558 miniatures.

M. Thompson a donné à la Bibliothèque nationale (Département
des manuscrits) la photographie de deux pages de son manuscrit
du second volume (n° 79). Il lui a offert en même temps la photographie d'une cinquantaine de petites miniatures conservées au Musée
britannique (n° 6416 du fonds additionnel) et qu'il croit avoir été
découpées dans le t. III d'un Miroir historial du duc de Berry.

En mars 1900, M. P. Gauchery, de Vierzon, m'a montré des feuillets d'un bel exemplaire du *Speculum historiale* qui ont servi à couvrir d'anciens registres de minutes d'un notaire de Meung-sur-Yèvre.
C'était une très belle copie ayant bien l'apparence des livres copiés
pour le duc Jean.

---

208. M. Guiffrey (*Inventaires du duc de Berry*, t. I, p. CLXXIX) est
porté à croire que le ms. français 226 de la Bibliothèque nationale
est un exemplaire original des Nobles hommes et dames de Boccace
offert au duc de Berry par le traducteur. Il s'appuie sur la beauté
de l'exécution et sur « la miniature placée en tête de la dédicace, qui
montre l'auteur offrant son livre au duc de Berry, bien reconnaissable aux traits du visage et à la tenture fleurdelisée, engrêlée de
gueules, qui recouvre le siège et le dais du prince ». Il reconnaît

---

1. *A Descriptive catalogue of the second series of fifty mss. in the collection of H. Y. Thompson*, 1902, p. 193-206.

toutefois que dans le ms. 226 les premiers mots sont *n'a en soi aucune félicité*, et non *il ont plaisir*.

210-210 *ter*. J'ai tenu à bien distinguer les trois Josèphe qu'a possédés le duc de Berry :

1° Un exemplaire du texte latin, de lettre bien ancienne, en deux volumes, ornés d'images de style italien (ouvrage de Lombardie), notamment une miniature de la Création en tête du premier volume et d'une miniature d'Hérode au commencement du second. Ces deux volumes, donnés par le duc Jean à la Sainte-Chapelle de Bourges, furent conservés dans cette église jusqu'au milieu du xvie siècle. Ce sont eux qui sont désignés par les mots « Josephi de Antiquitatibus volumina duo », qu'on lit dans l'inventaire de 1552. La trace en est perdue ;

2° L'exemplaire de la version française classé à la Bibliothèque nationale sous le n° 6446 du fonds français, qui porte la souscription du duc Jean et qui, avant d'arriver chez nous, est passé par la librairie des ducs de Bourgogne ;

3° Un second exemplaire de la version française, qui est aussi revêtu de la souscription du duc de Berry et dont les deux volumes portent, dans la série des manuscrits français, le n° 247 de l'ancien fonds et le n° 21013 des Nouvelles acquisitions. L'illustration de ce magnifique exemplaire, inachevée au moment de la mort du duc Jean, a été complétée, du temps de Louis XI, sous les auspices de Jacques, duc de Nemours. Ce complément d'illustration est justement considéré comme le chef-d'œuvre du peintre Jean Fouquet. Ce n'est pas ici que peuvent être indiqués les nombreux travaux dont cet admirable manuscrit a été l'objet ; il suffit de rappeler la reproduction de quatre pages dans le grand ouvrage du comte de Bastard, les chromolithographies de Curmer, l'autotypie de deux grandes peintures que M. H. Y. Thompson a rapprochées pour montrer que la partie importante des deux tomes est due au même artiste, la reproduction phototypique de toutes les peintures des deux volumes qui a été exécutée sous la direction de M. Omont, et le grand ouvrage que M. le comte Paul Durrieu est à la veille de publier sous les auspices de l'Académie des inscriptions pour accompagner les héliogravures de Dujardin.

Le tome II a été donné en 1906 à la Bibliothèque nationale par S. M. le roi d'Angleterre et par le grand bibliophile anglais M. Henry Yates Thompson.

---

211. En 1375, le duc de Berry donna 10 livres tournois à un religieux, frère Jean de Saint-More, pour lui permettre d'acheter une Légende dorée. (Guiffrey, t. II, p. 337.)

---

211 *bis*. Une édition de cette Vie de Jésus-Christ, en caractères gothiques, a été publiée à Lyon par Buyer : « Cy commence une moult belle et moult notable devote matière, qui est moult proffitable à toute creature humayne. C'est la Vie de nostre benoit sauveur Jhesus Crist, ordonnée en brief langayge ou parolles... Et fut translatée à Paris, de latin en françois, à la requeste du très hault et puissant prince Jehan, duc de Berry, duc d'Auvergne, conte de Poytou et d'Etampes, l'an de grace mil CCC LXXX. » Il y en a un exemplaire au Cabinet des livres du Musée Condé, n° 1010 du *Catalogue des anciens livres*, p. 212. — Une autre édition du même livret existe à la Bibliothèque nationale (Réserve, A 3301); sur le premier feuillet elle est intitulée : « L'Enfance de Nostre Seigneur », et il est assez probable que le même titre devait se trouver en tête de l'exemplaire conservé à Chantilly.

---

213 *bis*. Je connais par une édition gothique la Vie abrégée de Notre-Dame, que le duc de Berry fit traduire en 1380, en même temps que la Vie de Jésus-Christ ou l'Enfance de Notre-Seigneur, citée un peu plus haut (n° 211 *bis*). Il est dit, au commencement, que cette vie fut « translatée à Paris, de latin en françoys, à la requeste de très hault et puissant prince Jehan, duc de Berry..., l'an de grace mil CCC LXXX. » La note que je trouve dans mes papiers n'indique pas dans quelle bibliothèque j'ai vu ce livret.

---

232. Voici le signalement des deux manuscrits 246 et 301 :

I. Ms. 246. Premiers et derniers mots du long titre mis en tête : « En ce livre ci est contenu premièrement le Genesy et le fait des Hebricx, et coment il alèrent en Egypte. Après, du roy Ninus et de Semiramis sa fame... — ... Après, comment il (Cesar) fist tant par son sens et par sa chevalerie qu'il fu empereur de Romme. Après, comment il monta en si grant orgueil que il vouloit que quanque il disoit fust tenu pour loi, et, en la fin, comment il fu tuez de greffes el capitole de Romme. » — Titre final et souscription du copiste : « Cy termine Suetoines la vie et la geste Cesar. — Hic liber fuit scriptus per Mathiam Rivalli, clericum Pictavensis diocesis, a festo sancti Remigii quod fuit anno Domini M° CCC° LXIIII°, usque ad Pascha inde sequens et infra, in civitate, in vico novo Beate Marie Parisius. »

Le frontispice est divisé en huit compartiments à bordures tricolores. — Au bas, un lion entre une sirène et un centaure.

Le deuxième feuillet commence par : *Car contre ce.*

Sur la dernière page, vestiges de la signature du duc de Berry.

Note indiquant que le volume a appartenu à Jacques d'Armagnac : « En ce livre à II^c XVII feulles et LXX histoires. » — Certificat de Robertet attestant que le volume appartenait au duc Pierre II, duc de Bourbon.

II. Ms. 301. Titre du commencement : « Ci commence l'ystoire de Thébes, et comment elle fut destruite environ V^c et LX ans ains que Rome fust commencée ne fondée. »

Titre final : « ... Ici finissent les livres, hystoires du commencement du monde..., et du commencement de la cité de Rome, et des grans batailles que li Romain firent, jusques à la naissance de Nostre Seigneur Jhesu Crist, qu'ilz conquistrent tout le monde. »

Frontispice à quatre compartiments encadrés de bordures tricolores.

Premiers mots du second feuillet : *Les paroles que...*

---

233. Le manuscrit français 263 est un des plus beaux manuscrits du duc de Berry. En tête, Flamel a tracé ce titre : « C'est Titus Livius, lequel est à Jehan, fils de Roy de France, duc de Berry et d'Auvergne, conte de Poitou, d'Estampes et Bouloingne et d'Auvergne. J. FLAMEL. »

233-236 *bis*. Ces articles nous ont conservé le souvenir de cinq exemplaires du Tite Live en français qu'a possédés le duc de Berry. Il devait attacher beaucoup de prix à en avoir un exemplaire dont le texte fût correct, et c'est évidemment pour le travail d'un de ses copistes qu'il emprunta l'exemplaire original de la traduction de Pierre Bersuire, déposé à la librairie du Roi, comme nous l'apprend le Catalogue de Gilles Malet : « L'original de Titus Livius en françois. La première translation qui en fut faite, escript de mauvaise lettre, mal enluminée et point historiée. Presté à Mons. de Berry. » — Voir l'Inventaire des livres de Charles V, article 975.

---

234. Note sur le second volume de ce Tite Live, qui est au Musée Condé à Chantilly :

Volume in-folio, sur parchemin, qui dut être relié au xvIII^e siècle aux armes de Condé et dont la peau des plats, au moment de la Révolution, pendant le séjour du manuscrit à la bibliothèque de l'Arsenal, fut remplacée par du papier, pour faire disparaître les armes de l'ancien possesseur.

Il contient la deuxième décade de Tite Live, en français. En tête du manuscrit : « Ci commaicent (*sic*) les chapitres de la seconde decade de Titus Livius ; commance le premier livre... » — Fol. 2 de cette table : *de la destruction.* — Fol. 9. C'est le chapitre de la declaration des moz qui n'ont point de propre françois... » — Fol. 10, deuxième feuillet du glossaire : *Appelloit citoien...* — Fol. 13 : « Ci commance li premiers livre de la seconde decade de Titus Livius... » — Fol. 14, deuxième du texte, coté 16 : « Força d'accorder... »

Dernier feuillet du manuscrit : « Ci fenist le X᷎ livre de la seconde decade de Titus Livius. » Et au-dessous, de la main du duc de Berry : « Ce livre est au duc de Berry : JEHAN. »

Le volume se termine par un feuillet sur lequel Jean Flamel a tracé l'inscription monumentale : « Ce livre de la seconde decade de Titus Livius est à Jehan, fils de roy de France, duc de Berry et d'Auvergne, conte de Poitou et d'Estampes, de Boulogne et d'Auvergne : J. FLAMEL. »

Les petites peintures qui devaient orner le commencement des livres n'ont pas été exécutées.

---

235. J'ignore le sort de ce Tite Live français, en trois volumes, pour l'achat duquel le duc emprunta 675 l. à Jean de La Cloche, trésorier de France :

Pour un livre de Titus Livius, en trois volumes, historié, couvert de veloux cramoisy vermeil, qu'il a retenu par devers luy pour le pris de 600 escuz, pour ce 675 livres tournois. » Compte de 1413, cité dans les Inventaires du duc de Berry, t. II, p. 338.

---

236 *bis*. Outre les exemplaires du Tite Live français que mentionnent les Inventaires du duc de Berry, le prince en a dû posséder un troisième, que j'ai admiré en 1896 à la bibliothèque de Genève, où il porte le n° 77 dans la série des manuscrits français, et sur lequel j'ai pris ces notes :

Énorme volume in-folio, relié en maroquin rouge, avec de très fines dorures (genre Le Gascon), aux armes de Petau. Belle écriture à deux colonnes. Le frontispice est orné d'une grande peinture, divisée en quatre compartiments quadrangulaires, dans chacun desquels se voit un tableau encadré d'une bordure quadrilobée tricolore : sur le premier de ces tableaux, présentation du livre au roi. Au bas de la page, entre la dernière ligne du texte et la bordure de rinceaux, de petites scènes ont été peintes avec délicatesse : à gauche, des paysans dansant au milieu des fleurs, à droite, un singe jouant de la cornemuse. La première page de la seconde décade et celle de la troisième sont ornées dans le même goût et suivant la même disposition ; le *premier compartiment de chacune de ces deux peintures renferme l'image d'un religieux au travail devant un pupitre. Il y a aussi des tableaux plus petits en tête de chaque livre de l'ouvrage, soit pour le tout 3 peintures à quatre sujets et 26 peintures à sujet unique. Le volume se termine par ce titre : « Cy fenist le IX* livre de la tierce decade de Titus Livius, » au-dessous duquel était une souscription à peu près entièrement disparue : « Ce livre est au duc de Berry : JEHAN. »

Le Tite Live de Genève peut bien être celui qui fut l'objet d'un procès en 1416 et que Jean Flamel avait acheté pour son maître, en même temps qu'une Bible, au prix de 500 francs. Cette somme n'avait pas, semble-t-il, été payée au vendeur Jean Giffart, dont le neveu Andriet Giffart produisait, à l'appui de sa réclamation, une reconnaissance souscrite par Jean Flamel.

Celui-ci soutenait que la réclamation ne s'adressait pas à lui personnellement, mais aux exécuteurs testamentaires du duc de Berry. Les deux parties exposèrent leurs raisons au Parlement le 11 mai 1417. L'affaire fut alors renvoyée au Conseil, qui dut faire droit; mais j'ignore quelle en fut la solution.

Entre maistre Jehan Flamel, d'une part, et Andriet Giffart, d'autre part, pour cause de II livres, Titulivius et une Bible, que acheta feu Monseigneur de Berry Vᶜ francs, comme dit ledit Flamel, qui conclud que, par ce, Giffart lui rende sa cedule, et à ce soit condempné et contraint, et ait despens, saltem des defaulx qu'il a obtenus céans.

Giffart dit, au contraire, que la cause estoit contestée en Chastellet entre les dictes parties au temps du renvoy céans, et n'y cheoit point de garand, car Flamel promist en son propre nom rendre les livres ou l'argent, et ne fait la cedule point de mencion du duc de Berry : sy sera tout renvoié on dit Chastellet, où les parties estoient appoinctées en faiz contraires; quant au default n'en ara point de proufit; et conclut à ce et au renvoy. Flamel dit au contraire que Jehan Giffart, oncle de Andriet, bailla les livres au dit duc, et encores en poursuit les executeurs d'icelui duc pour la paye.

Appoinct[és] au Conseil, et verra la court cedules et actes, et fera droit.

(Registre des Matinées du Parlement, au 11 mai 1417; Arch. nat. X. 4791.)

---

238. Sur ce manuscrit, qui paraît avoir renfermé la Chronique de Guillaume de Nangis, voir François Delaborde, *Bibliothèque de l'École des chartes*, 1890, t. LI, p. 98.

---

241. Cet article est cité par M. Lacabane dans la *Bibliothèque de l'École des chartes*, 1ʳᵉ série, t. II, p. 71. J'ignore quelle en est la source et quelle confiance on doit lui accorder.

---

243. La mention du manuscrit de Froissart donné au duc de Berry par Guillaume Bois Ratier, en 1407, me fournit l'occasion d'ajouter ici quelques mots sur les goûts de ce prélat pour les beaux livres. Quand il était au service du duc, il avait l'habitude de lui offrir des étrennes qui consistaient d'ordinaire en manuscrits plus ou moins somptueux. Le 1er janvier 1403 (n. st.), ce fut un très beau Pontifical[1]; le 1er janvier 1404 (n. st.), l'ouvrage connu sous le nom de Sidrac[2]; le 1er janvier 1405, une mappemonde de la Terre sainte[3]. Le duc tenait encore de la générosité de Guillaume Bois Ratier un livre des Sentences, en « lettre lombarde », c'est-à-dire en caractères italiens[4]; la traduction française des Problèmes d'Aristote, offerte en septembre 1405[5]; le volume des Chroniques de Froissart, en « lettre de court », donné le 8 novembre 1407. Je puis citer plusieurs des volumes qu'a possédés Guillaume Bois Ratier, notamment le Pontifical qu'il fit exécuter en 1408 après sa nomination à l'évêché de Mende, sur le frontispice duquel il fit peindre ses armes : d'azur à trois croix fourchées d'or et à la bordure engrêlée de gueules. Ce pontifical, qui était jadis à Paris chez les Jésuites du collège de Clermont, a depuis fait partie des collections du comte d'Ashburnham, n° XLVII de l'Appendice[6]. Sur deux volumes de la bibliothèque de Tours, j'ai relevé les notes suivantes : « ... ab executoribus domini Guillelmi Bois Ratier habui hunc librum pro certo precio; — secunda pars Moralium beati pape Gregorii, de libris Guillelmi Bois Ratier de Bicturis. » Cette dernière note se trouve dans le ms. 319, qui a été légué à Saint-Martin de Tours par Pierre des Vaux, de Bourges[7].

---

253. Sur le tome II d'un exemplaire de la traduction française de la Chronique de Guillaume, évêque de Burgos, conservé à la bibliothèque de Besançon, voir un mémoire de Castan, dans la *Bibliothèque de l'École des chartes*, 1883, vol. XLIV, p. 265.

---

256. Sur le ms. français 12201 (la Fleur des histoires de la terre d'Orient), l'un des trois exemplaires de cet ouvrage que le duc de

1. N° 88 du présent Inventaire. Guiffrey, t. II, p. 174, n° 143.
2. N° 149 de cet Inventaire. Guiffrey, t. I, p. 245, n° 938. C'est le ms. 11113 de la Bibliothèque royale de Belgique.
3. N° 195 de cet Inventaire.
4. N° 126 de cet Inventaire. Guiffrey, t. II, p. 175, n° 172.
5. N° 153 de cet Inventaire.
6. On lit à la fin de ce volume : « Expliciunt benedictiones solennes episcopales, a venerabili patre domino Guillielmo, episcopo Mimathense. »
7. Dorange. *Catalogue des manuscrits de Tours*, p. 180.

Bourgogne acheta de Jacques Raponde en 1403, il faut voir un article du comte Durrieu, dans *Le Manuscrit*, année 1895, p. 177, avec la phototypie d'une page. — Cet exemplaire de l'ouvrage de Haiton est celui qui est ainsi décrit dans l'Inventaire de la librairie de Philippe le Bon, en 1420 :

Ung livre nommé la Fleur des histoires de la terre d'Orient, escript en parchemin, de lettre ronde, historié et enluminé d'or, commençant au ii* feuillet *du royaume*, et au derrenier *ens qu'il tint*, couvert de veluau vermeil à x clouz de laton dorez et deux fermoers d'argent dorez, esmaillez aux armes de Bourgoingne. (Édit. de G. Doutrepont, p. 68, n° 108.)

257. Le manuscrit de Priscien est ainsi désigné dans l'Inventaire A : « Un livre de Precian, traictant de geomettrie et de pluseurs autres sciences. » Voir ce qu'en dit Francisque-Michel dans ses *Rapports au ministre*, p. 160. Ce manuscrit, que Dom Martène (*Voyage littéraire*, I, 560) avait signalé dans la bibliothèque du chapitre d'Albi, a figuré sur le *Catalogue des livres de Mac Carthy*, I, 560, n° 3697). Ce bibliophile le possédait par suite d'un échange illégalement consenti par la bibliothèque d'Albi. Voir un article de Du Mège, dans *Mémoires de l'Académie des inscriptions de Toulouse*, t. III, p. 274, et une Notice sur quelques manuscrits de la bibliothèque d'Albi, par Jules Astruc, dans le *Bulletin de la Commission des antiquités de la ville de Castres*, t. I, p. 301-312, année 1878.

259. En tête du ms. 335 de Bourges, J. Flamel à tracé ces mots : « Cy est le grant Catholicon, escript de lettre de forme, lequel est à Jehan, filz de Roy de France, duc de Berry et d'Auvergne, conte de Poitou, d'Estampes, de Bouloingne et d'Auvergne. J. FLAMEL. »

261 et **262**. Sur les Térences du duc de Berry, voir la notice de M. Henry Martin dans le *Bulletin de la Société de l'histoire du théâtre*, n° 1, p. 15-42. Les peintures du manuscrit de l'Arsenal vont être publiées sous la direction de M. Henry Martin.

263. M. le comte Paul Durrieu veut bien me communiquer la note qu'il avait prise sur le manuscrit de Virgile vu par lui à la bibliothèque de Turin avant l'incendie de 1904 :

« I. iv. 16, ou latin DCXI. » — Œuvres de Virgile. In-fol., 30 centimètres sur 22. Feuillets à longues lignes, au nombre de 258. Belle écriture française du temps de Charles VI.

L'Énéide finit au fol. 258 r°, et sur la même page le duc de Berry a tracé ces mots : « Ce livre est au duc de Berry : JEHAN ».

Au verso de ce feuillet, les vers : « Virgilius magno quantum... — ... Cum morte retexit. »

En tête du ms., fol. 1, le prologue : « Celius pater Saturni... » — Premiers mots du fol. 2 : « Neque nusquam... »

Fol. 3. Le recto resté en blanc, sauf des gloses écrites en marge. — Au verso : « Versus Virgilii... Nocte pluit... »

Fol. 4 en blanc.

Fol. 5. Commencement des Églogues.

Premiers mots du fol. 6 : « In cujus honore... ».

Texte mal copié, plein de corrections.

Des espaces réservés pour des peintures sont restés en blanc.

Ce qui subsiste de ce manuscrit figure en ces termes : « P. Virgilii Maronis opera. — Dannatissimo. 373, » dans le recolement fait en 1904 par MM. C. Cipolla et C. Frati. (*Inventario dei codici superstiti greci e latini antichi della Biblioteca nazionale di Torino.* Estratto della *Rivista di filologia e d'istruzione classica* de E. Stampini, 1904.)

264 ou **265**. A l'un de ces deux articles peut répondre le manuscrit 742 de la bibliothèque de Lyon, à la fin duquel est une inscription très effacée qui semble bien rappeler la possession du duc de Berry. Il contient les Métamorphoses d'Ovide mises en vers français par Chrétien Legouais. Les miniatures sont en grisaille avec cadres tricolores.

271. En 1413, le duc de Berry acheta, pour 10 écus d'or, d'un écolier maître Jean Colin, un exemplaire du Brut d'Angleterre, qui doit être le ms. français 1454 de la Bibliothèque nationale. Compte cité par le comte de Toulgoët, *Mémoires de la Société des Antiquaires du Centre*, t. XVII, p. 142.

277. A propos du manuscrit enregistré sous le n° 277, Le Laboureur, dans l'introduction de l'*Histoire de Charles VI*, p. 82, fait l'observation suivante : « Ce livre, sans pris pour la beauté des figures de miniatures, est encore aujourd'huy dans la bibliothèque de M. le président de Mesmes, où M. le comte d'Avaux, son fils, me l'a fait voir. » — M. Todd, qui a publié, en 1883, pour la Société des anciens textes français, *Le dit de la Panthère d'amours*, a identifié, dans sa préface (p. viii), un manuscrit de la bibliothèque de Saint-Pétersbourg avec celui qui est indiqué comme il suit dans le catalogue dressé en 1420 des livres de Philippe le Bon[1] : « Un livre contenant III livres, c'est assavoir, le livre de la Panthère, Athis et Prophilias et le livre de la Violette, escript, en parchemin, de lettre ronde, à II colonnes, historié et enluminé d'or et d'azur et rymé, commençant au IIe feuillet *Alez belement*, et au derrenier *puis que mort est...* » L'identification n'est pas certaine. Quoi qu'il en soit, la description du volume de Saint-Pétersbourg, celle de l'exemplaire de Philippe le Bon et celle de l'exemplaire du duc de Berry, toutes les trois, signalent un trait caractéristique qui leur est commun : la juxtaposition du livre de la Panthère et du livre de la Violette.

---

285 *bis*. Les anciens inventaires des livres du duc de Berry ne mentionnent pas un exemplaire du Miroir des dames qui a appartenu à ce prince, le ms. 9555 de la bibliothèque royale de Belgique, qui contient le Miroir des dames, le Miroir du monde, le Cloître de l'âme et les Méditations de saint Anselme.

On y trouve au commencement et à la fin une note autographe du duc de Berry ainsi conçue : « Ce livre est au duc de Berry : JEHAN. »

Premiers mots du deuxième feuillet : *Selon ce que dit un maistre qui est nommé Vegecius*, et du troisième, qui est le second du texte : *Tout ainsi que la pierre*. — Premiers mots des deux derniers feuillets : fol. 178, *il me sovint*, et, fol. 179, *dit devant le premier*.

---

291. M. Paul Meyer a reconnu que le manuscrit de Christine de Pisan, mentionné au n° 291 de l'Inventaire, est bien l'exemplaire portant à la Bibliothèque nationale le n° 835 du fonds français. Il y a eu transposition du feuillet commençant par les mots : *Tous mes bons jours*.

---

292 *bis*. M. Omont a constaté que l'ex-libris du duc Jean de Berry avait été gratté à la fin de l'exemplaire des « Épistres du Débat sus le romant de la Rose », qui porte le n° 236 de la bibliothèque de Cheltenham.

---

294. Le manuscrit du Musée britannique, n° 20, C viii, contient L'Arbre des batailles, dédié à Charles VI, roi de France, par Honoré Bonet, prieur de Salon en Provence, docteur en décret; il com-

---

1. Édit. de Georges Doutrepont, p. 67, n° 107.

mence au second feuillet par les mots *Maintenant puis que vous
bien vees...*, et porte les armes du duc au bas du frontispice. (Note
communiquée par Sir Ed. M. Thompson.)

---

296 *bis*. La possession du manuscrit de la Divine Comédie, n° 72
du fonds italien, a été attribuée au duc de Berry par Paulin Paris
(*Les Manuscrits françois*, t. VII, p. 147), et d'après lui par Guiffrey
(t. I, p. clxxx) et par Mazzatinti (*Inventario dei manoscritti italiani
delle biblioteche di Francia*, vol. I, p. 8). Cette attribution n'est pas
acceptable : les armes de France, peut-être engrêlées de gueules,
qu'on voit dans la première initiale et sur plusieurs autres pages [1],
montrent que le livre a appartenu à Charles, duc de Guyenne,
frère de Louis XI. Ce qui prouve que telle est l'origine de ce manuscrit de Dante, c'est la note « 90 feulletz escrips, n° 15 », écrite au
commencement, tout en haut des feuilles de garde. — Voir *Le Cabinet des manuscrits*, t. I, p. 85, et Auvray, *Les Manuscrits de Dante
des bibliothèques de France*, p. 24.

1. Fol. 14, 17 v°, 19 et 47 v°. Sur plusieurs de ces pages, les trois fleurs de
lis sont posées verticalement les unes au-dessus des autres.

ADDITION

à faire à la p. *243, sous le n° **119** *bis* :

Second volume (livres XII-XXII) de la Cité de Dieu en français, avec frontispice aux armes du duc de Berry. (Ms. 80 du Cabinet de M. Henry Yates
Thompson ; voir la notice 80 dans le second volume du Catalogue de cet amateur, p. 206-209.)

TABLE DE L'INVENTAIRE

DES LIVRES DE JEAN DE FRANCE, DUC DE BERRY[1].

---

1. Les numéros qui, dans cette Table, ne sont pas précédés de la lettre *p* renvoient aux numéros de l'inventaire publié ci-dessus (p. 223-270).

Les numéros précédés de la lettre *p* renvoient aux pages sur lesquelles sont imprimées les notes relatives aux différents articles de l'inventaire; le numéro de l'article accompagne souvent l'indication de la page.

LISTE DES BIBLIOTHÈQUES

FRANÇAISES ET ÉTRANGÈRES

DANS LESQUELLES SONT CONSERVÉS

DES MANUSCRITS AYANT APPARTENU AU DUC DE BERRY[1]

———⋈———

Bibliothèque nationale à Paris.

Latin 248. Bible du roi Philippe le Bel, en deux volumes. [6]
— 919. Les Grandes et belles Heures du duc de Berry. [99]
— 1052. Très beau Bréviaire de Charles V. [59]
— 7907 A. Térence. [261]
— 8824. Psautier anglo-saxon. [18]
— 8861-8863. Le Répertoire de Pierre Bersuire, en trois volumes. [127]
— 8874. Psautier glosé. [25]
— 8885. Missel noté. [64]
— 8886. Pontifical. [90]
— 8887. Missel. [72]
— 9321. Boetius, cum Nicolai Treveth commentario. [158]
— 9328. Petri de Crescentiis liber ruralium commodorum. [187]
— 10426. Bible de saint Louis. [5]
— 10483-10484. Bréviaire de Belleville. [55]
— 18014. Les Petites Heures du duc de Berry. [102]
Français 117-120. Lancelot du Lac. [270] Relié en quatre volumes.
— 159. Bible historiale. [9]
— 173. Le Rational des divins offices. [43]
— 246. La Genèse, le fait des Hébreux, etc., jusqu'à la vie et geste de César. [232]
— 247. Josèphe, avec les peintures de Fouquet; tome I. [210 *ter*]

1. Les numéros placés entre crochets à la fin des articles renvoient aux articles de l'Inventaire imprimé ci-dessus, p. 223-270.

Français 256. Histoire depuis la destruction de Troie jusqu'au temps de César. [236]
— 263. Tite-Live, traduit par Pierre Bersuire. [233]
— 282. Valère Maxime. [206]
— 301. Histoire de Thèbes et des événements qui suivirent jusqu'à la conquête du monde par les Romains. [...?]
— 373. Métamorphoses d'Ovide, en français. [267]
— 380. Roman de la Rose. [276]
— 425. Le Cy nous dit. [40]
— 565. Le Livre du Ciel et du Monde. [154]
— 568. Le Livre du Trésor. [147]
— 574. L'Image du monde. [141]
— 598. Les Femmes nobles de J. Boccace. [209]
— 607. La Cité des dames de Christine de Pisan. [293]
— 829. Le Pèlerinage du corps et de l'âme. [280]
— 835. Ballades de Christine de Pisan. [291]
— 1023. Le Livre des Bonnes mœurs. [134]
— 1082. Le Livre du Ciel et du monde. [154]
— 1210. L'Information des rois et des princes. [167]
— 1229. Le Livre de Vegèce, en français. [189]
— 1454. Le Brut d'Angleterre. [271]
— 2608. Les Chroniques de France. [244]
— 2641. Les Chroniques de Jean Froissart. [243]
— 2810. Le Livre de Marc Pol des merveilles d'Aise la grant. [196]
— 2813. Chroniques de France. [241] Primitivement en deux volumes.
— 5631. Devisement du monde par Marc Pol. [197]
— 5707. Tome II de la Bible historiale. [13]
— 6271. Tome I de la Cité de Dieu. [114]
— 6446. Josèphe, les Antiquités judaïques. [210 *bis*]
— 9106. Aristote, les Politiques, en français. [151, t. II]
— 9221. Machaut. [282]
— 12201. La Fleur des histoires de la terre d'Orient. [256]
— 13091. Psautier latin et français, avec peintures d'André Beauneveu. [30]
— 20090. Bible historiale. [7]
— Nouv. acq. 3431. Fragment de Bible. [15]
— — 21013. Tome II du Josèphe illustré par Fouquet. [210 *ter*]

Bibliothèque de l'Arsenal à Paris.

650. Petites Heures du duc de Berry ? [110 ?]
664. Térence. [262]
5057-5058. Bible historiale. [8] Jadis en un volume.
5107. Les Échecs moralisés. [172]
5212. Tome I de la Bible historiale. [12]

Musée du Louvre.

Miniatures ayant fait partie des Heures dites de Turin. [102 *bis*]

Cabinet de Mme la baronne Adolphe de Rothschild.

Second morceau des Heures dites de Turin. [102 *bis*]
Heures de Pucelle. [108]

Cabinet de M. le baron Edmond de Rothschild.

Les Belles Heures du duc de Berry. [100]

Bibliothèque de la ville de Bourges.

33-36. Lectionnaire en quatre volumes. [44 *bis*]
43. Missel noté. [66]
48. Évangelier. [81]
335. Catholicon. [259]

Musée Condé à Chantilly.

61. Les Très riches Heures du duc de Berry. [100]
122. Tome I de la Cité de Dieu de saint Augustin. [118]
277. Les Éthiques d'Aristote en français. [151, t. I]
488. Gace de La Buigne, les Déduits de la chasse. [190]
.... Tome II de Tite-Live en français. [234]

Collection de M. Court à Dijon.

Livre d'astrologie de Lubert Hautschild. [177]

Bibliothèque de Lyon.

742. Les Métamorphoses, en vers français, par Chrétien Le Gouais.
   [264, 265 ou 266]

Séminaire de Soissons.

Les Miracles de Notre-Dame, en vers français, par Gautier de Coinci. [214]

Bibliothèque royale à Bruxelles.

719. Heures de Notre-Dame, historiées par Jaquemart de Hesdin. [98]
1302. Dialogue de saint Grégoire, en français. [120 *bis*]
9542. L'Enseignement des femmes par le chevalier de La Tour-Landri. [170 *bis*]
9555. Le Miroir des dames. [285 *bis*]
11513. Le Livre de Sidrac. [149]

Bibliothèque de sir Thomas Phillipps à Cheltenham.

236. Débat sur le roman de la Rose. [292 *bis*]

Bibliothèque de Genève.

77 dans la série française. Traduction de Tite-Live, par Pierre Bersuire. [236 *bis*]
N° 190 de la même série. Le livre de Jehan Boccace des nobles hommes et femmes. — Voir la note de la p. 333*. [208]

Trésor de l'église de Girone.

Bible latine d'origine italienne. [1 *bis*]

Bibliothèque royale de La Haye.

La Mutation de fortune par Christine de Pisan. [287]

Musée britannique à Londres.

Fonds du roi, 19. E. VI. Chroniques de Burgues. [254]
    —   20. C. VIII. L'Arbre des batailles. [294]
Burney, 275. Le Livre des sept arts, en latin, commençant par Priscien. [257]
Harley, 2891. Missel de Paris. [68]
    —   4381 et 4382. Bible historiale. [11] — Voir p. 225* et 332*.
Lansdowne, 1175. La Bible, traduite par Raoul de Presles, premier volume. [14]
Fonds additionnel, 29986. Miroir des dames. [285]

Cabinet de M. Henry Yates Thompson[1] à Londres.

Tomes I et II du Miroir historial, en français. [201]
La Bible historiale donnée par le duc de Berry à Jean Harpedenne.
  [10] — Voir p. 272* et 332*.
Le second volume de la Cité de Dieu en français. (Voir plus haut,
  p. 317*.)

Bibliothèque de la famille des Trivulce à Milan.

Troisième morceau des Heures dites de Turin. [102 *bis*]

Bibliothèque royale de Munich.

Missel de lettre boulonnaise. [71[1]]

Bibliothèque du Vatican à Rome.

Fonds du Vatican, 50 et 51. Bible glosée, aux armes de Clément VII.
  [2 *bis*]

Bibliothèque impériale de Saint-Pétersbourg.

Le Roman de la Panthère, etc. [277 ?]

Bibliothèque de l'Université de Turin.

Heures dites de Savoie. [102 *ter*]
Première partie des Heures dites de Turin. [102 *bis*]
Œuvres de Virgile. [263]

Archives d'État à Turin.

Le livre du roi Modus. [190 *bis*]

---

1. Aux volumes qui sont indiqués ici doit s'ajouter le tome II du Josèphe
illustré par Fouquet dont M. Henri Yates Thompson s'est généreusement
dépouillé au profit de la Bibliothèque nationale, et dont il est le possesseur
honoraire.

ADDITIONS ET CORRECTIONS

P. 33*, note 3. — Au lieu de : *Robert, comte de Flandre*, lisez : *Robert, duc de Bar*.

P. 89*. — La note 1 se rapporte non pas à la ligne 1 de cette page, mais aux mots la *Moralité des philosophes*, livre qui est annoncé à la dernière ligne de la page 88*.

P. 106*, art. 638, 639 et 640, lisez : *Abraham Abenezre*.

P. 120*, n° 730. — A la ligne 1, lisez : *nativitatum*, et non : *nativitatem*.

P. 130*, art. 800, et p. 135, art. 828. — Au lieu de : *Jehan le bon phisicien*, ne faut-il pas lire : *Jehan Le Bon, phisicien?*

P. 149*, n° 909. — A la ligne 4, lisez : *Gonant*, et non : *Gonaut*.

P. 163*, n° 991. — *Madame d'Orléans* citée dans cet article n'est point *Valentine de Milan*, mais Blanche, fille du roi Charles IV et femme de Philippe, fils du roi Philippe de Valois.

P. 213*, col. 2. — Insérez suivant l'ordre alphabétique l'article suivant : *Rhazès, V. Helham*.

P. 225*, n° 10. — Le n° 10 des mss. du duc de Berry forme aujourd'hui le n° LXXVI (substitué) de la collection de M. H. Yates Thompson, p. 16 du t. III du Catalogue publié en 1907.

P. 225*, n° 11 *bis*. — La Bible du fonds Harleien est longuement décrite par M. R. James dans le t. III du Catalogue des manuscrits de M. H. Yates Thompson, p. 19-22 (volume publié en 1907).

P. 234, art. 11. — Dans un récent voyage à Munich, M. Durrieu a identifié un manuscrit de la Bibliothèque royale de cette ville avec le Missel n° 71 de l'Inventaire. Le Missel de Munich répond bien à la description du n° 71. On y retrouve au premier feuillet « l'image d'homme soy chauffant au feu et d'un autre homme portant un tonnel ».

P. 272*, ligne 8. — Il est certain qu'il y a des rapports très étroits entre quelques peintures du commencement de la Bible allégorisée (ms. français 166) et certains tableaux des Très riches heures du duc de Berry; mais il est permis de supposer l'existence d'un prototype dont les artistes auxquels nous devons l'illustration de ces deux beaux manuscrits ont pu s'inspirer. Je renvoie à ce que M. de Mély a dit de la façon dont y sont traitées deux scènes du Paradis terrestre, la faute et la punition des premiers parents (*la Revue de l'art ancien et moderne*, 1907, p. 42 et 43).

P. 278* et 279*. — Depuis l'impression de ma note 68, M. Warner a publié, sous le n° XXII, dans la seconde série des *Reproductions from illuminated manuscripts* (*in the British Museum*), la phototypie de la page qui suit le calendrier dans le Missel 2891 du fonds harleyen. La miniature qui est dans l'initiale représente le célébrant qui élève son âme à Dieu figuré sous la forme de la Trinité; au bas de la page, dans l'intérieur de l'encadrement, ont été peintes les armes de Beauvau.

Le Missel du fonds harleyen, comme aussi un psautier de la Sainte-Chapelle, n° 75 de la Collection de M. Yates Thompson, et le Bréviaire de Philippe le Bel (ms. latin 1023), contient un calendrier qui mentionne au 6 avril l'anniversaire des Croisés tués en Égypte.

P. 302*, n°ˢ 142-146. — La miniature du ms. français 9141, représentant le duc de Berry choisissant des pierres précieuses, a été reproduite dans l'*Histoire de l'art* (t. III, p. 160, article de M. Durrieu).

P. 307*, n° 208. — Suivant une très heureuse conjecture de M. le comte Paul Durrieu, le manuscrit 190 de Genève correspond au n° 208 de l'Inventaire publié ci-dessus. L'Inventaire cite les mots *ilz ont plaisir* comme étant au commencement du second feuillet du manuscrit; ces mêmes mots se trouvent au haut du troisième feuillet du manuscrit de Genève. Il est vraisemblable que le rédacteur de l'Inventaire a mal compté les premiers feuillets de ce manuscrit, lequel est sorti du même atelier que le Térence, ms. latin 7907 A de la Bibliothèque nationale. Le Térence de Paris et le Boccace de Genève ont été, l'un et l'autre, donnés au duc de Berry par Martin Gouge.

M. Guiffrey avait proposé d'identifier le ms. français 226 de la Bibliothèque nationale avec l'article 208 de l'inventaire; il faut renoncer à cette hypothèse.

TABLE DE LA SECONDE PARTIE

Nogent-le-Rotrou, impr. DAUPELEY-GOUVERNEUR.